da
CIVILIZAÇÃO OCIDENTAL

Anthony
Esolen

Anthony Esolen

MANUAL POLITICAMENTE INCORRETO da CIVILIZAÇÃO OCIDENTAL

Tradução:
Murilo Resende Ferreira

VIDE EDITORIAL

Manual politicamente incorreto da civilização ocidental
Anthony Esolen
1º edição — outubro de 2019 — CEDET
Título original: *The Politically Incorrect Guide to Western Civilization*
Copyright © 2008 by Anthony Michael Esolen.
Publicado em acordo com a Regnery Publishing.

Os direitos desta edição pertencem ao
CEDET — Centro de Desenvolvimento Profissional e Tecnológico
Rua Armando Strazzacappa, 490
CEP: 13087-605 — Campinas, SP
Telefone: (19) 3249-0580
email: livros@cedet.com.br

Editor:
Thomaz Perroni

Tradução:
Murilo Resende Ferreira

Revisão:
José Lima

Preparação do texto:
Letícia de Paula

Diagramação:
Thatyane Furtado

Capa:
Fernando Mena
www.fernandomena.com.br
Gabriela Haeitmann

Conselho editorial:
Adelice Godoy d'Ávila
César Kyn d'Ávila
Silvio Grimaldo de Camargo

FICHA CATALOGRÁFICA
Esolen, Anthony
Manual politicamente incorreto da civilização ocidental / Anthony Esolen; tradução de Murilo Resende Ferreira — Campinas, SP: VIDE Editorial, 2019
ISBN: 978-85-9507-077-6
I. Título. II. Autor.
1. História da cultura. 2. História geral.
CDD — 306 / 909

ÍNDICE PARA CATÁLOGO SISTEMÁTICO
1. História da cultura — 306
2. História geral — 909

VIDE EDITORIAL — www.videeditorial.com.br

Reservados todos os direitos desta obra. Proibida toda e qualquer reprodução desta edição por qualquer meio ou forma, seja ela eletrônica, mecânica, fotocópia, gravação ou qualquer outro meio de reprodução, sem permissão expressa do editor.

SUMÁRIO

PREFÁCIO 9

CAPÍTULO I:
A Grécia antiga: amor à sabedoria e à beleza 11
    Leis imutáveis 14
    Atenas: acima de todos 17
    Um pai, e não uma mãe 19
    O efeito Ilhas Gregas 22
    A tradição e a lei natural 26
    Os relativistas atenienses 28
    A beleza não está meramente nos olhos do observador 34
    O bem universal 38
    O Estado e o fim do homem 41

CAPÍTULO II:
Roma: um império da tradição e do patriarcado 47
    Respeitando os mais velhos 48
    O pai sabe o que é melhor 52
    A sabedoria da tradição contra a volubilidade da democracia ...58
    A paz por meio da força 62
    O verdadeiro motivo da queda de Roma 67

CAPÍTULO III:
Israel: como Deus mudou o mundo 73
    Um Deus acima da natureza, e não um deus da natureza 76
    O Rei dos Reis, e não um deus político 79
    O conhecimento de Deus leva à ciência 83
    Aqueles que se humilharem serão exaltados 84
    Mil anos são como um dia 89

Jesus de Nazaré, Rei dos Judeus.. 92
A paz de Deus que supera o entendimento.................................. 98

CAPÍTULO IV:
A Igreja Primitiva: o nascimento da caridade e da tolerância 101
Como o cristianismo salvou o Ocidente 104
O cristianismo traz a igualdade e a tolerância 109
O Estado, esse deus pagão 110
Como os cristãos elevaram a cultura 116
A verdade sobre os hereges 124
A boa nova promove a caridade 128

CAPÍTULO V:
A alta Idade Média: a Idade da Luz 131
O islã contra a civilização 132
Quanto mais quente melhor — digam isso a Al Gore 134
Robustamente vivos 136
A Era das Luzes: a vida nas catedrais 137
O renascimento do teatro: mais um fruto do cristianismo 141
Um mito politicamente correto: a Idade Média foi a Idade das Trevas 144
Quando o amor e a natureza eram mais plenos 146
Uma imagem politicamente correta: anjos dançantes e alfinetes 152
Antes do politicamente correto: quando a curiosidade intelectual podia prosperar 157

CAPÍTULO VI:
A Renascença não é o que você imagina 165
Os mitos politicamente corretos sobre a Renascença 166
Há uma natureza neste homem? 170
Honrando o passado 180
Shakespeare ajoelhado 186
O erro da Renascença: a subversão da autoridade 189

CAPÍTULO VII:
O iluminismo: liberdade e tirania 197
A vontade escravizada 198
O "iluminismo" gera a tirania 202
Écrasez l'infâme! 207
Os pais peregrinos 210
Eram conservadores os pais fundadores? 216
Os modelos esquecidos da América: Roma e Atenas 222
Salvando a razão de si mesma 224
Rousseau e o Estado 231
Samuel Johnson 231

CAPÍTULO VIII:
O século XIX: o homem é um deus; o homem é uma besta 235
A nova religião dos românticos: a natureza 237
Adorando o homem 244
As conseqüências da Revolução Industrial 249
Existe a feiúra na arte? 251
Nietzsche: o ateu honesto 253
Os campeões conservadores da dignidade humana 256

CAPÍTULO IX:
O século XX: um século de sangue 269
Walter Mitty, o indivíduo rude 273
O Império contra-ataca 277
Riqueza do Estado, pobreza da alma 281
Arte do povo; arte contra o povo 284
Ciência sem conhecimento 287
Os amargos efeitos da pílula 290
A história pode nos restaurar 292

ÍNDICE REMISSIVO 297

PREFÁCIO

Cristianismo. Judaísmo. Homens brancos mortos. Moralidade antiquada. A família tradicional. A própria tradição.

Essas são as *bêtes noires* das elites. São os pilares da incorreção política. Constituem conjuntamente o que chamamos de civilização ocidental.

O politicamente correto é essencialmente a tentativa de dissolução dos alicerces sobre os quais foram construídas a cultura européia e americana. Tem sido um projeto de demolição: solape a civilização ocidental de todas as formas possíveis, e construa um admirável mundo novo a partir dos destroços.

O multiculturalismo não tem relação alguma com o amor genuíno pelos nativos do interior da Austrália ou pelos monges do Tibete. Trata-se de um esforço de afastamento de nossas próprias tradições culturais. A secularização radical — em nome da "separação entre Igreja e Estado" — almeja que nossas raízes culturais ardam em chamas. A educação pública, transmissora de mentiras convenientes sobre nosso passado — a Idade Média foi miserável, os antigos eram simplórios, a Igreja é opressiva — busca roubar nosso legado. Visões deturpadas da Renascença, do iluminismo e dos últimos duzentos anos servem para criar uma ilusão de progresso constante, tornado possível pelo abandono dos antigos costumes. E esse é o mito central a justificar a rejeição contínua de nossas tradições religiosas, intelectuais e morais.

Uma vez que nossa cultura se desconecta de Atenas, Roma e Jerusalém — assim que esquecemos ou desprezamos Moisés, Platão e Jesus —, os pelotões do politicamente correto da academia, do governo e da mídia esperam aportar a nau da cultura em novas praias.

Já que o politicamente correto é um projeto de destruição, a mensagem não tem sido sempre consistente. Ou Shakespeare era um subversivo, um homossexual no armário, ou era um chauvinista ignorante. Ou Jesus era um *hippie* que não fazia julgamentos, ou era um pregador do ódio. Mas uma coisa sempre foi consistente: tudo que tem o menor traço da tradição ocidental é politicamente incorreto, e deve ser denegrido e condenado.

Para aqueles de nós que amam o Ocidente, a batalha é assustadora. O outro lado tem em suas mãos a grande mídia, as universidades da Ivy League, as classes políticas e muito dinheiro. Felizmente, temos do nosso lado milênios de história e algumas armas poderosas — nomes como Aristóteles, Agostinho, Burke e Eliot.

As terríveis idéias hoje promovidas como revolucionárias e iluminadas raramente são novas; as grandes mentes ocidentais têm combatido o relativismo, o ateísmo, o materialismo e a idolatria do Estado por milênios. E as grandes idéias podem se erguer vitoriosas sobre tudo aquilo que os mais renomados professores da ideologia de gênero e do feminismo possam chegar a inventar.

CAPÍTULO 1

A Grécia Antiga: amor à sabedoria e à beleza

Um homem cego, guiado por sua filha, pára em um descanso, talvez seu descanso final, à sombra de uma fresca gruta. As águas de uma fonte murmuram nas proximidades; o aroma das videiras e das oliveiras está no ar. Um coro de aldeões locais canta a santidade e a beleza de um lugar onde

> [...] graças ao orvalho do céu, florescem por incontáveis manhãs, em cachos muito belos, os narcisos, essas coroas desde priscas eras das Grandes Deusas, bem como o açafrão de reflexos dourados. Aqui passam as águas que nunca param nem baixam do vagabundo Céfiso, que sempre flui na ânsia de fertilizar os prados desta terra emoldurada por vastos flancos, que os coros das Musas jamais se recusam a freqüentar com Afrodite das rédeas douradas. (*Édipo em Colono*)[1]

ADIVINHA SÓ?!

⚖️ A cultura ateniense era simplesmente superior.

⚖️ A filosofia nasceu em um clube masculino.

⚖️ O relativismo moral levou à decadência da Grécia Antiga.

---

1 Citação extraída de *A trilogia tebana*, Editora Zahar. No original do presente livro só é citado o seguinte trecho: "[...] golden crocus gleams / Along Cephisus' slow meandering streams, / Whose fountains never fail. (*Oedipus at Colonus*)". Optamos por um trecho mais longo que esclarece melhor o sentido da citação. — NT

Os vilarejos haviam tentado, sem grande entusiasmo, expulsar o pobre homem. Pois aquele cego fora amaldiçoado: é Édipo, o infeliz que cumpriu um terrível oráculo enquanto dele fugia, se afastando da Corinto que acreditava ser sua terra natal a fim de não matar seu pai e casar com sua mãe, e indo a Tebas, cujo rei fora recentemente assassinado na estrada, deixando então sua rainha solteira.

Édipo é um emblema da destrutiva malícia dos deuses. "Não diga que qualquer homem é feliz", diz Sófocles, o poeta que nos apresenta essa cena no palco, "até o dia em que leve sua felicidade em paz para o túmulo". Quando Édipo, compelido por sua busca da verdade, finalmente descobriu seu parricídio monstruoso e o matrimônio antinatural com quem lhe trouxera ao mundo, arrancou os próprios olhos num arranco de repugnância. Mas eis que os anos se passaram. O sofrimento lhe ensinou. Ele ainda não é bondoso para com a humanidade cega e tola. Mas é humilde, e insiste, calmamente, quanto à sua inocência. Sua razão se recuperou. Ele aceita o sofrimento, e vagamente compreende — trata-se de uma fagulha de esperança no crepúsculo do paganismo — que o sofrimento tem um sentido, que o homem amaldiçoado pode ser uma benção para o próximo. Assim declarou um oráculo posterior: a cidade que acolher Édipo será abençoada pelos deuses.

O que isso significa? Por que começo por essa história?

Em todo o teatro, acredito eu, nunca houve um momento tão comovente como esse. E não no interior da peça, mas entre ela e a audiência. Estamos em Atenas, 402 a.C. O dramaturgo, o amado Sófocles, morreu. O povo está a assistir uma produção póstuma, reverentemente realizada por seu filho. Eles ouvem os últimos julgamentos líricos de um sábio, passados noventa e dois anos, sobre a vida e a morte, o bem e o mal, a justiça e a misericórdia.

Talvez a morte do velho poeta tenha sido para o bem. Ela o poupou do espetáculo da agonia final de Atenas. Atenas, a mais rica e poderosa cidade-Estado grega, estabelecera-se no topo de um império. Outros Estados lhe pagavam tributo para a proteção comum. Seu poderio ameaçara a segurança de sua maior rival militar, Esparta, e seu comércio marítimo, da Sicília até o sul da Rússia no Mar Negro, ameaçava sua maior rival dos mares, Corinto. Chegara-se enfim à guerra. O líder democrático de Atenas, o general Péricles, adotara uma estratégia de resistência. Atenas não podia sustentar um exército que tivesse metade da eficiência da infantaria espartana; mas Esparta, por sua vez, não podia sustentar, com sua pequena população, um exército capaz de conquistar inteiramente Atenas. Assim, enquanto os espartanos pilhavam o campo ateniense, queimando fazendas e vilas, o povo recuava para as muralhas da cidade, confiando em sua armada que avançava para assediar os portos próximos de Esparta e seus aliados. Péricles, em outras palavras, exigiu que seu povo fosse paciente, enxergasse adiante e se sacrificasse.

Ele era provavelmente o único homem em Atenas que poderia ter tido êxito nessa empreitada, assim como Washington era o único homem nas colônias que poderia ter mantido a coesão do caótico exército continental em Valley Forge. Mas uma praga chegou por meio de ratos embarcados em navios mercantes do Oriente. Milhares de pessoas foram abrigadas precariamente em Atenas; e milhares morreram, inclusive o próprio Péricles. Não era mais hora de se pregar a paciência. Os demagogos prevaleceram — homens que manipulavam as paixões da multidão. Atenas, cada vez mais arrogante e inescrupulosa, dada a mudanças insanas de estratégia, caminhava para a autodestruição. Finalmente, em 405 a.C., com seus marinheiros desmoralizados e possivelmente traídos por seus oficiais, a armada ateniense foi surpreendida pelos espartanos, e quatro mil cidadãos embarcados foram assassinados. Em 404 a.C. os atenienses caíram diante do último cerco espartano, e sabiam que agora deveriam sofrer as crueldades que impingiram às outras cidades, nos dias em que estavam cheios de insolência e orgulho:

> *Naquela noite ninguém dormiu. Choraram pelos mortos, porém ainda mais amargamente por si mesmos, quando refletiram sobre o que tinham feito ao povo de Milos após o cerco, ao povo de Ístia, Esquione, Torone, Egina, e muitos outros helenos.*
> (Xenofonte, Helênicas, II, 2–3)[2]

Sófocles morrera pouco antes do fim. Ele fora um bom rapaz nos velhos tempos da glória de Atenas — escolhido para liderar um grupo de garotos que celebraria a grande vitória ateniense sobre os persas em Salamina. Louvara Atenas por toda a sua vida, regozijando-se com a liberdade intelectual promovida por uma constituição democrática. Contudo, também alertou contra a crença de que as leis cívicas não devem levar em conta as leis que são mais antigas que as cidades, tão antigas quanto o homem.

---

[2] Presuma-se que todo trecho sem citação direta de fonte foi por mim traduzido da versão em inglês. — NT

> ## Os atletas de Atenas
>
> *Nenhum cidadão tem o direito de ser um amador no treinamento físico: é parte de sua profissão como cidadão se manter saudável, pronto para servir a seu Estado a qualquer momento.*
> — Xenofonte, *Memorabilia* (III, 12).
>
> Isso foi antes que os esportes se transformassem em entretenimento das massas. O cidadão grego compreendia que deveria estar sempre preparado para a guerra — que implicava no combate corpo a corpo. Dar direito de voto às mulheres faria tanto sentido quanto dar a cada uma delas uma armadura, ou seja: o direito de serem esmagadas no campo de batalha.

Leis imutáveis

Lembrem-se bem disto: algumas leis são tão antigas quanto o homem. Mas nossas elites e planejadores sociais não aceitam esse fato. No infame caso *Planned Parenthood vs. Casey*, o juiz da Suprema Corte Anthony Kennedy, relatando pela maioria, declarou que "a essência da liberdade é o direito de definir seu próprio conceito de existência, de sentido, do universo e do mistério da vida humana" (505, US, 851). Mas não se deixe seduzir por esse discurso etéreo. Quando nos desligamos de nossa herança, nossas tradições, nossas crenças mais profundas sobre o mundo e nosso lugar nele, conquistamos a alienação, e não a liberdade. Pode até ser que *meu conceito de existência* inclua a redistribuição coercitiva da riqueza. A tolice de Kennedy preludiaria um caos intolerável. E por essa via o Estado entra em campo — e o que prevalece não é a cultura de um povo livre, vivo, que celebra e adora em conjunto, chegando a acordos que respeitam seu estilo de vida e a natureza humana. Não; o que prevalece são as vontades dos juízes como Anthony Kennedy. E assim "progredimos", como ratos.

Sófocles alertara contra uma separação semelhante entre as leis que aprovamos e as leis de nosso ser. E agora ele se despede de sua amada Atenas e da pequena vila rural ateniense de Colono onde cresceu. Colono é o lugar para onde vai o velho Édipo — Colono, tão amável quanto outrora, antes de ser calcinada e esmagada. E os atenienses no palco serão abençoados por receberem Édipo pelo desejo de justiça e não do ganho. Esses atenienses de outrora eram piedosos, e conheciam as leis ensinadas pelo sofrimento comum de toda humanidade. Diz o governador Teseu ao cego na gruta:

CAPÍTULO 1

Não esqueço minha educação no exílio
Como a tua, e quantas vezes lutei sozinho
Com risco de vida, em terras estrangeiras.
Não podia fugir de qualquer semelhante,
Que vinha como tu, ou negar-lhe ajuda.
Sei que sou um homem; nos dias vindouros
Minha parte será como a tua, nem mais, nem menos.

Assim era a antiga Atenas, que já não é.

A nova Atenas, outrora petulante, agora humilhada, destinada a nunca mais se reerguer à mesma glória, estava a perder sua orientação moral antes mesmo de se lançar na guerra contra Esparta. "O homem é a medida de todas as coisas", disse o sofista Protágoras, pregando o relativismo moral que as democracias têm dificuldade em ignorar.[3] É fácil entender o motivo: ele lisonjeia o povo e permite que escolham as leis e as guerras que lhe agradam. A tradição nos liga a nosso dever, mas o relativismo coloca o dever de lado com um aceno de mão preguiçoso. Se sou eu que decido o que é "bom" e "mau", então posso muito bem chamar de "boas" as coisas que me apetecem — como, por exemplo, votar para saquear o dinheiro dos outros, ou me envolver com uma prostituta de Creta — e chamar de "más" as coisas desejadas por meu inimigo. Isso não leva à tolerância, mas sim, novamente, à alienação. E alguém deve prevalecer, a menos que estejamos dispostos a tolerar os saques nas ruas simplesmente por prazer e lucro. As elites tecnocráticas são as pessoas importantes de nossos dias. Elas nos dizem que uma mãe solteira é equivalente a uma família, ou que um homem que tem atração por outros homens deveria ser um escoteiro. E se tentamos lhes responder que estão "erradas", irão nos lançar ao rosto nosso próprio relativismo. "Errado? Não existe semelhante coisa", dizem sorrindo. "E caso exista, seremos os primeiros a avisar vocês".

A política ateniense após a morte de Péricles seguiu cada palavra de Protágoras. "Não nos fale de justiça", dizem os embaixadores atenienses aos governantes da ilha neutra de Milos. "Vocês se submeterão a nós, ou iremos destruí-los; a justiça é meramente a vontade dos poderosos". Quando os habitantes de Milos se negaram a capitular, os atenienses mataram os homens e escravizaram mulheres e crianças.[4] A audiência rememora. Vêem no palco uma Atenas que lhes convida às

---

3 *Fragmentos pré-socráticos*, 80B1. A citação era amplamente conhecida, por séculos; v. Sexto empírico, *Contra os matemáticos*, 7.60.
4 V. Tucídides, *A Guerra do Peloponeso*, 5.86–116.

suas melhores aspirações. Vêem uma Tebas mercenária, uma Tebas antinatural, que lhes evoca o que o ateniense enfim se tornou. E choram.

Seria interessante listar os motivos pelos quais um momento tão dramático não poderia acontecer novamente em uma outra democracia decadente: a nossa. Certamente uma das razões é a piedade, essa virtude esquecida. Aqueles atenienses ainda eram capazes de se envergonhar por não honrarem o exemplo de seus antepassados em Salamina, que então estavam unidos aos espartanos contra os persas, seu inimigo comum. Eles eram capazes de se envergonhar diante da virtude de seu governante lendário, Teseu. Ainda estavam dispostos a ouvir duras verdades sobre si mesmos.

NOVE VERDADES POLITICAMENTE INCORRETAS SOBRE A HOMOSSEXUALIDADE GREGA.

1. Era vergonhoso ser considerado efeminado.
2. A efeminação incluía a busca constante do prazer sexual.
3. Os homens adultos que tinham relações uns com os outros eram desprezados.
4. O fenômeno não pode ser compreendido fora das irmandades de sangue e das amizades masculinas, que na maioria das culturas não envolvem qualquer ato sexual.
5. Os homens mais velhos buscavam os rapazes adolescentes (e imberbes).
6. Ela nunca foi aceita por membros de todas as classes sociais.
7. Parece ter se tornado promíscua após a derrocada da pólis livre.
8. Ela espalhava a doença venérea.
9. No que tinha de mais espiritual, como em Platão, direcionava os homens a vidas virtuosas, de luta no campo de batalha ou na assembléia. Atenas não era o Gala Gay.

Mas a vergonha não é uma arma tão poderosa hoje. Vivemos em tempos efeminados. Caluniamos nossos pais, e nos congratulamos mutuamente por fazê-lo. Perdemos com isso a chance de crescer em sabedoria.

Lembremos então daquilo que os gregos nos legaram, e que nós desperdiçamos. Poderemos descobrir os erros que os atenienses cometeram no quinto século, erros que entristeceram os últimos dias de Sófocles. Não falo de erros de julgamento político, que são inevitáveis neste mundo, mas de erros intelectuais, nascidos da auto-satisfação e alimentados pela riqueza e o ócio.

Atenas: acima de todos

Enquanto escrevo, monges budistas estão a marchar pelas ruas de Burma, denunciando a ditadura militar do país e entoando "Democracia, democracia!". Quão estranho é isso! Será que os padres católicos, até mesmo na França secular, clamariam pelo governo dos lamas? Para o bem ou para o mal, quando o mundo pensa em um sistema de governo justo, racional e dedicado à liberdade, ele se volta para o Ocidente. Não se volta para a antiga Pequim ou Persepólis, mas para Atenas. Mesmo quando nossos déspotas mentem, usam a linguagem da democracia. Eles mentem em grego vulgar.

Não sou um idólatra do voto. Trata-se de uma ferramenta, e que precisa ser julgada como tal, conforme assegura a justiça e encoraja o povo a uma vida orientada para o bem. Contudo, nossas escolas ensinam duas coisas contraditórias sobre nossa cultura democrática, e — o que é incrível de se testemunhar — conseguem errar em ambas. Primeiro, ensinam que o voto não é uma ferramenta, mas o próprio objeto da justiça. A escolha é tudo, e não importa o que você escolha. Segundo, ensinam que as diferentes culturas são todas iguais, mesmo as culturas que não respeitam a nossa idolatria da escolha! Mas essa feliz mentira não pode ser mantida quando olhamos para o legado que Atenas nos deixou no governo, na ciência, na arte e na filosofia. Onde os povos prosperam, desfrutam de lazer e colhem os benefícios de grandes invenções e descobertas? Nas terras habitadas pelos herdeiros de Atenas.

É claro que os gregos estavam longe da perfeição. Eram pecadores exatamente como nós. Empregavam muitos escravos. Os mais maltratados eram os prisioneiros de guerra enviados às minas de prata; em poucos anos os gases tóxicos os matavam. Esparta sobreviveu e prosperou transformando todos os seus homens livres em idade de combate em soldados profissionais, para assegurar que os povos escravizados da zona rural circundante não se revoltassem. Os aristocratas gregos desenvolveram um culto da pederastia: se o seu filho tivesse cabelo encaracolado e uma bela compleição, era preciso ser vigilante. As mulheres faziam a maior parte do trabalho no interior e ao redor da casa, mas não eram consistentemente honradas por isso; Hesíodo, o poeta camponês, chama-as de pragas enviadas por Zeus para punir a humanidade.[5]

E a política grega não era sempre uma questão de argumentos racionais num debate aberto. Atenas fora tomada em alguns momentos por

---

[5] V. a história de Pandora em *Os trabalhos e os dias*, linhas 24–82.

tiranos, geralmente apoiados pela classe média. Pisístrato certa vez tentou vencer uma eleição vestindo uma mulher extraordinariamente alta como a deusa Atena, fazendo com que ela exclamasse de uma biga de corrida: "Atena para Pisístrato!".[6] Essa demagogia precoce não funcionou, e ele acabou tomando o poder por meio de um golpe militar. Então (pois era em tudo mais um homem benigno), comprou o apoio popular por meio de projetos de construção e festivais elaborados. Seus filhos que o sucederam nunca dominaram essa arte. Um deles foi assassinado por um rival em um romance homossexual. O outro foi exilado, viajando à Pérsia para ajudar o Imperador Dario a transformar a Grécia em uma província tributária.

Havia boas razões para que Platão tivesse chamado a democracia de a forma mais degenerada de governo.[7] Foi a democracia que levou Atenas à derrota humilhante nas mãos de Esparta. Foi a democracia que sentenciou seu mestre Sócrates à morte. Foi a democracia que entregou o poder às paixões da ralé. Imagine o que Platão diria de nossas pesquisas de opinião e dinâmicas de grupo.

Ainda assim, temos uma dívida incalculável para com aqueles gregos. Eles nos deram os épicos definidores do Ocidente, a *Ilíada* e a *Odisséia* de Homero. A partir de um antigo festival religioso a Dionísio, deus do vinho, desenvolveram aquela forma cerebral de arte que chamamos de teatro. Esculpiram a forma humana com uma beleza e uma precisão científica que permaneceriam inigualadas até a Renascença. Erigiram templos em escala humana e palácios de uma beleza e uma conveniência tal que até mesmo hoje, 2.500 anos mais tarde, nossas casas e escritórios no Ocidente ecoam seus pórticos, frontões e colunas. Aprenderam toda a matemática que os babilônios tinham a ensinar, e incorporaram-na em uma geometria simétrica. Libertando-se dos grilhões da utilidade prática e da contabilidade, inventaram a noção de prova, e acrescentaram impressionantes descobertas próprias, sem a ajuda dos numerais. Arquimedes estimou o número de grãos de areia na Terra, e no meio desse *jeu d'esprit* se aproximou muito da invenção do cálculo infinitesimal.[8] Quando não estava brincando com a teoria dos números, Arquimedes era empregado em atividades mais práticas:

---

6   V. Heródoto, *As Guerras Persas*, 1.60.
7   Platão, *A República*, 8.555b–562a.
8   V. *The Sand-Reckoner* [O contador de grãos], em *The Works of Archimedes* [As obras de Arquimedes], ed. T.L. Heath, Cambridge, UK: Cambridge University Press, 1897. O relato do papel do cientista na defesa de Siracusa, e de sua morte, pode ser encontrado na *Vidas* de Plutarco, na "Vida de Marcelo".

a invenção de catapultas sofisticadas, por exemplo, para a defesa de sua cidade, Siracusa, contra os invasores romanos.

Os gregos inventaram a análise racional dos modos de governo — o que chamamos de ciência política. Heródoto viajou pela Ásia Menor e ao Egito para aprender o que pudesse da vida local, e para colher informação de testemunhas oculares das Guerras Médicas. Ele é chamado de pai da história, mas também poderia ser chamado de pai da geografia e da etnografia. Os gregos iniciaram a busca humana da descoberta da unidade e da ordem invisíveis subjacentes à louca variedade apresentada pela natureza física. Demócrito cunhou o termo átomo, para significar uma partícula que não pode ser dividida.[9]

Mas quando voltaram sua atenção para o homem, e o bem que o homem anseia possuir, os gregos conheceram um florescimento da criatividade que envergonha as outras escolas. Inventaram a filosofia e todos os seus ramos: lingüística, metafísica, moral, política e epistemologia. Poucas vezes um poeta escreveu com tanta sensibilidade para a beleza quanto o filósofo Platão, e entre os poetas somente Shakespeare e Dante podem rivalizar com Sófocles em termos de acuidade filosófica. Somente um filósofo de coração poderia ter escrito *Édipo em Colono*, mas somente um povo filosófico poderia tê-lo apreciado.

Os gregos não eram naturalmente mais inteligentes que todos os outros povos. Mas por que então essas coisas aconteceram ali? As respostas vão nos pôr em contato com o politicamente incorreto a cada passo.

Um pai, e não uma mãe

Na alvorada dos registros históricos, o povo que habitava a Grécia, como outros povos próximos do Mar Mediterrâneo, cultuava os deuses da fertilidade.[10] Eles sacrificavam à Mãe-Terra, ventre e túmulo para todos nós, que sempre gera e destrói cegamente. Mas por volta de 1500 a.C., nômades das estepes da Ásia Central, os assim chamados dórios, varreram a Ásia Menor e a Grécia. Esses dórios falavam uma língua indo-européia, relacionada ao germânico, ao latim, ao celta e ao sânscrito. Como não eram fazendeiros, não adoravam a terra. Na verdade,

---

9   V. Diógenes Laércio, *Sobre as vidas e opiniões dos eminentes filósofos*, 9.44.
10 V. a Introdução de Norman O. Brown a *Hesiod: Theogony* [Hesíodo: Teogonia], Indianápolis: Bobbs-Merrill, 1953; Gilbert Murray, *Five Stages of Greek Religion* [Cinco estágios da religião grega], Nova Iorque: Doubleday, 1951.

cultuavam os deuses do vasto céu que viam acima de si mesmos nas planícies.

Esses deuses celestes eram também, naturalmente, deuses da luz e das coisas que associamos com a luz: liberdade, beleza, riso e inteligência. Seu deus superior era Zeus-Pai (o germânico *Tiw*, como em "*Tuesday*", e o *Deus pater* romano, que se tornou *Deuspiter* ou *Jupiter*). Ele era dotado da glória, da sagacidade e do poder que tornam alguém *divus* (latim) ou *dios* (grego). Era banhado pela luz.

Mas então ocorreu algo estranho: assim como os dórios invasores não eliminaram os nativos, sua religião também não eliminou os antigos cultos de fertilidade. Ela só os absorveu, e isso permitiu um rico sistema de deuses incompatíveis. A história é contada na *Teogonia* de Hesíodo como uma batalha entre as gerações dos deuses. Os antigos deuses governavam pela força bruta, ou ao menos tentavam: Urano, deus dos céus, odiava os filhos de sua esposa Gaia, a Terra, e os guardou novamente no ventre dela. Então Gaia, já mostrando os primeiros sinais de inteligência no cosmos, deu a seu filho Cronos uma foice de ferro e o orientou a vigiar durante a próxima vez que ela fizesse amor com Urano. Quando a noite caiu, Urano "cobriu" Gaia, mas Cronos cortou os testículos de seu pai e os lançou ao mar. Sem testículos, sem trono.

Cronos então governou pela força. Seu truque consistiu em engolir completamente seus filhos. Mas sua esposa Reia, ajudada por Urano e Gaia, lhe entregou para comer uma pedra enrolada em um pano enquanto seqüestrava seu bebê para ser criado ocultamente. O nome desse bebê era Zeus. Ele, por sua vez, destronou seu pai, mas — e eis aqui o ponto — por alianças inteligentes, e não somente pela força. Concedeu posições poderosas a alguns dos deuses antigos. Hécate se tornou deusa do submundo e protetora dos guerreiros. O Estige, o temido rio do submundo, conquistou a honra de ser invocado sempre que os deuses faziam um juramento. Os horrendos Titãs de cem braços, Briareu, Coto e Giges, receberam a permissão de comer e beber com os jovens deuses no Olimpo. Eles se provaram indispensáveis quando os outros Titãs tentaram destronar Zeus. Não era pouco poder contar com criaturas que podiam lançar cem lanças simultaneamente.

É uma estranha mistura. Os "antigos" deuses, associados com a terra e o sangue, a lascívia e a vingança, ainda existem, e exigem o que lhes é devido, mas devem ser governados. Eles se submetem a Zeus, o sagaz e poderoso. Ele é sagaz, mas pode ser enganado; é forte, mas não forte o suficiente a ponto de poder ignorar os outros deuses. É um sistema que convida a mente a investigar os enigmas da vida humana. Como podem as paixões serem governadas pela razão? Isso deve sempre ocorrer? Qual é a relação entre a autoridade e a bondade? Podem as antigas tradições ser violadas à vontade? Há uma lei à qual até mesmo os deuses devem se submeter — uma lei que Urano e Cronos violaram, e talvez também Zeus? Há algo como o progresso e a evolução moral, e se sim, para onde está indo? O que permanece imutável?

> **HIPÓCRATES ERA PRÓ-VIDA**
>
> "Juro por Apolo, aquele que cura...".
> "Não darei uma poção fatal a ninguém que me peça, nem sugerirei semelhante coisa. Também não darei a uma mulher os meios para a realização de um aborto".
> "Serei casto e religioso em minha vida e em minha profissão".
> — Trechos do *Juramento hipocrático*.

O homem mudou de rumo na Grécia, e essa religião foi parcialmente responsável. O dramaturgo Ésquilo narra o fato em forma mítica.[11] Orestes descobre que seu pai, o Rei Agamêmnon foi assassinado. O sangue exige o sangue; essa é a antiga lei da vingança. Mas o assassino é sua própria mãe, Clitemnestra. Como ele pode matar a mulher que o trouxe ao mundo e o nutriu? A reivindicação da mãe também é primordial. O que ele deve fazer? As tradições, por si mesmas, não oferecem qualquer escapatória. Quando enfim chega a matar Clitemnestra, é perseguido pelas Fúrias, deusas antigas e horrendas do submundo, que vingam aqueles que violam os antigos tabus de sangue. Elas são também as terríveis torturas do despertar da consciência de Orestes. Ele não pode suportá-las; então corre para Atenas a fim de passar por um julgamento diante dos deuses. A jovem deusa da sabedoria, Atena, presidirá a sessão. É o velho contra o novo, o instinto contra a razão, as Fúrias contra Apolo, o protetor de Orestes, com Ésquilo concedendo a maior força argumentativa às Fúrias. Os jurados chegam a um empate. Atena dá o voto decisivo pela inocência. Já que ela nasceu da cabeça de Zeus, diz ela, sempre está inclinada a favorecer o pai. Ela favorece então os direitos da cidade: a assassina do rei deve ser punida.

Aqui está demarcada a mudança da tribo para a pólis — homens livres a debater e determinar o curso a ser seguido. A maior surpresa

---

11 Ésquilo narra o mito, que ele usa para celebrar o estabelecimento de uma Atenas democrática, em sua trilogia *Oresteia: Agamenon, Coéforas e Êumenides*.

não é o voto dos jurados (dado que neste caso seu voto é justo), mas a existência em si de um júri. E ele é simplesmente composto dos homens livres de Atenas. Os homens têm a capacidade — não o direito, mas a capacidade, caso se concentrem nisso — de se governarem. Podem reconhecer os direitos da tradição, das leis não escritas, da natureza maternal, e ao fazê-lo podem ordenar seus assuntos racionalmente. Se tiverem um rei, ele deve ser como o Teseu de Sófocles: calmo, patriótico e sábio, com toda a glória e fragilidade da alma humana. O autogoverno de um povo é um presente de Zeus. Isso lhes aproxima do deus entronizado no Olimpo que chamam de "pai dos deuses e homens", não quanto a seus hábitos reprodutivos (que são prodigiosos), mas sim quanto à sua estratégia política e o poder de seu intelecto.

O efeito Ilhas Gregas

O acordo olímpico refletiu o tipo de governo que os gregos praticamente foram obrigados a inventar. Considere a topologia das terras gregas. Ela é sulcada por montanhas escarpadas e penhascos. Há muitos portos esplêndidos, mas não há rios longos navegáveis. O clima é excelente para a agricultura, especialmente para o cultivo da uva e da oliveira de muitos usos, mas é difícil encontrar planícies suficientes para a produção de grandes estoques de grãos. Os gregos, portanto, não poderiam ser auto-suficientes; tinham de realizar trocas. E uma cidade não poderia estabelecer um vasto império que cobrisse toda a área. Isso era impossível antes de Alexandre, o Grande, e seus exércitos.

Dessa forma, os gregos construíram pequenos entrepostos de uma civilização altamente avançada: a pólis, ou cidade-Estado, donde derivamos nossa palavra "política". Essas cidades-Estados cravejavam a península grega, o Mar Egeu, o litoral turco, e, finalmente, a Sicília e o sul da Itália, com centenas de comunidades que se autogovernavam. Nem todas eram democráticas. A maioria começou como reinos ou aristocracias hereditárias, governadas pelos homens influentes das famílias mais antigas e mais bem estabelecidas. Era, se me permitem um anacronismo, um tipo de federalismo, que garantia grande liberdade para a pólis, e tornava cada uma delas um laboratório para o governo, as artes, a poesia, a filosofia, e quase todos os empreendimentos criativos que podem ser nomeados.

Vale a pena parar um pouco para apreciar esse fenômeno, que gostaria de chamar de efeito Ilhas Gregas. Ele não é peculiar à Grécia. Podemos encontrá-lo nos mosteiros cristãos da Idade Média, nos estados originais da América e nas repúblicas italianas da Renascença. Podemos encontrá-lo nos dias de hoje, embora desencarnado, na internet. Em todos esses casos há alguma forma de unidade, mais cultural do que governamental, coincidindo com uma grande liberdade experimental.

Olhemos primeiro para a unidade. A despeito dos dialetos, os gregos uniam-se em uma única linguagem. Uniam-se nas formas de adoração: vemos isso nos jogos pan-helênicos, dos quais os mais famosos ocorriam em Olímpia. Uniam-se em sua herança mitológica e literária. Um grego de Halicarnasso, na costa da Turquia, se lembraria do dilema de Aquiles na *Ilíada*, e seria capaz de discuti-lo com um compatriota grego nascido na Tebas continental, mas residente agora em Acragas, a milhares de quilômetros de distância na Sicília. Precisamente por valorizarem essa tradição, podiam conversar um com o outro. Diferentemente dos estudantes em nossas escolas que odeiam a tradição, tinham algo para mirar em comum. Peça a um universitário veterano que recite um poema curto do mais americano dos poetas, Robert Frost, e ele lhe lançará um olhar vazio. Peça-lhe que nomeie um único general da Guerra Revolucionária que não seja Washington, e ele perguntará o motivo pelo qual o está importunando com banalidades. Mesmo que tenha aprendido a pensar, ele tem muito pouco material sobre o qual pensar. Está intelectualmente no estado de um camponês que não tem uma roda e um arado. Os gregos não sofriam dessa privação.

Será que Platão anteviu Madonna?

A introdução de um novo tipo de música deve ser evitada como algo que ameaça todo o Estado; já que os estilos musicais nunca são alterados sem que afetem as mais importantes instituições políticas.
— *A República de Platão* (Livro IV, 424c).

Quase nada em Platão nos parece tão tolo quanto seu aviso sobre a música. A típica acusação contra o filósofo foi de que ele se afastou excessivamente das exigências do corpo, mas aqui ele as reconhece francamente, enquanto nós somos aqueles que acreditam que as batidas incessantes, marteladas e caóticas do hip-hop não terão qualquer efeito sobre nós.

Os mitos compartilhados eram o solo fértil no qual suas imaginações criavam raiz.

Mas elas não criaram raiz da mesma forma em todos os lugares. E por que deveriam? Hoje pregamos uma diversidade superficial, mas há mais variedade nas calotas polares do que nos currículos de nossas escolas públicas. Os gregos apreciavam a diversidade real. De certa forma eram obrigados a isso. Mencionei a unidade grega; mas sua fragmentação não era menos importante. Eles podiam festejar conjuntamente, e podiam lutar um contra o outro. Como suas cidades eram relativamente pequenas, tinham de treinar seus rapazes ao mesmo tempo para o autogoverno e para a guerra.

Os gregos descobriram que a infantaria composta de guerreiros hoplitas, homens disciplinados a lutar como um time, cada um deles escudando o homem à sua esquerda, podia resistir à cavalaria da nobreza e aos exércitos de escravos da Pérsia. Mas os cidadãos que lutam exigem ter voz no governo. Por isso o menino grego, quando chegava à idade da razão, era levado à *palaestra* ao ar livre, para ser educado como um guerreiro autodisciplinado e um cidadão. Ele aprenderia música, de forma a treinar sua alma — ou seja, as músicas de Homero e dos poetas; e treinaria seu corpo em força e agilidade por meio de competições regulares.[12]

Os ginásios (literalmente, "lugares para se ficar nu") eram o coração da vida cultural e política grega. Eles não tratavam os garotos como bebês. Longe disso. Considerem o que os garotos devem ter entreouvido. Sobre cada adulto que pudesse dar algo do seu tempo recaía a expectativa de manutenção de um corpo forte e saudável no ginásio, em parte porque sua cidade poderia dele precisar em tempos de guerra, mas também porque essa era coisa bela e boa a se fazer. Ali, como os homens sempre fazem quando são livres, eles se engajavam na conversa incessante sobre a vida da cidade, o dinheiro, os esportes, os deuses, a verdade e a ilusão, o bem e o mal. A filosofia nasceu em um clube masculino, em meio ao suor do ringue de luta.

Cada cidade desenvolveu então seus próprios costumes, assim como cada uma treinava seus próprios guerreiros. Algumas, como Esparta,

---

12 V., por exemplo, E. Norman Gardiner, *Athletics in the Ancient World* [O atletismo no Mundo Antigo], Mineola, NY: Dover, primeiramente publicado pela Oxford University Press, 1930, pp. 55-58. A importância dessa educação fica clara com a afirmação sucinta de Gardiner: "Se envergonhar de ser visto nu era para o grego uma marca do bárbaro" (57). Na idade de dezesseis anos, um rapaz poderia ser admitido ao treinamento nos clubes masculinos, o ginásio. Um sumário encantador de todo o "curriculum" pode ser encontrado em *The Education of The Greek People and its Influence upon Civilization* [A educação do povo grego e sua influência sobre a civilização], por Thomas Davidson, Nova Iorque: Appleton, 1897.

tinham reis; e alguns reis eram governantes genuínos, enquanto outros eram líderes de culto; algumas cidades eram governadas pela riqueza; algumas marchavam rumo à democracia, com Atenas à testa de todas elas. Em meados do século V a.C., todos os cargos públicos atenienses que não fossem os poucos que exigiam uma especialidade técnica (o generalato, por exemplo) eram preenchidos por loteria. Todo homem livre tinha a mesma chance de se sentar no conselho legislativo composto de quinhentas cabeças, e quase todos iriam, em algum ponto de sua vida, servir à cidade em alguma posição importante. Nada, portanto, de campanhas eleitorais e promessas vazias. Melhor ainda: nenhuma promessa de campanha sincera que buscasse premiar os ociosos às custas dos industriosos, ou os revoltados às custas dos que são felizes. Enquanto houvesse líderes que eram inteligentes e patriotas, que pudessem resistir à tendência igualitária de se arrastar rumo à mediocridade e à inveja, o sistema funcionaria.

Cada cidade era conhecida por uma habilidade, virtude ou hábito que a destacava de todas as outras. Mitilene tinha os melhores pedreiros. Corinto tinha a melhor cerâmica. Tebas desfrutava de uma planície fértil. As pessoas tinham orgulho de suas pátrias, de uma forma que temos dificuldade em compreender, pois carecemos da vitalidade de sua vida cívica local. Isso explica por que Sócrates, condenado à morte injustamente por "corromper a juventude ateniense", não tentou escapar. A lei da cidade, apesar de ter sido injustamente aplicada, era por ele respeitada, e até mesmo amada. Assim Sócrates imagina as Leis de Atenas lhe falando:

> És tão sábio a ponto de ter esquecido que, comparado a seu pai e sua mãe e todos os seus outros ancestrais, seu país é algo bem mais precioso, mais venerável, mais sagrado, e tido em grande honra entre os deuses e todos os homens razoáveis? Não percebes que és ainda mais obrigado a respeitar e aplacar a ira de seu país do que a de seu pai? (*Críton*, 51 a-b)

As notas desse mesmo amor, nobre e destemido, sem autocomiseração ou sentimentalidade, também podem ser ouvidas no epitáfio dos trezentos espartanos que sacrificaram suas vidas no bloqueio do desfiladeiro de Termópilas contra os invasores persas: "Estrangeiro, vá e anuncie em Esparta que aqui jazemos em obediência a seu comando".[13]

---

13 V. Heródoto, *As Guerras Persas*, 7.228.

Os gregos acreditavam tão poderosamente que a pólis livre fornecia ao homem a melhor chance de fruição da boa vida que, quando suas cidades cresciam até a superlotação, enviavam cidadãos para fundar novas cidades. Essas novas cidades mantinham alianças comerciais e militares com a cidade-mãe, mas não eram colônias no sentido moderno. Governavam a si mesmas. Quando Aristóteles disse que "o homem é um animal político", ele não quis dizer que "o homem adora se imiscuir nos negócios alheios", mas sim que "o homem naturalmente se desenvolve de forma superior em uma pólis" — uma cidade-Estado pequena e autogovernada, cujos cidadãos se conhecem de vista, por laços familiares ou pela reputação, e participam regularmente e ativamente da direção da cidade.[14]

Tudo mais é "bárbaro" e digno de pena. Isso pode significar sofrer sob a tutela de burocratas imperiais enviados de uma distante capital, ou a imersão em um Estado tão imenso que quase ninguém se envolve intimamente em sua governança. Pode significar uma vida como aquela dos ciclopes na Odisséia de Homero:

> *Não se encontram em assembléias aqueles ciclopes,*
> *Nem fazem leis; vivem no topo das montanhas,*
> *Em profundas cavernas; cada um deles governa sua esposa e seus filhos,*
> *E toda família ignora seus vizinhos.*
> (IX, 112–115)

Todas essas condições limitam a arena para a virtude prática e intelectual. Em qualquer sentido prático, e apesar das eleições incessantes, elas também caracterizam a vida nos Estados de bem-estar social tecnocráticos da América contemporânea e da maior parte da Europa Ocidental.

A tradição e a lei natural

O que aconteceu então? O que levou os atenienses a lamentar sua integridade perdida, enquanto se sentavam silenciosamente sob o céu e ouviam as canções de *Édipo em Colono* como uma voz vinda dos mortos? O que aconteceu a Atenas veio a acontecer um dia, em grande medida,

---
14 Aristóteles, *Política*, 1.11253a.

a todo o Ocidente. O orgulho e a estupidez explicam muitas coisas; a ganância ainda mais. Mas também estavam implicadas na queda de Atenas algumas poucas idéias destrutivas: o bem e o mal objetivos não existem. A "sabedoria" do passado é mera convenção social. Ela se torna obsoleta com o pôr do sol. Não demarca uma vitória duramente conquistada por um povo, a exigir reverência. Deve ser lançada na lata de lixo.

Essas idéias soam familiares? Será que um americano pode ler três páginas de um jornal, ouvir um comentarista político ou professor por cinco minutos sem encontrá-las?

Eu defino o homem moderno parcialmente por seu desprezo pela tradição. Ele não pode vê-la como a experiência depurada de seus ancestrais, o resultado de gerações de homens e mulheres que buscaram sintonia com as leis que governam nossa existência. No entanto, foi o senso de que as tradições eram sagradas que forneceu àqueles gregos enérgicos uma fonte constante de questões morais e religiosas a serem ponderadas. Eles eram inquietos no intelecto e na política; contudo, seu senso da beleza do cosmos e da ordem profunda de todas as coisas lhes dava limites salutares. Semelhante piedade, mesmo quando irrefletida, ajudou a protegê-los da tolice segundo a qual o "direito" é aquilo que uma maioria quer que ele seja. Ela pode ser vista no *Eutifrão* de Platão, uma sátira brutal contra o egoísta e pedante jogo de palavras de um jovem prestes a testemunhar no tribunal contra seu próprio pai — e que tem orgulho dessa ação. No sentido cultural, nossas escolas estão a produzir Eutifrões o tempo inteiro. Ao menos nisso elas têm êxito.

Essa piedade lembra aos homens da lei natural que devem obedecer, a menos que queiram se autodestruir. E não importa que seja difícil aplicar a lei ao caso particular. Os dramaturgos trágicos Ésquilo, Sófocles e Eurípedes envolvem seus personagens em terríveis dilemas. Será que

> **UM LIVRO QUE VOCÊ NÃO DEVERIA LER**
>
> *The Greeks* [Os gregos], por H. D. F. Kitto. Nova Iorque: Penguin, 1950.
>
> Um livro esplêndido e genial escrito antes do começo das guerras culturais, por um homem que amava a arte, o teatro e a poesia grega, e que fornecerá a você a mais amigável e sensível introdução a tudo isso. A crítica atual não tem a menor complacência com a clareza e a caridade — ou com o senso comum.

você deve manter sua promessa a seus companheiros de armas e persuadir o pobre Filoctetes a voltar a se alistar na Guerra de Tróia, mesmo que isso signifique enganá-lo novamente — já que foi você, Odisseu, que o fez naufragar em uma ilha desabitada nove anos antes? Deveria você, Prometeu, se submeter ao poder dominante de Zeus, e dar-lhe a conhecer a profetizada ameaça a seu trono? Deveria você, Etéocles, dar atenção às mulheres em pranto de sua cidade e deixar de confrontar seu irmão com a espada, mesmo que ele esteja a liderar uma força de sete exércitos contra seus sete portões? Deveria você, Teseu, matar seu filho Hipólito, após vir a saber que sua esposa, Fedra, alega que ele a violou? A resposta nunca é fácil. E nunca é "aja segundo sua opinião".

Os relativistas atenienses

A idéia de que o bem e o mal são "socialmente construídos", meras convenções, não é nova para nós. Pois não é somente a verdade que é atemporal; as mais óbvias falsidades também são. A falsidade em jogo aqui foi incubada na Atenas do século V a.C. É, em parte, obra dos sofistas, os primeiros educadores profissionais do Ocidente. Os sofistas, disponíveis por certo preço, treinavam os jovens na retórica, preparando-os para os debates na assembléia. Logo conquistaram a reputação de verdadeiros vendedores ambulantes. Em *As Nuvens*, Aristófanes apresenta Sócrates, dentre todas as pessoas, como um sofista que ganha dinheiro ensinando várias formas de impiedade sedutoras.

Seus alunos riem das inconsistências nas histórias dos deuses. Eles aprendem como argumentar, como satisfazer sua ganância e sua lascívia, que o bem é mal e que o mal é bem. Sócrates, ao descer das nuvens, substituiu os deuses, trocando a virtude pelos truques verbais. Isso é injusto com Sócrates, que estava muito longe de ser um sofista. Mas aplica-se à nossa educação moderna e utilitária, na qual trocamos a verdade pelo desejo de nos destacarmos; e isso finalmente submete a mente ao mundanismo e à falta de senso prático. É uma combinação imunda. Somos mundanos porque desprezamos a verdade em prol daquilo que faz as cabeças na arena política. Não somos práticos, pois a verdade é a verdade — gostemos dela ou não.

Marx reduziu o espírito do homem aos desejos materiais, e acreditava que o planejamento central poderia fornecer bens de forma mais eficiente do que o livre mercado. Ele estava errado em ambas as afirmações.

Nossas escolas feminilizantes reduzem o homem e a mulher a alguns poucos detalhes fisiológicos, e então pregam que pílulas e balões de plástico serão um remédio para a lascívia humana. Ambas são idéias erradas — e destruidoras de almas.

Mas em Atenas, como agora, havia um mercado para as tralhas sofísticas. O homem precisa da sabedoria, mas aquilo de que precisa e aquilo que compra são duas coisas diferentes. A sabedoria pode clamar debaixo de seu nariz, mas ele está muito ocupado no mercado para ouvir. Ele gosta de ouvir Protágoras dizer que o homem é a medida de todas as coisas, e conclui que o bem e o mal, ou a existência e inexistência de uma coisa, dependem de como o homem os considera. "A justiça é a vontade do mais forte", diz Trasímaco, que foi ridicularizado na *República*[15] de Platão. O historiador Tucídides sugere que Atenas aceitou alegremente essa "sabedoria", e tentou usá-la, como mencionei, para esmagar a ilha de Milos.

Tucídides escreveu após a grande derrota ateniense. Detestava o oportunismo e o relativismo. Na verdade, todos os grandes dramaturgos e pensadores da Grécia Antiga acreditavam na verdade moral objetiva. Não achavam que ela é facilmente apreendida. É algo que deve ser buscado, pelo qual se deve lutar, e que ganha vida nova a cada geração. Mas ela existe, e é universal. Quando o velho e débil Príamo, rei de Tróia, apareceu na tenda de seu inimigo Aquiles para implorar pelo corpo de seu filho Heitor, o grande guerreiro quedou atônito. Não há nada de impressionante em um velho de joelhos, mas para Aquiles, naquele momento, Príamo parecia um deus. Ele o faz lembrar de outro velho, seu pai Peleu, que está bem longe no mar Egeu. Aquiles não o vê há mais de dez anos, e sabe que não o verá novamente. "Honre os deuses então, Aquiles", exclama Príamo,

> ... *e tenha piedade de mim*
> *Lembrando de seu pai; pois sou ainda mais digno de pena*
> *Passei por aquilo que nenhum outro mortal passou;*
> *Meus lábios roçaram as mãos daquele que assassinou meu filho.*
> (Ilíada, XXIV, 503–506)

Devolva-me meu filho, ele exclama. É simplesmente a coisa certa a ser feita. Os dois homens, jovem e velho, grego e troiano, inimigos na guerra, chorando no crepúsculo. Estão unidos em sua humanidade, no sofrimento e na solidão.

---

15 Platão, *A República*, 1.338c.

Os gregos derivaram seu senso da negociação justa de uma observação obstinada da fragilidade humana. Tinham a medicina mais avançada do Ocidente até o fim do século XIX, viviam ao ar livre e sob o sol, comiam uma dieta saudável, exercitavam-se até mesmo na velhice; por isso viviam por um longo tempo. Mas o "cuidado médico" era algo que deviam prover por si mesmos, e em última instância todo cuidado do mundo será em vão. A morte paira sobre nossa glória, e deveria nos instruir contra a *hubris*, literalmente "soberba" ou "altivez". Então, Odisseu, disfarçado de mendigo, circula pela mesa de sua casa, pedindo pão aos homens que buscam conquistar a mão de sua esposa Penélope, se aproxima do chefe do bando, Antínoo, e lhe pede que considere de que modo as Moiras (Destinos) que elevam um homem também podem arruiná-lo:

> Eu também já fui um dia um homem de posses; minha casa
> Era rica; muitas vezes dei esmolas a vagabundos,
> Fossem quem fossem, que vinham em necessidade.
> Ali tive inumeráveis escravos e todas aquelas coisas
> Que agraciam um homem que os homens consideram abençoado
> Mas Zeus, o filho de Cronos, teve prazer
> Em me arruinar.
> (Odisséia, XVII, 419–424)

Antínoo responde exigindo que aquela "peste" se afaste, e arremessa um banco logo que o mendigo vira as costas. Adequadamente, ele será o primeiro pretendente a morrer quando Odisseu começar seu massacre vingativo. O beberrão e conversador malandro receberá uma flecha enterrada em sua garganta, no exato momento em que está a erguer uma taça de vinho até seus lábios.

> **OS ATLETAS DE ATENAS II**
>
> "Nenhum grego chegou a trocar cumprimentos após uma luta, nenhum grego chegou a ser o primeiro a congratular seu oponente; a derrota era sentida como uma desgraça".
> — E. Norman Gardiner, *Athletics in the Ancient World* [O atletismo no Mundo Antigo].
>
> E os gregos não eram os únicos que assim agiam. O único orvalho que suavizou o coração seco e endurecido do homem caiu d'Aquele que foi aparentemente derrotado em uma cruz.

Até mesmo um relativista pode lançar algum pão nas mãos de um mendigo — especialmente se, como era o caso de Antínoo, se trata do pão de outrem. O que é difícil de admitir é que todo um povo, um Estado, deva se submeter ao que é certo. Não é politicamente correto falar dessa forma hoje. Não é "democrático". Mas devemos ouvir Sófocles. Amigo íntimo de Péricles, ele era fascinado pela tensão entre o popular e o eterno, ou entre a conveniência política e a justiça. Em *Édipo em Colono*, ele mostra que as bênçãos vêm para os piedosos e não para aqueles que agem por motivos circunstanciais e utilitários. E a primazia da lei natural está no centro de sua brilhante *Antígona*.

A peça é usualmente lida como um protesto contra o poder de intimidação do governo, ou contra o patriarcado. Mas é, na verdade, um alerta conservador contra a democracia radical, e um lembrete de que a razão também pode se inchar com a arrogância e, como um tirano, usurpar a autoridade das leis que são intuídas, e não deduzidas.

Eis a situação: Etéocles e Polinice, filhos do exilado Édipo e rivais pelo trono de Tebas, se mataram em combate. Creonte, o tio dos dois jovens, fica com o poder. Sua única preocupação, diz ele, é o bem-estar da pólis:

> *Nenhum homem que é inimigo de sua pátria*
> *Chamar-me-á amigo. Disto tenho certeza —*
> *Nossa pátria é nossa vida; somente quando*
> *Caminha segura é que temos realmente amigos.*

Assim ele ordena que Etéocles seja enterrado com plena honra militar, enquanto seu irmão Polinice deve apodrecer insepulto fora dos muros da cidade, com seu corpo vigiado por sentinelas. Creonte se preocupa somente com a política cotidiana — a justiça é definida segundo o ganho da cidade. Um irmão deve ser alçado ao posto de herói e o outro condenado como um traidor. Moralmente, no entanto, não há muito o que ser escolhido entre eles, como sabe a audiência. Etéocles conquistara o apoio popular e derrubara seu irmão mais velho com um golpe. Polinice não poderia se contentar, e assim sublevou seis outros reis para o ajudar a atacar sua própria cidade. Era claramente um ato antinatural; mas o irmão caçula também não deveria ter enviado o primogênito para o exílio, nem deveriam os dois estarem mortos, assassinados pela mão um do outro.

Essas considerações nada significam para Creonte. O bem-estar da cidade, porém, não parece penetrar a mente da jovem Antígona, irmã dos dois mortos. Seu mundo parece à primeira vista ser mais estreito do que o de Creonte: um mundo de intensa lealdade à família e ao sangue. Duvido que seja realmente mais estreito, mas é um mundo terrivelmente real, mais imediatamente presente ao coração humano. Ela só sabe que um irmão amado permanece insepulto. E então se esgueira por entre as sentinelas para jogar um pouco de pó ritual sobre o corpo. Capturada no ato, é levada diante de Creonte.

Poderíamos esperar que a mulher passional se lançasse em discursos delirantes. Antígona certamente é capaz disso. E poderíamos esperar que Creonte, o governante másculo e lúcido, falasse de forma desapaixonada sobre as razões de Estado, e os motivos pelos quais devemos colocar as motivações pessoais de lado. Mas não é isso que acontece. O que Sófocles nos apresenta é surpreendente. É Creonte, o "democrata", o homem político, que gradualmente revela, sob sua entusiástica defesa da cidade, motivações inseguras e fome de poder. "Há um partido de descontentes na cidade", murmura ele, "rebeldes contra *minha palavra e lei*" [ênfase minha]; pode-se até chamá-los de vasta conspiração da extrema-direita tradicionalista. Enquanto isso, Antígona afirma com clareza racional nosso dever de reverenciar as leis eternas, que não deduzimos pela razão e não podemos alterar por meio de assembléias cívicas:

> *Essa ordem não veio de Deus. A justiça,*
> *Que habita com os deuses do submundo, desconhece essas leis.*
> *Não pensei que seus éditos fossem poderosos*
> *A ponto de anular as inalteráveis leis não-escritas*
> *De Deus e dos céus, já que é somente um homem.*
> *Elas não são de ontem ou de hoje, mas eternas.*
> *Contudo, de onde vieram ninguém pode dizer.*

Creonte não se deixará comover. Condena Antígona a descer aos deuses subterrâneos — a ser enterrada viva em uma sepultura. "Vá então, e partilhe seu amor com os mortos". Ao fazer isso, afirma uma alegação radicalmente democrática: os antigos deuses podem ser ignorados. Que se dane a tradição. Podemos aprovar leis como quisermos. Os direitos da família nada significam. Mas o povo de Tebas começa a simpatizar com Antígona, a quem não apreciam, mas que apela a uma justiça acima do interesse próprio. Até mesmo Hêmon, o filho de Creonte e prometido de Antígona, avisa o rei de que o desastre paira sobre ele. Eis que Creonte invoca a mesma lei natural que vinha revogando. Pois os jovens devem reverenciar os anciões: "Devo então receber lições nesta altura de minha vida", escarnece ele, "de um mancebo de sua idade?". A resposta de Hêmon vai direto ao ponto: "Não é uma questão de idade, mas de certo e errado".

Somente depois que sua sobrinha Antígona, seu filho Hêmon e sua esposa Eurídice cometem suicídio é que Creonte enxerga que sua perversidade, travestida com o garbo da virtude cívica, lhe destruiu. Ao negar os direitos fundamentais da família e das relações de sangue, ele condena sua própria família à morte, e se torna um homem amaldiçoado, incapaz de governar a cidade. "Sou um nada", chora ele. "Não tenho uma vida".

O erro de Creonte não consiste em ser homem. Por coincidência ele é um homem, dado à ostentação, à agressividade e ao amor do poder. Ele claramente trata as mulheres com desprezo. Menospreza grosseiramente o amor de Hêmon por Antígona: "Há outros campos para ele arar". São falhas de caráter, e elas têm um papel em sua queda. Mas o erro, o gatilho, é sua revogação da lei natural. Ele poderia ser uma mulher, dada ao excesso de sensibilidade, de malícia, de timidez e de ódio aos homens. A Babá[16] atual da política americana vem à mente. Cometa o mesmo erro, sofra o mesmo destino. O gatilho não pode dizer qual dedo o apertou.

QUANDO O PATRIOTISMO ERA VERDADEIRO

"Quando [os espartanos] lutam sozinhos, são tão bons quanto quaisquer outros homens, mas quando lutam como um corpo são os mais bravos guerreiros de todos. Pois, apesar de serem livres, não o são em todos os sentidos; a Lei é o senhor a quem devem; e eles temem esse senhor mais do que os seus súditos o temem".
— Heródoto, *As Guerras Médicas* (7.104)

Assim falou um espartano ao rei da Pérsia, Dario, quando este se preparava para invadir a Grécia. Os espartanos não produziram muita poesia e arte, e tinham poucas amenidades em suas vidas. Mas não é somente pela poesia e pela arte que uma cultura pode deixar sua marca no mundo. Pois por mais de dois mil anos — até nossa época afetada e frouxa — tivemos diante de nós o exemplo da pequena pólis e seus homens, que eram livres porque reconheciam a Lei e temiam a desonra mais do que a morte.

---

16 Possível referência a Hillary Clinton. — NT

A beleza não está meramente nos olhos do observador

Não podemos entender o desejo grego de compreender as leis físicas e morais que governam o mundo a menos que consideremos algumas afirmações que nossas escolas ignoram ou rejeitam:

- O mundo é um cosmos, um todo ordenado e supremamente amável, no qual o homem, maravilhosamente belo, ocupa um lugar particularmente importante. O fato de maior interesse sobre o mundo é que ele é um mundo, e não uma sopa caótica.
- A beleza não é mera questão de opinião ou convenção social.
- O amor, inspirado pela beleza, possui uma centelha do divino. O amor é algo mais que o desejo.
- Nossos estudos do mundo físico e do mundo moral não devem ser separados. São parte da mesma ânsia pela sabedoria que chamamos de filosofia.

Em conjunto, essas afirmações constituem um ataque potente a nossas escolas e nossa política. O bem e o mal existem. A verdade existe, e podemos chegar a conhecê-la. O belo existe, e fomos feitos para amá-lo. Pois o mundo não pode ser reduzido somente à matéria.

Os primeiros gregos que se intitularam filósofos buscaram compreender o mundo físico, para descobrir qual elemento primordial é subjacente às nuvens e leões, ao mármore e ao sangue. Mas não devemos aceitar passivamente seu pressuposto ousado de que semelhante elemento poderia ser encontrado, e que o mundo era inteligível! Tales de Mileto[17] raciocinou que esse elemento deve ser capaz de assumir as três fases da matéria: sólida, líquida e gasosa. Dessa forma, postulou que a água era de alguma maneira a *arché*, o fundamento ou origem de todas as coisas, apesar de saber que não se podia manipular a água para obter ferro ou argila. Seu sucessor Anaxímenes votou pelo ar. Outros votaram pela terra ou fogo, ou alguma combinação dos assim chamados quatros elementos.

Mas há um problema lógico em todas as explicações do mundo que se resolvem em coisas como a água e o ar.[18] Dizer que a *arché* do mundo é água não explica nada, já que a água é ela mesma uma das coisas

---

17 V. Diógenes Laércio, 1.27.
18 V. Diógenes Laércio, 2.3.

que exigem explicação. Trata-se de um raciocínio circular, e não ajuda estender o círculo até as dimensões de todo o cosmos. O filósofo Anaximandro raciocinou, portanto, que seja lá o que for a *arché*, ela não pode ser como as coisas que vem a explicar. Deve estar além da predicação. Ele então a chamou de *apéiron*, o ilimitado.[19]

Os historiadores da ciência agora murmuram: "Se ao menos os gregos tivessem permanecido no caminho materialista! Poderiam ter feito fantásticas descobertas na química e na física. Mas em vez disso nos perdemos na especulação metafísica e na teologia". Eles também poderiam ter tido corações e cidades de plástico, séculos antes de nosso tempo.

Sim, os gregos fizeram grandes descobertas. Tales observou que certos sinais sempre precediam abundantes colheitas de azeitonas. Então, em um certo ano ele comprou todas as prensas de óleo que pôde encontrar, e fez fortuna com essa operação.[20] Mas perdoemos os gregos por pressuporem que o mundo e o homem apresentam questões mais interessantes do que um barril de azeitonas. A objeção de Anaximandro exige uma resposta. Se há uma causa para o mundo, ela não pode ser um dos objetos no interior do mundo — essa coleção de coisas, em que todas não podem ser causas de si mesmas. Ela deve ser então radicalmente diferente desses objetos. Não pode ser, portanto, material.

Essa observação parece auto-evidente, mas hoje seria ridicularizada como "anticientífica". "Só podemos conhecer as coisas materiais", diz o professor moderno. Será mesmo? Pitágoras, por exemplo, descobriu que cordas cujas extensões fossem de certas proporções fariam soar notas de uma certa harmonia: uma corda de metade do tamanho de outra, de mesma grossura e esticada com a mesma tensão, soaria uma nota exatamente uma oitava acima, o assim chamado diapasão. Ele viu essas harmonias em todo o mundo, e concluiu, com a alma de um físico-matemático, que todo o mundo foi feito do número imaterial. Quando nos lembramos que Pitágoras não tinha um sistema numérico sobre o qual operar, e que para ele e para seus companheiros gregos a sentença 3 x 2 = 6 significava que "um retângulo feito de segmentos com três unidades de comprimento e duas unidades de largura terá uma área de seis unidades quadradas", percebemos que para eles o "número" significava

---

19 O pensamento de Anaximandro sobrevive em fragmentos, citados por outros autores. Uma excelente análise de suas contribuições pode ser encontrada em G. S. Kirk et al, *The Presocratic Philosophers* [Os filósofos pré-socráticos], segunda edição, Cambridge, UK: Cambridge University Press, 1983, pp. 100-142.
20 V. Aristóteles, *Política*, 1.11259a.

proporção, uma relação exata. Podemos dizer, mais poeticamente, que o mundo é feito por uma lei harmoniosa. Pitágoras contemplou essa verdade com tanta admiração, que chegou a atrair um grupo de seguidores devotados, que se juntaram a ele em devoções inspiradas pelas leis dos números. Eles o reverenciavam como um santo.[21]

É fácil rir de sua inocência, mas Pitágoras trouxe uma máquina de guerra para estar ao lado de Anaximandro no campo de batalha. Qual é o status de objetos matemáticos como um triângulo? Os gregos estavam descobrindo com muito entusiasmo as leis dos objetos geométricos, e não se contentariam em relegá-los à mera invenção humana, aos tiques de certas mentes que estavam a fugir do mundo "real". Quando Euclides mostrou como se pode provar o teorema de Pitágoras construindo um conjunto de paralelogramos, somente com uma régua e um compasso — isto é, sem numerais e sem medição — e pelas regras da estrita razão, ele não acreditava estar a dissecar uma irrealidade. Mais do que isso. Ele sabia que mostrara com absoluta certeza que o teorema estava correto, apesar de que nem ele nem Pitágoras nunca tinham visto ou poderiam algum dia ver uma linha de espessura infinitesimal, um círculo exatamente circular ou um ângulo perfeitamente reto.

Após Sócrates ter alfinetado seus compatriotas atenienses por alegarem saber aquilo de que só tinham ouvido falar, seu pupilo Platão buscou descobrir como chegamos à certeza da verdade, em vez de aceitarmos as convenções ou simplesmente desistirmos. Ele se voltou, naturalmente, como Immanuel Kant muito mais tarde, para a matemática. Mas Platão não cometeu o tremendo erro que manteve a maior parte da filosofia moderna aprisionada na lógica simbólica e na análise lingüística. Platão não pressupôs que tudo tinha de ser demonstrado da mesma forma que o teorema de Pitágoras. Em vez disso, ele se perguntou sobre a natureza dos vários tipos de objetos, inclusive os objetos matemáticos, e sobre as várias formas que temos de conhecê-los, algumas mais confiáveis que outras. É por isso que, segundo um antigo relato, ele fez com que uma placa fosse colocada sobre a porta de sua Academia: "Que não entre aqui qualquer um que ignore a Geometria".[22]

Platão viu que o conhecimento que temos de um triângulo era conhecimento de algo genuíno, e não de um fragmento da imaginação. Esse conhecimento estava esperando ser descoberto. Era também o

---

21 V. Diógenes Laércio, 8. 1–50.
22 O relato é primeiro encontrado em João Filopono, um comentarista do *De Anima* (*De Intellectu*, Livro xv, 29) de Aristóteles do século vi d.C.

conhecimento de um universal. Quando provamos o teorema de Pitágoras, conhecemos algo sobre todos os triângulos retos, não somente este ou aquele. Isso levou Platão a considerar uma misteriosa propriedade da linguagem e do mundo. Dizemos "gato" e "árvore" e sabemos que não estamos falando necessariamente de algum gato ou árvore particular, ou de algum gato ou árvore que vimos materialmente. Vemos algo além do "totó" ou do "carvalho em frente à minha casa". Mas como isso pode acontecer? O que o termo "gato" denota? Há muitos gatos, mas o que quero dizer quando digo "gato", se não estou pensando em qualquer gato particular, vivo ou morto?

Platão concluiu que o conhecimento não podia ser somente da matéria, pois temos conhecimento de objetos imateriais como os triângulos, e palavras como "gato" são universais em sua significação, e não particulares. Platão concluiu, como Anaximandro, que as causas materiais não eram suficientes para explicar o mundo ou até mesmo para se falar de forma inteligível sobre as coisas nele contidas. Ele desenvolveu então sua teoria das Formas ou Idéias, universais, inteligíveis, imateriais e imutáveis. Podemos ver todos os cavalos deste mundo, mas, a menos que concebamos a idéia do que é essencial num cavalo, não chegamos a conhecer o que ele é.[23]

A POLÍTICA ANTES DAS PESQUISAS DE OPINIÃO

Mas em outras coisas [Péricles] não se conformava aos impulsos eufóricos dos cidadãos, nem deixava suas próprias resoluções de lado para seguir os caprichos do povo, quando eles, tomados pelo pensamento de sua força e enorme sucesso, estavam dispostos a interferir novamente no Egito, e perturbar os domínios marítimos do Rei da Pérsia.
— Plutarco, Vida de Péricles.

Péricles era mais do que um político: era um líder, um líder viril mas modesto de um povo que tinha o poder de se sobrepor a ele se seus oradores triunfassem. Ele sabia o que o povo desejava, no entanto sempre fez o que acreditava ser melhor. Mas não havia pesquisas de opinião naqueles tempos.

---

23 Para a doutrina das formas de Platão, e o desejo natural da alma em conhecer a verdade universal, veja, por exemplo, *Fédon* 67ff; *Mênon*, 81ff; *Fedro*, 244–56; *A República*, 6.505–7.520.

O bem universal

Podemos então, argumentou ele, aplicar a mesma intuição à moralidade, estética e política. Podemos ver este ou aquele ato bom. Concordamos que é prudente que Temístocles persuada os atenienses a usar seu dinheiro recém-conquistado para construir uma armada, e que é corajoso da parte de Leônidas permanecer com seu pequeno contingente espartano para atrasar os persas em Termópilas. Mas o que torna essas ações boas? Qual é a forma do bem?

Uma estudante universitária que conheci me deu certo dia a resposta politicamente correta, mas de uma forma surpreendentemente cheia de incorreção política. "Isso não existe", disse ela. "O que era bom para os nazistas era bom para os nazistas. É tudo uma questão de opinião".

Foi para derrotar apenas essa mentira que Platão dedicou a obra de sua vida. Será o bem uma simples questão de vantagem material — de sobrevivência do mais gordo? Como vimos em *Édipo em Colono*, Teseu deveria receber o envelhecido Édipo na gruta sagrada, pois Édipo é um homem humilhado por um sofrimento inimaginável. E assim age Teseu, apesar de saber que os tebanos o odiarão por isso. O bem não pode depender do que dá mais prazer à maior quantidade de pessoas com o menor custo em termos de sofrimento, já que o bem orienta aquilo em que devemos encontrar prazer, e não o contrário. O belo Alcebíades quer fazer amor com Sócrates. Não estaria a ferir ninguém com isso, e, além do mais, poderia ganhar alguma sabedoria. Mas Sócrates sabe que seria melhor para Alcebíades se ele aprendesse a desejar coisas mais nobres do que o prazer sexual. "Em relação a tudo que aconteceu entre nós, após despertar de meu sono com Sócrates", diz Alcebíades, "poderia dizer que estava a dormir com meu pai ou meu irmão mais velho". (Platão, *O banquete* 219d).

Mesmo aquilo de que fruímos com inocência pode evitar que conheçamos o bem. Um homem pode passar seus dias mexendo seus dedos em um videogame, ou jogando damas com seu amigo Cléon. Se ele não fizer mais do que isso, dificilmente será um homem, e não saberá julgar sobre o bem. Para ele, seria melhor aprender a dominar uma arte, e ainda melhor buscar a sabedoria. Esse é um julgamento moral e estético: do mesmo modo, um homem que lança o dardo no campo contra oponentes bem-treinados terá um corpo mais belo e proporcional do que aquele que sempre se entrega aos prazeres vis da bebida e da comodidade.

O bem do homem, tanto para Platão quanto para seu brilhante pupilo Aristóteles, deve envolver a perfeição, o resultado de um duro treino moral. Isso é verdadeiro para o Estado e para o indivíduo. Tocamos novamente aqui em lições que o homem moderno esqueceu — lições que Sófocles tentou fazer ouvir a seus compatriotas atenienses. Quando, na *República*, se pede ao Sócrates de Platão que defina a justiça, ele alega que uma analogia deve ser traçada entre o microcosmos do indivíduo e o cosmos da cidade. Ele percebe que há três faculdades principais no homem: o intelecto, pelo qual o homem julga o que é verdadeiro; o "espírito" ou "força" pela qual ele é levado a possuir e desfrutar do que é nobre e belo, e o apetite, pelo qual deseja o que parece bom no momento, como a comida e a descarga sexual.[24]

Num homem virtuoso essas faculdades devem cooperar em uma harmonia hierárquica. Nada de igualitarismo desleixado aqui. O apetite não deve governar, já que não olha à frente e não julga o melhor, mas somente busca se gratificar com o que está presente. O intelecto deve governar, mas não pode governar efetivamente sem a energia da ambição e do desejo. O "espírito" é a paixão que liga o intelecto e o desejo. É um movimento amoroso do coração rumo à razão, cheio de ardor e zelo.

Então, se você pretende criar uma criança virtuosa, não deve somente ensinar o que a leva a ser boa: é preciso também treiná-la para desejar possuir o bem. Deve acender sua imaginação com relatos de feitos nobres. Colocar diante dela a visão de uma bela alma: Aquiles sedento de glória, Sócrates sedento do belo. Esse treino na virtude deve prevalecer no Estado justo. Eros não deve ser alistado para a busca de uma Helena de Tróia, ou pela riqueza de um Creso, ou pelo poder do rei persa, Xerxes. Deve ser alistado na busca da justiça que une todas as classes do Estado: aqueles que são incitados principalmente pelo desejo, que produzem bens para comprar e vender; aqueles que são incitados pela glória, que se tornam guerreiros valorosos ou "guardiões"; e aqueles poucos que anseiam pela sabedoria, os filósofos, que devem governar os trabalhadores e mercadores por meio dos guardiões.

A maldição da democracia, como Platão a testemunhou (Tocqueville e os Adams também, como veremos), é que o desejo pode chegar a

---

[24] *A República*, 4.435–48.22. Aristóteles, *Física*, 2.194b–195a; v. também *Metafísica*, 12.6–10. "O ato de contemplação é o que há de mais agradável e belo. Se, então, Deus está sempre naquele belo estado no qual ocasionalmente nos encontramos, isso compele nossa imaginação; se está em um estado ainda melhor, compele ainda mais. E Deus está em um estado superior". (6.72b)

dominar o Estado e o povo comum. Nós o interpretamos mal se concluímos que não acreditava em uma vida cívica vibrante. A democracia, sem a moderação de ideais superiores, irá apodrecer até a medula a vida cívica, já que tem a tendência de extinguir todas as instituições exclusivistas — clubes, famílias, guildas — e deixar a arena livre de tudo que não seja o poder estatal e a vontade individual. A liberdade e o voto não são a mesma coisa.

Sim, Platão era um elitista, mas isso não significa que ele favoreceria um governo de egressos de Harvard. Tudo depende de como você escolhe seus governantes: "elite" significa nada mais que o objeto de uma escolha discriminante. Não morro de amores pela república ideal de Platão, que, lembremos, é considerada impossível pelo próprio autor, mas certamente ele acerta em ver algo de autodestrutivo na pura democracia egoísta e governada pelos desejos. Seus habitantes carecerão da paciência para serem corrigidos pelas tradições e leis que prorrogam ou proíbem a gratificação de seus desejos. Eles serão excessivamente míopes para

> **UM LIVRO QUE VOCÊ NÃO DEVERIA LER**
>
> *Quem matou Homero? O fim da educação clássica e o resgate da sabedoria grega* por Victor Davis Hanson e John Heath; Nova Iorque: Encounter Books, 2001.
>
> *Os classicistas agora "privilegiam", "desvendam", "constroem", "velejam", "buscam estranhezas", "subvertem", e "desconstroem" o "texto". Títulos abundam com as palavras "construção", "erótica", "poética", "retórica" e "discurso" aleatoriamente unidas pela preposição "de" às seguintes palavras (pouco importa qual): "virilidade", "corpo", "masculinidade", "gênero" e "poder". (136)*
>
> *Trata-se de uma corajosa defesa das grandes realizações dos gregos, nublada por uma certa tristeza diante do fato de que alguém precise ser lembrado disso. É também uma denúncia brutalmente divertida dos professores contemporâneos dos clássicos, que parecem odiar o que estudam, e que desprezam todos, exceto os alunos mais inteligentes para os quais são pagos para ensinar.*

as visões da beleza e da justiça. Essas coisas importam pouco quando vem o chamado do bolso e da alcova: "Quão soberbamente [a democracia] esmaga todos esses ideais, pouco se importando a partir de quais práticas e modos de vida um homem se volta para a política, mas honrando-o somente se diz que ama o povo" (*A República* 8.558b). Além disso, os governantes da república imaginária de Platão não são supostamente mais inteligentes do que todo mundo: são mais sábios, mais profundamente apaixonados pelo bem, o belo e o verdadeiro. Isso já excluiria nossas elites acadêmicas, que não podem se apaixonar por essas coisas, já que não acreditam que elas realmente existem.

Pelo lado sombrio, vemos em Platão o primeiro inventor de uma utopia, e, sem qualquer coincidência, o primeiro a sugerir, sendo difícil dizer com quanta seriedade, que o Estado deveria se apossar de toda a educação infantil e não reconhecer quaisquer diferenças entre os sexos. Porém, a crítica de Platão à democracia, reforçada pela inépcia dos demagogos atenienses que apostaram o seu prestígio e riqueza incomparáveis, além do poderio naval, numa rendição da qual a democracia ateniense nunca se recuperou, subjaz todas as críticas posteriores do Estado liberal, secular e desalmado.

O Estado e o fim do homem

Aristóteles, o pupilo de Platão, aprendeu com essa crítica, e a ajustou à sua compreensão da natureza física e do homem. Aristóteles não tinha a matemática como um *hobby*; era um biólogo. A diferença é intrigante. Ele não podia conceber objetos imateriais que existem separadamente de sua encarnação nas coisas atuais. Mas ele não era um materialista. Em última instância, o materialista só pode falar sensatamente sobre a matéria subjacente, e não sobre os objetos discretos (o que Aristóteles chama de "substâncias") feitos daquela matéria. Para Aristóteles, o genuinamente real não consiste nem nas formas que pairariam em algum lugar acima e além deste mundo, nem nos átomos invisíveis cujas combinações gerariam a pedra ou o petróleo, mas as coisas ao nosso redor: as árvores, as pedras, os pássaros, o homem. Essa insistência sensata sobre a visão do óbvio, antes de falarmos da contemplação do bem, caracteriza as visões de Aristóteles sobre a moralidade individual e o Estado.

Aristóteles percebe que de todas as coisas naturais e feitas pelo homem podemos predicar quatro "causas", ou características, essenciais a todo ser:

- A causa material: do que a coisa é feita.
- A causa eficiente: quem ou o que fez a coisa.

- A causa formal: que tipo de coisa a coisa é.
- A causa final: para o que a coisa existe, para qual fim ou perfeição ela se inclina.[25]

O carvalho é feito de madeira, sua causa material. Ele germinou de uma semente produzida pela árvore-mãe, sua causa eficiente. É um carvalho, com uma certa estrutura identificável, incluindo o formato dos ramos e das folhas e seu padrão de crescimento. Não é simplesmente "algo que nos agrada chamar, por simples conveniência, de carvalho", mas realmente aquele tipo de coisa e não outra. Essa é a causa formal. E ele encontrou um solo fértil e amadureceu até ter uma grande altura, produzindo suas próprias sementes. Essa é sua causa final.

E o homem? Aristóteles sabia que alguns filósofos, como Demócrito, reduziram os homens a seus átomos constituintes, mas esse materialismo reducionista foge da questão. Ele identifica a causa material, mas isso não pode explicar isoladamente o que a plenitude de nossa experiência sugere quando nos deparamos com a coisa que chamamos de homem. A causa eficiente todos nós conhecemos, e nossas escolas públicas parecem ter a comichão de revelá-la aos pequeninos. A causa formal inclui não somente o formato físico ou estrutura, mas as instruções codificadas que regulam nosso crescimento e desenvolvimento. E a causa final? Para que servimos? Em qual estado atingimos a perfeição humana?

Novamente Aristóteles raciocina a partir da experiência. Para nós, um "empirista" é alguém que só admitirá como evidência aquilo que pode ser quantificado ou mensurado, mas Aristóteles viu que na maioria dos casos a quantificação não era o que estava em jogo. Ele fez o mesmo com a causa final do homem. Se estamos falando do homem, e não do cachorro, do carvalho, do quartzo, devemos nos perguntar o que o distingue de todas as outras coisas. Se ele não é mais que certas combinações de carbono e outros elementos, então sua perfeição pode ser simplesmente a existência, ocupar espaço ou ser pesado, como uma massa de quartzo ou um senador. Se tudo que ele faz é crescer, ele pode encontrar sua perfeição na nutrição e na excreção, como faz o carvalho sem nada sentir e sem se mover, ou como faz o cachorro, caçando sua presa.

Mas o homem possui um intelecto. Portanto, a causa final do homem, seu estado perfectível, deve residir na perfeição desse intelecto que o distingue de todas as outras substâncias. Mas também percebemos que o homem busca muitos objetivos por acreditar que são bons.

---

25   V. Aristóteles, *Ética a Nicômaco*, especialmente o Livro x, 1176–1179b.

Ele quer comida, riquezas, sexo e honra. Qual a relação desses desejos com a causa final? Aristóteles começa novamente da experiência. Por que quero o dinheiro? Para que possa comprar um casaco de guaxinim. Por que quero um casaco de guaxinim? Para que possa parecer sofisticado no campus. Por que quero parecer sofisticado? Para que Joana case comigo. Por que quero me casar com Joana? Para ser feliz. Por que quero ser feliz?

A última questão não tem sentido. A felicidade não tem outro objetivo além de si mesma. Muitas pessoas dirão, "quero dinheiro, pois o dinheiro me fará feliz", mas ninguém diz, "se eu fosse mais feliz, então poderia ser rico".

A felicidade é o fim que perseguimos: é o objetivo intencional de toda nossa ação. Mas nossa perfeição deve residir na perfeição do intelecto. Portanto, a felicidade é a fruição do bem do intelecto. Ela consiste na contemplação do que é bom, e no desenvolvimento do hábito de agir conforme o que é bom. Essa é uma conclusão de enorme significância para a cristandade medieval, como veremos. E de todas as coisas boas que podemos contemplar com a mente, o objeto mais elevado de contemplação para o intelecto é aquilo que não muda. É o que Aristóteles chama de Motor Imóvel, o motor que não é movido (impessoal), ou a causa incausada do mundo, sem a qual não poderia haver o movimento ou a causalidade. Essa também é uma conclusão de tremenda significância.[26]

Platão e Aristóteles são, portanto, pensadores profundamente teológicos. O Estado ideal de Aristóteles deve ser tal que o homem tenha uma chance justa de atingir a plenitude de seu crescimento intelectual, tanto na contemplação quanto na prática. Aqueles que são capazes da contemplação devem ter alguma oportunidade para a reflexão calma, enquanto todos os outros, capazes de exercer o bem prático, devem ter o campo livre para desenvolver e exibir as virtudes morais da temperança, coragem, justiça e sabedoria.

Observe o que esse Estado não pode ser. Não pode ser um império, pois um império rouba dos homens a oportunidade de se governarem. Não pode ser uma anarquia, pois o caos torna a vida excessivamente incerta para o lazer necessário à busca do bem do intelecto. Deve levar em conta de alguma forma a natureza humana como a descobrimos. A família, essa escola de virtudes, não pode ser abolida, diz Aristóteles. O Estado não pode ser tão vasto a ponto de nos fazer cair no anonimato, e nem a ponto de que o governo seja imposto em vez de criado por nós e

---

26 Aristóteles, *Política*, Livro I, 1259b, 1260b; Livro II, 1260b–1262b.

para nossos objetivos. Assim, a "democracia" moderna, nem republicana nem democrática, mas burocrática, distante, imperial em todas as suas exigências totalizantes, deixando muito pouco a ser determinado pelo povo comum de Colono ou Corinto, é um solo muito pobre para os anseios humanos. Isto é, a menos que acreditemos no modelo *Oliver Twist* de cidadania, no qual cada um de nós deve se aproximar timidamente do bedel gorducho, o Estado, e murmurar: "Por favor, senhor, quero um pouco mais".

E daí? "O homem é um animal político", diz Aristóteles. Ele prospera em uma comunidade de famílias e clãs que se governam com liberdade e eficiência, fornecendo mais do que a subsistência básica. O que elas fornecem é principalmente liberdade: tempo livre, lazer para a conversação, uma arena para debates, para lutas que têm conseqüências, para a leitura e a argumentação, para o esporte, para a contemplação, para o aprimoramento de todas as virtudes práticas e intelectuais. A verdadeira civilidade tem mais relação com a luta bem ordenada do que com os grilhões empáticos do politicamente correto.

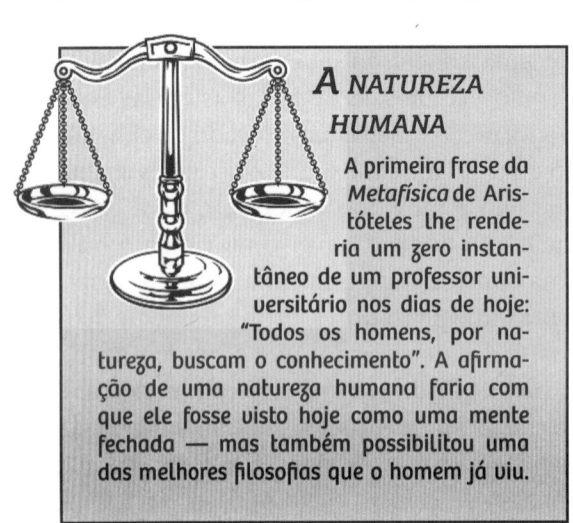

> **A NATUREZA HUMANA**
>
> A primeira frase da *Metafísica* de Aristóteles lhe renderia um zero instantâneo de um professor universitário nos dias de hoje: "Todos os homens, por natureza, buscam o conhecimento". A afirmação de uma natureza humana faria com que ele fosse visto hoje como uma mente fechada — mas também possibilitou uma das melhores filosofias que o homem já viu.

Ambos os filósofos perceberam que se a liberdade significar "ser livre para pegar o que você quiser, em concordância com a lei", então nenhuma faculdade mais nobre da alma será desenvolvida além do desejo. As pessoas cujos votos são comprados pelas seduções do desejo não são livres, a despeito de quantas vezes tenham se amontoado nas assembléias e academias. Pois o homem em uma democracia corrompida, diz Platão

> Busca a política com pulinhos de fúria nos quais exclama o que lhe vem à mente. E se os militares excitam sua emulação, para lá ele se apressa, e se os endinheirados fazem o mesmo, para ali ele se volta, e não há ordem ou coerção em sua vida, mas ele chama essa sua vida de vida de prazeres, liberdade e felicidade, e se agarra a ela até o fim. (*A República*, 8.561d)

A desordem penetra na família:

> O pai habitualmente busca se parecer com as crianças e teme seus filhos, e o filho se compara ao pai e não sente qualquer admiração e medo de seus pais, sendo, na verdade, um homem livre. E o estrangeiro residente se sente igual ao cidadão, e o cidadão igual a ele, assim como qualquer estrangeiro que por ali passa. (8.562e)

Os professores bajulam seus alunos; os alunos ignoram seus professores. Um igualitarismo anárquico se abate sobre todos, junto com uma sensibilidade à flor da pele, uma inabilidade de suportar qualquer limite, até que, finalmente, escravizado a seus apetites e afundado no caos, o povo escolhe ser escravo de um "protetor" que possa refreá-lo. E assim a tirania — saudada! — põe fim à democracia corrupta. Napoleão limpa o sangue das ruas de Paris.

Mas no que tinham de mais nobre e saudável, os gregos mantinham a confiança de que de alguma forma o bem e o belo eram uma só coisa — *to kalon*, a maior de todas as coisas naquele mundo esplêndido, harmonioso e ordenado que chamavam de cosmos. De alguma forma o homem tinha um papel a representar, e havia verdades acessíveis à loucura inspirada dos poetas, dos amantes e dos maiores amantes, os filósofos amantes da sabedoria. Essas verdades podem invocar os ofegantes diálogos de amor de *Platão*, o *Fedro* e *O banquete*, mas também podem estar enraizadas naquilo que qualquer homem deveria saber, por sua própria natureza comum. Fazemos bem em prestar atenção. Sófocles era um democrata, mas sabia que o homem pode por si mesmo somente obedecer ou desobedecer ao bem, e não o inventar:

> **ELES TAMBÉM TINHAM HIPPIES**
>
> A Como um cão, [Diógenes, o cínico] realizava qualquer ato corporal sem qualquer vergonha, onde e quando quisesse. Não obedecia a quaisquer leis humanas por não reconhecer qualquer cidade. Ele era Cosmopolites, Cidadão do Universo; todos os homens, e todas as bestas também, eram seus irmãos.
> — Gilbert Murray, *Five Stages of Greek Religion* [Cinco estágios da religião grega].

> *Somente peço a vida, com a pura fé mantendo*
> *Em palavras e atos, aquela Lei que atravessa o céu,*
> *Que não foi feita por qualquer molde mortal, intacta, vigilante*
> *Cuja divindade viva não envelhece ou morre.*
> (Édipo Rei)

O destino de uma cidade pode pender de uma má colheita ou dos caprichos de um louco com um exército no além-mar. Mas se seu povo esquece a sabedoria, não haverá ninguém para esperar pelo clima ou pela guerra.

CAPÍTULO II

Roma: um império da tradição e do patriarcado

Em alguns sentidos, a Roma antiga, especialmente durante os séculos da República, era um lugar tão politicamente incorreto quanto se possa imaginar. Nossas feministas, que consistentemente sustentam as exigências de uma minoria de mulheres abastadas contra o bem comum, a família e todas as liberdades reconhecidas em nossa Carta de Direitos, odiariam o patriarcado da Roma antiga, principalmente porque ele funcionava. Hoje em dia, agarrados à nossa paixão nacional, a inveja, exigimos todo tipo de direitos: econômicos, sociais e políticos. Vamos destruir a família para atingir essa igualdade, e pouco importam as prisões que disso resultarão. Os romanos, em vez disso, primeiro buscavam o bem da família e da cidade. Em sua maioria, descobriam esse bem não no nivelamento das diferenças, mas sim na reverência a elas. Vejamos como.

Adivinha só?!

- O patriarcado funcionava.
- A paralisia, a resistência à mudança e outras características antidemocráticas ajudaram a manter a força da república romana.
- A elevação de tributos, a escravidão e a depravação moral levaram à derrocada de Roma.

Respeitando os mais velhos

Você é uma criança a crescer sob os olhos vigilantes de seu avô, de seu bisavô, seus tataravôs e de uma série de tios-avôs. Mas você não os verá andando pelo jardim, cuidando da figueira e contando histórias. Eles foram para as sombras, e por isso são ainda mais poderosos. Você, na verdade, os vê todos os dias. Eles estão no manto acima da lareira, onde sua família faz suas refeições, conversa e se reúne para os ritos sagrados. Eles são os seus deuses domiciliares, esses ancestrais. Quando morreram, seus familiares fizeram uma impressão em gesso ou cera de suas faces, ou pequenas estátuas. Séculos mais tarde, uma rica família pôde contratar alguém para esculpir seus bustos no mármore. Eles são sagrados. São os guardiões da família e das antigas tradições. Eles definem para você, a criança, o que significa ser romano.

Semelhante religião, como o xintoísmo entre os japoneses, convém a uma sociedade fortemente patriarcal, com linhas bem estabelecidas de autoridade e uma profunda suspeita da inovação. Todas as sociedades, sem exceção, foram dominadas por homens; assim precisavam ser, se quisessem sobreviver: mas, para além disso, o pai era central na ordem romana. Isso não se passava na Grécia, onde o clube masculino, no *gymnasion* ou na assembléia, tendia a se ombrear com a família como instituição dominante da vida civil. O chefe de um lar romano, ou *pater familias*, possuía uma autoridade impressionante. Sua palavra era lei. Nos primórdios, ele podia legalmente assassinar seus filhos.

E não se tratava de um poder ocioso. Vários historiadores romanos contam a história de um dos heróis lendários de Roma, alcunhado Torquato, ou "o homem com a corrente de pescoço", porque durante uma batalha ele correu até um gaulês gigantesco, o matou e arrancou a corrente de seu pescoço. Esse mesmo Torquato, mais tarde, comandou os romanos contra os latinos. Ele então já tinha um filho, que comandava uma pequena companhia de soldados. Esse filho, usando alguma estratégia própria, ou ansioso pela glória, desrespeitou a ordem dos cônsules, e desafiado a um combate individual com um nobre toscano o matou. Por desrespeitar as ordens, Torquato ordenou a execução de seu filho. Um exército sem disciplina não é um exército. Uma cidade sem um exército logo não será uma cidade. E um pai que não é obedecido não é um pai.[27]

---

27 Torquato aparece proeminentemente no Livro VII da *História de Roma* de Tito Lívio. A história era tão conhecida quanto costumavam ser as lendas sobre Washington na América; cf.

Em 509 a.C., Lúcio Júnio Bruto libertou a cidade de seu último rei etrusco, mas descobriu então que seus filhos adultos estavam a conspirar para levar Tarquínio de volta ao trono. Ele sentenciou ambos à morte.[28] Na imaginação romana, a cidade era uma extensão da família, e a traição contra a pátria era equivalente ao parricídio. Vemos essa identificação em todos os lugares, esse governo dos pais. O historiador Tito Lívio preservou para nós a linguagem de um antigo juramento entre facções em luta: o delegado encarregado de agir por uma das partes em uma controvérsia é chamado de *pater patratus*, um "pai por procuração", dotado da plena autoridade paterna.[29] Os membros do Senado, um corpo que antecede o estabelecimento da República Romana, são literalmente "anciões", sêniores. São os chefes reverenciados das mais poderosas famílias.

Essa preferência pela sabedoria severa e o cumprimento do dever, em oposição ao brilho momentâneo do triunfo individual, é facilmente vista na arte romana. Os romanos, que em sua maioria desprezavam os homens livres que competiam nos esportes, não idolatravam o jovem atleta. Quando finalmente aprenderam algo sobre a escultura, seus gostos não se voltaram para os corpos musculosos de jovens nus, como na Grécia. Eles preferiram cabeças carecas, com papadas, verrugas e tudo

COLAPSO DA FAMÍLIA, QUEDA DE UM IMPÉRIO

Seja devido ao controle de natalidade voluntário, ou devido ao empobrecimento do estoque genético, muitos casamentos romanos no fim do primeiro e do segundo séculos eram inférteis. — Jerome Carcopino, *Daily Life in Ancient Rome* [A vida cotidiana na Roma antiga].

Esse viver para o seu presente é uma marca de uma sociedade em declínio. Ele acompanha o feminismo, já que dar à luz e cuidar das crianças mantêm as mulheres longe de brincadeiras com capacetes e encenações como legionárias. Carcopino acrescenta:

O feminismo que triunfou nos tempos imperiais trouxe mais prejuízos consigo do que vantagens e superioridades. Ao copiar exageradamente o homem, a mulher romana teve rapidamente sucesso em emular os vícios, mas não a força.

Parece familiar?

Salústio, *A conspiração de Catilina*, p. 52. William Smith, em *The Dictionary of Greek and Roman Antiquities* [Dicionário de antiguidades greco-romanas], fornece o relato completo, com citações dos autores antigos, pp. 1162–1163.

28 A história, possivelmente uma mera lenda, é encontrada em Tito Lívio, *História de Roma*, 2.4–5.
29 *História de Roma*, 1.23.

mais, os bustos graves dos anciões. O que vemos em um jovem grego esculpido na era de ouro de Atenas é o ideal da juventude: um jovem rapaz no auge de sua força, prestes a lançar um disco, ou correndo para lançar o dardo; parecendo um deus, e desfrutando por um breve momento da bem-aventurança dos deuses. O que vemos no busto romano de um Cícero cheio de papadas é o pensamento público sério, a experiência, a determinação e a responsabilidade.

Qual é a visão politicamente correta sobre semelhante sociedade? Se os pressupostos atuais estão corretos, o que deveríamos esperar da Roma antiga? Ela deve ter sido violenta, governada por déspotas e opressiva para as mulheres. Mas Roma não era nada disso.

As mulheres desfrutavam de mais liberdade e estima nas famílias romanas do que em qualquer outro lugar do mundo mediterrâneo, com exceção de Israel. A mulher era o coração da casa, e a casa era sagrada. As mulheres romanas não tinham de agüentar serem colocadas de lado como segunda ou terceira esposa: os romanos eram monogâmicos, e, especialmente nos primórdios de sua história, desprezavam o divórcio.

As histórias estão cheias de relatos de mulheres nobres, como Cornélia, a mãe dos tribunos reformistas Tibério e Caio Graco, ou Pórtia, a filha do moralista Catão e esposa de Bruto, ou Clélia, a mulher que escapou de seus captores ao nadar bravamente pelo Rio Tibre sob fogo inimigo.[30] A Grécia era mais dominada pelos homens do que Roma, mas Roma era mais compromissada com o domínio dos pais, e isso parece ter sido bom para as mulheres romanas.

Déspotas? Desde que expulsaram Tarquínio, os romanos passaram a abominar o governo de um só homem. Ocasionalmente delegavam poderes ditatoriais a um só homem, como fizeram com Cincinato, o fazendeiro que comandou seus exércitos, derrotou o inimigo em poucas semanas e depois abdicou de seu mandato.[31] Mas isso só se aplicava numa emergência, e somente por um período especificado; e quando esse período terminava, o ex-ditador tinha de encarar o povo, caso alguém se levantasse para acusá-lo de abuso de autoridade. A devoção romana à família criou uma poderosa proteção contra o Estado, mesmo que tenha ajudado a criá-lo. É interessante observar como essa proteção funcionou, pois ela ajuda a explicar por que os pais fundadores

---

30 Cornélia era a mulher mais culta de seu tempo, e provavelmente a mais nobre matrona que Roma produziu; v. Plutarco, *Vidas* ("Tibério Graco", "Caio Graco"). Para a história de Clélia, v. Tito Lívio, *História de Roma*, 2.13.

31 Tito Lívio, *História de Roma*, 3.26-30.

da América estabeleceram os pesos e contrapesos de seu governo aparentemente desajeitado.

Suponha que eu seja um romano da nobreza, um patrício, e queira que meu filho seja eleito cônsul. Invoco minhas vantagens. Fiz muitos favores aos chefes das famílias inferiores: sou seu *patronus*, literalmente "uma espécie de pai", e eles são meus clientes, literalmente as pessoas que me chamam para ajudá-las. Eles me pagam o favor apoiando meus candidatos. Se houvesse somente um cônsul, isso seria a receita para a agitação civil constante; mas os romanos aliviaram a pressão estabelecendo dois cônsules, a dividir o poder executivo mês a mês, em turnos, por um ano. Considere as desvantagens para quem acredita que o governo deve ser um laboratório para, como disse Edmund Burke, "os homens que são habitualmente intrometidos, atrevidos, sutis, ativos, de disposições litigiosas e mentes inquietas" (*Reflexões sobre a Revolução na França*). O cônsul serve por um curto ano, e somente numa rotação mensal. É um sistema desenhado para prevenir que qualquer coisa abrupta aconteça: e principalmente porque um cônsul pode vetar o outro. Assim, quando o ano termina, os ditos cônsules não poderão imediatamente ser candidatos à reeleição. Tornam-se membros do Senado, um corpo legislativo e consultivo, e historicamente um freio de medidas apressadas.

Roma foi organizada para assegurar precisamente o que hoje é lamentado: impasses, conflitos internos e obstáculos à "solução" de problemas — isto é, solucioná-los criando problemas novos e ainda piores. Nossa mídia aceita completamente o decadente discurso esquerdista de que precisamos "esquecer nossas diferenças", "nos unir e trabalhar em soluções", e destemidamente produzir uma "mudança" absolutamente indefinida. Essas noções, que para a mídia atual são evidentemente boas, eram exatamente o tipo de coisa que os cônsules e o Senado foram criados para bloquear. Os romanos tinham organizado seu governo para evitar que as últimas idéias, não importando o quão populares fossem, saíssem vencedoras sobre a forma tradicional de se fazer as coisas e a sabedoria dos anciões.

Temos então um Estado romano, desconfiado da mudança, que ainda assim consegue mudar com os tempos, e sobreviver e crescer como uma república por quinhentos anos. E mesmo depois de perder o seu governo verdadeiramente republicano, o Estado continuou na forma imperial por mais quinhentos anos no Ocidente, e mais mil e quinhentos anos no Oriente. E o fez, inquestionavelmente, com muitos conflitos civis, mas durante os séculos da República sem qualquer guerra civil completa, como as que convulsionaram a França por duas vezes em um século, a Inglaterra sob Carlos I, a Espanha sob Franco, os Estados Unidos na Guerra entre os estados, e a antiga Atenas; e tudo isso apesar da posição geográfica de Roma torná-la vulnerável a ataques do Norte, do Sul e do mar. Por quê?

O pai sabe o que é melhor

Uma das razões era que compreendiam a verdade do provérbio do qual hoje só podemos dar risadinhas: o pai sabe o que é melhor.

Não podemos subestimar a importância do pai e da família na mente romana. Quando o grande poeta nacional Virgílio escreveu buscando legitimar o governo de Augusto — o primeiro soberano romano a ser chamado de "imperador" e o homem que reinventou o governo romano após o colapso da República — ele comparou a forma como este líder salvou o país da guerra civil com a fundação de Roma pelo lendário Enéas, um refugiado de Tróia. Mas Enéas não é nenhum guerreiro arrogante ou um corsário como Odisseu, que levou vinte anos para voltar à sua casa em Ítaca. Enéas é um romano de coração antes mesmo de deixar Tróia. Ele é chamado de *pater Aeneas* e *pius Aeneas*, significando Enéas, o pai que cumpre seu dever com seu pai, sua pátria, seus deuses do lar e os deuses superiores. E Virgílio é um poeta grandioso e humano, e não simplesmente um propagandista. Ele estende a definição dessa piedade para incluir a humanidade e a compaixão com os que sofrem. Roma deve obedecer ao direito. Mas a definição basilar da piedade continua sendo o dever paterno e o dever filial. Vemos uma imagem perfeita da piedade romana em Enéas, que, instruído pelos deuses, se prepara para deixar a cidade de Tróia que queima. Ele coloca seu velho pai coxo sobre seus ombros, e leva seu pequeno garoto Iulus pela mão, enquanto Anquises carrega os "deuses do lar", isto é, as imagens ancestrais.[32] É uma imagem de quem está firmemente enraizado no tempo, recebendo seu sustento do passado, e colocando sua esperança nos descendentes ainda por vir.

Esse enraizamento no passado e essa firme confiança na perpetuidade de sua linhagem podem nos ajudar a distinguir Roma da Grécia, dos

---

32 *Eneida*, 2.717-24.

governos imperiais da Pérsia e do Egito, e das loucuras de nossos dias. Diferentemente do persa, o romano dos tempos da República nunca se curvou diante da glória de um autoproclamado Rei dos Reis. Ele era um homem livre. Sua família, mesmo que não fosse influente, era sagrada. Cada família possuía seu próprio gênio ou espírito guardião, passado de um chefe de família para o próximo. O Estado, uma cooperativa de famílias, não podia violar a santidade da família sem afirmar o precedente para sua própria destruição. A noção de que um Estado poderia se imiscuir no lar e tomar os filhos da autoridade dos pais, como é pregado na *República* de Platão e é pré-condição de todo Estado socialista moderno, iria impactar o romano como algo bárbaro e blasfemo.

Diferentemente do grego, o romano nunca concebeu o Estado como uma mera criação dos homens, que poderia ser livremente alterada. Era algo sagrado — como a família e o clã. Como tal, ele podia resistir aos surtos de apetite popular ou de obstinação. Várias vezes Roma esteve próxima de se desfazer, mas isso não aconteceu. A reverência fundamental do povo evitou a tragédia. Certa vez, bem nos primórdios, as famílias plebéias, os homens comuns, se cansaram de seu tratamento injusto nas mãos dos patrícios, dentre os quais eram escolhidos os cônsules. Ameaçaram então destruir Roma, não pela espada ou pelo fogo, mas simplesmente partindo.[33] Arrumaram suas malas, exatamente quando Roma era ameaçada pelos volscos; mas os senadores aceitaram fazer um acordo, e os romanos sobreviveram. E no tempo em que Roma lutava pela supremacia contra a vizinha Veios, um poderoso porto etrusco, os tribunos da plebe reclamaram que se tratava de um fardo excessivo para os cidadãos-fazendeiros que permaneciam arregimentados por todo um ano, "não podendo mais visitar seus lares e cuidar de seus negócios, nem mesmo durante as tempestades do inverno" (Tito Lívio, 5.2). O povo suspeitou que a guerra prolongada era uma trama de seus rivais nobres para manter seus números pequenos nas assembléias. Mas o Senador Ápio Cláudio se levantou para lembrar ao povo que foi exatamente por essa razão que se votou um pagamento para o serviço militar, e que não fazia sentido levantar os acampamentos e trincheiras agora, somente para estabelecê-los novamente na primavera. O centro desse discurso, no entanto, é um apelo não ao dinheiro, ao interesse próprio ou à praticidade, mas à união, apesar da rivalidade e do conflito:

---

33 Foi em 494 a.C.; ver Tito Lívio, *História de Roma*, 2.23–32.

> O que [os tribunos] temiam então, e o que buscam destruir hoje, é — obviamente — a concórdia entre os estamentos — entre a nobreza e o povo — por estarem convencidos que isso contribuiria mais do que qualquer outra coisa para o colapso do tribunato. São como os comerciantes desonestos à procura de trabalho — é melhor para eles que sempre exista algo errado no corpo político, para que sejam convocados a consertá-lo.
>
> Digam-me, de que lado vocês estão, tribunos? Estão a defender ou a atacar o povo? São contra ou a favor de nossos soldados nos campos de batalha? (5.3)

O leitor será capaz de pensar em exemplos de nosso tempo, quando a política partidária instrui as pessoas a desejar que sua própria nação seja derrotada. Mas os romanos limparam suas mentes e decidiram que se é para lutar uma guerra, é melhor ganhá-la. Eles mantiveram suas posições ao redor de Veios, e conquistaram sua vitória mais significativa antes das Guerras Púnicas contra Cartago.

Os primeiros romanos foram ajudados em seus empreendimentos políticos por um ascetismo pessoal. Pelo menos antes de sua conquista do mundo grego nos séculos II e I a.C., os homens e mulheres romanos desprezavam as exibições luxuosas de riqueza, os banquetes suntuosos, ou o desejo indecoroso de gratificação das paixões. Consideravam tudo isso efeminado e enervante. Em vez disso, suas vidas ganhavam sentido nos deveres familiares e no patriotismo. Esta última virtude é odiada pelo politicamente correto, mesmo quando fingem apreciá-la. O verdadeiro patriotismo é o inimigo de todas as utopias, o inimigo dos socialismos que sepultam a comunidade local e a família, o inimigo de um mundo controlado pelos tecnocratas e burocratas. É o inimigo do "multiculturalismo" que reduz a cultura à culinária e à vestimenta, e substitui as crenças profundas e os antigos costumes, considerados "preconceitos", por preconceitos novos e melhorados — contra a família e a fé, e a favor do Estado onipotente e seus tentáculos de polvo conhecidos como serviços sociais.

É também o inimigo do oportunismo ou do utilitarismo crasso de que os homens se tornam vítimas quando são persuadidos de que nem seus antepassados, nem seus descendentes nada significam para nós. Eis aqui uma anedota da luta contra Veios. Um professor da vila próxima de Falérios, tendo a esperança de obter favores dos romanos, levou seus garotos para uma caminhada, como era sua rotina diária, mas desta vez foram direto para o acampamento romano e o quartel-general do cônsul, Camilo. O professor entregou os garotos e declarou que, como eles eram os filhos dos anciões de Falérios, a vila estava agora nas mãos dos romanos.

Mas Camilo cuspiu na oferta, alegando que Roma e Falérios, apesar de serem inimigos políticos e militares, se vinculavam em sua humanidade comum. "Não desembainhamos a espada contra crianças, que são poupadas até durante os saques das cidades", disse ele, "mas contra homens, armados como nós, que sem injúria ou provocação nos atacaram em Veios" (Tito Lívio, 5.27). Então Camilo fez com que o professor fosse despido e amarrado, e deu aos garotos varas para que pudessem flagelá-lo enquanto o levava de volta para a cidade. Vendo isso, o povo de Falérios, impressionado com a honra e a decência romanas, decidiu se unir a Roma em vez de manter sua aliança com Veios. "Admitimos nossa derrota, e nos rendemos a vocês com a crença — a qual concede ainda mais honra ao vencedor — de que teremos uma vida melhor sob seu governo do que sob o nosso".

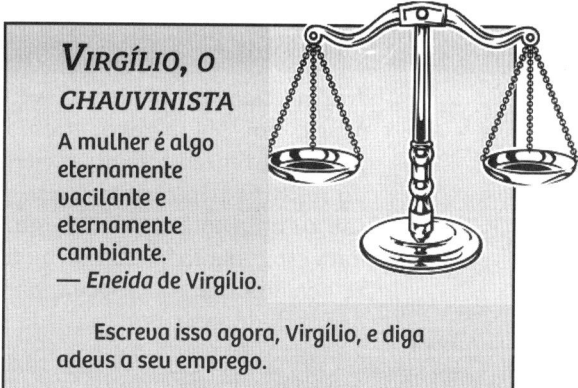

> **VIRGÍLIO, O CHAUVINISTA**
>
> A mulher é algo eternamente vacilante e eternamente cambiante.
> — *Eneida* de Virgílio.
>
> Escreva isso agora, Virgílio, e diga adeus a seu emprego.

O patriota não é o homem que faz tudo que deseja, mesmo que seja para o aparente benefício de seu país. A honra e o cálculo mercenário são coisas diferentes. Para ilustrar, eis aqui uma outra de minhas histórias favoritas — e pouco importa se é somente uma lenda piedosa, já que era o tipo de coisa que definia para o menino romano o que significava ser homem e romano. Os romanos tinham acabado de se livrar do jugo de Tarquínio, o orgulhoso. Desejando voltar ao poder, Tarquínio alistou o apoio de um outro e mais poderoso etrusco, Porsena, que sitiou Roma, impedindo que qualquer um saísse ou entrasse. Ele buscava esfomeá-los até que recuperassem seu juízo.

Então um jovem de nome Múcio, após contar seu plano aos "Patriarcas", isto é, os senadores, se infiltra pelas muralhas e chega ao acampamento etrusco com uma adaga escondida sob seu manto. Ali, ele vê um grupo de líderes de esquadrão unidos ao redor de um homem que dá ordens. Ele corre até o homem e afunda a adaga em seu peito, matando-o instantaneamente. Mas esse homem era o secretário de

Porsena, e não Porsena. No mesmo instante ele é aprisionado e levado ao comandante, que lhe pergunta o que estava fazendo. Sua resposta deveria ser conhecida por todo estudante americano — e um dia o foi por muitos:

> Sou um cidadão romano, disse. Os homens me chamam de Caio Múcio. Sou seu inimigo, e como seu inimigo o teria assassinado; posso morrer tão resolutamente quanto mataria: tanto agir quando resistir valentemente fazem parte do caminho romano. Nem sou eu o único a ter essa mesma resolução contra você: atrás de mim está uma longa fila de homens que buscam a mesma honra. Se acredita que vale a pena, prepare-se para uma longa luta, em que terá de lutar por sua vida a cada hora, contra um inimigo armado que estará sempre em sua porta. É essa guerra que nós, os jovens romanos, declaramos a você. Não tema fileiras cerradas ou batalhas. Será entre você sozinho e um único inimigo de cada vez. (Tito Lívio, 2.12)

Porsena, enfurecido, ordenou que Múcio fosse lançado nas chamas, mas o romano lançou suas mãos ao fogo com desdém, dizendo, enquanto queimava: "Veja, o quão pouco valorizamos nossos corpos, nós que temos nossos olhos fixados na glória!". Comovido pela nobreza do rapaz, Porsena o libertou ileso. E desde então os bons romanos passaram a honrar Múcio com um apelido jocoso, *Scaevola*, que significa "canhoto". Tornou-se o sobrenome de sua família, uma das mais estimadas em Roma.

Os romanos não poderiam ter sobrevivido se não tivessem promovido semelhante virilidade em seus jovens; os etruscos eram mais fortes do que eles. Mas esse era seu ideal: desprezo da dor, da morte, uma determinação de fazer o que é certo, o amor da pátria e uma recusa de se render.

Essa recusa está no centro do sucesso romano. Os romanos não produziram muitos gênios militares antes de Júlio César. Não tiveram sempre o armamento mais eficiente, ou o maior número de soldados. O que tinham era a crença inexorável de que a cidade devia sobreviver, e que a rendição significava a aniquilação ou a servidão. A rendição não era uma opção.

Assim, os romanos perderam muitas batalhas, mas por muitos séculos não perderam nenhuma guerra. Considere um de seus piores desastres militares, a batalha do Lago Trasímeno na segunda Guerra

Púnica.³⁴ O general cartaginês Aníbal — talvez o maior gênio militar de todos os tempos — tinha devastado a Itália com seus exércitos. Um dos cônsules romanos ansiava por lutar de uma vez por todas com Aníbal em uma batalha campal. Contra o julgamento de seu companheiro cônsul, ele se permitiu ser atraído por Aníbal para uma armadilha. Os cartagineses ordenaram a seus arqueiros que atacassem os romanos, dando depois a impressão de que tinham sido rechaçados, ao recuarem pelas estreitas margens de um lago de vinte milhas. Eles estavam cercados pela água na direita e por cordilheiras na esquerda. Quando os romanos tinham sido suficientemente atraídos, Aníbal enviou tropas reservas para sua emboscada do outro lado da montanha, de forma a pressionar o inimigo por trás, enquanto suas tropas "em retirada" se voltariam subitamente contra seus perseguidores pela frente. Os romanos foram como que aprisionados numa prensa. Ambos os cônsules morreram na batalha. Todos que não foram massacrados nas margens se afogaram, ou foram abatidos quando tentavam nadar para a segurança. Segundo Políbio, Roma perdeu 15 mil homens naquele dia, um quarto das perdas americanas durante toda a Guerra do Vietnã. Mesmo supondo que os números são exagerados, foi uma perda devastadora.

Qual foi a reação nacional? Os romanos viram imediatamente que o cônsul fizera algo imprudente, estúpido e pouco romano somente motivado pela busca da glória. Todavia, eles lhe concederam plena honra militar, pois até mesmo um tolo imprudente pode morrer por seu país e merece sua gratidão. Os romanos não enviaram embaixadores para barganhar com Aníbal, intermediando uma trégua a partir de uma posição de fraqueza. Também não recuaram. Mudaram suas táticas. Sem dúvida brigaram por isso no Senado, e houve recriminações entre dois patriotas inquestionáveis, Fábio e Cipião. Mas pelos próximos dois anos, os romanos mantiverem sua posição pacientemente. Contentavam-se em perder batalhas, desde que Roma permanecesse intocada. Esperaram Aníbal, assediando-o, isolando um batalhão às vezes, devastando os campos cuja produção seria necessária à alimentação dos exércitos cartagineses. Não havia, naquele tempo, nenhum jornal diário favorável ao inimigo, e nenhuma contagem diária dos corpos para derrubar a moral. Quinto Fábio Máximo, alcunhado *Cunctator*, ou "o postergador", salvou sua nação sem ganhar quaisquer batalhas importantes, conquistando tempo suficiente para que Roma pudesse destruir

---

34 V. Políbio, *A ascensão do Império Romano*, 3.83–85; Tito Lívio, *História de Roma*, 22.4–7.

seus inimigos cartagineses na Espanha e enviar legiões pelo mar para a própria Cartago. Isso forçou Aníbal a retornar para a África, onde o jovem Cipião lhe presenteou com sua única derrota em uma batalha campal, nas areias do deserto próximo de Zama, em 202 a.C. Roma não venceu essa guerra porque era mais rica, sagaz ou poderosa. Roma venceu porque não poderia perder.[35]

A sabedoria da tradição contra a volubilidade da democracia

Se você caminhar pelo Fórum Romano ou pelo porto de Óstia e olhar para as ruínas verá uma inscrição comum, "SPQR", que significa *Senatus Populusque Romanus*, ou o Senado Romano e o Povo. Essa frase ressoava nos corações dos antigos romanos. Virgílio usou-a em um momento crítico de sua *Eneida*. Ele está a descrever o escudo de Enéias, que conta as glórias futuras de Roma, levando à grande vitória imortalizada no centro, a vitória naval de Augusto sobre Marco Antônio e Cleópatra em Ácio (31 a.C.). Antônio e Cleópatra trazem consigo sacerdotisas em seus barcos luxuosos, balançando seus tamborins em honra de Anúbis, o deus cabeça de cão, e outras divindades estranhas, enquanto na nau romana, atrás de Augusto, estão o Senado e o Povo de Roma, com seus deuses do lar e seus grandes deuses. A vitória em Ácio é, portanto, uma vitória da piedade romana sobre a autogratificação e a efeminação simbolizada por um Antônio depravado e sua comitiva.[36]

Mas por que "O Senado e o povo"? Por que não somente o Senado, ou somente o povo? Encontramos aqui novamente a sabedoria política prática dos romanos, emulada (após muitos debates saudáveis) pelos pais fundadores dos EUA, e esquecida por nós, seus descendentes. O ponto é que o Senado e o povo não são a mesma coisa.

A Constituição romana não era monárquica, aristocrática ou democrática, mas uma combinação fascinante e confusa das três. Os cônsules tinham autoridade quase ilimitada no campo de batalha, mas havia dois deles e seu mandato era curto. O Senado também podia restringir o poder militar dos cônsules, pois foi o Senado que votou o contingenciamento

---

35 Para a carreira de Fábio, v. *Vidas de Plutarco*; para a vitória de Cipião em Zama, v. Tito Lívio, *História de Roma*, 30.32–35.
36 *Eneida*, 8.671–713.

de recursos para suas campanhas, assim como nenhuma guerra poderia ter êxito sem os corações e braços do povo comum. Então, ao fim de seus mandatos, os cônsules tinham de passar por um escrutínio de seu comportamento no cargo. Nos últimos duzentos anos da República, os tribunos da plebe (cujas propostas na assembléia popular não podiam ser vetadas por nenhum cônsul) lideravam a acusação contra os mandatários corruptos. O Senado controlava o cofre, as relações exteriores e o julgamento de crimes contra o Estado, como a traição.

O povo eventualmente recebeu a autoridade de propor leis próprias, e possuía um veto forte sobre as ações do Senado. A Constituição romana compeliu muitos elementos da sociedade a depender uns dos outros; ou, na verdade, ensinados por sua piedade e patriotismo, os romanos se resignaram à dependência mútua. Sua Constituição era mais o resultado das virtudes tradicionais do que sua causa.

Políbio, um grego, fornece uma descrição admirável e curta do valor moral do sistema romano. Ele não foi sonhado por um filósofo; foi o resultado de séculos de comprometimento e devoção à tradição. Até mesmo uma verdadeira democracia, como descrita por Políbio, comunga da nobreza exigida pela aristocracia e da obediência exigida pela monarquia:

> Um Estado no qual a massa dos cidadãos é livre para fazer o que quer que passe em suas cabeças não é uma democracia. Mas onde é tão tradicional quanto costumeiro reverenciar os deuses, cuidar de nossos pais, respeitar nossos anciões e obedecer às leis, a tentativa de assegurar que a vontade da maioria prevaleça é o que propriamente podemos descrever como democracia.

As virtudes do Senado, enquanto isso, eram parcialmente resultantes de sua distância do povo. O povo não elegia os senadores. Ninguém os elegia; um senador é um antigo cônsul ou ocupante de outro cargo elevado. E os senadores (a menos que se desgraçassem) serviam por toda a vida. Desse modo eram protegidos das mudanças de humor que podem varrer um corpo político. Eles sentiam essas mudanças, e não ousavam ignorá-las, mas não precisavam agir apressadamente. De fato, sua lentidão em promover a reforma agrária nos tempos dos irmãos Graco (133-121 a.C.), mantendo grandes porções do território conquistado para si mesmos, em vez de renunciá-las em prol de Roma e dos soldados que abandonaram suas fazendas para lutar as guerras do Estado, foi decisiva na decadência da República rumo ao caos e o despotismo, antes de Augusto e suas reformas. Mas a pressa é usualmente mais perigosa que a precaução, pois há muitas formas de se errar, e poucas formas, às vezes somente uma, de se acertar. O entranhado conservadorismo romano serviu freqüentemente bem ao Estado. Os senadores não precisavam se preocupar com as eleições, assim como não precisavam agradar o povo. Nossa palavra "ambição" vem do latim *ambitio*, que literalmente significava "correr por aí", isto é, buscando votos. Era um termo pejorativo. Os senadores resistiam ao povo na maior parte do tempo, até que o povo os forçou a se submeter a medidas que os próprios senadores confessavam ser justas. Se por vezes era difícil fazer com que os senadores ouvissem quando os pobres vinham reclamar, sua riqueza lhes permitiu, ao menos até o fim da Terceira Guerra Púnica, resistir à tentação de usar o poder estatal para seu próprio enriquecimento.

Uma anedota do começo das Guerras Gálicas (por volta de 386 a.C.) mostra quais virtudes um patriota romano desejava ver em seus senadores. Os gauleses desceram avassaladoramente dos Alpes, atraídos pela riqueza e o clima quente da Itália, para invadir a cidade. Mas Roma estava indefesa; o grosso de seu exército estava preso no norte da Itália. Os senadores tomaram a responsabilidade para si mesmos. Roma deve ser salva. Ordenaram aos poucos soldados que tinham que levassem suas mulheres, crianças e doentes para a cidadela — uma pequena cidade murada no interior da cidade — antes que os gauleses chegassem. Os senadores permaneceriam em suas casas, para não consumirem ainda mais um já reduzido estoque de comida. Os gauleses chegaram, e encontraram as ruas vazias. Surpreendidos, espiaram as

> **UM LIVRO QUE VOCÊ NÃO DEVERIA LER**
>
> *The Inevitability of Patriarchy* [A inevitabilidade do patriarcado] por Stephen Goldberg, Nova Iorque: William Morrow, 1974.
>
> Não se trata da civilização ocidental, da religião, da literatura ou da política. Tudo que esse livro faz é afirmar que nunca se descobriu um exemplo genuíno de matriarcado — e então mostra que isso não é surpreendente, dada nossa configuração hormonal.
>
> Recomendado para todos os estudantes cujos professores desprezam a Grécia ou Roma por seu patriarcado, sem sequer sugerir uma alternativa histórica ou antropológica factível. Seria simplesmente dizer adeus a toda a humanidade.

casas, onde viram, ocasionalmente, anciões com suas togas e com a faixa roxa da classe senatorial, sentados à mesa, esperando, "suas túnicas e decorações incrivelmente respeitáveis, a majestade expressa naqueles olhos graves e calmos, como a majestade dos deuses" (Tito Lívio, 5.41). Pelo menos um soldado puxou a barba de um senador para ver o que aconteceria. Quando o velho homem lhe amaldiçoou e atacou, o encanto se quebrou, e começou o massacre dos senadores, que com um nobre desdém deram suas vidas pelo povo.

Não estou deixando subentendido que o Senado era composto inteiramente de heróis. A história política romana é marcada pelo conflito de classes, a lenta conquista de direitos políticos da plebe em relação aos patrícios, e, mais tarde, um tratamento minimamente justo dos ricos em relação aos pobres. Mas, por quinhentos anos, os romanos nunca colapsaram na guerra civil ou na degeneração cívica. Os patrícios concordaram, relutantemente, em escrever as novas leis, como uma proteção para todos: daí as Doze Tábuas (450 a.C.). Concordaram, com a *Lex Canuleia* (445 a.C.), a permitir o casamento de patrícios e plebeus. Finalmente concordaram em abrir o consulado aos plebeus, a limitar o tamanho das terras públicas que poderiam ser propriedade de um só homem, e a moderar suas medidas de coleta de pagamentos de devedores (367 a.C.). Eles se curvaram ao mandato dos tribunos, e concederam que a pessoa do tribuno deveria ser sacrossanta. Mas, mesmo com todos os seus defeitos, agiram dentro de um limite saudável das paixões do povo. Diferentemente de Atenas, Roma não decaiu na oclocracia. Havia muitos senadores no caminho.

Uma outra anedota ilustrará o ponto.[37] Os plebeus foram levados à rebelião pelos tribunos, no mesmo instante em que Roma estava vulnerável diante dos volscos, seus rivais na Itália central. Então Agripa Menênio Lanato, um astuto e eloquente senador, se ergueu para acalmá-los. Comparou o Estado a um corpo; e os ricos — que parecem nada produzir e tudo consumir — com o estômago, sem o qual os membros do corpo não poderiam ser nutridos. É uma metáfora não muito favorável aos ricos, mas o povo foi persuadido por ela. Não irromperam em violência. Essas cenas se repetem continuamente nas histórias que ajudavam a formar a imaginação romana. Vemos isso na famosa analogia de Virgílio, que compara Netuno acalmando o mar bravio com um homem, um líder, caracterizado pela piedade, acalmando o povo:

---

37 Tito Lívio, *História de Roma*, 2.32.

> *E assim como, muitas vezes, quando uma multidão*
> *Treme com uma rebelião, e a ralé em suas mentes se enfurece,*
> *E as pedras e tições voam rapidamente — pois a fúria encontra suas armas*
> *Se, por acaso, vêem um homem notável pela retidão e serviço*
> *Silenciam e olham atentamente; e ele controla sua paixão*
> *Com suas palavras, e arrefece seus espíritos*
> *E assim cessa todo o clamor do mar.*

O ponto é que a Roma republicana sobreviveu. Nem os etruscos, nem os gauleses, nem seus rivais italianos, nem Aníbal, nem sua própria luta de classes foram capazes de derrubá-la, até que suas vitórias e riquezas a corromperam, exigindo um Augusto para colocá-la novamente em ordem. A dedicação romana à tradição forneceu um controle sobre o poder dos ricos e da multidão. Roma reteve o temor da tirania e da democracia irrestrita, e o bastião contra ambos era aquela virtude paternal da piedade. Os pais fundadores da América aprenderam a lição, modelando seu Estado não segundo Atenas — pois Atenas caiu rápido demais — mas segundo a Roma mais estável, mais rígida, mais estóica e mais agrária. Foi por isso que George Washington foi chamado de o Cincinato de seu país, em homenagem ao pobre fazendeiro que salvou Roma, nada lucrou e retornou à sua terra. Ele não foi chamado o Péricles de sua terra.

A paz por meio da força

Mas não eram os romanos belicosos?

Sim, eram. Queriam sobreviver. Uma pequena preocupação, fácil de se ignorar.

Eles não foram, na maior parte de sua história, agressivos. Algo estranho a se dizer, já que aquela vila nas colinas próximas à foz do Rio Tibre se ergueu até o status de capital do mundo mediterrâneo e além. No entanto, é verdade. Até os anos finais e decadentes da República, quando generais como Mário e Sula comandaram exércitos profissionais que lhes eram fiéis (pois os próprios generais, e não mais o Senado, pagavam a soldadesca em saques e terras), Roma usualmente não buscava guerras. Contudo, também não fugia delas. Essa atitude conservadora exige uma explicação.

Diferentemente da maioria dos povos daquele tempo, Roma não era governada por um rei que podia aumentar sua riqueza, consolidar sua autoridade e conquistar um nome imortal por meio do domínio militar. Os cônsules serviam por um tempo muito curto para conduzirem uma guerra de qualquer magnitude; além disso, havia dois deles. E, como observa Políbio, era prerrogativa do Senado "celebrar os sucessos de um general com pompa e engrandecê-lo, ou diminuí-lo e obscurecê-lo".

Até Roma ser invadida pela riqueza oriental após a Terceira Guerra Púnica (146 a.C.), o Estado dependia do pequeno camponês para sua estabilidade econômica e política. Esse ideal estava tão profundamente entranhado na mente romana que, mesmo após a ascensão do Império sob Augusto, responsável por trazer grãos baratos do Egito, prejudicando fazendas italianas, os poetas Horácio e Virgílio ainda olhavam para o campo com nostalgia, com Virgílio tendo escrito quatro poemas estupendos, suas *Geórgicas*, sobre a agricultura, a pecuária, a vinicultura e a apicultura, sempre tendo em vista as lições políticas e teológicas por elas fornecidas. Os agricultores, todavia, têm pouco tempo para a guerra profissional.

Os romanos expressaram seu conservadorismo profundo reverenciando os limites: um de seus deuses mais importantes (e estranho) era *Terminus*, deus das pedras demarcadoras. Essa reverência se estendia aos juramentos e tratados. Isso não quer dizer que eles não interpretassem os tratados de modo favorável a si mesmos e agissem em conformidade. Assim fizeram de forma mais notória quando invocaram vingança contra Cartago, rumo ao que se tornaria a Terceira Guerra Púnica. Essa reverência, porém, evitou que se engajassem nas artimanhas que eram associadas à Grécia. Considere uma história da Primeira Guerra Púnica.[38] Um general romano conhecido como Régulo foi capturado pelos cartagineses e levado à África. O Senado cartaginês lhe encarregou de voltar a Roma para apresentar os termos da paz. Caso Roma recusasse os termos, Régulo deveria jurar que retornaria a Cartago como prisioneiro para ser executado. Os cartagineses confiaram nesse juramento, e perceberam que para preservar a própria vida Régulo iria persuadir seus compatriotas a aceitar o tratado. Régulo foi a Roma, persuadiu seus irmãos a rejeitar o tratado, e retornou a Cartago, onde foi torturado e assassinado. Será essa história verdadeira?

---

38 A história completa pode ser encontrada em Smith, *Dicionário de antigüidades greco-romanas*, 1870, p. 737. Esta era talvez a lenda heróica mais amada em Roma; v. Cícero, *Sobre os deveres* 3.99–115.

Não há evidências de que seja falsa. Os romanos nela acreditavam, e tinham Régulo como exemplo de integridade e virilidade romanas. Em contraste, consideravam o Odisseu mítico, que Homero chamava de "homem de muitas viradas", um mentiroso e um vilão. "O inventor das impiedades", é assim que Virgílio o chama. (*Eneida* 2.233).

Roma venceu suas guerras e aumentou seu território, mas se passaram séculos antes que pudesse controlar toda a Itália; ainda no século IV a.C., os gauleses de além dos Alpes queimaram a cidade, ajudados no caminho por gauleses do lado italiano. Contudo, a história real da conquista romana da Itália é política, e não militar. Isto é, os romanos — diferentemente dos atenienses — fizeram algo sensato após suas vitórias sobre os sanitas, os équos, os volscos e a maior parte de seus outros rivais na península. Expulsaram os poucos inimigos genuínos da paz, punindo impiedosamente aqueles que lideraram exércitos contra Roma. Então incorporaram as terras ao Estado romano, usualmente concedendo a cidadania às principais famílias, e estendendo a cidadania, diante de evidências de bom comportamento, aos homens livres da cidade. *Tornavam-nos romanos.*

Mais uma cultura local silenciada pelo cristianismo

Quando se acreditava que o conquistado lutara bravamente em sua defesa, os espectadores agitavam seus lenços, levantavam o dedo, e exclamavam: "Misericórdia! Deixe que vá!... Se, por outro lado, as testemunhas decidissem que a vítima merecera a derrota por sua fraqueza, colocavam seu dedo para baixo, exclamando "jugula!".

— Jerome Carcopino, *Daily Life in Ancient Rome* [A vida cotidiana na Roma antiga].

Isso significava dizer "corte sua garganta!". Aqueles que lamentam a ascensão do cristianismo deveriam se perguntar que tipo de sociedade era a Roma imperial, esvaziada de toda religião que agitava as profundezas da devoção e da imaginação humana. Também poderiam aplicar as lições a nós mesmos.

Isso não significava que o povo não podia manter seus deuses locais. Os romanos eram muito piedosos e práticos. Nunca se sabe quando é que se negligencia de uma divindade, então é melhor ter os regianos rezando por um deus desconhecido, desde que também rezem pelos deuses do Estado. Os resultados foram notáveis. Quando Aníbal veio pilhando a península por quinze anos, esperava que a maioria dos "aliados" de Roma, as outras cidades antigas, se revoltasse. E isso não aconteceu. O medo manteve algumas disciplinadas, mas a maioria simplesmente tinha se identificado por muito tempo como romanos.

Simplificando: um cidadão romano era um romano. Hoje associamos a cidadania com a geografia. "Sou um americano", significa simplesmente "nasci dentro das fronteiras americanas", algo que sugere muito pouco sobre qualquer devoção. Os romanos valorizaram a cidadania muito mais do que isso. Mas, ao mesmo tempo, eram generosos em conceder a cidadania aos povos conquistados, sem consideração de raça, etnia ou religião. Nada disso importava. Ser romano era o que importava. Assim, quando os inimigos de São Paulo o aprisionaram por insurreição, ele apelou diretamente ao imperador para o julgamento de seu caso, como era seu direito de cidadão romano. É como se um ilhéu de Samoa invocasse o nome do presidente americano, paralisando os procedimentos locais. O centurião imediatamente ordenou o transporte seguro de Paulo ao governador romano, e de lá para Roma. Paulo era um judeu diminuto de Tarso na costa da Ásia Menor. Provavelmente nunca tinha colocado os pés em Roma até ser transportado para lá como prisioneiro. Porém, um cidadão é um cidadão, e os centuriões obedeceram às regras.

Após a queda de Nero em 69 d.C., somente dois dos próximos imperadores vieram da Itália. Ninguém se preocupava. Santo Agostinho nasceu no norte da África em 354 d.C. Também era um cidadão romano. Era ele negro ou caucasiano? Berbere ou semítico? Não sabemos. Ninguém parecia se importar.

Em suma, no tocante ao governo dos povos conquistados, ninguém, fazendo uso de tão pouca brutalidade, era mais eficiente do que os romanos (há exceções importantes, como a destruição de Jerusalém em 70 d.C.).

Sua forma de tolerância era simples. Jurem lealdade a Roma e mantenham a paz, e eles finalmente os tornariam romanos, com os mesmos direitos de todos. Era possível manter algum grau de governo local, se a lei fosse respeitada e os tributos continuassem a fluir. Mas não era possível ser um romano espanhol, ou um romano da Pártia, ou um romano grego. Só havia romanos. Somente uma nação na história mundial conseguiu seguir essa sabedoria consistentemente: os Estados Unidos, até por volta de 1970 (apesar do vergonhoso modo de tratar os negros). Após essa data, o número de imigrantes ilegais sem laços emocionais com a América cresceu, à medida que o valor da cidadania diminuía entre os nativos.

Os exércitos romanos, do tempo de Augusto até a invasão germânica do império ocidental em 476, trouxeram vantagens consideráveis para as terras de fronteira. Não ignoro a eficiência brutal desses exércitos: quando os romanos se voltaram contra os judeus rebeldes da Palestina, arrasaram Jerusalém, destruíram o Templo e saquearam o Santo dos Santos. Essa profanação é celebrada no Arco de Tito, próximo do Coliseu. Também não ignoro o quanto pode ser sangrenta a disciplina de um exército. Se uma companhia de homens tivesse demonstrado uma covardia indecorosa, seu comandante podia ordenar que fossem "dizimados". Os soldados ficavam alinhados. Um décimo deles seria escolhido por sorteio, para serem espancados até a morte pelos outros. Era uma dissuasão efetiva.[39]

Em seu auge, o exército romano contava cerca de 400 mil homens, guardando uma fronteira que se estendia por milhares de quilômetros, das muralhas por trás dos entrepostos romanos na Britânia, passando pela Gália e a Germânia junto ao Reno, pelas passagens do Alpes até o leste europeu, do curso do Danúbio até o Mar Negro, daí para além da Ásia Menor nas fronteiras da Pártia e da Pérsia, circulando ao sul e ao oeste para a Arábia e o Sinai, e então para o Norte da África. Não poderiam ter feito isso sem disciplina. Os romanos eram muito poucos para os caprichos de seus comandantes. Tinham linhas claras de autoridade, e tradições militares claras. Montavam um acampamento quando era tempo de montar, e seus acampamentos eram organizados em todos os lugares da mesma forma. Também sabiam que muitos homens seriam preguiçosos e desleixados sem o temor da punição. No exército romano, sua vida estaria em risco caso adormecesse em seu turno de sentinela, ou se falhasse em passar as ordens para a próxima patrulha. Também estaria em risco se realizasse feitos que ceifassem a moral do esquadrão: "A punição do espancamento até a morte também é aplicada sobre aqueles que roubam do acampamento, que testemunham falsamente, que em plena idade adulta cometem ofensas homossexuais, e, finalmente, sobre qualquer um punido por três vezes pela mesma ofensa" (Políbio).

Os exércitos romanos também não poderiam ter tido êxito se se fizessem odiar por onde passassem. Augusto assegurou que as tropas seriam

---

39 V. *Políbio*, 3.37.

pagas pelo Estado, aliviando-as da necessidade de saquear em busca de comida. Também concedeu aos veteranos de mais de vinte anos uma pensão e um pedaço de terra nas províncias. O resultado foi que muitos não-romanos perceberam que servir ao exército era uma boa forma de conquistar uma riqueza modesta e os privilégios da cidadania romana. Os recrutas passaram a vir crescentemente das províncias, e os veteranos lá se assentavam. E nessas províncias as tropas não simplesmente comiam, bebiam, lutavam e se envolviam com prostitutas. Construíram estradas, algumas das mais duráveis já vistas, com fundações de cascalho de vários pés de profundidade, para evitar que se deformassem sob o peso de vagões cheios e tropas em marcha. Construíram aquedutos. Drenaram portos. Limparam passagens montanhosas. Contribuíram com o trabalho manual em obras cívicas que nada tinham a ver com as necessidades do exército: templos, teatros, locais de governo. Eram um Corpo de Engenheiros do Exército da Antigüidade.

O verdadeiro motivo da queda de Roma

Edward Gibbon sugeriu ter sido o enfraquecimento do militarismo pagão que sustentava Roma, provocado pelo cristianismo. O filósofo Nietzsche acusou os cristãos da mesma coisa. Essa foi uma das coisas que levou G. K. Chesterton a se perguntar se não havia algo diferente no cristianismo. Na segunda-feira seus críticos o insultavam por seu pacifismo, e na terça pelas Cruzadas e a conquista das Américas.

Gibbon estava errado. Os cristãos eram uma parte significativa das legiões, até mesmo antes da legalização da religião por Constantino em 313 d.C., com seu Édito de Milão. Não há nada na Bíblia que proíba os homens de lutar em defesa de seu país, e enquanto os comandantes fingissem não ver, um cristão em sua armadura poderia burlar os sacrifícios exigidos aos deuses Augusto e Roma. Já em 180, sob o comando de Marco Aurélio (que permitiu a perseguição aos cristãos em Roma), os cristãos serviram no exército defendendo Roma contra os invasores germânicos.

A queda não foi causada, também, pela imoralidade geral, ao menos não da forma que romances como *I, Claudius* (Eu, Cláudio)[40] podem nos fazer acreditar. Isso porque a forma como a aristocracia e a ralé

---

40   *I, Claudius* — Robert Graves, 1934. — NT

viviam em Roma não era a forma como o povo vivia no campo, sem mencionar as províncias. No primeiro século d.C., a cidade de Roma era um sumidouro cultural. Petrônio ri do vazio da vida romana durante o reinado de Nero. Em seu *Satyricon*, um antigo escravo chega a uma riqueza tal que o leva a convocar seus convidados de um banquete a lavar suas mãos no vinho, ao mesmo tempo que se envaidece dos romanos e gregos "educados" que se estapeiam por um lugar em sua mesa. Enquanto isso, o "herói" passa uma hora de ócio observando os garotos que jogam bola próximo dos banhos. Briga com seu amigo para decidir quem irá sodomizar seu pequeno favorito, um escravo afeminado. É levado a pagar uma feiticeira para ajudá-lo com um certo membro de seu corpo que não se levanta mais. Ou então o poeta Juvenal pode nos emprestar um olhar amargo sobre a sujeira romana, seus incêndios, seu barulho e sua ociosidade — onde cada pecado e cada estupidez imaginável se agrava, e onde a "liberdade" do homem pobre consiste em ser espancado estupidamente nos becos, nos quais pode implorar a seus agressores que o deixem voltar para casa com os dentes que ainda lhe restam no rosto (*Sátira* III, 299–301).

Mas isso era a cidade, um imã para aqueles que queriam, como disse Juvenal, "o pão e o circo", comida gratuita e jogos sangrentos fornecidos pelo Estado. Se a mentalidade de bem-estar social da capital tivesse prevalecido em todo o Império, Roma teria caído em uma ou duas gerações. Isso não aconteceu, em parte porque não existia dinheiro suficiente para isso, e em parte porque os costumes viciosos das cidades só tinham influência limitada. O povo camponês preservou suas antigas tradições, cultuando seus deuses do lar e vivendo modestamente, como os camponeses italianos fizeram quase até nossos dias. Comiam lentilhas, grão-de-bico, vegetais com azeite de oliva, pão, queijo, algumas frutas, e um pouco de carne, e não os jantares extravagantes e desconfortáveis que Horácio satiriza (por exemplo, na *Sátira* II, 6, fonte da lenda do rato da cidade e do rato do campo). Esses camponeses eram tão conservadores que se provaram resistentes à novidade dos cristãos, que eram mais numerosos nas áreas urbanas, onde podiam mais rapidamente encontrar trabalho. Vem daí a palavra "pagão", do latim *paganus*, significando, vagamente, alguém que vive entre os arbustos.

Uma recessão econômica realmente ajudou a produzir a queda. É uma das ironias da história: os impérios que dependem do trabalho escravo podem se desenvolver explorando-o, mas então se estagnam, já que a escravidão retira o incentivo para o desenvolvimento tecnológico e a eficiência produtiva. De todos os povos do Mundo Antigo, os romanos eram aqueles que poderiam ter passado por uma revolução industrial. Sua tradição tinha enobrecido o trabalho manual (apesar dos ricos terem chegado a ver isso como uma visão antiquada do passado empoeirado). Imitaram as realizações de outros povos, aprendendo o uso do arco dos etruscos e as colunatas dos gregos. Eram notavelmente inventivos em seu uso de materiais de construção. Usavam as cinzas vulcânicas do sul da Itália para formar uma mistura que hoje conhecemos como concreto — barato, bem mais leve que o mármore ou o granito, e adaptável em formas que permitiram fazer treliçadas e colunas de acordo com a necessidade. Uma de suas variedades poderia ser colocada sob a água, como pilares de pontes, que podiam ser instalados profundamente no leio de um rio por um perfurador.

Contudo havia escravos, e Roma dependia deles pesadamente para a produção nos campos. Assim, quando o clima esfriou no século III d.C., as colheitas foram pobres e a peste retornou do Oriente, não havia forma alguma de, por meio da tecnologia, compensar a escassez econômica.

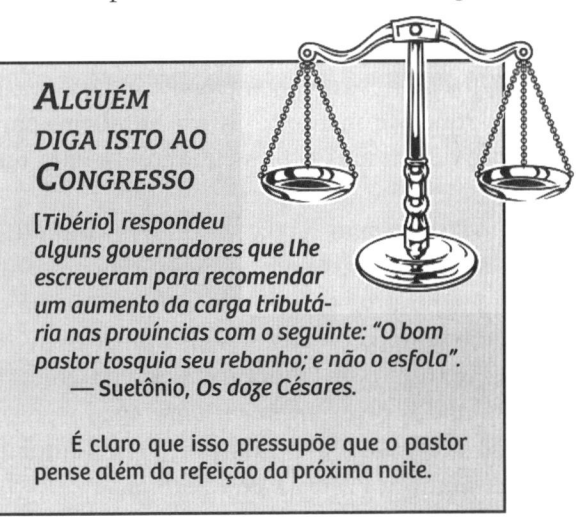

> ### ALGUÉM DIGA ISTO AO CONGRESSO
>
> [Tibério] *respondeu alguns governadores que lhe escreveram para recomendar um aumento da carga tributária nas províncias com o seguinte: "O bom pastor tosquia seu rebanho; e não o esfola".*
> — Suetônio, *Os doze Césares.*
>
> É claro que isso pressupõe que o pastor pense além da refeição da próxima noite.

Os imperadores não tinham uma saída fácil. No terceiro século, eram homens que tinham chegado ao poder principalmente por meio de golpes militares. Foram colocados lá por soldados, e, portanto, estavam em dívida com eles, precisando retribuir. Mas com a economia em retração, as pessoas passaram a entesourar seu dinheiro. O dinheiro saiu de circulação. Era possível, às vezes, pagar em itens de consumo: era possível dar aos soldados comuns um *salarium*, ou pagamento com sal, que poderiam manter para o uso pessoal ou barganhar por outros itens. Os comandantes, porém, precisavam ser pagos com mais do que sal, ou então procurariam outro homem para seguir. Dos imperadores romanos de 235 a 284 d.C., somente dois morreram de causas naturais; a maioria dos outros vinte foi assassinada, geralmente por seus próprios soldados. O que fazer?

Se os imperadores romanos tivessem a oportunidade de reduzir os tributos, de forma a permitir que o povo investisse mais capital para produzir melhores colheitas e mais receitas para o Estado, provavelmente o teriam feito. As pessoas sempre reclamam dos tributos, e os coletores romanos de tributos podiam ser ocasionalmente clientes vis: Roma "colhia" seus tributos, isto é, instalava alguém, usualmente um local (Mateus, por exemplo, no Evangelho, ou Zaqueu), com a tarefa de extrair uma renda fixa do distrito. Tudo que superasse essa renda poderia ser embolsado por ele. É um sistema que convida à corrupção. No fim das contas o povo não era tributado tão pesadamente. Roma sabia o que era melhor. O Estado tinha tudo que precisava para manter suas fronteiras, e não tinha qualquer interesse em alimentar revoltas populares na Gália e na Espanha, há muito pacificadas. Se pudéssemos trocar nossos tributos pelos que os romanos pagavam, faríamos isso num instante. Ainda mais porque os romanos usavam o dinheiro para fins práticos, para a construção de estradas e obras públicas, e para manter o exército permanente, o maior gasto do império.

Porém, não havia sentido em diminuir os tributos, já que o trabalho escravo tornava as melhorias de capital impensáveis. Então Roma aumentou os tributos, e as conseqüências foram terríveis. Durante algum tempo coletaram mais dinheiro; no entanto, as taxas mais elevadas acabaram com a lucratividade da coleta por um cidadão privado. Os soldados precisaram ser empregados, e então um dos braços do governo pelos cidadãos caiu por terra. Enquanto isso, os tributos mais altos diminuíram a taxa de natalidade, já reduzida pelas más condições de vida e a escassez de terra a ser transmitida aos herdeiros. Isso porque, nos tempos bons, ou entre um povo que tenha esperança de algo que os transcenda, as grandes famílias prosperam. Quando os tempos se tornam negros, ou quando uma nação se afunda no cinismo ou num ateísmo prático, as pessoas se recusam a casar, e os que se casam têm menos filhos. Elevar os tributos nessa situação é despertar um alcoólatra lhe dando uma bebida. A Europa está a aprender essa lição agora — ou falhando em aprendê-la. Roma caiu, portanto, por falta de homens. Já estava acontecendo, entre alguns dos povos conquistados, nos tempos de Plutarco. "Não estamos repondo a nós mesmos", diz um espartano.[41]

---

41 O declínio da população espartana foi dramático e amplamente notado por muitos escritores antigos. Cícero fornece uma razão muito politicamente incorreta para o fato: "As garotas espartanas se preocupam mais com a luta livre, o banho no Rio Eurotas, o sol, a poeira e o exercício marcial do que com a bárbara produção de rebentos" (*Discussões tusculanas*, 2.36).

Roma caiu então num lodo econômico do qual nunca se levantou. O Imperador Diocleciano tentou o controle de preços e salários em 301 d.C.; fracassou. Para evitar a escassez de bens, obrigou que os filhos seguissem a profissão de seus pais (com algumas exceções, já que rapazes talentosos poderiam servir ao governo). Um outro braço do governo pelos cidadãos caiu. Para unir um império cada vez mais inquieto, Diocleciano — que provavelmente não acreditava em uma só palavra da religião — ordenou aos cidadãos que adorassem os deuses Augusto e Roma como os mais elevados de seu panteão. Ele mesmo era "Augusto". Os homens que se aproximassem de sua presença divina deveriam se prostrar. E assim caiu outro elemento de governo popular. Os cristãos, que nunca ofereceriam sacrifícios a esses deuses, foram perseguidos. Foi a última grande perseguição que sofreram. Constantino, o homem que surgiu no topo da luta sucessória de Diocleciano, acabou com o banimento do culto cristão. Mas os problemas econômicos e militares do Império continuaram.

Não ajudou o fato de que as fronteiras romanas foram invadidas. Por que foram invadidas? Por que não? Quem escolheria viver nas estepes russas, se pudesse viver na Itália ou na Grécia? E numa vida materialmente superior: lençóis finos, basílicas e rica comida. O mais revelador sobre as invasões de germânicos, celtas e hunos não foi seu desejo de conquistar Roma, mas o seu desejo de ser romanos. Admiravam a terra que estavam a invadir — nem todos, porém um número suficiente para salvar Roma por ainda mais um século. As legiões romanas nas fronteiras eram, cada vez mais, dominadas por invasores recentes.

Três datas se destacam para mim. Em 378 d.C., os visigodos, um povo germânico que fugia dos hunos, pediu permissão para se assentar nos limites do Império, mas então se ergueram em revolta contra seus abusivos comandantes romanos. O Imperador Valenciano foi ao Oriente para resolver a questão, mas foi morto em batalha em Adrianópolis (a moderna Edirne, na Turquia européia), e o sucessor de Valenciano, Teodósio, chegou a um acordo com o inimigo, desvantajoso para Roma. O Império perdera batalhas na fronteira anteriormente, e conseguira fechar as brechas. Em Adrianópolis pode se dizer que perdeu sua primeira guerra. Então, em 406 d.C., houve um inverno particularmente frio — o esfriamento global levou a tempos difíceis — e o Reno congelou. Roma só precisava colocar tropas nos vaus, mas agora os germânicos cruzavam o gelo com suas famílias e rebanhos onde quisessem. A fronteira ocidental foi então rompida. Finalmente, em 410, o chefe visigodo Alarico, desapontado em sua esperança de receber autoridade política do Imperador Honório, entrou em Roma e subjugou a cidade sob a espada e as chamas. Não demorou muito para que os germânicos, cheios de um vigor e uma liberdade viril já perdida nos romanos, concluíssem que um dos seus deveria governar o Ocidente. Assim, em 476 d.C., Odoacro "encorajou" Rômulo Augusto, último imperador do Ocidente, a se retirar para um monastério. O último elemento foi expulso, e o edifício caiu.

Ou será que caiu? Roma caiu? No Oriente, na capital que Constantino construíra para si, Constantinopla, um imperador ainda reinava, e um imperador continuaria a reinar até 1453. E no Ocidente, aqueles senhores de guerra germânicos ainda reconheciam, mais com palavras polidas do que com ações, a supremacia do imperador. Além disso, ansiavam por preservar as antigas formas romanas: os cônsules e senadores, por exemplo. E algo da realidade também foi preservado. O que Roma legou ao Ocidente? Um poderoso acordo entre a democracia e a aristocracia; uma longa tradição de governo cidadão, até mesmo durante o mando dos imperadores; um ideal militar emulado pelas nações desde então, e um exemplo de quase dois séculos de paz; a disseminação do conhecimento do latim e do grego para o interior do continente; e, ainda mais importante, a disseminação do cristianismo. Pois a Europa não é a Europa sem a fé, como veremos.

CAPÍTULO III

Israel: como Deus mudou o mundo

Há mais de quatro mil anos, nas planícies exteriores às muralhas da sofisticada cidade caldéia de Ur, um velho pastor que ali vivera toda a sua vida ouviu uma voz:

> Ora o Senhor disse a Abrão: sai da tua terra e da tua parentela, e da casa do teu pai e vem para a terra, que eu te mostrarei. E eu te farei pai de um grande povo, e te abençoarei e engrandecerei o teu nome e tu serás bendito. Eu abençoarei aos que te abençoarem; e amaldiçoarei aos que te amaldiçoarem; e em ti serão benditas todas as gerações da terra. (Gn 12, 1–3)[42]

Esse pobre homem provavelmente acreditava na multidão dos deuses, e, uma vez que eram os deuses de seus vizinhos caldeus, tratava-se de um grupo bem sortido, muitos deles cruéis, poucos dignos de confiança. Ele nem mesmo soube o nome do Deus que lhe instava a abandonar

ADIVINHA SÓ?!

⚖ O Deus de Abraão em nada se assemelhava aos deuses pagãos.

⚖ O Deus do Antigo Testamento tornou a ciência possível.

⚖ Jesus tornou possível a civilização ocidental.

---
42 Todas as citações bíblicas foram retiradas da tradução do Padre Antônio Figueiredo. — NT

a terra que amava e tudo que conhecia, contudo obedeceu de qualquer forma e, segundo o Antigo Testamento, aquele que era velho e estéril se tornou realmente o pai de uma grande nação. Seus descendentes, por sangue e por adoção de sua fé, tornaram-se tão inumeráveis quantos os grãos de areia na praia ou as estrelas no céu. Estamos demasiado acostumados com a incrível promessa feita nesses versos, que, segundo até mesmo os teólogos liberais e os céticos, foram escritos muito antes do dia em que os judeus pudessem racionalmente esperar que sua nação fosse uma bênção para todas as famílias da terra. Contudo, foi isso que aconteceu.

Uma bênção? Mesmo nosso professorado, com seu desdém previsível pela religião e pela nação de Israel, se exime de desprezar os judeus. Sim, eles rirão da história da criação no Gênesis, insultarão a sanguinolência da conquista hebraica de Canaã sob Josué e os juízes, e fecharão seus olhos diante da lei moral natural tão grandiosamente gravada nos Dez Mandamentos. Mas é uma risada nervosa. Sabem que há algo esmagador no confronto do homem pecador e ignorante com o Santo dos Santos de Israel. Se dizem que o universo não tem propósito, encontram Jó declarando exatamente a mesma coisa, com o choro de um homem que sofreu profundamente e ainda anseia pela justiça divina. Não podem, como Hitler, negar aos judeus sua glória, mas têm então enorme dificuldade em dizer o que eles têm de glorioso, salvo sua tenacidade na preservação da fé. Nem podem facilmente alegar que a fé judaica é como todos os paganismos contra os quais ela lutou. Claramente não é. Pois é a fé que afirma somente Deus como verdadeiro Rei, diante do qual reis e príncipes, acadêmicos e burocratas, não pesam mais que areia. Isso significa que os homens não precisam bajular o Estado, ou tremer diante de seus lacaios. A Torá é a lei que liberta os homens.

> **ALGUÉM AVISE JOHN KERRY E OUTROS CRISTÃOS PRÓ-ABORTO**
>
> *Não mate; não cometa adultério; não pratique a pederastia; não fornique; não roube; não lide com a magia; não pratique a feitiçaria; não mate um feto com um aborto ou cometa infanticídio.*
> — Didaquê (cerca de 150 d.C.).
>
> Esse texto cristão primitivo aumenta a incontestável evidência, em todas as comunidades cristãs e em todos os tempos, de que o aborto é proibido. Observe no texto acima quais atos estão no mesmo grupo deste crime.

CAPÍTULO 3

Foram os judeus importantes por qualquer outra razão? Se consideramos somente aquelas realizações materiais que conferem a glória a uma nação, os judeus só se qualificariam por um curto tempo. É, portanto, profundamente irônico que tenham tido um papel tão importante no desenvolvimento da civilização ocidental — na verdade, o papel central. Tinham poucas credenciais para exibir. Não inventaram a democracia. Não eram grandes escultores ou pintores. Isso já era esperado, já que Deus os proibira de esculpir imagens (uma ordem de importância crucial para a civilização, mas que não tendia a encorajar as artes). Tinham sido pastores e boiadeiros, com pouca afinidade pelo comércio e o mar. Na verdade, quando buscaram uma imagem do horror e do caos, marinheiros de água doce que eram, olharam para o oceano, onde habitava o terrível Leviatã, e onde Jonas se encontrou certa vez no ventre de um grande peixe. Além do Antigo Testamento e seus comentários sobre ele, os judeus nada escreveram de notável. Desfrutaram de uma primavera precoce de proeminência política durante o tempo de Davi ou Salomão, após o qual o reino se dividiu em dois. Tanto Israel no Norte quanto Judá no Sul eram constantemente pressionados por seus vizinhos mais poderosos: assírios, egípcios, filisteus e babilônios.

Deles lembramos somente por uma coisa, mas que é a mais importante de todas: a revelação do Deus uno, santo, onisciente, onipotente e que é todo amor.

Acredite você ou não (e eu acredito), é um fato puro e simples que essa revelação singular — com toda a história na qual está inserida e pela qual vem à luz — tem sido a mais importante idéia na história do mundo. Hoje, os historiadores seculares explicam o passado em termos de acidentes: quem tinha aço? Quem carregou quais germes? Qual vento levou quais navios para onde? No entanto, se você realmente se perguntar como chegamos onde estamos hoje (e por "nós" quero dizer quase todos os habitantes do mundo), inevitavelmente retornará às muralhas de Ur, e à revelação que Abraão recebeu de Deus.

O ateu honesto deve admitir isso. Se esse ateu se voltar sinceramente para Deus, não será algum Zeus folclórico no Olimpo, a lançar um raio, nem para uma Grande Mãe Cita com gordos seios e nádegas. Ele se voltará para o Deus de Abraão, Isaac e Jacó. Pode ser politicamente incorreto dizê-lo, mas não deixa de ser verdadeiro. Se há um Deus (e há), é Ele.

Por que isso é tão importante? Como mudou o mundo? Voltemos à antiga Mesopotâmia e às terras ao redor do Mar Mediterrâneo para termos alguma idéia.

Um Deus acima da natureza, e não um deus da natureza

Os povos que habitavam os vales dos rios Tigre e Eufrates tinham acesso a bastante água e terras férteis, tornando possível o cultivo de um excedente de cereais e o armazenamento dos grãos secos. Essa era a exigência mínima para uma cidade. Os homens foram libertos da necessidade diária de buscar comida, permitindo que muitos se tornassem carpinteiros, pedreiros ou burocratas. Porém, a terra entre os rios não era de fácil exploração agrícola. A chuva era escassa, e, quando vinha, caía em torrentes. Era preciso usar canais habilmente construídos para desviar as águas fluviais para os campos, ou para desviar as súbitas águas pluviais. Esses canais deveriam ser erguidos da forma mais precisa. A terra era quase que completamente plana da Babilônia até a foz dos rios no que agora é o Kuwait, a mais de oitocentos quilômetros de distância.

Essa necessidade de canais organizados e extensos ajudou a determinar a estrutura política final dos reinos mesopotâmicos. Deveriam ser grandes Estados, e tinham de ser controlados por um único centro de autoridade, concentrado em um rei divino. Mas o Tigre e o Eufrates eram propensos a inundações súbitas e terríveis causadas pelo degelo nas montanhas e ventos de moções advindos do Golfo Pérsico. O povo extraía sua vida da terra fértil, e então era natural que cultuassem os deuses da fertilidade. Contudo, a natureza ali, ainda mais do que o usual, era feroz, caprichosa e selvagem. Essa desordem se refletia nos deuses babilônicos.[43]

O grande deus celeste Apsu e sua consorte, a malevolente divindade marinha Tiamat, certa vez conspiraram para destruir os deuses mais jovens, que eram muitos e barulhentos. Foram impedidos pelo deus benevolente Ea, que organizou a oposição sob a liderança de um certo Marduk, que então se tornou o chefe de todos os deuses, uma espécie de imperador e protetor pessoal da Babilônia e de seu imperador. Marduk encerrou a guerra canalizando os ventos para a escancarada bocarra de Tiamat, de forma a implodir seu ventre. Dos órgãos espalhados da besta ele configurou o mundo físico. Então matou o amante de Tiamat, o sinistro Kingu, e misturou seu sangue gotejante à terra para criar a humanidade. Não fez isso por amor, mas para aplacar seus deuses

---

43 O que se segue é um resumo do épico babilônio *Enuma Elish*.

subordinados, que odiavam o trabalho tedioso de oferecer o incenso no templo. O homem foi feito para realizar o trabalho que os deuses detestavam. O homem é um escravo.

A mesma coisa se passava nos antigos cultos de fertilidade. Eram, com exceção parcial do Egito, sombrios e sórdidos, governados pela lei de ferro da fome. Se a vida humana vem da terra e do céu, e se estes dois planos são freqüentemente malignos, arruinando as plantações com o granizo e a seca, então é preciso aplacar os deuses oferecendo-lhes a própria fertilidade dos humanos. É preciso enviar as jovens ao templo para a prostituição sagrada; não era mera elucubração a comparação da idolatria à prostituição regularmente feita pelos Profetas. Daí também vêm os sacrifícios humanos. Na Fenícia e em Cartago, os pais economicamente esclarecidos faziam com que seus filhos "fossem sacrificados pelo fogo a Moloque" (v. 2Rs 23, 10), assando-os na fornalha em forma de bocarra do ídolo, de forma a assegurar a prosperidade futura. Se você acreditasse que poderia sentir falta de seus próprios filhos e tivesse algum dinheiro disponível, sempre era possível subornar um homem pobre para "adotar" um dos seus filhos. Isso deixaria todos felizes: você, o pobre e Moloque.

Quando Abraão, após obedecer a voz de Deus e viajar a Canaã, recebeu um filho e então foi ordenado pela mesma voz a sacrificá-lo no topo da montanha, o pobre homem deve ter se desapontado, mas não ficou surpreso. Esse é o caminho dos deuses da natureza. Sem dúvida o deus deve beber sangue para que possa gerar sangue. Abraão não deve ter pensado que sua linhagem prometida estava a acabar, mas sim que seu sacrifício devia ser a parte infeliz de um acordo mercenário.

"Não estendas a tua mão sobre o menino, e não lhe faças mal algum exclama um anjo, quando Abraão se prepara para cortar a garganta de Isaac no altar, pois agora conheci que temes a Deus, e não perdoastes a teu filho único por amor de mim" (Gn 22, 12). Em vez disso, como o próprio Abraão involuntariamente profetizou, Deus forneceu a ovelha para o sacrifício, na verdade um carneiro pego pelos cornos em um matagal próximo. O assassinato de seu próprio filho é um teste da fé de Abraão, mas também é uma revelação surpreendente da natureza de Deus. Não haverá qualquer sacrifício humano em troca de comida ou ventres férteis. Na verdade, não haverá o sacrifício de qualquer bem natural em troca de boas colheitas. Deus não está mergulhado no mundo natural; está acima deste mundo. A distinção é crucial. Os hebreus demoraram muito para entender a idéia, mas finalmente a compreenderam, e quando se voltaram para o Criador, encontraram Aquele que ordenou o mundo "com medida, e conta, e peso" (Sb 11, 21). Agora podiam olhar a natureza com um olhar livre. Não precisavam se curvar diante dela. Ela pode ser terrível, como *Behemoth*, que "aperta sua cauda como cedro; os nervos de seus testículos estão entrelaçados um no outro" (Jó 40, 12); mas, pouco importando a musculatura dos respectivos testículos, os judeus estavam dispostos a se prostrar em adoração a qualquer uma dessas bestas, como os hindus se prostravam diante do deus-elefante Ganesha. A natureza pode ser amável e misteriosa, "a obra dos teus dedos, a lua e as estrelas que preparaste" (Sl 8, 3), porém quando Manassés, sedento de religião, "edificou altares à honra de todo o exército celestial, nos dois átrios da casa do Senhor" (2Cr 33, 5), ele fez o mal, e seu neto Josias esmagou e queimou esses altares, derreteu seus ídolos, desmantelou os banhos para a sodomia ritual, e lançou os detritos em um poço em chamas, no que fora um dia um bosque dos cultos de fertilidade, e seria doravante o lixão conhecido como Tofete (2Rs 23, 5–15).

Essa rejeição do culto da natureza é, em parte, o sentido do conflito de Moisés com o faraó do Egito, Ramsés II (cerca de 1279–1213 a.C.). Em algum momento próximo de 1600 a.C., os descendentes de Abrão chegaram ao vale do Nilo, sendo recepcionados por um interregno de governantes semíticos. Mas os egípcios nativos retomaram seu império por volta de 1550 a.C., e finalmente escravizaram os hebreus, forçando-os a fazer tijolos para as obras de construção do Faraó. Essa escravidão era econômica e religiosa. O Faraó, literalmente "Grande Casa", era a manifestação terrena de Osíris, o deus justo. Osíris fora esquartejado por seu inimigo Set, mas sua irmã-gêmea e esposa, Ísis (com a qual, diz Plutarco, fornecendo-nos um vislumbre medonho dos mistérios do culto egípcio, Osíris copulou *in utero*),[44] coletou seus membros e o reformou para ser o deus que julga os homens no mundo dos mortos. Um dos membros, contudo, ela nunca encontrou. Ele foi engolido pelo Nilo, cravado em uma lança, e assim a fertilidade de Osíris passou a ser a fonte da fertilidade do rio. Enquanto isso, Hórus, o filho de Osíris, matou Set e assumiu o lugar de Osíris como governante terrestre. Um Faraó é, portanto, a continuação dessa dinastia imperial. Ele é Hórus enquanto vive, e Osíris após a morte. Garante as boas inundações e as ricas colheitas, a prosperidade e a justiça.

---

44 V. Plutarco, *Ísis e Osíris*, 356, 358b.

Então, quando o Faraó endurece sua cerviz e não permite que os hebreus cultuem seu Deus livremente no deserto — num lugar, veja bem, onde nada cresce — Moisés leva a batalha ao território do Faraó. Lembre-se que o Faraó é um deus da fertilidade. Todas as pessoas, não somente os hebreus, são por ele escravizadas, já que todos precisam comer. Mas o Faraó nada pode fazer contra o Deus que está acima da natureza. É impotente contra moscas, mosquitos, gafanhotos, sapos, o granizo ardente, a pestilência e a escuridão. Seu rio sagrado se torna vermelho de sangue. A carne de seu povo irrompe em bolhas — um insulto humilhante e doloroso para os egípcios com todos os seus cosméticos e seu embalsamamento dos mortos. Finalmente, os primogênitos de todo Egito morrem, enquanto os hebreus são poupados pelo sangue do cordeiro pascal (logo veremos mais sobre isso). A derrota teológica é total, muito antes que alguém venha a se apresentar nas margens do Mar Vermelho.

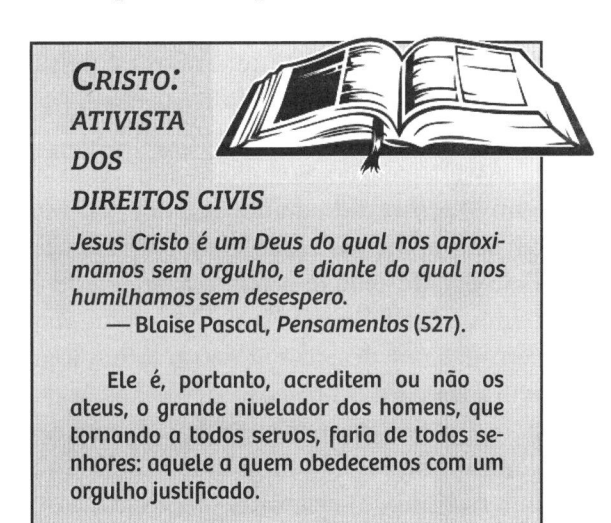

> **CRISTO: ATIVISTA DOS DIREITOS CIVIS**
>
> *Jesus Cristo é um Deus do qual nos aproximamos sem orgulho, e diante do qual nos humilhamos sem desespero.*
> — Blaise Pascal, *Pensamentos* (527).
>
> Ele é, portanto, acreditem ou não os ateus, o grande nivelador dos homens, que tornando a todos servos, faria de todos senhores: aquele a quem obedecemos com um orgulho justificado.

O Rei dos Reis, e não um deus político

O Egito do Faraó também nos mostra uma lição para nossos tempos, compreendida pela União Soviética, mas ignorada por muitos liberais bem-intencionados na Europa e nos EUA: não existe algo como o vácuo da fé. Que os cristãos e outros crentes da liberdade humana tomem nota. Se o homem é por natureza uma criatura de louvor, e se ele não chegar a conhecer o verdadeiro Deus, dará seu coração, e talvez seu sangue e suor, a algo grandioso em seu horizonte de visão. Os dois maiores candidatos para a posição de falso deus são a natureza e o Estado. O homem afogará sua imaginação no pântano dos processos naturais de nascimento, crescimento, sexo e morte, ou se escravizará ao poder, mais claramente manifesto em um deus-imperador, uma cidade endeusada, ou um Estado perfeitamente competente. Muitas vezes, como na Mesopotâmia e Egito, e na atual esquerda americana, fará ambas as coisas ao mesmo tempo.

De modo semelhante à Mesopotâmia, a geografia praticamente determinou a estrutura política do Egito. Era preciso controlar todo o rio ou nada, já que fora do vale fluvial havia o deserto, salpicado somente por alguns poucos oásis. Se um Faraó dominasse o baixo Nilo, e um anti-Faraó o alto Nilo, eles seriam uma constante ameaça um ao outro, fontes constantes de interferência agrícola e comercial. O grande Menés unificou o alto e o baixo Egito por volta de 3100 a.C., e, afora alguns períodos de mudança de dinastia e perturbações, o Egito continuou a mesma serpente esguia da terra fértil, permanecendo independente até a conquista por Alexandre em 332 a.C.

Assim, quando os egípcios adoravam sua Grande Casa, também estavam se prostrando diante do poder do Estado, encarnado no monarca e em seus ministros-sacerdotes, coletores de tributos e chefes de escravos. Esse Estado trouxe a paz e a prosperidade. Isso também ocorreu nos reinos mais vulneráveis da Mesopotâmia. Aquelas planícies não eram cercadas por desertos, como o Egito, logo suas cidades precisavam ser muradas para a proteção dos grãos, o que exigia uma classe guerreira para a defesa de suas muralhas. Já que nenhuma cidade poderia resistir contra o poder de um grande exército, todas as cidades da Mesopotâmia tiveram de ser levadas ao controle de um único império.

Sob essas circunstâncias, a separação entre o poder temporal e espiritual é inconcebível. Os homens se submetem ao Estado com a mesma prontidão e medo que se submetem a um deus. O Estado é divino.

A revelação dos hebreus muda tudo isso.

Essa desconexão de Deus da identificação com o rei, o Estado ou a cidade é encontrada em todo o Antigo Testamento. Caim, o fazendeiro, é o primeiro assassino, ao matar seu irmão Abel. Quando ele é expulso de sua família, torna-se o primeiro construtor de uma cidade. Isso evidentemente não lhe conferiu nenhuma distinção moral ou religiosa; e Santo Agostinho viria a comparar diretamente Caim a Rômulo, o lendário fundador de Roma, que assassinou seu irmão gêmeo Remo enquanto construíam as muralhas da cidade, e que depois de sua morte foi reverenciado como um deus.[45] O solitário Enoque "caminhou com Deus", e um dia não foi mais visto (Gn 5, 24); mas os homens

---

45 Agostinho, *A cidade de Deus*, 15.5.

ambiciosos de Babel, todos construtores, queriam erigir uma torre que chegasse aos céus, para fazer um nome para si mesmos e levar todos os seus vizinhos a se prostrarem diante deles (Gn 11). Deus ridiculariza essa política de Estado, e confunde sua linguagem até então única, de tal forma que eles não mais se entendam. Todas as cidades, Estados e torres, "cujos topos podem chegar aos céus", são incompletos, um escárnio dilacerado pela contenda.

Marduk tem a Babilônia, Osíris tem Mênfis. Atena tem Atenas, e em todos esses lugares, adorar o deus é adorar a cidade. É tentador responder então: "Deus tem Jerusalém". Mas não é assim, como os Profetas sofreram para nos mostrar. Deus não aferra sua aliança a qualquer cidade e seus habitantes. Os mandamentos são dados num lugar que ninguém poderia confundir com uma cidade ou um vale fértil: o Monte Sinai, no deserto. De fato, quando o povo que ficou na planura sente falta de Moisés e se torna ansioso, desejando transformar Deus em seu amuleto de boa-sorte, constroem o Bezerro de Ouro, um jovem touro, símbolo da vida e da fertilidade. Deus os pune por isso. Mais tarde, quando se assentam em Canaã e decidem viver com os outros povos, em um Estado unido sob um rei, o profeta Samuel lhes diz que Deus está descontente. Observe como isso é estranho. Em todos os outros lugares, a união de um povo em um Estado poderoso é exatamente a utilidade de um deus — é por isso que os imortais são adorados! Mas Deus envia seus Profetas para ensinar o contrário ao povo: Ele Mesmo será sua "cidade", seu baluarte, seu rei.

"UM POUCO MENOR QUE OS ANJOS"

Curiosamente, a nova concepção [seguindo-se à revolução científica] exaltou e reduziu o homem: ele foi exaltado contra Deus, exaltado às Suas custas; foi reduzido, por meio de um profundo desejo, a um objeto natural que não guarda a menor distinção com um animal ou planta.
— Romano Guardini, *O fim do mundo.*

Quão nobre e libertador era, em contraste, o louvor obediente do salmista:

Quando vejo os teus céus, obra dos teus dedos, a lua e as estrelas que preparaste;
Que é o homem mortal para que te lembres dele? E o filho do homem, para que o visites?
Pois pouco menor o fizeste do que os anjos, e de glória e de honra o coroaste (Sl 8, 3–5).

Deus não permite a Samuel a unção de um rei para o povo, depois que o profeta os avisa sobre a miséria que essa concentração de poder causará, pois o rei "tomará os vossos filhos, e os porá em suas carroças para as governarem", e "fará de vossas filhas suas perfumadeiras, e cozinheiras, e padeiras", e "dizimará vossos trigos, e o rendimento das vinhas, para ter que dar aos seus eunucos e oficiais" (1Sm 8, 11.13.15). Quem dera que nossos potentados da América extraíssem somente o dízimo! Porém, o verdadeiro mal de se prostrar no altar político é espiritual. Chega-se a acreditar que a salvação será encontrada no estatismo. Então cada ditador de latão, com seus exércitos em uniformes vibrantes, parecerá um grande bem. Ezequiel é inesquecível em seu ataque a essa estupidez:

> Oola (Jerusalém) pois se levantou contra mim pela sua prostituição, e loucamente se apaixonou pelos seus amantes, pelos assírios e seus vizinhos. Vestidos de jacinto, príncipes e magistrados, mancebos de apetite, todos cavaleiros, montados a cavalo. Ela se entregou na sua prostituição a estes homens escolhidos, filhos todos dos assírios, e se manchou pelas suas infâmias com todos aqueles de quem loucamente estava enamorada. Além disto não deixou ainda as suas prostituições que exercitara no Egito, pois eles dormiram também com ela na sua adolescência e desonraram a sua puberdade e comunicaram-lhe todas as suas fornicações. (Ez 23, 5–8)

Na verdade, toda a noção de governo e poder político está a ser redefinida. Deus faz uma aliança com o segundo rei dos judeus, Davi, prometendo que sua linhagem reinará para sempre — uma promessa que os cristãos acreditam ter sido realizada por Jesus Cristo, descendente de Davi, que afirmou que seu "reino não é deste mundo" (Jo 18, 36). Deus, porém, nunca promete proteção para os filhos de Davi (ver 2Sm 12, 10–11), ou para Jerusalém. O povo não deveria esperar nenhuma dinastia terrena. Muito pelo contrário: os netos de Davi dividiram o reino em Israel ao norte (dominado pelos assírios em 732 a.C.) e Judá ao sul. Deus então enviou o profeta Jeremias para alertar Zedequias, o último rei de Judá, de que deveria se submeter aos babilônios, ou a cidade seria ocupada. Os reis e seus conselheiros se recusaram, acreditando que o Templo construído pelo filho de Davi, Salomão, seria seu talismã, seu amuleto. Eles inverteram a relação de confiança: se Deus desejava salvar Seu Templo, deveria salvá-los também. Mas o verdadeiro templo de Deus está no coração dos homens, como Jeremias tentara durante ensinar. Os exércitos de Nabucodonosor arrasaram a Judéia, levando milhares de judeus para a escravidão na Babilônia, e demoliram o Templo. "Como assim solitária está assentada uma cidade cheia de povo; chegou a ser uma como viúva a senhora das gentes", lamentou Jeremias (Lm 1, 1).

O conhecimento de Deus leva à ciência

É fascinante observar o que o Deus de Israel não é. Ele não é um deus dentre outros. Não é um deus ligado a uma cidade ou cultura particular (os Profetas verão Deus, não Israel, como governante de todos os povos). Não é um deus da natureza. Não se personifica mais do que o necessário para dar sentido a seus atos diante de um povo semibárbaro. Nada ouvimos de qualquer amor ou vida privada. Ele decide, mas nunca o vemos se preocupando, ponderando ou raciocinando consigo mesmo. Seu braço direito é forte para salvar, mas nunca ouvimos que Ele o tenha dobrado, ou estalado seus dedos. Não se move de um lugar ao outro, como Hermes a entregar suas mensagens do Olimpo nevado. Proíbe seu povo de esculpir qualquer imagem d'Ele, para que não o confundam com os reis sedentos de poder que os circundam, ou com as bestas. Não é comunicada ao povo a idéia de que são parecidos com este deus (sempre de cachos encaracolados e torso perfeito), mas sim de que o povo é Sua imagem. Ele lhes fez à Sua imagem e semelhança, o que não pode ser uma semelhança física imaginável.

Quem é esse Deus? A revelação cai como um raio. Ele é o Deus que É o que É, além de toda especificação. Não é simplesmente um demiurgo, um misturador de solo e lama, que toma algo já previamente existente e o molda em árvores, pássaros e homens. Ele cria porque quer. Lembre-se da cena no Sinai, quando Moisés se aproxima do arbusto ardente que não é consumido (Ex 3). Quando Deus fala com ele naquele arbusto, Moisés lhe pergunta seu nome, algo compreensível, que possa defini-lo ou limitá-lo. A resposta destrói as expectativas: "Diga-lhes que Eu Sou o que Sou vos enviou". Deus não diz "Sou o Deus do fogo", ou "Sou o Deus do Pico da Montanha", ou "Sou o Deus do mar". Ele diz: "Sou o Deus que essencialmente é". Em termos filosóficos, como os futuros pensadores judeus e cristãos fariam, podemos dizer que Deus é o próprio Ser. Os tradutores judeus da Septuaginta (a tradução grega do Antigo Testamento realizada no século II d.C.) tiveram dificuldades com o nome que transcende os nomes. *Ho on*, eles o traduziram, O Ser, o Único cuja natureza é ser, e no qual todas as coisas que existem têm seu ser.

Essa revelação fez toda a diferença neste mundo. Permitiu que os judeus e os cristãos vissem a criação como obra divina, enquanto consideravam Deus infinitamente superior à criação. Por não haver nada mais fundamental que o Ser, essa revelação lhes ensinou que Deus é o criador das leis naturais e morais, e, portanto, não é mais preciso se submeter ao Destino onipresente.

Isto pode espicaçar as elites intelectuais, mas é historicamente incontestável: ao mostrar que o universo era ordenado e não arbitrário, o Deus que revelou a Si Mesmo a Abraão — o mesmo Deus adorado pelos cristãos — abriu nosso caminho para as mais longínquas realizações da ciência pura. No entanto, já que Deus é uma Pessoa e não uma força, um Ser que ama, e não um conjunto de leis físicas, os judeus e os cristãos nunca poderiam olhar para esse mundo ordenado como algo distante e amoral. A revelação abriu suas imaginações para um Deus cuja própria ausência de limites Lhe permite estar intimamente presente em todos os lugares, em todos os tempos, abraçado por todas as coisas, trabalhando misteriosamente em todas as vidas. Seus conhecimentos sobre essa imanência ajudaram, por sua vez, a preencher o abismo entre o particular e o universal, entre este homem e a humanidade, este momento e toda a história. E a revelação, como os cristãos acreditam, se fez carne na pessoa de Jesus, e viveu entre nós.

O que nos leva a uma série de considerações politicamente incorretas, como veremos.

Aqueles que se humilharem serão exaltados

"Empodere-se!", dizem as vozes do mundo, pois o mundo se curva diante do poder e despreza os fracos. Os hebreus também teriam feito isso, se pudessem ter tido uma história e um culto conforme seus desejos. Deus, porém, consistentemente revela que Ele não é um ídolo vinculado à autoridade humana. Em vez disso, Ele mostra que o homem é mais divino quando é mais humilde; pois Deus "humilhou-se" por amor para criar um universo do qual não precisava.

Ele faz Adão e Eva à sua imagem e semelhança: eles *já* são como Deus, divinos em sua inteligência e seu domínio sobre o mundo físico. Permaneceriam com a graça divina, semelhantes a Deus, se lembrassem de reconhecer com gratidão que Ele é Deus e que eles não o são. Quando comem do fruto proibido, violando a restrição mínima de sua liberdade vasta e majestosa, não somente buscam ser deuses; equivocam-se sobre o significado da verdadeira divindade. Não buscam ser como Deus, mas como um deus, como a mesquinha imaginação humana pensa ser um deus: um ser que faz o que quer, e que faz com que todos façam o que lhe agrada. Não se humilham, mas se rebaixam; desconectam-se do doador da vida, e se sujeitam à morte, cujo maior terror é simplesmente o vazio da separação e da alienação. Mas Deus (não deus!) tem misericórdia deles. Ele profere uma misteriosa promessa de redenção e os agasalha com peles para protegê-los contra o frio.

Esta é a narrativa fundamental das Escrituras: o homem, em sua fraqueza, cai por invejar aquilo que pensa ser o poder, e Deus todo-poderoso o resgata por meio daqueles cuja força o homem ignorou.

Deus aceita o sacrifício de Abel, o irmão caçula, que ofereceu seu cordeiro de todo coração, mas rejeita o sacrifício de Caim, invejoso e taciturno. É do gêmeo mais jovem e mais fraco, Jacó, e não do caçador Esaú, que Deus erguerá uma grande nação, e seu velho pai Isaac, cego de muitas formas, não pode enxergar isso. Esse mesmo Jacó desperta a inveja entre seus filhos quando favorece o jovem sonhador José. Eles jogam seu irmão em um poço e o vendem à escravidão. Mas do escravo José virá sua libertação quando, anos mais tarde, eles viajam ao Egito para comprar grãos durante uma grande fome. Deus escolherá Moisés para libertar seu povo da escravidão, um homem exilado do Egito por causa de um homicídio. Moisés, um gago, primeiro implora que outra pessoa seja enviada. No entanto, esse mesmo Moisés virá a ser saudado como o maior dos Profetas.

> **UM MITO POLITICAMENTE CORRETO: JESUS ERA UM SEM-TETO**
> Assim como o Demônio usa as Escrituras para seus próprios fins, os candidatos liberais[46] à presidência utilizam o Menino Jesus para justificar seus programas estatistas. Só que nem sempre são coerentes com as Escrituras.
> Este é o tempo do ano, como certa vez disse Hillary Rodham Clinton, em que os cristãos comemoram "o nascimento de um menino sem-teto" — ou, nas palavras de Al Gore, "uma mulher sem-teto deu à luz um menino sem-teto".
> Que fique registrado que Jesus não era "sem-teto". Tinha uma casa perfeitamente agradável em Nazaré. Mas acabou nascendo em Belém. Era o tempo do censo, e José foi obrigado a cruzar meio país para registrá-lo em sua cidade de nascimento — um pesadelo tão absurdamente burocrático do estatismo ultra-regulatório que certamente, é só questão de tempo, Massachusetts ou Califórnia tentarão aprová-lo.
> No entanto, o ponto é: a história do Natal não diz respeito a moradias de preço acessível.
> — Mark Steyn, "Filhos? Não se você ama o seu planeta", Orange County Register, 14 de dezembro de 2007.

O Senhor envia Samuel para ungir um dos filhos de Jessé como próximo rei de Israel. Os sete mais velhos se colocaram diante dele, mas o Senhor não favorece nenhum deles:

> E disse o Senhor a Samuel: Não olhes para o seu vulto, nem para a altura da sua estatura: porque eu o rejeitei, nem eu julgo do homem pelo que aparece à vista: porque o homem vê o que está patente, mas o Senhor olha para o coração. (1Sm 16, 7)

Finalmente Samuel pergunta a Jessé se aqueles são todos os seus filhos. Jessé responde, quase de forma premeditada, possuir de fato mais um, apenas um garoto que estava a apascentar ovelhas. Davi aparece, belo e corado, e Samuel o unge. Isso não quer dizer que todos tenham levado essa unção a sério. Afinal de contas, o Rei Saul ainda estava vivo e coroado. E quando Saul liderou seus exércitos contra os filisteus

---

46 É válida aqui a observação de que nos EUA liberalismo significa esquerdismo. Mas existe uma noção mais profunda que liga o antigo liberalismo econômico e político ao liberalismo "esquerdista" do Partido Democrata. O individualismo econômico, e o avanço do Estado e do sistema financeiro moderno, acabam por destruir as comunidades intermediárias; o indivíduo isolado se voltará então para o Estado como provedor das necessidades antes supridas pela comunidade orgânica. Nesse sentido, é perfeitamente justo chamar o Partido Democrata de "liberal", sem mencionar a tendência ao agnosticismo e ateísmo já presente no liberalismo clássico. — NT

e seu grande guerreiro Golias, nenhum dos israelitas ousou desafiá-lo. Mas Davi, ainda demasiadamente magro para usar armadura — com seus irmãos a reclamar e desejar que ele voltasse para casa — avança somente com um estilingue, algumas pedrinhas lisas do riacho, e sua fé juvenil e corajosa em Deus. E isso se provou suficiente.

A graça de Deus está com o solitário Elias, um profeta montanhês que investe contra os cultos urbanos de fertilidade a Baal, praticados pelo Rei Acabe e sua esposa Jezebel, e todos os figurões. Deus escolhe Amós, um aparador de plátanos, para marchar diante do Rei e dos ricos negociantes no Templo, e anunciar que o Senhor não deseja holocaustos, mas sim a justiça, a misericórdia e a compaixão para com os pobres. Um herói homérico deve "comprar" a graça de um deus prometendo algum grande novilho assado, um elegante templo de mármore e uma estátua dourada, mas Deus odeia essas coisas. Ele não é um joguete dos poderosos. "Toda a nossa retidão, clama o profeta Isaías, é como o pano de uma mulher menstruada, e as nossas iniqüidades como um vento nos arrebataram" (Is 64, 6).

Em vez disso, o verdadeiro servo de Deus se entregará completamente, por Deus e pelos outros. Será desprezado pelo mundo; eles o verão como um ninguém; dele abusarão, e buscarão matá-lo: "Ele será levado como uma ovelha ao matadouro" (Is 53, 7). Exclamará: "Deus meu, Deus meu, por que me desamparaste?" (Sl 22, 1), no entanto Deus não "permitirá que o teu Santo veja a corrupção" (Sl 16, 10). Pois "a pedra que os edificadores rejeitaram tornou-se a pedra angular" (Sl 118, 22), e mesmo que os jovens possam desfalecer e os guerreiros caírem, "os que esperam no Senhor terão sempre novas forças, tomarão asas como de águia" (Is 40, 31), pois diante do Senhor até mesmo as grandes nações, os vigaristas, os onipotentes opressores deste mundo, são como "uma gota d'água que cai de um balde" (Is 40, 15).

Não deixe que o secularista cínico atribua esse maravilhoso realismo, essa recusa de se dobrar diante da grandiosidade política, à inveja dos povos fracos. Os fracos também se pavoneiam e se vangloriam. Os judeus, porém, em suas próprias crônicas de Judá (ignorando o reino cismático do norte de Israel, cujos governantes não eram dignos de nota), resumem os feitos de alguns dos seus maiores reis deste modo: "Mas [Roboão] fez o mal, e não preparou seu coração para buscar o Senhor" (2Cr 12, 14); "E [Jorão] fez o mal na presença do Senhor" (2Cr 21, 6); "[Ocozias] seguiu também os caminhos da casa de Acab: porque sua mãe o impeliu a obrar com iniqüidade. Fez, pois, o mal na presença do Senhor" (2Cr 22, 3–4).

Até mesmo o grande Manassés, que reinou por 55 anos, uma realização grandiosa numa nação de intrigas e assassinatos, é avaliado não segundo sua glória mundana, os principais indicadores econômicos e a habilidade política, mas segundo um padrão que julga e transcende o mundo: "Mas [Manassés] fez o mal diante do Senhor, seguindo as abominações dos povos que o Senhor tinha exterminado à vista dos filhos de Israel" (2Cr 33, 2).

Os verdadeiros heróis do Antigo Testamento revelam a nós quem são os verdadeiros heróis deste mundo, se o mundo tivesse olhos para ver, e não estivesse deslumbrado com o brilho de um Alexandre ou Aníbal. Eles são o jovem Gideão, que com um minúsculo exército semeia a confusão nas enormes forças midianitas. Ou Sadraque, Mesaque e Abdenego, lançados na fornalha ardente pelos cortesãos invejosos do rei babilônio Nabucodonosor, mas salvos do perigo pelo poder de Deus. Sua calma desobediência ao rei deveria ressoar como um lema para todos os homens que ainda buscam resistir ao poderio de um Estado sufocante:

> O nosso Deus, a quem nós adoramos, pode tirar-nos da fornalha de fogo ardente, e livrar-nos, ó rei, das tuas mãos. E se Ele o não quiser fazer assim, fica tu entendendo, ó rei, que nós não honramos os teus deuses, nem adoramos a estátua de ouro que erigiste. (Dn 3, 17–18)

A FILOSOFIA E A FÉ

E Deus respondeu: "Primeiro lhes diga que Eu sou Aquele que Sou, para que possam aprender a diferença entre o que é e o que não é, e também a lição adicional de que nenhum nome Me é adequado, já que só a Mim pertence a existência".
— Fílon de Alexandria, *Sobre a vida de Moisés* (1, 75).

Fílon era um judeu de Alexandria conhecedor da filosofia grega, particularmente o platonismo. Ele está a defender sua fé judaica não em oposição ao uso grego da razão, mas em acordo com ele, vendo-a como um cumprimento da busca grega do conhecimento da realidade última. Aqui ele enxerga e elabora a proposição que escapou da compreensão de Platão e Aristóteles. Deus não é meramente o ser supremo; ele é o Ser.

Ou Jonas, um profeta improvável e relutante, finalmente a fazer seu trabalho, pregando a ruína iminente aos pagãos ninivitas, que se arrependem, do rei ao mais reles empregado. Dessa ralé, tão tola sobre o bem e o mal quanto suas próprias bestas, cuida Deus: "E então eu não perdoarei a grande cidade de Nínive, onde há mais de cento e vinte mil homens, que não sabem discernir entre a sua mão direita e a sua mão esquerda, e um grande número de animais?" (Jn 4, 11).

Mil anos são como um dia

"A salvação vem dos judeus", disse Jesus à samaritana no poço (Jo 4, 22), revelando, com um jogo de palavras ao redor de seu nome, sua missão para com toda a humanidade (em hebraico, *yeshu'ah* = salvação), e identificando essa missão com a plenitude do papel dos judeus na história humana. Eu disse que nós nunca teríamos esperado que semelhante papel fosse realizado por um povo tão humilde, nós que tanto nos impressionamos com a força bruta; mais do que isso, o pressuposto profundo das palavras de Cristo é que existe algo chamado salvação, ou seja, Deus é o Senhor do tempo, trabalha no tempo, mas não está limitado ao tempo. É Ele, e não o destino cego, quem escreve a narrativa do mundo, de cada vida humana e da glória vindoura.

Essa salvação não é a mesma oferecida por outros sistemas teológicos; e a diferença é crucial para a compreensão do Ocidente. Vejamos o porquê comparando-o com alguns de seus competidores contemporâneos.

Eu sou um cidadão romano desalentado com este mundo, a viver na Grécia do século II d.C. Posso amenizar meu medo da morte voltando-me para uma das renomadas religiões de mistério — por exemplo, a de Deméter em Elêusis.[47] A idéia por trás de uma religião de mistério, assim como da heresia gnóstica (uma espécie de culto Nova Era da Antigüidade), é a possibilidade de se obter a imortalidade tornando-se membro de uma cabala.[48] Se você seguir certas regras (que exigem, às vezes, sexo ritual com sacerdotisas, ou espancamentos), pode então avançar nos mistérios, conquistando cada vez mais "conhecimento"

---

[47] A instituição dos Mistérios de Elêusis é narrada no hino homérico a Deméter. Duraram dois milênios, até que o Imperador Teodósio fechou seus santuários em 392.

[48] Os ritos iniciáticos dos cultos dionisíacos estão muito bem preservados em afrescos na assim chamada Vila dos mistérios, em Pompéia. A iniciação do protagonista nos mistérios de Ísis e Osíris é o clímax do romance cômico de Apuleio, *O asno de ouro*.

vedado aos profanos. Até mesmo as mais nobres das filosofias morais pagãs, como, por exemplo, o estoicismo, do rude escravo Epicteto, ou a negação do mundo de Buda, prometem a iluminação somente àqueles que passarem pelo regime espiritual. O resto do mundo está entregue à sua insensatez.

Em outras palavras, "a salvação" está disponível para esta ou aquela pessoa, mas não foi feita para chegar a todos. Epicteto, um professor imensamente atrativo, realmente prega a irmandade dos homens, mas no que diz respeito ao movimento do coração rumo aos não iluminados, o melhor que tem a oferecer é um pouco de instrução paciente e de pena; o pior é a indiferença:

> Será que temos então de publicar estas coisas para todos os homens? Não, mas devemos nos acomodar aos ignorantes [em grego *tois idiotois*, literalmente, aqueles tolos absortos em si mesmos] e dizer: "Este homem recomenda-me o que considera ser bom para si mesmo. Eu o perdôo". (*Discursos*, 1, 29)

No Antigo Testamento, em contraste, temos as orações vigorosas pela vitória sobre os odiados inimigos de Israel ao lado de visões místicas sobre a reunião das nações na montanha sagrada de Deus: "Eis aqui estou eu que te estabeleci para luz das gentes, a fim de seres tu a salvação que eu envio até a última extremidade da terra" (Is 49, 6). Não há sinal de que algumas pessoas, como, por exemplo, as mulheres e as crianças, não possam escalar as alturas da salvação. Todos são, no fim das contas, pobres diante do Senhor. Daí vem a fascinação do Ocidente pelo fraco que se prova forte, pelos pequenos que derrotam os poderosos: Joana D'Arc, os soldados descalços em Valley Forge, o pequeno garoto que comenta sobre a nudez do imperador, a criança de muleta e com cinta de ferro cuja bondade faz bater o coração de um avarento chamado Scrooge, a luta do operário Rocky Balboa contra o Campeão. Os judeus esculpiram para nós os moldes de nossas imaginações morais.

A salvação pregada pelos pagãos também é estranhamente desconexa do tempo. O estoicismo, com toda a sua nobre insistência sobre o dever e a resignação, nunca nos mostra aonde esse dever leva o mundo. Se você for suficientemente inteligente e severo, pode ser tão sábio quanto o imperador estóico Marco Aurélio a contemplar o vão espetáculo da vida humana, não se comovendo a amá-lo, nem a invejá-lo, mas a passar impávido por tudo, não importando o que os outros digam ou façam. Porém, para que fim? Os estóicos acreditavam em uma Mente providencial que governa todas as coisas, mas, se essa Mente tem um objetivo para o mundo, trata-se de algo que o homem nunca poderia conhecer.

Contudo, as promessas de Deus, no Antigo e no Novo Testamento, se estendem não somente ao futuro, mas à consumação do mundo. O mundo está indo para algum lugar. Todas as nações deverão adorar o Senhor, diz Isaías, profetizando o pacífico reino do Messias vindouro, "e o lobo habitará com o cordeiro, e o leopardo se deitará ao pé do cabrito" (Is 11, 6). Naqueles dias, diz Jeremias, Deus trocará nossos corações de pedra por corações de carne: "Imprimirei a minha lei nas suas entranhas, e a escreverei nos seus corações, e eu lhes serei o seu Deus, e eles me serão o meu povo" (Jr 31, 33). Um exército se erguerá dos ossos secos dos mortos no Vale de Josafá (Ez 37). "Eis aí, diz Aquele que está sentado sobre o trono, que faço eu novas todas as coisas" (Ap 21, 5).

No entanto, apesar do tempo ser um instrumento do plano divino, Ele proíbe aos hebreus a observação dos "tempos e das estações" (Lv 19, 26), ou a adoração do zodíaco, como faziam seus vizinhos meteorologistas, os caldeus (v. 2Rs 21, 3–5). Deus não é uma divindade confinada aos padrões cíclicos da natureza. Não é o fenício Tamuz a ser assassinado a cada outono, somente renascendo para sua amada Astarte na primavera.[49] E precisamente porque Deus não é um Deus da natureza, que não é um Deus limitado pelo tempo. Outros deuses podem ter se estabelecido em outros lugares para justificar como as coisas vieram a ser o que são no local em que estamos, e onde (isto é, nós, os poderosos) ficaremos. As lendas de Rômulo, que chegaram ao ápice após sua morte, "justificam" a proeminência romana, e as lendas de Osíris "justificam" a hegemonia dos faraós, mas nunca implicam que o povo todo, na verdade o mundo todo, está indo para algum lugar e será redimido. Todo desenvolvimento ocorre no passado lendário, e termina com o poder de um estamento político-militar. Mas em Israel o desenvolvimento se dá principalmente no futuro, e é uma ameaça a todos os estamentos.

A visão humana típica da história era cíclica ou estática. Não havia uma flecha e nem um alvo. As Escrituras mudam tudo isso. Esta é de fato uma das características definidoras da mente ocidental, a noção de que estamos todos nós numa jornada, para um lugar que é mais doce

---

49 Tamuz era o fenício Adônis, cuja morte a deusa do amor chorou (cf. Ez 8, 14). Suas devotas na Síria celebravam seus feriados indo ao templo de Astarte (Vênus) em Gebal para orgias.

e mais feliz do que aquilo que hoje conhecemos. Mesmo as pessoas que perderam sua fé em Deus mantêm, de forma sentimental, a noção de que a história humana não é cíclica, estática e aleatória, mas uma história real, com eventos significativos, grandes descobertas, mentes influentes e uma "salvação" em alguma Casa de Repouso secular do futuro.

Trata-se da antiga fé judaica em um Deus que molda a história humana, mas sem Deus, e sem a esperança de que "habitarei na casa do Senhor por longos dias" (Sl 23, 6). Assim, o feminismo é supostamente um avanço nas relações humanas, um banho de graça secular em nosso caminho rumo à paz da androginia. Ou então a religião do ambientalismo surge como uma espécie de cristianismo *hippie chic*, com a Terra como mãe, os consumidores como pecadores, o aquecimento global como inferno, e a reciclagem, a agricultura orgânica e a esterilização em massa como o Salvador que nos guiará rumo à harmonia terrestre. O marxismo é incompreensível sem a visão do tempo e da história revelada nas Escrituras. Até mesmo Darwin, sob a influência dessa visão das coisas que se desdobram rumo à sua plenitude, deixou de falar sobre como as espécies se desenvolviam em prol de uma "evolução" mais vasta e bem menos estabelecida — uma palavra da qual a princípio ele não gostou e pouco usava, já que sugeria a revelação de um estado final que permanecera oculto por muito tempo.

Jesus de Nazaré, Rei dos Judeus

Deixe-me ser franco. Sou um católico romano, e acredito que Jesus Cristo é o Messias prometido, o Filho de Deus. Porém, no que diz respeito à história da civilização ocidental, minha crença pouco importa. Também não importa a de um ateísta, de um budista, ou de quem quer que seja. O fato é que um carpinteiro judeu chamado Jesus, que veio de Nazaré e pregou por alguns poucos anos antes de ser crucificado pelas autoridades romanas, tornou-se o homem mais influente da história mundial.

Sei que devo derrogar de minha fé, e falar de Cristo como falaria de Cícero ou Péricles. Mas não há como fugir do tema: devemos examinar o que Jesus significou para todos os homens, até mesmo para aqueles que não crêem.

E o que é mais importante: Jesus recapitula em sua pessoa e sua pregação uma característica universal e usualmente latente do Antigo Testamento e da história dos judeus: trata-se da primazia do amor. Quando o escriba pergunta qual é o maior dos mandamentos, Jesus não apela às exigências da lei natural tal como foram codificadas no Decálogo, mas ao cerne da questão: "E amarás o Senhor teu Deus de todo o teu coração e de toda a tua alma, e de todo o seu entendimento, e de todas as suas forças. Este é o primeiro mandamento. E o segundo semelhante ao primeiro é: Amarás ao teu próximo como a ti mesmo" (Mc 12, 30–31). Pois "destes dois mandamentos depende toda a lei e os Profetas" (Mt 22, 40).

Não se trata de um episódio isolado. Um dia Jesus está a jantar na casa de Simão, um importante fariseu, e, portanto, conhecedor da lei de Moisés. Uma mulher subitamente entra com um frasco de unção de alabastro. Ela unge a

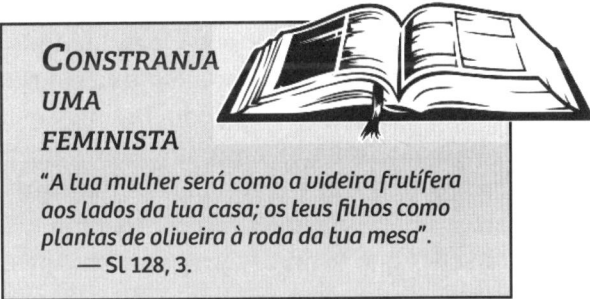

> **CONSTRANJA UMA FEMINISTA**
>
> "A tua mulher será como a videira frutífera aos lados da tua casa; os teus filhos como plantas de oliveira à roda da tua mesa".
> — Sl 128, 3.

cabeça de Jesus, e então cai a seus pés para lavá-los com suas lágrimas e secá-los com seu cabelo. A cena seria escandalosa até mesmo para nós, que hoje conseguimos ser ao mesmo tempo licenciosos e moralistas. Simão e seus amigos acreditam que Jesus não pode ser um profeta, pois então saberia que tipo de pecadora, possivelmente uma prostituta, ajoelhou-se a seus pés. Jesus, porém, mostra sua unidade com o Pai, o Deus de Amor, precisamente por saber perfeitamente bem que tipo de mulher ela é, e que tipo de homem a condenou em seu coração. Ele se volta para Simão:

> Vês esta mulher? Entrei em tua casa, não me deste água para os pés, mas esta com as suas lágrimas regou os meus pés, e os enxugou com seus cabelos. Não me deste ósculo; mas esta, desde que entrou, não cessou de me beijar os pés. Não ungiste a minha cabeça com bálsamo; e esta com bálsamo ungiu os meus pés. Pelo que te digo, que perdoados são seus muitos pecados, porque amou muito; mas ao que menos se perdoa, menos ama. (Lc 7, 44–47)

"O meu preceito é este", diz Ele a seus apóstolos na véspera da prisão e morte, "que vos ameis uns aos outros, como eu vos amei",

> **UM LIVRO QUE VOCÊ NÃO DEVERIA LER**
> A Bíblia.

entendendo por amor não o mero sentimento, mas o dom de si, pois "ninguém tem maior amor do que este, de dar um a própria vida por seus amigos" (Jo 15, 12–13). Os mercenários trabalham para seu próprio benefício, e abandonarão as ovelhas quando vierem os lobos, mas "Eu sou o bom pastor", diz Jesus, e "o bom pastor dá a própria vida pelas suas ovelhas" (Jo 10, 11–12). Isso deve nos ajudar a compreender o quão revolucionário é o amor que ele exige de seus seguidores. Quando, após a ressurreição, Jesus se volta para Simão Pedro, o homem que o negou três vezes, e pergunta, três vezes: "Simão, filho de João, tu amas-me?" (Jo 21, 16), Pedro sabe que não é questionado sobre um gosto, uma compatibilidade de temperamento, mas sobre o ato mais profundo de doação que um homem pode fazer, um amor até a morte. "Senhor", diz Pedro, "tu conheces tudo; tu sabes que te amo". Ao que Jesus lhe ordena: "Apascenta as minhas ovelhas", e prediz a crucificação de Pedro, a morte que ele sofreria por suas ovelhas, e para a glória de Deus (Jo 21, 17–19).

Considere o que o amor significa para as culturas pagãs daquele tempo e para as culturas pagãs de hoje. O poeta materialista Lucrécio (99–55 a.C.) chama o amor de uma fome, e geralmente fome por algo vão; não simplesmente o corpo nu da amada, mas uma imagem ilusória desse corpo. E os amantes também não se satisfazem depois do ato realizado, pois

> [...] *a mesma loucura retorna, e também a fúria:*
> *Eles anseiam por algo indefinido, e não podem*
> *Encontrar um truque que domine a doença.*
> (Sobre a natureza das coisas, IV, 1108–1110)

Catão, o Velho, o rígido moralista dos últimos dias da república romana, zombou de um jovem apaixonado, recomendando-lhe que fosse em vez disso a um prostíbulo. Derrube uma unha com a outra, diz Catão.[50]

Platão é o grande filósofo do amor; mas também para ele o amor é essencialmente *eros*, uma fome por aquilo que não possuímos. É

---

[50] Isto é, apaixonado por uma mulher casada; v. Horácio, *Sátiras* I, 2; Catão odiava os prostíbulos (Tito Lívio, *História de Roma* 34.4), mas Lucrécio aproveitaria o conselho para ajudar um jovem a se resguardar contra o amor (*Sobre a natureza das coisas*, 4.1062). Cícero defende a utilidade cívica dos prostíbulos (*Pro Coelio*, 20).

exuberante e rico, nascido da Abundância, mas também miserável e indigente, nascido da Pobreza (*O banquete*, 203b-c). Não estou a dizer que os romanos e os gregos não amavam. Amavam seus filhos (aqueles que não abandonaram na infância). Cícero, usualmente arrogante, ficou arrasado com a morte de sua amada filha de quatorze anos, Túlia.[51] Se a poesia popular, epitáfios e cartas podem ser tomados como evidência, também amavam seus consortes. A amizade era muito valorizada, sendo uma parte mais central da vida emocional e cívica de um homem do que hoje; dificilmente podemos imaginar uma cena parecida à reunião dos amigos à beira do leito de Sócrates no dia de sua morte, com um jovem chamado Platão tão comovido a ponto de tornar aquele momento decisivo em sua vida. Contudo, não havia qualquer identificação de Deus com o amor. A idéia de que Deus *poderia* amar sugeriria alguma carência divina. Portanto, só havia uma tênue noção de que o amor que devemos demonstrar — os sentimentos estão fora de questão — deve se aplicar a todos os homens, em todos os lugares. Jesus, como Rei dos Judeus, revolucionou a própria idéia do amor.

Como? Um Zeus pode "amar" sendo tomado pelo desejo sexual; mas Platão ridiculariza essas histórias como indignas de um deus (*A República* 3.390b-c). Então, se Deus é essencialmente amor, este não pode ser como o desejo de Zeus por Hera, ou o apetite que Lucrécio suspeita que será a ruína de sua vida. O amor é o que Deus faz: Ele cria, Ele dá abundantemente, Ele tem infinita paciência, Ele redime, Ele se esvazia e se coloca a serviços de seus inimigos: "Porque assim amou Deus ao mundo, que lhe deu seu Filho unigênito, para que todo que crê nele não pereça, mas tenha a vida eterna" (Jo 3, 16). Assim, se buscamos amar a Deus, devemos amar aqueles que Deus ama. Não podemos nos isolar nos calabouços de um culto de mistério, ignorando nossos vizinhos resmungões. Ser como Deus é, mais do que tudo, amar como Deus ama. Então Jesus instrui seus seguidores na mais realista das preces de amor de Deus e do homem: "Perdoai as nossas dívidas; assim como perdoamos nossos devedores" (Lc 11, 10). Pela primeira vez na história do mundo, Deus é chamado de amor, um amor para ser amado em si mesmo e por meio do amor do próximo.

---

51 Cícero ficou tão perturbado que deixou sua esposa para trás e se retirou para sua vila em Astura, ao sul de Roma, onde escreveu um livro chamado *Consolações*, cuja maior parte se perdeu.

> **A DIGNIDADE INDIVIDUAL VEM DE DEUS**
>
> O deísmo, ou os princípios da adoração natural, é um dos débeis remanescentes, ou uma das chamas minguantes da Religião revelada à posteridade de Noé... Nossos filósofos modernos, e alguns de nossos teólogos filosofantes exaltaram exageradamente as faculdades de nossas Almas, quando sustentaram que por sua força a humanidade tem sido capaz de descobrir que há somente um Agente Supremo ou Ser Intelectual que chamamos de Deus.
> — De John Dryden, Preface to "*Religio Laici*" [Prefácio a "Religio Laici"].
>
> Dryden se volta, em vez disso, e com toda humildade, para a Revelação divina e os ensinamentos da Igreja, transmitidos pelos séculos (ele se converteria ao catolicismo romano três anos depois, em 1685). Ele pode estar errado sobre a fraqueza da razão humana, porém está completamente certo sobre o deísmo, que não foi uma grande descoberta intelectual, mas uma sombra pálida e incoerente do cristianismo. Um espectro muito semelhante assombra os politicamente corretos, que falam levianamente sobre "direitos" sem se preocupar em notar que sua crença na dignidade de cada pessoa — se ainda acreditam nessa dignidade — extrai toda a sua vida do judaísmo e do cristianismo.

Essa distinção é tão importante que os escritores do Novo Testamento não podem usar a palavra grega *eros* para descrever esse amor. Usam *agape*: e revelam um campo absolutamente frutuoso para o pensamento e a arte ocidentais. Se *eros* e *agape* não são o mesmo, e se o amor verdadeiro torna a alma maximamente semelhante ao Deus que é amor, que lugar *eros* assume na boa vida? Como pode esse desejo ser bem direcionado? Esse é o tema da *La Vita Nuova* de Dante, das *Canzoniere* de Petrarca, das seqüências de sonetos de Spenser, Sidney e Shakespeare, de *O amor sagrado e o profano* de Ticiano, da *Maria Madalena* de Caravaggio, do *Tom Jones* de Fielding, do *The End of The Affair* [Fim de caso] de Graham Greene e do *Brideshead Revisited* [Memórias de Brideshead] de Evelyn Waugh. É impossível imaginar o desenvolvimento artístico e intelectual ocidental sem o problema da correta ordenação dos amores humanos.

Há ainda mais. Não somente *agape* difere e é mais nobre que *eros*, mas abarca *eros*, aperfeiçoa-o, e chega a inverter a crença do que a maioria das pessoas acredita ser o amor. Considere o ato que, para os cristãos, consuma a vida amorosa de Jesus: sua morte voluntária sob o signo ignominioso da cruz. São Paulo diz o seguinte sobre ela:

CAPÍTULO 3

> E haja entre vós o mesmo sentimento que houve também em Jesus Cristo. O qual, tendo a natureza de Deus, não julgou que fosse nele uma usurpação o ser igual a Deus; mas ele se aniquilou a si mesmo, tomando a natureza de servo, fazendo-se semelhante aos homens, e sendo reconhecido na condição como homem. Humilhou-se a si mesmo, feito obediente até à morte, e morte de cruz. (Fl 2, 5–8)

O amor, portanto, não aprisiona, mas liberta. Se no homem o amor é carente, aquilo de que ele mais precisa é ser absolutamente pobre, absolutamente *para* o amado. É somente nesse momento que começamos a viver abundantemente. Esse é o sentido da verdadeira vida cristã: "Porque o que quiser salvar a sua vida, perdê-la-á; mas o que perder a sua vida por amor de mim e do Evangelho, salvá-la-á" (Mc 8, 35).

O Ocidente viria a ser infectado por essa elevada visão do amor, que conecta a divindade completa e a completa humildade. E só poderíamos desejar que essa infecção fosse dez vezes mais virulenta! Contudo, mesmo nos tempos dourados, essa é uma difícil lição, e a maioria dos tempos não são dourados. Ainda assim, considere as conseqüências: olhe para os novos heróis do Ocidente. Temos um São Francisco de Assis, que se torna o pai de um exército de frades descalços a viver entre os pobres; não o faz se empoderando, mas se libertando do poder, da luxúria e do privilégio, literalmente tirando suas roupas na *piazza* de Assis, renegando o pai comerciante antes que o próprio pai pudesse renegá-lo. Ou temos um padre Damião a mentir sobre sua saúde, de forma a conseguir uma passagem só de ida para a colônia de leprosos de Molokai, um lugar de miséria física e moral, para onde levará o Evangelho e a esperança espiritual, além de remédios e comida. Ali morrerá da mesma doença que ajudou a tratar.

Ou considere até mesmo os heróis de nossa arte popular. Em *The Man Who Shot Liberty Valance* [O homem que atirou em Liberty Valance], o mais corajoso dos homens é o atirador de elite interpretado por John Wayne, mas não porque consegue matar a cinqüenta passos. É corajoso porque, em sua submissão ao bem da mulher amada, desiste dela, sem uma palavra de repreensão, em benefício de um homenzinho que não atirou realmente no inimigo, mas que rouba o feito para si e transforma a fama em uma carreira de senador e em uma rica propriedade no Oeste. Na abertura do filme, o personagem de Wayne está deitado num simplório caixão de madeira, sem nem mesmo um par de botas, e ninguém para chorar sua morte senão um leal empregado negro e um ou dois velhos amigos. Eis aí um Cristo retirado da cruz.

Agora compreendemos esse amor, ou achamos que compreendemos. Pouco importando nossa crença, devemos nos defrontar com esse amor, mesmo que ele tenha pouco sentido para todos os que tagarelam sobre o poder e a realização dos desejos.

A paz de Deus que supera o entendimento

Não suponha que essa visão do amor tenha deixado o Ocidente rígido e com excessiva abnegação. O puritano sempre estará conosco; e se desejar conhecer o estraga-prazeres essencial de nossos dias, será fácil encontrá-lo sob o disfarce de um espião do secularismo, temeroso de que alguém possa estar cantando um hino religioso em algum lugar. Jesus não disse, no fim das contas, que devemos perder nossas vidas. Disse que ganharemos a vida ao perdê-la, conquistaremos a verdadeira vida por uma doação: "Eu vim para eles terem vida, e para a terem em maior abundância" (Jo 10, 10). A mensagem das Escrituras ultrapassa os limites do universo: não estamos cercados por um Destino cego, encurralados pelo determinismo da matéria, e nem forçados a suportar a trabalheira sem fim do pecado e da tristeza humana.

"Tendes confiança", diz Jesus na última ceia, "eu venci o mundo" (Jo 16, 33). É impossível menosprezar a força dessa declaração, que está de acordo com os atos salvíficos de Deus em toda a história judaica. Todos os Profetas dão testemunho dessa elevada esperança. Este não é um mundo que busca nossa destruição, mas um mundo criado, sustentado e que será redimido por Deus, que quer filhos e não escravos (v. Gl 4, 7), e que nos fez "pouco menor que os anjos" (Sl 8, 5). Essa confiança em um mundo fundamentalmente bom, governado por um Deus de amor, significa que podemos avançar no tempo, sabendo que o fim não é uma dissolução. O homem passou a ter esperança, e essa esperança permitiu que ele se maravilhasse, e realizasse maravilhas.

Nenhum homem é Édipo hoje. Ninguém é amaldiçoado. O sangue em nossas mãos pode ser limpo; o escândalo de nossos pecados pode se transformar em júbilo. Essas inversões também estão no coração da imaginação ocidental. Pois São Paulo era um perseguidor da Igreja, espectador enquanto o inocente era assassinado, mas foi atingido pelo Senhor, e veio a pregar a paz que supera o entendimento. Nenhum povo é amaldiçoado ou indigno de nossa atenção. Todas as fronteiras de raça e cultura foram transpostas: é por isso que Bonifácio se aventura entres os germânicos adoradores de árvores, para cortar seu totem e mostrar-lhes a verdadeira árvore da vida, a cruz, a árvore do amor. Ele trouxe milhares para a fé, e entregou sua vida como um mártir nas margens do Reno. Até mesmo os senhores de escravos sulistas, dobrando-se aos anjos bons da sua descendência, tinham de pregar o Evangelho a seus escravos, e conceder que em Cristo não havia distinção entre escravo e homem livre. Foi esse Evangelho que, acima de tudo, inspirou ao homem negro uma visão de sua própria dignidade e das possibilidades da liberdade.

Graças aos judeus, ao Cristo e à pregação de sua Igreja, o Ocidente considera então o mundo cômico, e não trágico, portador de possibilidades ilimitadas. Dante encerra cada uma das grandes divisões de sua *Divina comédia* com a palavra "estrelas", não porque fosse ingênuo a ponto de acreditar que um homem poderia habitar entre esses pontos de luz, mas porque as estrelas eram o mais claro emblema do destino humano, guiado pela providência amorosa de Deus. Não o Olimpo, não Roma, nem uma propriedade na Califórnia, mas um outro lugar, que está além do juízo humano e é, por isso, mais adequado ao homem. Favorece essa visão cristã o fato de que até mesmo quando o Ocidente erra terrivelmente, ele somente substitui o Cristo verdadeiro por um inventado, a vida divina, que é o céu, por um reino imaginário de eterno amor, verdade e beleza. Assim fizeram os marxistas, ansiando pela ditadura do proletariado. Assim fazem as feministas, ansiando por uma impossível androginia. E também nossos ateus militantes, a sonhar com um fantasmagórico mundo transumano de híbridos e imortais homens-máquina.

Eles não podem escapar da sombra da cruz.

CAPÍTULO IV

A Igreja Primitiva: o nascimento da caridade e da tolerância

Seu nome é Dionísio. Você é um jovem rico em Atenas, uma cidade que há tempos governava a si mesma, até cair nas mãos dos burocratas imperiais de Filipe da Macedônia, e agora sofre sob os fiscais de tributos e pró-cônsules de Roma. Sua linguagem ostenta a mais fina poesia conhecida pelos homens, também composta muito tempo atrás. Os poetas épicos deram lugar a editores e eruditos, um sinal certo de decadência cultural. Seus escritores agora carecem de verve para vôos elevados da imaginação. Não podem mais sustentar a necessária reverência. Escrevem canções espirituosas sobre bebedeiras, ou epitáfios finamente elaborados, ou pequenas explosões de obscenidade criativa:

> Evágoras é feito de bronze;
> Não precisa de disfarce;
> Ele faz tudo sem mudança de formato,
> Com todo sexo e tamanho.
> (Antípatro de Tessalônica 48 a 32 a.C)[52]

ADIVINHA SÓ?!

⚖ As glórias européias foram criadas pela Igreja

⚖ O cristianismo trouxe ao mundo as virtudes da tolerância e da caridade

⚖ O cristianismo teria perecido se as heresias não fossem erradicadas.

---

52 De *The Greek Anthology* [Antologia grega], ed. Peter Jay, Hammondsworth: Penguin, 1981.

O Olimpo é um pico montanhoso, frio e vazio. É possível distinguir um camponês de um de seus amigos citadinos descobrindo se ele pode dizer "Zeus, pai dos deuses e dos homens" sem um sorriso afetado. Você suspeita que os deuses possam existir, mas eles nunca se transformaram em touros e cisnes para raptar belas raparigas, ou belos rapazes. Você se fascina e se choca com alguns dos estranhos ventos que sopram do Oriente. Conhece um rapaz que cultua a Grande Mãe. Não foi uma surpresa. Ele perambulava pelos ginásios, nu como todos os outros rapazes, mas não para lançar o dardo — esse esporte não é, de qualquer forma, levado tão a sério. Então, ele vai ao bosque numa noite com os adoradores da Mãe para uma orgia ébria, e volta com sangue entre as pernas. Agora ele não precisa mais se preocupar com o casamento.[53]

Suas filosofias também minguaram. Desde Platão e Aristóteles ninguém mais tentou incorporar em um sistema coerente todas as questões morais, cosmológicas, teológicas e políticas que o homem poderia cogitar. Agarraram-se a farrapos e remendos. Quando a memória de uma cidade livre finalmente desaparece, é possível que os sábios também tenham perdido o ardor do coração. Orientam os discípulos, de uma forma triste e cortês, sobre o que fazer com essa coisa diminuta chamada vida. Alguns seguem Epicuro, e fogem de todo envolvimento cívico, vivendo para os pequenos prazeres do corpo e da mente. Compram uma casa no campo, lêem um pouco, comem e bebem de forma moderada, evitam o casamento e a irritação do cuidado com os filhos, e têm conversas agradáveis sobre a falta de sentido do mundo, a negligência dos deuses e a inevitabilidade da morte. Outros, acreditando que Epicuro não chegou à conclusão definitiva de seu materialismo e agnosticismo, riem dessa moderação. É melhor seguir Aristipo, e desfrutar do máximo de libertinagem possível nestes curtos dias, até que a morte nos devore. Um grupo mais nobre, os estóicos, recomendam a corajosa resignação perante o destino, que chamam de providência, a despeito de sua impessoalidade e inflexibilidade: "Devemos tirar o melhor do que está em nosso poder, e tomar o resto segundo a dádiva da natureza" (Epíteto, *Discursos*, 1.1).

A Academia fundada por Platão ainda existe. Seus adeptos direcionaram o questionamento incansável de Sócrates contra o próprio mestre.

---

53 Cátulo 63 é o mais famoso tratamento poético do culto da Grande Mãe; Átis, o narrador, castra a si mesmo em um frenesi de devoção. A oração final de Cátulo é fértil: ele implora a Cibele que enlouqueça outros homens. V. também Lucrécio, *Sobre a natureza das coisas*, 2.599–643; Ovídio, *Fastos*, 4.183.

CAPÍTULO 4

Sócrates um dia buscou a verdade, mostrando aos presunçosos que não conheciam aquilo de que falavam. Agora, segundo os novos adeptos, o mestre já encerrara sua busca antes de iniciá-la, quando insistiu que não conhecia aquilo de que falava. O platonismo, essa força potente contra o peso do materialismo, degenerou-se nos gracejos do cético. Assim, Arcesilau, questionado se sabia algo de certo, respondeu que não tinha certeza (Cícero, *Academici* 1.45). Alguns costumes podem se ter suavizado à medida que as convicções se enfraquecem — os escravos recebem um tratamento melhor — mas são vazios. Os melhores moralistas do futuro, um Tácito ou um Juvenal, preparam sua investida contra a degeneração, mas não podem oferecer mais que um olhar sentimental sobre a piedade de antepassados, há muito esquecidos.

Você literalmente não tem nada a fazer. Toda a sua civilização, gregos e romanos, parece estar debruçada sobre o pináculo de sua grandiosidade, mas, de agora até sua queda no Ocidente em 476 d.C., não produzirá quaisquer novas idéias. Sua arte será derivativa, cópias das obras antigas, ou monstruosa, transformando os imperadores em colossos. É abundante em mercadorias, e está morta.

Então você, Dionísio, acompanha seus amigos um dia à Colina de Marte, na Acrópole de Atenas, para ouvir o show de loucos daquele dia, "pois todos os atenienses, e os forasteiros ali assistentes, não se ocupavam noutra coisa, senão ou em dizer ou em ouvir alguma coisa de novo" (At 17, 21). Nada de busca da verdade, mas sim uma busca lânguida de novidade, para despertar a mente letárgica. O orador de hoje é somente um homenzinho bronzeado, um fabricante de tendas com uma voz asmática.

Você não sabe disto, mas aqui e agora um novo mundo está a superar o antigo. Pois aquele homem, Paulo ou Saulo, ou algo assim, usa os cacos de sua cultura grega para revelar, de um só golpe, o que a completa e conquista. Ele estava no caminho da Acrópole, diz ele, olhando os templos, quando

> Achei também um altar em que se achavam estas letras: Ao Deus desconhecido. Pois aquele Deus, que vós adorais sem o conhecer, esse é de fato o que eu vos anuncio. Deus que fez o mundo e tudo o que nele há, sendo Ele o Senhor do céu e da terra, não habita em templos feitos pelos homens. Nem é servido por mãos de homens, como se necessitasse de alguma criatura, quando Ele mesmo é o que dá a todos a vida, e a respiração, e todas as coisas; e de um só fez todo o gênero humano, para que habitasse sobre

toda a face da Terra, assinando a ordem dos tempos e os limites da sua habitação. Para que buscassem a Deus, se porventura o pudessem tocar ou achar; ainda que não esteja longe de cada um de nós. Porque n'Ele mesmo vivemos, e nos movemos, e existimos, como ainda disseram alguns de vossos poetas: Porque d'Ele também somos linhagem. (At 17, 23–28)

Eis aí algo impressionante. O homem conhece a poesia grega, e nela vê um vislumbre da verdade que está a pregar. Esse homem vive no império, contudo afirma que no começo, antes de todos os impérios, Deus fizera todas as nações de "um só sangue". Ele sente o pulso vibrante da religião pagã: prega aquilo que o coração ansiava longamente, mas que não podia ter a esperança de obter: um Deus que "não está distante de nós".

Então acerta o golpe do qual o mundo ainda não se recuperou:

[Deus] tem determinado um dia em que há de julgar o mundo, conforme a justiça, por aquele varão que destinou para juiz, do *que dá certeza a todos, ressuscitando-o de entre os mortos.* (At 17, 31, ênfase minha)

"Mas os mortos não ressuscitam", zomba a audiência. Precisamente, responde o orador. "E a carne?", riem eles. "A alma talvez, mas e a carne?".

Eles partem para os comes e bebes. Você, Dionísio, resolve ficar para ouvir mais. Um dia você será honrado como São Dionísio. Uma nação chamada França, nomeada em honra aos Francos que vieram de além dos Alpes e do Reno, o confundirá com um outro Dionísio e irá reverenciá-lo como seu patrono, São Dênis. Então, um brilhante abade construirá uma capela em sua honra, para encher os corações dos fiéis de luz.

Você poderia, na velhice, ter dito que também fora ressuscitado dos mortos naquele dia. E também o foram a Grécia e Roma. Foi um milagre, e ainda mais maravilhoso por ter levado séculos para se realizar.

Como o cristianismo salvou o Ocidente

Deus tornou a vitória possível; assim diria um cristão. Mas as escrituras judaicas a vinham preparando por um longo tempo. É típico o que

Isaías disse da glória de Sião: "E andarão as gentes na tua luz, e os reis no esplendor do teu nascimento" (Is 60, 3). É claro que a Lei se enraíza nas tradições dos judeus, suas festas, suas vestimentas para o altar e suas regulações a respeito da pureza. No entanto, há no Antigo Testamento uma contracorrente que ameaça romper os elos da cultura e se espalhar entre todos os povos, tornando-os todos filhos de Abraão. O misterioso Melquisedeque, rei de Salém, é um sacerdote do Senhor, mas não está entre o povo de Abraão (Gn 14, 17–20). Jó, o justo sofredor, habita na Ur dos Caldeus. Muitos eram os leprosos nos dias do profeta Eliseu, diz Jesus, mas ele só curou o sírio Naamã (v. 2Rs 5).

A FORÇA E A VIRILIDADE DA IGREJA PRIMITIVA

"Escrevo às Igrejas, e digo a todas elas, que devo morrer voluntariamente por Deus, a menos que vocês me impeçam. Imploro que não demonstrem uma boa vontade irrazoável em relação a mim. Deixem que me torne comida das bestas selvagens, pelas quais me será concedido chegar a Deus. Sou o trigo de Deus; permitam que seja esmagado pelos dentes das bestas selvagens, para que me torne o puro pão de Cristo. Na verdade, incitem as bestas selvagens, para que se tornem meu túmulo, e nada deixem restar de meu corpo; para que quando tenha adormecido [na morte], não seja problema para ninguém. Então serei um verdadeiro discípulo de Cristo, quando o mundo não verá nem um traço do meu corpo. Supliquem a Cristo por mim, para que por esses instrumentos eu seja um sacrifício [a Deus]".
— Santo Inácio de Antioquia, *de sua carta aos Romanos* (4, 6).

Os primeiros mártires cristãos são um excelente contraponto à idéia moderna de que o cristianismo e toda convicção moral são reservados a homens efeminados e a mulheres histéricas.

Longe de estar enraizado em qualquer cultura, Deus parece, se me perdoam o gracejo, querer delas libertar-se. Ordena aos judeus a queima dos holocaustos, e então diz por meio de Isaías que não quer holocaustos, mas somente o sacrifício de um coração humilde. Ordena que os meninos sejam circuncidados, e então diz por meio de Jeremias que essa circuncisão não tem qualquer significado por si mesma, exige a circuncisão do coração. Não ordena a construção do grande Templo de Salomão, o centro da adoração judaica (cujo mestre-construtor veio da Fenícia; v. 2Cr 2, 13). Séculos após a destruição do Templo pelos babilônios e sua reconstrução pelos judeus comandados por Zorobabel

(Esd 3), Jesus viria a dizer, referindo-se a si mesmo como o verdadeiro Santo dos Santos: "Desfazei este templo, e eu o levantarei em três dias" (Jo 2, 19). Em sua ressurreição e na pregação de sua Igreja, ele leva o Templo para todos os lugares. Todas as nações virão a Jerusalém, diz o profeta, trazendo "ouro e incenso, e anunciando louvor ao Senhor" (Is 60, 6). Contudo, Jerusalém também irá a todas as nações, "porque de Sião sairá a lei, e de Jerusalém a palavra do Senhor" (Is 2, 3).

Em outras palavras, há no Antigo Testamento uma semente da louca noção de que os judeus não são o povo escolhido em benefício deles mesmos, mas de todos os outros povos. Só há duas maneiras de ser isso verdade. Uma, como no islã, é acreditar que todo o mundo irá finalmente aceitar a circuncisão, as leis *kosher*, a refeição da Páscoa e o Santo dos Santos. Isto é, a religião é inseparável do Estado e da cultura, e dominará o mundo por meio da obliteração da diversidade humana. Este é o caminho do mundo. Sua inclinação, como o último século miserável testemunha, é unir pela redução, pela transformação dos homens numa massa administrável e homogênea. É o politicamente correto em escala global. Algo dessa tendência falsamente conservadora confrontou a primeira geração de cristãos. Devem os conversos gentios manter as restrições alimentares da lei judaica? Devem manter as regras de pureza ritual? Devem circuncidar os homens?

Não — é a resposta da Igreja, como relatada por Lucas em Atos e pelo próprio Paulo. É uma resposta espantosa. Os conversos ao judaísmo, afinal de contas, assinalavam sua conversão precisamente pela adesão à lei judaica. Mas Jesus se proclamou como a realização da Lei, por sua morte sacrificial na cruz e ressurreição. O Batismo substitui a circuncisão agora e para sempre, por ordem do Senhor (Mt 28, 19–20). Isso não é simplesmente a substituição de um ritual por outro, mas um novo centro de lei e adoração na pessoa de Jesus Cristo. No Batismo, o crente se une à morte de Cristo, para que possa com Ele também ressuscitar. Esse é o ato primordial de fé, transcendendo o tempo, o espaço e a cultura:

> Assim que a lei nos serviu de pedagogo, que nos conduziu a Cristo, para sermos justificados pela fé. Mas depois que veio a fé, já não estamos debaixo de pedagogo. Porque vós todos sois filhos de Deus, pela fé que é em Jesus Cristo. Porque, todos os que fostes batizados em Cristo, revestistes-vos de Cristo. Não há judeu nem grego; não há servo nem livre; não há macho nem fêmea; porque todos vós sois um em Jesus Cristo. E se vós sois de Cristo, logo

sois vós a semente de Abraão, os herdeiros segundo a promessa. (Gl 3, 24–29)

Eis aí o segundo caminho. Ele nunca fora antes imaginado. Foi abordado por Paulo, e se tornaria manifesto na experiência dos evangelistas cristãos dos próximos séculos. Consiste em acreditar que cada cultura pode ser abençoada pelos judeus, cada uma a seu modo, tornando-se verdadeiramente mais fiéis a si mesmas no processo. Ele unifica por meio da distinção — pois Paulo não disse o que os cristãos liberais querem que ele diga, ou seja, que só haverá diferenças triviais entre o grego e o judeu, o servo e o liberto, o homem e a mulher. Ele quer dizer que no Batismo de Cristo não há um Sacramento para o grego e outro para o judeu, um para o homem e outro para a mulher. Eles são unos, assim como os membros distintos de um corpo são unos (v. 1Cor 12, 20). A honra mundana que o grego atribuía a si por ser grego não importa para o Batismo de Cristo. A preferência espiritual que o judeu atribuía ao fato de ser judeu não importa para o Batismo de Cristo. Essa percepção está no centro da missão cristã na Grécia e em Roma, e, finalmente, para o resto do mundo.

Aqui vemos uma verdade que as esquerdas americanas e européias atuais consideram risível, e a ignoram por sua própria conta e risco. Sua "tolerância" é baseada literalmente no vazio: toleramos porque somos indiferentes, porque o bem e a verdade objetivos não existem. De qual-

---

O CRIME DO CRISTIANISMO CONTRA O *ESTADO:* A MISERICÓRDIA

Volusiano objetou que a pregação e o ensinamento de Cristo eram absolutamente incompatíveis com os deveres e os direitos dos cidadãos; pois, para citar um exemplo freqüentemente alegado, um de seus preceitos é: "Não pague a injúria com a injúria"[...] Parece claro que semelhantes normas morais não poderiam ser colocadas em prática sem arruinar um país[...] Será que agora os homens se recusariam a punir segundo as leis da guerra a devastação de uma província romana?
— Etienne Gilson, *Introdução à Cidade de Deus de Santo Agostinho.*

O cristão Marcelino, que implora a Agostinho que responda a essas acusações, confessa ser "manifesto que grandes calamidades se abateram sobre o país sob o governo de imperadores, em sua maioria, praticantes da religião cristã". Refere-se principalmente ao fraco Honório. É comum ouvirmos que o cristianismo é agressivo e imperialista, mas na maior parte de sua história os detratores o criticaram por ser passivo e alienado do mundo. Fracassado.

quer forma, é o Estado que a torna obrigatória. Mas a tolerância de um cristão é baseada na crença de que todas as coisas boas, inclusive as culturas e tradições nobres, podem ser elevadas e redimidas em Cristo.

Essa abertura está no centro da pregação e da vida de Cristo. Quando se separou de seus discípulos em Betânia, instruiu-os: "Ensinai todas as gentes, batizando-as em nome do Pai, do Filho e do Espírito Santo" (Mt 28, 19). Ele nada disse sobre torná-los gregos, romanos ou hebreus. O prometido Rei dos Judeus não era, afinal de contas, um soberano com seus exércitos saqueadores. Não chegou em Jerusalém numa carruagem, mas em um burro, com alguns pescadores a tiracolo. Muitos de seus compatriotas judeus esperavam que ele iria ajudá-los a derrubar o jugo dos soberanos romanos, e muitos outros esperavam que tentaria fazê-lo e fracassaria, e por isso buscavam oportunidades para atacá-lo.

Porém, Jesus estava decidido a quebrar o jugo de um tirano, não o de Roma, mas um que recendia ainda mais a enxofre. Assim, quando lhe perguntaram se era lícito pagar tributos a César, respondeu: "Pois dai a César o que é de César, e a Deus o que é de Deus" (Mt 22, 21), afirmando uma certa autonomia do governo temporal, e tornando qualquer teocracia genuína uma violação de seu ensinamento. Note a ironia aqui. A esquerda exclama "teocracia" sempre que um homem de fé tem algo a dizer sobre como devemos viver em comunidade. Assim tornam o soldado cristão coxo, e empilham ouro sobre César, deixando-nos vulneráveis aos verdadeiros teocratas que estão a arregimentar suas forças, os exércitos de Maomé.

Em vez de reforçar as esperanças judaicas de independência política, Jesus consistentemente rememorou um tempo até mesmo anterior ao que os judeus se reconheciam como um povo. Quando lhe perguntaram quando um homem poderia licitamente se divorciar da esposa (um tema quente da época), Jesus cita a autoridade por trás de Moisés, o legislador e o maior dos Profetas. Moisés, diz ele, deu ao povo uma concessão para o divórcio, devido à dureza de seus corações.

> Porém, ao princípio da criação fê-los Deus macho e fêmea. Por isso deixará o homem a seu pai e a sua mãe; e se ajuntará à sua mulher. E serão dois numa só carne. Assim que eles já não são dois, mas uma só carne. O que Deus pois ajuntou, não o separe o homem. (Mc 10, 6–9)

Os ouvintes compreenderam sua alegação radical. "Em verdade, em verdade vos digo que antes que Abraão fosse feito, eu sou", disse (Jo 8,

58), falando de si mesmo com o nome de Deus que só podia ser pronunciado uma vez por ano, pelo sumo-sacerdote, no Santo dos Santos, no interior do Templo. Ele é o Templo, Ele é o Sumo-Sacerdote, assim como Ele é um com o Pai a quem reza, pois "quando vós tiverdes levantado o Filho do homem, então conhecereis quem eu sou, e que nada faço de mim mesmo, mas que como o Pai me ensinou, assim falo" (Jo 8, 28).

O cristianismo traz a igualdade e a tolerância

Observe os olhos de um liberal quando você lhe diz o seguinte: o cristianismo trouxe ao mundo nossa noção moderna de "igualdade" (e numa forma mais sábia do que a pregada hoje).

Algumas vezes na história humana uma idéia, bem expressa e pregada por povos inflamados pelo zelo, fez toda a diferença. Considere o clamor, um eco truncado de Moisés, Jesus e Paulo, de que "todos os homens foram criados iguais". A afirmação de que o homem é salvo por Cristo, e em Cristo, é essa idéia. Para a maioria dos pagãos, isso não tinha o menor sentido. Escolhido ou não pelo deus, você era criado. Para um ateu isso não faz o menor sentido. Em nosso eu material (nossos átomos, genes e músculos) evidentemente somos todos diferentes desde o nascimento. Mas o cristianismo afirma que, em nossa dignidade diante do Senhor, somos todos iguais.

Essa fé deve levedar nossa vida; e dessa forma, os novos cristãos se unem a seus irmãos mais velhos, os judeus. Não é, porém, um novo conjunto de regras. É uma relação com a pessoa de Cristo, adaptável a todas as culturas, em todos os tempos e lugares. Pode ser judaica ou armênia, etíope ou persa, grega ou romana; e, após Paulo, seria tudo isso. Hoje pregamos a "tolerância", à qual, como sugeri, atribuímos dois significados contraditórios: uma recusa em distinguir entre o verdadeiro e o falso e entre o bem e o mal, e uma submissão complacente às regras politicamente corretas de uma *intelligentsia*. É um tipo de intolerância, mas com um sorriso e *spray* de cabelo.

Os primeiros cristãos, que sofreram períodos de perseguição e longas eras de desprezo, emboscados por espiões que queriam suas propriedades ou imperadores desejosos de seu sangue, aprenderam a tolerância na vida prática. Viveram entre povos que negociavam escravos, abandonavam bebês nas colinas, seduziam jovens rapazes e tornavam o homicídio um entretenimento diário na arena, e os trouxeram à fé sem torná-los um átomo sequer menos romanos ou gregos, e na verdade os elevando às virtudes mais nobres de suas próprias tradições.

Pois o cristianismo, corretamente compreendido, foi o inventor da virtude da tolerância, precisamente porque, como diz São Paulo, o Senhor quer filhos, e não escravos. Você poderia sobreviver no Império Romano caso se submetesse à adoração de Roma e do imperador. Pouco importava o que você realmente pensava, desde que fizesse esse ato público de submissão. Se diante de uma testemunha, na Arábia Saudita, você disser: "Não há outros Deus que não Alá, e Maomé é seu profeta", ninguém irá investigar profundamente os recantos do seu coração. O que está ali não importa, desde que você obedeça a lei do profeta. Você é um submisso, um muçulmano.

Isso também se passa com o politicamente correto contemporâneo. Se você balança a cabeça quando alguém diz que "as mulheres podem ser soldados tão efetivos quanto os homens", pouco importa se sabe ou não que seu sobrinho, afundado no banco de reservas de algum time de futebol americano colegial, poderia machucar seriamente a recruta Benjamin.[54] O que importa é a submissão exterior.

Mas você não pode ser obrigado a aceitar Cristo, pois essa aceitação é um ato da vontade, um ato de fé, esperança e amor. Os cristãos não poderiam forçar conversões assim como não podem forçar o amor. A noção não tem sentido, e é por isso que raramente chegaram a fazer essa tentativa equivocada. Evangelizavam: literalmente, levavam a boa nova de que o homem não estava mais entregue ao pecado, ao sofrimento e à morte.

O Estado, esse deus pagão

Os cristãos fizeram isso em parte sem qualquer plano grandioso. Queriam viver suas vidas ordinárias entre seus compatriotas, em paz. Havia, porém, um problema. Seus encontros privados para celebrar a Eucaristia e ouvir a palavra de Deus eram suspeitos. Os imperadores romanos estavam sempre atentos a grupos "secretos", e por boas razões, dada a expectativa de vida daqueles que eram elevados a essa posição de honra.

---

54 Referência ao filme *Private Bejamin* [As loucuras de uma recruta] (1980), de Howard Zieff, no qual uma jovem viúva, Judy Benjamin, alista-se por engano no exército. — NT

Os cristãos foram acusados de práticas hediondas muito antes do caos imperial do século III. Acreditava-se que eles assassinavam crianças e comiam sua carne, o que era obviamente uma adulteração pagã da ceia cristã, quando os fiéis compartilhavam do corpo e do sangue de Cristo.[55] Então Plínio, o jovem, um oficial do geralmente sábio Imperador Trajano (98–117), escreve a Roma para perguntar o que fazer com esse povo pestilento que não adorará os deuses pagãos ou sacrificará a uma imagem do imperador. O elogio de Plínio é ainda mais impressionante pelo fato de que ele o vê como uma crítica:

> Aqueles que negam que são ou chegaram a ser cristãos achei por bem dispensar, desde que invocassem nossos deuses enquanto eu ditava a fórmula, e rezassem para nossa imagem — que eu exigia que fosse trazida com as estátuas dos deuses — junto das ofertas de incenso e vinho, e então amaldiçoassem Cristo — algo que nenhum cristão verdadeiro pode ser forçado a fazer, segundo me disseram. (Cartas, 10, 96)

Plínio não pode compreender essa "pertinácia", e acredita que ela deveria ser punida. Hubert Poteat observa acerbamente que "estamos razoavelmente certos de que poucos romanos, se ameaçados com a alternativa da morte, hesitariam por um momento em negar toda a hierarquia do Capitólio" — toda a panóplia de deuses oficiais, incluindo aqueles deuses tatuados, inchados e infectos conhecidos como imperadores.[56]

Os romanos há muito respeitavam a integridade e a ferocidade da devoção judaica a seu único Deus, apesar de muitos a considerarem estreita, e até mesmo atéia. Quando os cristãos vieram ao palco, o panteão romano fora absorvido pelo Estado. Você poderia acreditar em qualquer deus que desejasse, desde que se curvasse aos deuses do Estado. Podia dizer, com uma piscadela: "Ó sim, Júpiter, violador de mulheres, uma invenção de imaginações rudes", desde que participasse das devoções ao protetor do Capitólio. Os deuses podem ou não ser reais, mas o Estado certamente o era. Então os romanos, que tinham invadido a última esperança dos judeus, a fortaleza de Massada, em 73, não iriam encorajar um outro surto religioso, que era então, como é agora, a maior ameaça singular à onipotência do Estado.

---

55 Atenágoras defende os cristãos contra a acusação comum, em sua *Embaixada pelos cristãos*, pp. 31–36, dirigida a Marco Aurélio em 177.
56 V. sua discussão dessa carta em *Selected Letters of Pliny the Younger* [Cartas selecionadas de Plínio, o jovem], Boston: D.C., Heath, 1937.

> ### AME A DEUS, OU ENTÃO ODEIE O MUNDO
>
> Podemos traçar a degeneração da crença cristã na bondade do mundo da seguinte forma:
> - O mundo é belo, pois foi criado por Deus (Santo Agostinho, Santo Tomás de Aquino, São Francisco).
> - O mundo é belo, e por acaso foi criado por um Deus (Voltaire, o deísta).
> - O mundo é belo, mas não foi criado por Deus (o jovem Darwin).
> - O mundo é horrendo, e não foi criado por Deus (o velho Darwin).
> - Já que o mundo é horrendo, ele não foi criado por Deus (Richard Dawkins).
>
> Contudo, o mundo é belo. E não somente isso, mas também inteligível, até mesmo aquela parte do mundo habitada por desmazelados ateus modernos.

É assim que devemos compreender a perseguição dos romanos aos cristãos. Não se tratava de uma batalha entre Júpiter e Jeová, mas entre duas visões de mundo. Era um episódio na batalha constante, como disse Agostinho mais tarde, entre a Cidade dos Homens, caracterizada pelo Império e pela sede de dominação, e a Cidade de Deus, caracterizada pela *caritas*, o amor desinteressado, mas com muitos que acreditavam lutar por um dos exércitos, quando em verdade lutava pelo outro.[57]

O que mais pode explicar as perseguições, estranhas à governança romana? Certamente não foram devido a crimes. Os cristãos eram cidadãos agradáveis, declara Justino Mártir ao bom Imperador Antonino Pio.[58] Não se embebedam em público, não roubam, são proibidos de mentir, não se vingam de seus inimigos, não se divorciam de suas esposas para roubar a do vizinho, nem abandonam seus filhos à morte. Assim, Clemente de Alexandria investe contra essa forma de controle de natalidade para as matronas romanas que preferem bichinhos a bebês: "Elas não adotam as crianças órfãs; abandonam as crianças nascidas, e passam a cuidar de passarinhos, preferindo os seres irracionais aos racionais" (*Paedagogus*, 3.4).

Mas os cristãos ameaçam o conceito que o Império tem de si. Eram perigosos não porque eram desobedientes, mas porque o Deus que obedeciam, apesar de ordenar que obedecessem a autoridade estatal legítima, não podia tolerar qualquer rival. O Estado poderia estar sob Deus, mas não poderia estar ao lado de Deus. Os romanos, tendo perdido a fé viva nos deuses, voltaram-se para o Estado, e correm o risco de perder

---

57 Agostinho, *A cidade de Deus*, 14.28.
58 V. Justino Mártir, *Primeira apologia*, pp. 15–17, 27, 29, 67; *Segunda apologia*, 2.

Deus e o Estado. Os cristãos, com sua fé viva em Deus, permaneceram no Estado que os odiava, e o salvaram de suas ilusões. Os pagãos dão testemunho da influência exercida pelos cristãos sendo bons, mais do que sendo grandiosos ou poderosos. O Imperador Juliano (361–363), chamado de o Apóstata por seu retorno ao estoicismo pagão, ao conclamar seus companheiros pagãos a ajudá-lo a reviver a glória da Roma antiga, reclama que os cristãos não somente cuidavam uns dos outros quando eram pobres ou doentes, mas também eram melhores em cuidar dos pagãos que os próprios pagãos.[59]

Se os romanos suspeitavam dos cristãos, os cristãos também estavam divididos sobre o que pensar a respeito dos costumes romanos. Muitos não viam motivos para se retirar da vida cívica romana. Nos tempos de Marco Aurélio, o filósofo e imperador que permitiu uma terrível perseguição aos cristãos — na qual São Justino conquistou seu título honorífico de mártir —, muitos dos soldados nas legiões romanas eram cristãos. O teólogo africano Tertuliano (160–235) faz uma narrativa, provavelmente ficcional, de uma carta na qual o próprio Marco Aurélio "testemunha que a grande seca na Alemanha foi interrompida por uma chuva obtida por meio das preces dos cristãos, que, por acaso, estavam entre os soldados" (*Apologia*, 5.6). O ponto não é saber se o milagre aconteceu, mas que era incontroverso para Tertuliano falar de cristãos que serviam aos exércitos romanos. O cristão também amava seu país, e lutaria para defendê-lo de seus invasores.

Contudo, muitos cristãos viram sabedoria no isolamento. Os intelectuais se dividiram entre aqueles que acreditavam que a sabedoria pagã era digna de estudo e aqueles que acreditavam que deveria ser completamente rejeitada. Tertuliano, a seu modo impetuoso, lançou o mais famoso clamor de desprezo:

> O que existe de comum entre Atenas e Jerusalém? Que concórdia há entre a Academia e a Igreja? E entre os hereges e os cristãos? (*Contras as heresias*, cap. 7)

São Jerônimo, tradutor da Vulgata, ou bíblia latina, foi um escritor e retórico educado nos clássicos. Talvez ele se sentisse culpado por isso, pois uma noite sonhou que Cristo lhe apareceu para perguntar severamente: "Você é um cristão, ou um seguidor de Cícero?".[60]

---

59 V. a carta de Juliano a Arsácio, por volta de 360 d.C.; em Edward J. Chinnock, *A Few Notes on Julian and a Translation of His Public Letters* [Algumas poucas notas sobre Juliano e uma tradução de suas cartas públicas], London: David Nutt, 1901, pp. 75–78.
60 Jerônimo, *Cartas*, 22.30.

Contudo, Jerônimo continuou a escrever em prosa ciceroniana. E a maioria dos cristãos optou por aproveitar o que a cultura pagã oferecia, sob o princípio de que Deus concede a todos os povos algum conhecimento da verdade, mesmo que esse conhecimento seja bastante incompleto e distorcido pelos maus costumes e pelo erro. A esse respeito, eles não romperam com as Escrituras ou com as práticas judaicas. Pois os judeus que habitavam em Alexandria e outras áreas do mundo grego tinham, nos dois séculos antes de Cristo, se familiarizado com a filosofia grega e utilizado seus termos, e às vezes suas idéias, para iluminar as Escrituras sagradas. O Livro da Sabedoria (cerca de 150 a.C.), apesar de ser profundamente hebreu em sua concepção de um Deus pessoal que faz alianças com um povo escolhido, está em dívida com as filosofias de Platão e Pitágoras, embora afirme corajosamente corrigir essa filosofia, particularmente ao fundamentar a sabedoria em uma relação com seu Doador:

> Porque na mão dele estamos assim nós como os nossos discursos, e toda a sabedoria, e a ciência de obrar, e a disciplina. Porque ele me deu a verdadeira ciência destas coisas que existem para que saiba a disposição do orbe da terra e as virtudes dos elementos. O princípio, a consumação e o meio dos tempos, as mudanças das alternativas e as vicissitudes das estações. Os cursos do ano e as disposições das estrelas. As naturezas dos animais e os instintos dos brutos, a força dos ventos e os pensamentos dos homens. (Sb 7, 16–20)

A FÉ E A RAZÃO

Se os padres pensaram na verdade revelada como o conhecimento mais certo, o padre cristão primitivo, e o [filósofo judeu] Fílon antes dele, usualmente sustentava o importante pressuposto suplementar de que só há uma verdade, e que a filosofia ou a razão humana propriamente conduzidas também levarão a essa verdade.

— Marshall Clagett, *Greek Science in Antiquity* [A ciência grega na Antigüidade].

Ou chegarão o mais próximo possível da verdade, dados os limites da razão e do tema em questão. Clagett não simpatiza com a teologia cristã, mas é um historiador honesto. Essa confiança na razão permitirá "a virilidade da tradição helênica do século XVIII na matemática, na mecânica e em outros assuntos" (168). O espírito grego de pesquisa corajosa, central para a herança intelectual do Ocidente, era mais característico da Universidade de Paris nos dias de Tomás de Aquino e Boaventura do que hoje, em qualquer lugar da América.

CAPÍTULO 4

O Apóstolo João, escrevendo da cidade grega de Éfeso, segue a mesma estratégia. Seu Evangelho é uma resposta à dedicação judaica à Lei de Moisés e à busca grega da ordem fundamental do cosmos. Os estóicos haviam chamado essa ordem de *logos*, significando "estrutura", "lógica" ou "palavra". João parece concordar com eles: e então os atordoa declarando não simplesmente que o *logos* é subjacente ao mundo, mas que por meio dele o mundo foi feito, e que (algo indecoroso para um princípio grego) adentrou o mundo na carne: "E o Verbo se fez carne, e habitou entre nós; e nós vimos a sua glória, a sua glória como de Filho unigênito do Pai, cheio de graça e de verdade" (Jo 1, 14).

Trata-se da mesma confiança e generosidade judiciosa que levou Agostinho a ver no Platonismo uma preparação do Novo Testamento. Nos platônicos, diz ele, "leio, não estas mesmas palavras, mas sim o mesmo pensamento, reforçado por muitos argumentos variados, de que 'no princípio era o Verbo, e o Verbo estava com Deus, e o Verbo era Deus'" (*Confissões*, 7, 9, em citação de Jo 1, 1). E muito mais ele encontrou ali, e, no entanto, também muito não encontrou, particularmente a respeito da salvação dos pecadores. Agostinho, como Jerônimo, podia reconhecer a grandeza dos filósofos pagãos, e, como Jerônimo, estava pronto para afirmar que essa grandeza não era, talvez, a melhor coisa deste mundo: "Porque escondeste estas coisas aos sábios e entendidos, e as revelaste aos pequeninos", para que venham a ele todos os que andam em trabalho, e estão carregados, para que ele os alivie. "Pois ele é manso e humilde de coração, e guia o fraco em seu julgamento" (v. Mt 11, 25–30).

Assim, os pensadores cristãos nem rejeitaram os filósofos pagãos nem simplesmente os aceitaram. Ocuparam-se deles, e lhes insuflaram vida nova. Pois, excetuando o desenvolvimento místico parcial do neoplatonismo, a filosofia pagã estava tão velha e obsoleta quanto a religião pagã. Jerusalém podia sobreviver sem Atenas, mas Atenas não poderia sobreviver sem Jerusalém.[61] A filosofia alcançou a poderosa compreensão de Deus não simplesmente como o ser supremo, mas como o Ser cuja essência é existir; assim como o significado de "pessoa" e o papel do livre-arbítrio na escolha entre o bem e o mal. Os resultados se estenderam muito além do alcance da filosofia. Agostinho, por exemplo, é nosso primeiro grande examinador da natureza do tempo. É nosso primeiro mestre da filosofia da história. Afirma uma distinção entre os

---

61 Esse é um dos insights brilhantes de Etienne Gilson; v., por exemplo, sua obra *Christianity and Philosophy* [O cristianismo e a filosofia], Nova Iorque: Sheed and Warde, 1939.

tipos de amor, ao modo platônico, mas ligada a significados cristãos: a concupiscência e a caridade. Essa distinção permaneceu frutífera na filosofia e na arte por mais de mil anos. Sem ela, é impossível entender Chaucer, Dante ou Shakespeare.

Alguns poucos escritores cristãos, em reverência à filosofia antiga, buscaram preservá-la por si mesma. Aqui o historiador politicamente correto irá zombar, observando que em 529 o imperador oriental Justiniano fechou a antiga Academia Platônica. Mas se essa escola tivesse sido queimada e arrasada trezentos anos antes, a civilização ocidental nada teria perdido. Ela há muito tinha se comprometido com um ceticismo estéril, e nada produziu digno de nota. Além disso, somos as últimas pessoas que deveriam reclamar sobre a eliminação do currículo clássico. Se não conseguimos manter sequer o ensino da gramática, imagine se manteríamos as aventuras metafísicas de Platão.

Assim, após a queda de Roma no Ocidente em 476, o homem mais douto de seu tempo, Boécio, profundamente influenciado pelos platônicos e os estóicos, pelos escritos de Agostinho e da Patrística, fez tudo o que pôde para preservar e desenvolver a filosofia antiga. Já era difícil encontrar textos gregos no Ocidente, dadas as turbulências políticas; ele então traduziu para o latim várias das obras de lógica e lingüística de Aristóteles. Também tentou mostrar uma profunda harmonia entre Platão e Aristóteles. Escreveu um tratado sobre a música, inspirado em Pitágoras, que se tornou o manual padrão até o século XVIII, e enquanto aguardava uma horrível execução por uma acusação falsa de traição (os governantes godos temiam que um velho romano patriota poderia traí-los em apoio ao imperador do Oriente), escreveu sua obra-prima, *A consolação da filosofia*. Pelos próximos mil anos, somente a Bíblia teria mais traduções. Nela, esse erudito cristão ortodoxo emprega o diálogo platônico, junto da poesia clássica, para provar que os maus não prosperam, e que o justo não pode ser ferido pelo mal que os homens lhe fazem. Está impregnada das lições do Livro de Jó e do Evangelho de João, mas não cita as Escrituras. Já não era preciso.

Como os cristãos elevaram a cultura

O que os cristãos apreciaram nas tradições pagãs, e o que mudaram?

1) Elevaram o status das mulheres

É um dogma das escolas públicas dos tempos atuais que as mulheres nos tempos antigos eram oprimidas, pois não tinham direito ao voto, as mesmas oportunidades que os homens, e assim por diante. Você será ridicularizado se negar que isso é o mesmo que opressão. Se você é um professor universitário e o nega, prepare-se para a fogueira.

Porém, as acusações são anacrônicas e chauvinistas. Os acusadores nunca imaginam o que significava para outras culturas colocar comida na mesa, um teto sobre suas cabeças e roupas no corpo, sem esquecer de ter filhos suficientes para manter a população estável. Os romanos em geral tratavam suas esposas com apreço. A matrona de uma casa deveria ser consultada junto com os homens importantes, caso o *pater familias* fosse tomar uma decisão. Além disso, os cristãos pregavam que não havia Batismo separado de homens e mulheres. Todos eram um em Cristo. Se Cristo era Ele mesmo o Santo dos Santos, então esse santuário interior estava aberto a todos. Jesus foi visto primeiro por mulheres na Páscoa da Ressurreição, e só depois por seus apóstolos. Os hereges gnósticos, que desprezavam o corpo, fazem Jesus dizer que só se poderia ser abençoado tornando-se homem: os cristãos condenavam esse absurdo. Eles não abandonavam seus bebês do sexo feminino (e nem os meninos). Não se divorciavam de suas esposas. Renegavam práticas sexuais que colocavam suas esposas em risco. Honravam as mulheres que desafiavam imperadores, centuriões e soldados, para dar testemunho da fé. Em suas *Confissões*, Santo Agostinho escreveu o primeiro tributo histórico a uma mulher comum, sua mãe Mônica, sem cujo amor e oração fiel ele nunca teria conhecido o amor de Deus. (*Confissões* 9, 8–13)

Mesmo assim, os primeiros cristãos eram sexistas, porque eles, assim como todos que caminharam pela Terra até hoje, não tratavam as mulheres como indistinguíveis dos homens. Essa indiferença é nosso ideal politicamente correto, apesar de ser difícil apontar um tempo e lugar onde as mulheres não teriam considerado semelhante tratamento um insulto.

2) Atenuaram as crueldades pagãs

Os cristãos não participavam dos esportes sangrentos na arena. Isso não significa que todos se afastavam das arquibancadas; mas a atitude cristã em relação aos combates de gladiadores foi bem capturada, novamente, pelo indomável Tertuliano: "E devemos esperar agora por uma condenação bíblica do anfiteatro? Se pudermos alegar que a crueldade, a impiedade e a selvageria brutal nos são permitidas, que possamos então ir ao anfiteatro" (*De Spectaculis*).

Esses jogos eram tão populares quanto o futebol americano na América moderna, ou o futebol na Europa; mas a injunção de Cristo para que amemos nosso inimigo seria finalmente mortal para o esporte da morte.

Os cristãos não podiam ajudar a aumentar as doenças das prostitutas. Não podemos atribuir a degeneração moral a todo o Império Romano; mas as cidades mais populosas eram realmente abismos de depravação, se pudermos confiar tanto no testemunho pagão como no cristão. Eis aqui novamente Clemente de Alexandria, a descrever o quão baixo chegou a devassidão:

> Estes são os troféus exibidos por sua licenciosidade social: as evidências desses feitos são as prostitutas. Lamentemos tanta depravação!... Pois os pais, esquecidos de seus filhos que foram abandonados, muitas vezes sem seu conhecimento, têm relações sexuais com um filho que se depravou, ou com filhas que são prostitutas. (*Paedogogus*, 3.3)

Novamente, não devemos esperar que todos os cristãos tenham vivido a altura de seus ideais, não mais do que vivemos a altura dos nossos. Mas uma coisa é violar uma lei, e outra é negar que a lei existe.

Os cristãos suavizaram a instituição da escravidão, na época tão comum quanto a indústria de serviços hoje. Os ensinamentos de Jesus deixaram claro que era a posição de senhor, e não a de escravo, que colocava a salvação em risco. Alguns cristãos se vendiam à escravidão para resgatar um irmão cristão. Com a passagem dos anos, primeiro sob a influência do estoicismo e depois do cristianismo, leis que condenavam o maltrato dos escravos se tornaram comuns.

Contrariamente ao que dizem os que odeiam a Bíblia, as Escrituras não apóiam a escravidão. Simplesmente a aceitam como uma instituição social. De que outra forma um pobre homem sem-terra poderia manter a si mesmo e sua família? Se um homem nada tinha, ao menos tinha seu lombo e suas mãos. Não é como se ele pudesse trabalhar por uma diária, ou mesmo desejasse trabalhar dessa forma, e então voltaria para casa, quando geralmente não havia uma casa para retornar, ou quando podia ter uma refeição melhor e algo que se parecia com uma cama na casa do senhor. Contudo, toda orientação das Escrituras é rumo à liberdade, distanciando-se da servidão — a menos que seja a "servidão" do amor. Jesus avisa seus seguidores que se querem ser grandes no reino do céu devem ser escravos de todos os seus irmãos.

3) Feriram de morte a adoração do Estado

Sua recusa em adorar o imperador não irritou um romano como Diocleciano porque ele acreditava ser um deus. Ele sabia que tudo isso era bobagem. Irritou-se, porém, porque os cristãos atacaram a santidade do Estado que ele lutava para manter coeso. Daí vieram suas notórias perseguições, perpetradas, como é freqüente, por razões de Estado. Todavia, poucas décadas depois, Constantino legalizou a religião, e então Teodósio a tornou a religião oficial do Império. Um fato que esteve longe de se aproximar da idolatria estatista.

Um exemplo mostrará por que não. O Imperador Teodósio, um valoroso guerreiro e defensor da fé ortodoxa, atacou os godos arianos em Tessalônica e os massacrou. Por esse esforço, seu bispo, Ambrósio de Milão (o homem que mais tarde batizou Agostinho) ameaçou excomungá-lo a menos que fizesse penitência imediata por sua grande maldade.[62] Diocleciano, por motivos políticos, exigira ser chamado de *Dominus et Deus*, "Senhor e Deus". Contudo, Teodósio teve de suportar a reprimenda de um mero bispo. E mais do que uma reprimenda: ele colocara sua alma imortal em perigo. Pois o imperador, apesar de ser o governante legítimo, é somente um cristão como qualquer outro, e todos são servos do único Senhor e Deus.

4) Carregaram o fardo da responsabilidade cívica

Aqueles que foram adestrados pelos épicos hollywoodianos podem acreditar que todos os habitantes do Império Romano usavam túnicas brancas esvoaçantes, relaxavam nos banhos e comiam figos em bandejas de prata. Mas, como vimos, a população do Império estagnou no terceiro século, e a economia junto com ela. Isso provocou um processo de desurbanização, juntamente com o aumento míope dos tributos. Enquanto isso, o Império tinha espalhado suas legiões da forma mais distendida possível, ao longo dos milhares de quilômetros de fronteiras, de forma a proteger os cidadãos das invasões bárbaras. Os imperadores raramente eram encontrados em Roma. A grande cidade se tornou um fim-de-mundo. Constantinopla era a florescente capital no Oriente. Milão, mais próxima das passagens vulneráveis dos Alpes, tornou-se mais importante no Ocidente, assim como o porto Adriático de Ravenna. Contudo, com a diminuição da oferta de alimentos, cada vez mais pessoas abandonavam as cidades, e o trabalho não era lucrativo para os magistrados remanescentes.

---

62 V. Paulino de Milão, próximo de 412, *A vida de Santo Ambrósio*, p. 24.

> ## "MULHERES, SEJAM SUJEITAS A SEUS MARIDOS"
>
> Você já esteve num casamento e observou um convidado se estremecer, ficar boquiaberto, ou talvez somente dar uma risadinha quando o leitor profere as palavras que São Paulo escreveu aos Efésios: "Mulheres, sejam sujeitas a seus maridos"?
>
> Essa bela passagem da carta de Paulo não somente é politicamente incorreta porque designa papéis de gênero e rejeita as noções modernas de igualdade, mas seu significado mais profundo é ainda mais subversivo dos costumes atuais. Leia toda a passagem:
>
> *Submetidos uns aos outros no temor de Cristo.*
>
> *As mulheres sejam sujeitas a seus maridos, como ao Senhor; porque o marido é a cabeça da mulher, assim como o Cristo é a cabeça da Igreja; ele mesmo que é o seu corpo, do qual é o Salvador. Bem como pois é a Igreja sujeita a Cristo, assim o sejam também as mulheres em tudo a seus maridos.*
>
> *Vós, maridos, amai as vossas mulheres, como também Cristo amou a Igreja, e por ela se entregou a si mesmo...*
>
> O casamento se torna não uma instituição para a gratificação mútua, mas para a humilhação mútua. Dado o evangelho moderno do "empoderamento" e da auto-estima, esse chamado universal à servidão é realmente chocante.

Foi nesse momento que diáconos, sacerdotes e bispos cristãos vieram para o centro do palco. Os cristãos tinham desenvolvido uma rede de apoio aos doentes, viúvas e órfãos. Além disso, um padre ou bispo não tinha uma família para sustentar (o celibato clerical se tornara a norma no Oriente, e era quase universal no Ocidente), e assim se tornavam as escolhas naturais para assumir os lugares desocupados pelas antigas famílias senatoriais. Foi o perseguidor Diocleciano, e não um bispo cristão, o primeiro a chamar as regiões do Império de "dioceses"; mas não demorou para que os bispos estivessem no comando dessas dioceses, por razões práticas — por exemplo, para garantir que os carregamentos de grãos chegassem até a mesa dos pobres. Quando Agostinho viajou a Milão, que era então o núcleo governamental da Itália, o homem no comando não era um imperador, que devia sempre estar se movendo com seu exército, mas Ambrósio, o bispo. Era ele o principal responsável pela preservação da lei e da ordem e pela promoção do bem comum. Dois séculos mais tarde, depois que Roma se encolheu de uma cidade de quase dois milhões de habitantes a um município arruinado de quarenta mil habitantes, o povo escolheu como bispo um monge humilde que há muito os servia em suas necessidades práticas como um hábil administrador. Seu nome era Gregório, e quando primeiro ouviu que poderia ser escolhido, fugiu — pois como alguém como ele poderia ser um digno sucessor de São Pedro?

Mas o povo o persuadiu a voltar. A história o conhece como Papa Gregório I, um dos homens mais santos e sábios a assumir a cadeira — e, ao fim e ao cabo, um romano.

5) Enobreceram o trabalho manual

De forma bem diferente de nossa modernidade. Uma das finalidades de um diploma universitário é garantir que seu portador não terá dor nas costas e calos. Mas os cristãos não poderiam menosprezar o tipo de trabalho feito por seu Salvador, já que Jesus era um carpinteiro. E Pedro era um pescador, e Paulo um fabricante de tendas.

Não devemos subestimar essa aceitação do trabalho físico pesado. É possível que o cristianismo só seja verdadeiramente saudável lá onde esse princípio é afirmado, e que sua negação é o sintoma de uma fé doentia, como entre os aristocratas franceses do século XVIII, ou entre os hiper-escolarizados em nosso século. O princípio é muito anterior à Reforma Protestante. Os artesãos que construíram as catedrais medievais muitas vezes imortalizavam seus ofícios em madeira, vidro, pedra ou até mesmo nos muros das cidades. Contudo, a Igreja estava a reviver um ideal romano que caíra no esquecimento. Os romanos apreciavam olhar em retrospectiva para os honestos fazendeiros de costumes modestos, que eram a espinha dorsal da República. Já no segundo século do Império muitos citadinos ansiavam pela paz e saúde do campo. Porém, já passara muito tempo desde a última vez em que algum endinheirado curvara seus ombros. Um ricaço podia ter uma fazenda, mas eram os escravos que arrastavam o arado.

Como vinha dizendo, uma economia escravagista é uma economia estagnada. Os romanos eram incríveis engenheiros, como vemos em seus aquedutos, esgotos, basílicas e estradas. Não fosse pela escravidão, poderiam ter passado por uma revolução industrial. Quando os germânicos e hunos invadiram, as condições políticas e econômicas já haviam tornado isso impossível. Todavia, a revalorização do trabalho efetivada pelos cristãos iria finalmente reconstruir o continente.

6) "Batizaram" o *pater familias*

Um dos grandes eventos inesperados da história ocorreu no começo do século VI d.C., quando um monge chamado Bento de Núrcia recebeu um pedido para escrever uma regra que governaria a vida no monastério de Monte Cassino. Bento almejava espalhar o senso romano de moderação e ordem, ao invés do atletismo espiritual do Oriente, com suas ousadas aventuras de privação física e maratonas de oração. No Oriente é possível encontrar um São Daniel Estilita, sentado em um pilar por anos sob o sol e a tempestade, a rezar pelo povo e a fazer penitência.[63] Mas o gênio de São Bento era romano; seus instintos favoreciam a estabilidade e o conservadorismo.

Ele deu ao Ocidente um plano para uma vida ordenada sob condições árduas. Imagine vinte ou trinta homens em sua melhor idade, tendo jurado ficar em só lugar, para observar uma rotina ordenada de oração, reflexão, trabalho e descanso, e obedecer a seu *pater familias*, o abade (do hebreu *abba*, "pai") que para eles está no lugar de Cristo. Imagine que enxergam seu trabalho como uma forma de adoração e oração. O que esses homens não conseguiriam realizar? Limparam as terras úmidas da Germânia, toda ela composta de pântanos e florestas escuras, e dela colheram grãos para a cerveja e o pão, e uvas para o vinho. Levaram seu conhecimento até a Irlanda, a Inglaterra e a Escandinávia. Copiaram manuscritos (um trabalho mais laborioso do que o de lavrador, sem a vantagem de se esticar os músculos ao ar livre) e os embelezaram com iluminuras fantásticas. Seus monastérios se tornaram uma rede de centros econômicos, partilhando seus conhecimentos e desenvolvimentos tecnológicos.

7) Elevaram as culturas "bárbaras"

Os monges não eram colonizadores em qualquer sentido normal da palavra. Chegavam a uma terra, encontravam o que ela tinha de bom e tentavam preservá-la e colocá-la em harmonia com a fé, dando ao povo os bens herdados da civilização romana e cristã. Foi assim que os monges deram aos irlandeses seu primeiro alfabeto. O inglês, o gótico e o islandês foram primeiro escritos por um monge. Será que eles erradicaram a poesia oral nativa? Longe disso. O gênio que compôs *Beowulf* era quase certamente um monge cristão, escrevendo para seus amados saxões logo após a alvorada da fé na Inglaterra, acalentando as memórias das antigas sagas, ao mesmo tempo que nelas via um heroísmo incompleto sem o Cristo.

---

63 A maravilhosa história de Daniel pode ser encontrada em *Três santos bizantinos: biografias contemporâneas de São Daniel, o estilita, São Teodoro de Siceão e São João Esmoler*, traduzido para o inglês por Elizabeth Dawes, com introduções e notas de Norman H. Baynes, Londres: Blackwell Publishing, 1948.

> ## QUANTO AOS POBRES, VÓS SEMPRE OS TEREIS CONVOSCO
>
> Tudo ao redor d'Ele participa de Sua pobreza — seus pais, que mal possuem algumas poucas vestes rudes para O vestir; os pobres pastores, que ao ouvirem a voz dos anjos deixam seus rebanhos para vir adorá-Lo.
>
> Considere que essa miséria do Filho de Deus não era necessária e compulsória, como a dos pobres deste mundo; é livre e voluntária. Conceba uma visão superior dessa pobreza, que era tão preciosa para Nosso Senhor, a ponto de que, para desposá-la, Ele deixasse o céu e Sua glória.
>
> — Santo Inácio de Loyola, *Exercícios espirituais*, "A pobreza do nascimento de Jesus Cristo".
>
> Aqui temos a verdadeira defesa cristã da pobreza. Ela não ignora a miséria dos que têm fome, sede e estão nus; os Jesuítas eram defensores incansáveis dos pobres. Mas exalta a pobreza à sua verdadeira grandeza espiritual; devemos possuir as coisas, diz São Paulo, como se nada possuíssemos. Isso é incompreensível para a mente materialista, que vê a pobreza humana somente como um mal que só pode ser superado com o dinheiro — o dinheiro dos outros.

Deixe-me ilustrar esse ponto com um famoso relato da *História eclesiástica do povo inglês* de Beda.[64] Beda, que escrevia do monastério de Jarrow, fundado por irlandeses, lembra de um incidente de uma ou duas gerações antes, quando numa noite os vaqueiros, leigos que trabalhavam no monastério, estavam sentados ao redor duma mesa bebendo cerveja. Como era o costume, passavam uma harpa de homem para homem enquanto bebiam. Quando chegava sua vez, você deveria cantar uma das antigas canções pagãs de heroísmo, os grandes feitos de Sigismundo ou Beowulf. Mas um companheiro na festa da cerveja estava envergonhado e usou uma desculpa para partir, indo ao curral para cuidar do rebanho durante a noite. Quando adormeceu, um anjo do Senhor lhe apareceu em sonho e disse-lhe: "Caedmon! Cante algo!".

"Não tenho o que cantar", respondeu o pastor. "É por isso que deixei a festa: não sei cantar".

"E, no entanto, é perfeitamente capaz de cantar".

"Que devo cantar?", disse Caedmon.

"Cante *a Criação* para mim", disse o anjo. Então Caedmon irrompeu em um hino de glória a Deus Pai que fez os céus e a terra:

---

64 Beda, 4.24. A tradução do hino de Caedmon é do autor.

> *Deixe-nos agora louvar o Senhor do Reino dos Céus*
> *A força do Geômetra e os planos de seu Verbo*
> *Obra da Glória do Pai, como todas as maravilhas*
> *Chefe Eterno, que tudo estabeleceu na Antigüidade.*
> *Primeiro moldou, para os filhos da terra*
> *A cobertura do céu, Santo Criador;*
> *Muitas jardas, o Senhor da humanidade,*
> *Chefe eterno, depois adornou,*
> *Fez a terra para os homens, o Todo-Poderoso Senhor.*

Esse hino encantador por ele composto estava na métrica heróica das sagas antigas, e utiliza a mesma linguagem heróica. Quando Caedmon despertou, contou a seu capataz sobre o sonho, e este o levou à abadessa, e ela, sábia mulher, instruiu os monges que podiam ler a contar-lhe uma história das Escrituras, para ver o que ele faria com ela. Ele voltou no próximo dia com um poema-narrativa heróico. "É um presente de Deus", concluiu ela. Caedmon foi então levado ao monastério, não para aprender latim, mas para compor canção após canção em anglo-saxão. É um exemplo espantoso da fusão de duas culturas, e por causa dele temos as glórias da poesia em inglês arcaico.

"O que é que Ingeld tem em comum com Cristo?", perguntou o sábio Alcuíno na corte de Carlos Magno, um dos pontos de luz nos séculos de confusão que se seguiram à derrocada do império ocidental.[65] Alcuíno estava irritado porque seus monges se entretinham com lendas, transmitidas pelos séculos por meio da canção, sobre os feitos de heróis germânicos pagãos. Ele estava claramente ecoando a questão retórica de Tertuliano proferida muito tempo antes. Mas a resposta viria da experiência dos missionários, e dos artistas que viam nos costumes antigos uma prefiguração da revelação cristã. O que é que Ingeld tem em comum com Cristo? Muito mais do que podemos imaginar, segundo o autor de *Beowulf*.

A verdade sobre os hereges

Caso você estude as heresias condenadas pela Igreja Primitiva, encontrará excelente munição contra as acusações do ateu presunçoso.

---

65 Alcuíno escreveu essa questão retórica em uma carta para o Bispo Higbald do monastério de Lindisfarne, em 797.

CAPÍTULO 4

Primeiro, muitos anticristãos acreditam que seus oponentes aceitam algumas das heresias mais duras, que odeiam o mundo e a matéria. Alternativamente, condenam os cristãos por serem estreitos, autoritários e intolerantes, enquanto guardam para si mesmos o privilégio de condenar a todos. Não lhes ocorre, ou não se preocupam, que uma fé indefinida é como um corpo sem pele. Um rápido estudo das heresias revelará a insensatez dessas posições.

É verdade que os pais da Igreja passavam muito tempo debatendo, nem sempre de cabeça fresca, quem era Jesus, qual a natureza de sua relação com o Pai, o que deveria se entender por Espírito Santo, qual era a verdadeira Igreja, quais livros eram inspirados por Deus, e como o homem pode ser salvo.

Mas antes que o leitor balance sua cabeça com um ar de superioridade (um gesto fácil, quando o debate é longínquo e o leitor ignora o que está em jogo), enumeraremos algumas dessas heresias.[66] Algumas pessoas acreditavam que um verdadeiro cristão deve ser um mártir de sangue, e por isso buscavam a morte violenta, às vezes por meio da provocação a seus opressores. Outras, contaminadas pelo ódio ao corpo de certas religiões e cultos orientais, acreditavam que Jesus não teve um corpo genuíno (pois a matéria é intrinsicamente má), e que para ser salvos devemos nos livrar dessa sujeira corpórea, por meio de jejuns e da abstinência sexual. Ou, em uma alternativa mais conveniente, devemos alegremente participar de orgias, já que, no fim das contas, somente a alma importa.

Alguns acreditavam que o Deus adorado pelos judeus era mau, e fora suplantado por um Deus de amor que Jesus chamava de Pai. Outros acreditavam que Jesus não era o Filho de Deus, mas uma criatura, "adotada" pelo Pai por sua obediência. Alguns acreditavam que Jesus nunca morreu, e que ele foi somente um espectro que os romanos pregaram na cruz. Outros acreditavam ser possível conquistar o paraíso pelas boas obras enérgicas, como se o homem não precisasse de um salvador.

Deixe de lado a questão sobre a representação da verdade sobre Deus, Cristo e o destino do homem pela ortodoxia cristã. As controvérsias, que

---

66 Os agonistas, e talvez alguns dos donatistas mais zelosos, buscavam o martírio. Os maniqueístas pregavam a maldade do corpo. Os docetistas acreditavam que Jesus não se encarnou realmente. Marcião ensinou em Éfeso que o Deus do Antigo Testamento era mau. Os arianos acreditavam que Jesus era a maior de todas as criaturas, mas somente uma criatura. Uma rápida introdução a essas crenças pode ser encontrada em Chas S. Clifton, *Encyclopedia of Heresies and Heretics* [Enciclopédia das heresias e dos hereges], Santa Barbara, CA: ABC-CLIO, 1992.

duraram vários séculos, não foram perda de tempo. Sua resolução ocasionou imenso benefício cultural para o Ocidente. Por quê?

Novamente, as religiões pagãs não tinham para onde ir. Nenhum homem educado realmente acreditava nos deuses pagãos, e o misticismo neoplatônico, com sua mistura de termos obscuros, abstrações aéreas e mágica, que mesmo o homem educado considerava de compreensão quase impossível, não poderia, muito menos, ser um guia da vida cotidiana. Eram os supersticiosos e enervados que buscavam os cultos de mistério, com seu conhecimento secreto e suas .orgias iniciáticas. Isso era um beco cultural sem saída, e várias das heresias teriam levado o culto cristão por essa mesma estrada curta e improdutiva.

Uma das mais notórias foi a heresia gnóstica, com seu ódio ao corpo, o qual, segundo alguns críticos equivocados do cristianismo em nossas escolas, seria um suposto dogma cristão. Se os gnósticos tivessem triunfado, os cristãos teriam fugido do mundo. Por que se preocupar em arar os campos, copiar livros e consertar aquedutos, se este mundo é uma completa ilusão e o único conhecimento verdadeiro é sussurrado de um mestre secreto a outro?

O perigo (em termos culturais, e não teológicos) de outras heresias era mais sutil. A mais popular delas, o arianismo, sustentava que Cristo era uma criatura, embora os arianos não soubessem dizer que tipo exato de criatura. Eis aqui São Jerônimo, a discutir a prestidigitação verbal usada pelos bispos de tendência ariana no século IV:

> É claro que eminentes bispos cristãos começaram a acenar suas mãos, e a dizer que não tinham negado que Ele era uma criatura, mas sim que Ele era como outras criaturas. A partir daí, o termo Ousia [significando "ser" ou "substância", como na afirmação do credo de que o Cristo é consubstancial ao Pai] foi abolido: a Fé Nicena estava condenada por aclamação. Todo o mundo gemia, surpreso por se descobrir ariano. (*Diálogo contra os luciferinos*)

Se a heresia ariana tivesse triunfado, eu não estaria a escrever um *Guia politicamente incorreto da civilização ocidental*, pois a fé cristã teria fracassado junto com o mundo greco-romano que ela parcialmente preservou. A razão nos é de difícil compreensão, pois não apreciamos a revolução cultural que estava prestes a explodir com a declaração de que Deus é Amor.

Se Ário estivesse certo, então Jesus seria somente uma criatura, apesar de ser a mais elevada. Deus, então, poderia amar, mas não ser o Amor;

Ele não seria em si mesmo uma relação de amor entre três Pessoas; Ele se recolheria à transcendência: não entraria realmente no mundo para viver entre nós. Neste caso, torna-se-ia ou o Alá inescrutável e irracional dos muçulmanos, um sultão universal, ou o impessoal e inalcançável Ser Neoplatônico. O culto cristão perderia sua ponte entre o céu e a terra em ambos os casos. Seus mandamentos se enrijeceriam em ordens de um déspota, ou se decomporiam em uma filosofia moral, como o estoicismo, que é humanamente benevolente, mas demasiado fraco para lutar contra as fúrias do coração na maioria dos homens. É o caminho tomado pelo unitarismo na América do século XIX, começando pelo cristianismo diluído da Harvard de John Quincy Adams, passando pelo vago teísmo com uma pitada de ensinamento moral cristão na Harvard de seu neto Henry Adams, e chegando ao seu atual vazio cultural, como um *hobby* de ateus e panteístas que gostam de hinos e incenso.

De uma forma ou de outra, as heresias achatam Jesus, principalmente para negar sua humanidade como algo indigno, e ocasionalmente para negar sua divindade. Não discuto aqui teologicamente, mas culturalmente. O cristianismo sobrevive — ou melhor, ele existe — somente onde Jesus é afirmado como Deus e Homem.

Isso importa. Lembre-se que os judeus e os gregos tinham muito a dizer sobre a lei natural, aquilo que C. S. Lewis chamou de "O Tao", um conjunto de princípios que não são o resultado do questionamento moral, mas seu fundamento, auto-evidentes para todos os homens que não foram corrompidos.[67] Você não deve roubar. Ame sua família. Sacrifique-se por seu país. Cuide dos enfermos. Mas,

> **UM LIVRO QUE VOCÊ NÃO DEVERIA LER**
>
> The Great Heresies [As grandes heresias] por Hillaire Belloc; Rockford, Il: Tan Books and Publishers, 1991.
>
> Belloc é sempre digno de ser lido, divertido e perceptivo, mas seu tratamento das heresias — da heresia ariana mais primitiva, passando pela catastrófica heresia do islã, até chegar às aparentemente benignas, mas mortais heresias intelectuais da Era Moderna — é um grande e arrebatador tratamento e condenação de todas as coisas contrárias ao bom, ao belo e ao verdadeiro. Como tal, certamente ofenderá muitos — um sinal certo de que se está na senda da verdade.

---

[67] V. o capítulo final de *The Abolition of Man* [A abolição do homem], Nova Iorque: Macmillan, 1955.

mesmo que esses princípios sejam universalmente atestados, também são universalmente violados, e sua conexão com os destinos do homem e seu ser não está clara. Com os judeus essa conexão é clara, já que suas leis foram dadas pelo próprio Deus. Os judeus, porém, são parcialmente limitados pela cultura. Os Profetas realmente pregam que a lei será dada a todas as nações, e, como disse, os judeus foram escolhidos para transmiti-la. No entanto, Roma, Grécia, Germânia e Irlanda só poderiam se tornar judias, por assim dizer, se tornando cristãs. E então os homens viram não somente que Cristo veio ao mundo, mas que o próprio significado deste mundo está marcado por Ele, criador e redentor. Pois o mundo também é amado, e feito novo.

A boa nova promove a caridade

Aos confins do mundo veio, então, a palavra, trazida por santos, saqueadores, lavradores, tiranos, pessoas comuns, de que cada ser humano possui uma dignidade imensurável, por virtude de ter sido criado e redimido por um Deus de amor; e não por uma idéia filosófica, ou por um deus aferrado a uma montanha ou rio. Os gregos foram sábios em acabar com a escravidão, mas por que perder a vantagem econômica imediata? Os judeus conheciam o motivo, mas careciam do poder. Os judeus conhecidos como cristãos, após uma longa luta, realmente lhe puseram um fim; uma luta enorme, mas enfim triunfante. Se acreditamos que convém a um homem adentrar um prédio em chamas para salvar o filho de um estranho, é porque ainda ouvimos as palavras ressoando em nossos ouvidos: "Quantas vezes fizestes isto a um destes meus irmãos mais pequeninos, a mim é que o fizestes" (Mt 25, 40).

Os secularistas e os hipócritas defensores de uma religião escondida no armário podem se ofender, mas a caridade e o cuidado com os pobres são uma parte integral de nossa cultura devido ao cristianismo. Se construímos hospitais para os estrangeiros pobres, sem qualquer desejo de lucro pessoal ou nacional, e arriscando vida e membros para fazê-lo, é porque retemos um traço, uma memória cultural das viagens de São Paulo, de Bonifácio martirizado pelos germânicos, de Cirilo e Metódio viajando para o norte junto aos eslavos, de Patrício afugentando as serpentes da Irlanda, de Gregório, o Grande, vendo escravos loiros no mercado e, ouvindo que eram chamados de "Angli", a responder que "*Non Angli sed angeli* (não são anglos, mas anjos)", terminando por enviar missionários para o meio deles a fim de dar-lhes o melhor que podiam.[68]

Este é somente um benefício, e não o mais importante, que os padres e bispos naqueles primeiros concílios conferiram a nós, assegurando a sobrevivência do cristianismo.

Apesar de não ser polido dizê-lo, trata-se de algo que clama por ser visto. Os hindus não enviam homens santos a terras estrangeiras para alimentar os pobres e abrigar os sem-teto; não chegam a fazer isso pelos párias de sua própria terra. Os budistas, que praticam o desapego benevolente do mundo, não o fazem. Os muçulmanos, que conquistam pela força e rejeitam a lei natural com o argumento de que ela "aprisiona" Alá, têm a obrigação de cuidar dos seus, mas devem ignorar todos mais.[69] Todos os cultos de adoração ancestral, como o xintoísmo, estão muito firmemente fixados sobre o local e o familiar para se preocuparem com povos distantes. Os judeus e os cristãos se preocupam; e isso se deve ao Deus que cultuam. Se o mundo hoje fala de direitos humanos, e da dignidade do pobre, é porque o mundo ouviu falar de Moisés e dos Profetas — e daquele que os integra em si mesmo, Jesus Cristo. Os homens finalmente chegaram não a amar ou desprezar o mundo simplesmente, mas a amar sua bondade; não como finalidade última, mas como uma manifestação da eterna bondade.

---

68 Assim narra Beda em sua *História eclesiástica do povo inglês*, 2.1.
69 V. o Corão, 5:64, e a discussão sobre a vontade ilimitada de Alá, em Robert Spencer, *The Politically Incorrect Guide to Islam* [O guia politicamente incorreto do islã], Washington, DC: Regnery, 2005.

CAPÍTULO V

A alta Idade Média: a Idade da Luz

Todos sabemos o que foi a Idade Média. Meus calouros sabem. Aprenderam com a autoridade infalível conhecida como a Escola das Platitudes.

Primeiramente, a Idade Média era escura. As pessoas viviam na miséria. Assaltadas por terríveis medos, queimavam velhinhas simpáticas que vendiam remédios a base de ervas, chamando-as de bruxas. Não fizeram progresso algum nas ciências naturais. Nada sabiam do mundo além do seu tempo e lugar, e não tinham vontade de saber. Seus estudos eram estreitos e dogmáticos, e as poucas grandes mentes dessa época empregavam a inteligência para descobrir quantos anjos podiam dançar na cabeça de um alfinete. A vida era tão miserável que a maioria das pessoas, especialmente a maioria de camponeses sujos, vivia somente para o outro mundo, colocando toda sua esperança em um céu além das estrelas.

Adivinha só?!

⚖️ A criatividade e a vitalidade da Europa medieval fazem com que nossa época pareça letárgica e monótona.

⚖️ A Idade Média era a verdadeira era do amor.

⚖️ Um clima em aquecimento — bem mais quente do que hoje — foi bom para a cultura.

Coloquemos as coisas em seu devido lugar. De 962 (a coroação de Otto, o Grande, como Sacro Imperador Romano) a 1321 (a morte de Dante), a Europa experimentou um dos florescimentos culturais mais grandiosos já vistos pelo mundo. Em muitos sentidos foi o mais grandioso. E isso não aconteceu apesar do fato de que o ressoar diário dos sinos da igreja fornecia o ritmo da vida dos homens, mas por causa disso. Porque o povo acreditava viver em um mundo cômico, isto é, um mundo redimido do pecado, no qual o Salvador triunfara da escuridão e da morte, ele podia amar esse mundo novamente. Eram peregrinos de coração, mas que amavam apaixonadamente suas terras nativas, os muros de suas cidades, suas colinas, seus muitos festivais coloridos, sua comida e sua bebida locais. Desfrutavam a liberdade da esperança. Não estavam mortalmente pressionados pela urgência de criar um céu na terra, um anseio que termina ou no desespero ou no *gulag*.

Você não ouvirá essa história na televisão ou na escola. Uma Igreja poderosa deve ser sempre um monstro, a destruir a ousadia intelectual e ditar a melancolia artística — muito antes que a academia tivesse tornado a melancolia artística uma marca de sofisticação. O sacrifício da gratificação instantânea (não que todos os habitantes da Idade Média o fizessem) deveria produzir um continente de depressivos, de vilões em ebulição, ou algo miserável que os americanos com suas fábricas de fracassados e mais de três milhões de presos não conhecem de forma alguma. Além disso, já que todos nós acreditamos no progresso social inevitável, tudo deve ter sido terrível no passado, ao menos em comparação com os dias atuais. É como se eu me sentisse a progredir moralmente a cada tique do relógio; você não? A Idade Média deve ter sido má porque foi média.

Mas qualquer estudo aprofundado desautorizará esse preconceito politicamente correto.

O islã contra a civilização

Antes de discutir o que esse florescimento nos trouxe, gostaria de observar que a verdadeira questão não é saber por que aconteceu, mas porque não aconteceu mais cedo. Poderia ter acontecido, se não fosse por três coisas sobre as quais os cristãos ocidentais tiveram pouca ou nenhuma influência.

A primeira delas foram as invasões do antigo Império pelos germânicos, eslavos e outros. Alguns já tinham se convertido a uma forma de cristianismo (os godos eram arianos) e foram atraídos pela alta cultura das cidades romanas na Gália, na Itália e na Grécia. Alguns, como os hunos, foram estimulados pelo amor da pilhagem. Ainda outros, como os vândalos (de onde derivamos nossa palavra para pessoas que destroem coisas por lucro e diversão), atravessaram o continente, mas finalmente se assentaram em reinos estáveis sob uma lei.

Três incursões — que duraram muitos séculos, até que Otto, o Grande, frustrou os magiares em 954, e até que aqueles saqueadores dos mares e dos rios, os vikings, fossem trazidos à fé cristã — tornavam o comércio difícil e custoso. As economias encolheram; a cunhagem desapareceu; as pessoas tinham de viver com o que extraíam do solo. Com um clima ruim e bolsos vazios, isso era freqüentemente muito pouco. Os camponeses foram reduzidos à servidão, trocando o trabalho e a liberdade por qualquer tipo de proteção do senhor local. E o que foi ainda pior para a cultura: o caos e o perigo das passagens marítimas separaram o Oriente grego do Ocidente latino, e assim os vastos tratados de filosofia, ciência e literatura gregas foram perdidos.

O caos poderia ter sido superado a partir do Oriente, se o império em Bizâncio tivesse sido forte e voltado para o exterior. Mas não era. Ele também era pressionado pelas tribos orientais, e, principalmente,

MARX INTERPRETA MAL A IDADE MÉDIA

Os mitos politicamente corretos sobre a Idade Média são transmitidos a nós, em parte, por meio de Karl Marx.

A história de todas as sociedades existentes até agora é a história da luta de classes.

O homem livre e o escravo, o patrício e o plebeu, o senhor e o servo, o mestre de guilda e o artesão, ou seja, o opressor e o oprimido, sempre estiveram em constante oposição.

— Karl Marx, *O manifesto comunista* (79).

Não, não estavam. Considere o artesão medieval. Ele se beneficiava do treinamento que recebera como aprendiz, e quando produzisse um trabalho de qualidade suficientemente impressionante — literalmente, uma obra-prima — também se tornaria um membro pleno de uma guilda. De fato, o sistema de guildas é exatamente o que o contemporâneo de Marx, o Papa Leão XIII, um grande oponente do socialismo, recomendou para o operário, a quem Marx desprezava.

tinha de resistir ao segundo fator, o islã jihadista. Lembre-se de que nos dias de Agostinho, por volta de 400 d.C., toda África ao norte do Saara, incluindo o Vale do Nilo próximo do mar até o coração do Sudão, era de cultura greco-romana, e de fé majoritariamente cristã. Agostinho era um africano, e morreu como bispo da região de Hipona, no que é hoje a Tunísia. Tertuliano era africano. Antão, o eremita cujo exemplo durante os 108 anos de vida encorajou um enorme movimento de piedade no deserto, viveu no Egito. Alexandria era a capital acadêmica do mundo. O fogo selvagem de Maomé varreu tudo isso, e uma antiga civilização, que se estendia da Espanha à Pérsia, não mais existia.

Por isso, o Império Bizantino nunca teve o poder de levar o conhecimento grego de volta ao Ocidente e unificar as duas terras sob uma mesma lei. Tinha muito a fazer em sua própria casa. Teve realmente momentos de glória, conquistando tempo para si e para o Ocidente, como quando Leão, o Isauriano, esmagou a armada muçulmana em 717 com a balística e uma mistura de naftalina conhecida como "fogo grego". Mas, na maior parte do tempo, o Ocidente esteve sozinho.

Quanto mais quente melhor — digam isso a Al Gore

O terceiro fato é sutil. Ouvimos muito sobre o aquecimento global nestes dias, e já que não sou um geólogo ou climatologista não me aventurarei a opinar, exceto para dizer que historicamente o esfriamento foi a maior ameaça ao homem. O motivo é óbvio. Se a estação de plantio for encurtada por algumas semanas e os picos do verão se tornarem um pouco mais frios, milhões de acres de terra são subtraídos do arado. A grama grossa e os musgos crescem onde o gado costumava pastar na savana; e a terra antes usada para a cultura de cereais é transformada em cerrado.

O esfriamento ajuda a explicar as invasões dos bárbaros: eles e seu gado estavam gélidos e famintos. E, como observei, em um inverno tiveram o Rio Reno totalmente congelado, de forma que puderam atravessá-lo onde quisessem, e as legiões romanas, já completamente distendidas, nada puderam fazer.

O clima em resfriamento causa a quebra ocasional das colheitas. Mas se as colheitas já são bem moderadas, uma perda completa acabará com os estoques de grãos. As pessoas ficam doentes. A expectativa de vida cai. A população encolhe. As cidades — dependentes do grão armazenável — se esvaziam. A vida citadina definha. As pessoas não podem mais arcar com a divisão do trabalho que permite a existência de eruditos, contadores, mercadores, escultores, atores, etc. De volta ao campo lá vão eles: pois o homem precisa de pão.

Mas quando um ou dois desses fatores tivesse desaparecido ou sido superado, a Europa estaria pronta para sua grandiosa ressurgência. Considere suas vantagens culturais. O cristianismo tinha varrido quase todo preconceito dos greco-romanos tardios contra o trabalho manual. Lembre-se de Bento e sua regra monástica. Os monges, seja lá qual fossem seus antecedentes, trabalhavam a terra. Limparam as florestas densas e úmidas da Germânia de suas árvores e troncos. Drenaram os pântanos. Cavaram poços, construíram celeiros, plantaram vinhedos e espalharam inovações tecnológicas entre si, em uma rede que se estendia por toda a Europa.

Os monges mantinham um respeito saudável pela lei e a hierarquia. Imagine como seria construir um centro econômico onde antes só existiam pinheiros negros e mosquitos, sem qualquer cadeia clara e efetiva de comando. Ao mesmo tempo, herdaram a revelação cristã de que Cristo viera para todos os homens, e não somente para os governantes. Seu modelo de hierarquia e igualdade, ou de igualdade expressa pela obediência e o serviço em imitação de Cristo, exerceu uma poderosa influência sobre as vilas que cresceram ao redor dos monastérios, e depois sobre a vida medieval de forma geral. Pois o próprio Cristo foi obediente, até a morte na cruz, e, portanto, diz Paulo, todo joelho deve se dobrar diante d'Ele, no céu, na terra e sob a terra. Assim, apesar do egoísmo e da maldade, que sempre teremos conosco, o povo da Idade Média sabia que a alma de um camponês não era menos digna de ser salva do que a de um duque. Isso significava que, não importando o quão dura pudesse ser a servidão, o continente nunca poderia reincidir na escravidão. O movimento irreprimível da Idade Média é rumo à liberdade.

Então, por volta do ano 1000, o clima voltou a se aquecer,[70] e os vikings começaram a se assentar na vida civilizada. O que aconteceu depois não desapontará ninguém.

---

70 O fenômeno amplamente comprovado é chamado de Ótimo Climático Medieval. V., por exemplo, "The Science Won't Stay Settled!", em *World Concerns*, 2.1 (9 de junho de 1998).

Robustamente vivos

Provavelmente não apreciaríamos a vida em uma cidade medieval. Havia animais por todos os lados, galinhas, porcos, cabras, cachorros, vacas, e tudo que era um produto do que comiam. Só no século XIX os europeus construíram sistemas de esgoto comparáveis aos da Roma antiga. As pessoas viviam apertadas entres os muros da cidade, muitas vivendo em casas com chão de terra, e juncos postos sobre ele para apanhar o que caísse da mesa e de outros lugares. As pessoas comiam com suas mãos, apesar da comida ser picante e condimentada. Chaucer satiriza gentilmente a prioresa nos *Contos da Cantuária*, ao elogiar sua delicadeza à mesa: ela nunca deixava que a gordura caísse em seu colo. Caso você contraísse uma doença, não poderia esperar muito de um médico medieval, particularmente no norte da Europa. As pessoas perdiam a maioria de seus dentes (por comerem muita comida rica em amido; a carne era para os ricos e para os feriados), sendo possível encontrá-las a mascar alcaçuz antes de um encontro amoroso para mascarar o mau hálito, como faz o Absolon de Chaucer no *Conto do moleiro*.

UMA FEMINISTA MEDIEVAL

Não tivesse o mundo outra autoridade
A experiência me seria suficiente
Para falar de todo o pesar que traz o casamento. (Prólogo de *A esposa de Bath*, 1–3).

A esposa de Bath certamente teve muita experiência. Ficou viúva cinco vezes, levando ao menos quatro de seus amados maridos para o túmulo. Seu prólogo e contos tagarelas são picantes aventuras de ignorância, mal-entendidos, invenções de desculpa e de auto-revelação involuntária. Os críticos feministas a saúdam como uma heroína da liberdade de expressão feminina. Chaucer nos mostra o contrário: a Esposa de Bath é uma mulher sensual, barulhenta e tola que está rapidamente chegando à idade na qual terá de implorar para que alguém esquente uma cama com ela. E a menos que se arrependa de seus caminhos, um dia poderá sentir mais calor do que esperava.

Porém, uma coisa era impossível, se a arte daquele tempo serve de indicação: estar sozinho. Concedo que é difícil fundamentar um argumento numa omissão, mas a ausência de qualquer menção à solidão na literatura medieval realmente é marcante. Você estava sempre ocupado. Trabalhava junto a seus companheiros aldeões. Dormia com três ou quatro em uma só cama. Poderia pertencer a uma guilda. Espremia-se com todos na igreja lotada para uma celebração.

Sua vida também não era monótona. Pela primeira vez desde o auge do Império Romano, o povo ocidental, se não era pobre como os ratos de igreja, desfrutava de roupas brilhantes, especiarias do Oriente, vinho doce do Mediterrâneo (O vendedor de indulgências de Chaucer é um conhecedor dos arrojados vinhos do porto da Espanha), sem mencionar a música, a dança e a poesia popular que iam do delicado e requintado ao grosseiro e lascivo. Temos então canções de amor a despertar na primavera, para o Senhor da Páscoa:

> *Quando vejo as flores nascentes*
> *E ouço os passarinhos cantantes*
> *Um doce anseio de amor*
> *Trespassa todo meu coração*
>
> *E vejo mascates joviais a mirar as jovens*
> *E espalhar suas melhores jóias:*
> *Tenho um bolso para a ocasião*
>
> *E nele estão duas preciosas pedras:*
> *Donzela, se as tivesse provado uma só vez*
> *Estaria pronta para comigo partir!*[71]

Fugiríamos da Idade Média não devido à sua monotonia, mas porque sua vitalidade irritaria nossos fracos nervos. Teríamos de esfregar nossos olhos para nos acostumar com a luz.

A Era das Luzes: a vida nas catedrais

Onde devemos procurar por essa luz? Por que não naquelas sinfonias em pedra, as catedrais góticas?

Sejamos claros sobre isso. Os homens medievais não construíram as catedrais para serem estruturas escuras, esquálidas e fantasmagóricas

---

[71] Os poemas podem ser encontrados, na língua original, em Maxwell S. Luria e Richard L. Hoffman, *Middle English Lyrics* [Poesias em Inglês-médio], Nova Iorque: W.W Norton, 1974. [A tradução para o inglês é do autor e para o português do tradutor. — NT]

que manifestassem seu medo e ignorância. Temos de limpar dos muros da igreja a fumaça da Revolução Industrial posterior, e de nossas mentes a fumaça dos dráculas vitorianos. Eles também não tinham progredido como o homem moderno, que aspira trabalhar numa jaula de aço ou em caixas de papelão. Não, os mestres de obra medievais queriam a luz, pois sua fé lhes ensinou esse desejo, pois "a luz resplandeceu nas trevas, mas as trevas não a compreenderam" (Jo 1, 5).

A associação da divindade com a luz é tão antiga quanto o Gênesis. A primeira criatura feita por Deus não foi o barro, uma habitação para si mesmo, ou um companheiro de confraternização, mas a *luz*. O Cristo também é chamado, no Evangelho de João, de luz que veio ao mundo, e seus discípulos devem deixar que sua luz brilhe diante dos homens. Os pais da Igreja, influenciados pelas Escrituras e por Platão, viam a luz como o que havia de mais nobre em toda a criação: não era simplesmente a luz brilhante do sol, da lua e das estrelas, mas a luz do intelecto, cuja primeira e última habitação é a mente divina. O monge siríaco que se intitulava Dionísio (se nomeando a partir do homem que São Paulo convertera no monte ateniense) desenvolveu uma grande teologia da luz, e os pensadores e artistas da Idade Média estavam atentos a isso.[72]

Quem levou isso a sério foi um poderoso abade parisiense, chamado Suger. Ele desejava contribuir para união dos ducados em conflito da França sob a autoridade de um rei consagrado; e para esse fim iria construir uma capela digna do santo patrono da França, São Dênis, ou São Dionísio. Haveria melhor forma do que aproveitando as inovações arquitetônicas dos últimos dois séculos — abóbadas, arcos ogivais — unindo-as para verter luz em um santuário como nunca antes visto? Isso produziria um tesouro para a capital real e honraria Deus — "pois Deus é luz" (1Jo 1, 5).

Eles não tinham então o aço reforçado, a fibra de vidro, ou misturas superleves de concreto. O problema de Suger, e dos construtores em geral pelos próximos dois ou três séculos, era o de como construir espaços interiores altos e largos, e remover as pedras das paredes e substituí-las por vidro, sem que o teto desabasse ou as paredes cedessem.

Aqui descobrimos soluções engenhosas de engenharia, tanto práticas quanto belas. Você sem dúvida já viu uma delas. Há arcobotantes, eixos de pedra que saem das paredes exteriores como raios de uma roda, "cravados" em seu lugar por tampões decorativos de estatuária.

---

72 V., por exemplo, *The Divine Names* [Os nomes divinos], 697b–700c.

Ou os reforços interiores de mármore semelhantes a cordas, perfeitamente talhados, freqüentemente alternando o branco e o verde, o branco e o rosa, ou o branco e o cinza, ascendendo por pilares até o teto em curvas esguias, sem qualquer argamassa nos blocos, que se encaixam em seu lugar pela mágica do equilíbrio e da gravidade. Ou o rendilhado de pedra, a emoldurar as janelas coradas de azul escuro, vermelho, verde e dourado — rosáceas de uma complexidade matemática, um olhar caleidoscópico sobre o paraíso.

Porém, ainda mais interessante do que a forma como esses pedreiros, carpinteiros, ferreiros e vidraceiros construíram o que acredito serem as obras arquitetônicas mais esplêndidas a agraciar a terra, é o motivo de assim terem sido construídas. Deixemos que o Abade fale por si mesmo, nos versos gravados sobre as portas de São Dênis:

> *Todos que buscarem honrar estas portas,*
> *Não se maravilhem com o ouro e a riqueza,*
> *Mas com a arte da obra.*
> *O nobre trabalho é reluzente, mas, tendo nobre brilho,*
> *Deve iluminar as mentes,*
> *Permitindo que atravessem as luzes*
> *Até a verdadeira luz, onde a verdadeira porta é Cristo.*
> *A porta dourada define como essa luz é imanente nessas coisas.*
> *A mente entorpecida se eleva à verdade por meio dessas coisas materiais*
> *E ressuscita de sua antiga submersão quando a luz avista.*[73]

Aqui, da pena de um homem que mais do que qualquer outro merece a honra de ter inventado o estilo gótico, descobrimos o deleite medieval diante das coisas brilhantes e belas deste mundo, e diante das coisas infinitamente mais brilhantes e belas do céu. A beleza mundana não é rejeitada, mas ordenada rumo à beleza celestial. A profundidade invoca a profundidade, e a luz a luz.

Este é o sentido teológico da cor: a única luz inacessível de Deus, tornada manifesta, encarnada nos objetos de nossa visão. Dessa forma, as janelas de vitrais devem revelar um vestígio do festim paradisíaco. Eis como Dante o descreve:

---

[73] Os textos completos dos relatos de Suger *Sobre sua administração e sobre a dedicação da igreja de Saint-Denis* podem ser encontrados em Erwin Panofsky, *Abbot Suger on the Abbey Church of Saint-Denis and Its Treasures* [O Abade Suger sobre a abadia de Saint-Denis e seus tesouros], Princeton: Princeton University Press, 1946; v. pp. 47–49 para dedicação sobre as portas, em uma tradução ligeiramente diferente.

> *Senti vista mais que antes poderosa*
> *E tal, que a luz mais penetrante e pura*
> *Afrontar poderia valorosa*
>
> *Fúlvido lume um rio me afigura*
> *Entre margens correndo, que esmaltava*
> *A primavera da celeste altura*
>
> *Do seio essa corrente arremessava*
> *Centelhas; que entre as flores se espargiam*
> *Como rubis, que o ouro circundava.*
> (Paraíso, xxx, 58–66)[74]

Mas essas glórias estavam confinadas à igreja, não é verdade? Ou a preciosos manuscritos com um toque de índigo, esmeralda e púrpura? E a vida do povo comum?

Esqueça que a igreja era o coração da vida comum, e que o povo habitava nas sombras e no brilho refletido desses lugares de beleza. Esqueça de imaginar o que era "ser dono", com todos os seus concidadãos, de uma estrutura que trespassava o céu com sua grandiosidade, mas que também o convidava a entrar; e que permanecia uma testemunha eloqüente quando você nascia, se casava, tinha filhos e quando morria. E o que é ainda mais impressionante e que hoje temos dificuldade de entender: foram essas pessoas comuns que construíram as igrejas. Não estamos falando de imensos blocos indistinguíveis de pedra, içados pelos lados de uma pirâmide com picaretas e escravos para comemorar um faraó morto. Não estamos falando nem mesmo sobre um Parthenon ateniense, com mestres escultores a martelar o frontão e o friso, enquanto escravos carregam a pedra e a revestem.

Estamos falando de homens livres, tropas deles se movendo incessantemente, bem pagos, mestres de seus ofícios, com os trabalhadores locais realizando o trabalho menos qualificado. Não sabemos o nome da maioria desses homens, e isso também é significativo. Pois a obra não é designada e ordenada por potentados distantes. É uma verdadeira obra popular, talvez a mais muscular e ousada que o mundo já conheceu.

A totalidade de uma catedral gótica, escreveu John Ruskin, está rabiscada pelo espírito lúdico.[75] Talvez um rapaz desajeitado de nome Wat,

---

74 Adotamos a tradução de José Pedro Xavier Pinheiro (1822–1882) para todas as citações da *Divina comédia*. *A Divina comédia*, Atena Editora, 1955. Digitalizado por ebooksBrasil.com. — NT
75 V. *The Stones of Venice* [As pedras de Veneza] 2.6, "*The Nature of the Gothic*" [A natureza do gótico].

> ### A RELIGIÃO DA PAZ
>
> Em Medina, Maomé e seus companheiros refugiados acharam difícil ganhar a vida e logo apelaram para o roubo de caravanas como meio de vida, uma prática que justificaram sob a base de que os mercadores eram idólatras e infiéis... Maomé fortaleceu sua autoridade e forneceu fundos para seus seguidores por meio do exílio de clãs judeus hostis e o confisco de suas propriedades. Outros indivíduos impertinentes foram assassinados, e algo como seiscentos judeus que não se dispuseram a aceitar o islã foram executados a sangue frio, e suas mulheres e filhos foram vendidos para a escravidão. Foi assim que a nova religião começou bem cedo a tomar as características sórdidas e cruéis da conquista e do tributo, e que o profeta perseguido rapidamente se transformou em um déspota religioso e um legislador nacional.
> — Lynn Thorndike, *The History of Medieval Europe* [A história da Europa medieval].

que não é ainda um mestre, esteja a cinzelar em um canto o olhar de um dragão cuja boca jorrará água de chuva e evitará que o teto tenha vazamentos. Em outro canto, um carpinteiro trabalha em um teto de caixotão de madeira, buscando como adorno — e como afirmação da bondade de todas as criaturas de Deus — as flores e os animais de sua pátria. Se é um italiano, espere por limões e pinhas. Lá atrás, no santuário, um padre pode estar a pedir aos vidraceiros uma rosácea no oriente, baseada no número oito, já que o oitavo dia é a Páscoa, o dia acima de todos os dias, o dia da ressurreição. Os aldeões, que tanto contribuíram para a construção, também ganharão muito dela. Muitos virão ver a igreja, e os visitantes precisam de comida, bebida e acomodações. Pois a igreja é também uma expressão do orgulho e do amor da cidade, e se for preciso passar mais de cinqüenta ou sessenta anos na construção (ou mais), o povo transmitirá o projeto a seus filhos. É seu maior triunfo artístico e econômico.

Será que a Igreja usurpou essa energia? Não; foi a fé que a fez emergir.

O renascimento do teatro: mais um fruto do cristianismo

Tomemos um outro exemplo dessa vida pujante. Pois em termos de criatividade cívica e agitação sincera, sem falar no seu *sentido* transcendente, não conheço nada comparável desfrutado pelos americanos, com nosso entretenimento de massas, governo gigante e vizinhanças decadentes.

Imagine que por várias semanas, a cada primavera, os homens das guildas da cidade operem em velocidade máxima. Os carpinteiros estão finalizando os carros alegóricos, para levá-los em um desfile de igreja em igreja. Os tecelões estão remendando fantasias cheias de cores, algumas com um suspeito vermelho flamejante, com direito a chifres e um rabo pontudo. Os ferreiros estão martelando um portão especial com um gatilho que o abrirá com o toque correto. Os padres e funcionários estão a vasculhar antigos roteiros e os testando com os "atores", um dos quais é aquele seu vizinho gordo e fanfarrão, que faz o papel de Herodes.

Todos esperam pelo grande festival de três dias de *Corpus Christi*, começando na quinta após o domingo da Trindade. Nesses três dias, entre procissões sagradas, crianças barulhentas e mulheres vendendo frutas, você e seus concidadãos encenarão um ciclo de peças abrangendo todo o tempo, da Criação do homem passando pela Redenção até o Juízo Final. Essas peças serão compostas com rimas caseiras e citações em latim das Escrituras, mas tecidas com um poder imaginativo que você considera bem natural, ao ver o fim do homem no seu começo, e a revelação do Cristo até mesmo na maldição que Deus pronunciou sobre a serpente no jardim.[76]

Imagine que esses ciclos de peças não aconteçam aqui e acolá, mas de Portugal à Alemanha, da Inglaterra à Itália. Então compreenderá por que na Idade Média, após mil anos de dormência, o teatro renasceu. Isso não foi acidente. As pessoas intuíram que a fé cristã é intensamente dramática, com todo tipo de surpresa maravilhosa. Assim, na famosa *Second Shepherd's Play* [A peça do segundo pastor] em Wakefield, os humildes pastores (após muitas peripécias medievais, incluindo o aprisionamento do vilão com um cobertor, e a concessão final do perdão a ele) encontram o menino Jesus, criador do mundo, em uma manjedoura. Ali eles lhe presenteiam com três humildes presentes: um quilo de cerejas, um pássaro e algo que não se encontrará em nenhuma cena da manjedoura atual:

> *Viva, avança tua pequena mão;*
> *Trago-te uma só bola;*
> *Toma e joga,*
> *E vai para o tênis.*

---

[76] V. V. A. Kolker, *The Play Called Corpus Christi* [A peça chamada Corpus Christi], Stanford, CA: Stanford University Press, 1966.

Cerejas, um pássaro e uma bola de tênis? Não despreze isso como uma palhaçada mundana, pois até mesmo a palhaçada mundana, na arte e na cultura medievais, é tocada pela palhaçada divina. Esses presentes são a forma caipira de simbolização do sangue escarlate que Cristo verterá (o sangue é tão frutífero quanto a primavera), de sua ressurreição e de seu reinado sobre o globo. Naquela mesma vila — por gerações! — as pessoas contemplarão um de seus vizinhos no papel de Jesus, diante das portas do inferno, a desafiar um "Senhor Satã" bufão e impotente, arrebentando as cadeias com uma ordem que lembra Moisés quando da libertação dos judeus de sua escravidão no Egito: "Abra-te, deixa meu povo passar!".[77]

Era algo divertido, cômico, solene, colorido e reverente de forma simultânea, de uma simplicidade que permitia a compreensão de qualquer criança, mas imbuída de uma teologia rica e sutil. Não a julgue por nossos padrões do entretenimento de massas. O povo a produzia, o povo dela desfrutava, o povo dela se lembrava, e a transmitia pelos séculos. Shakespeare assistiu essas peças quando era um garoto, 350 anos após o começo da tradição. É a mais pura verdade — e verdade aceita (mesmo que freqüentemente ignorada) pelos estudiosos da Renascença — que sem esse reavivamento do teatro não haveria um Shakespeare.[78]

SERÁ QUE ISSO FOI BOM?

A narrativa padrão afirma que a Idade Média foi um período de estagnação tecnológica. Os historiadores verdadeiros do período destruíram essa noção. Para começar, a indústria moderna começou ali:

A grande expansão do uso dos moinhos de vento e de água que se deu durante a Idade Média tardia, em associação com o crescimento das manufaturas, fez emergir essencialmente um novo estágio na técnica mecânica. Desse período deve se datar a crescente mecanização da vida e da indústria, baseada na exploração crescente de novas formas de energia mecânica, característica da civilização moderna.

— A. J. Crombie, *Medieval and Early Modern Science vol. I* [A ciência medieval e a ciência moderna primitiva, vol. I].

---

77 V. *The Deliverance of Souls* [A salvação das almas] em *The Wakefield Mistery Plays* [As peças de mistério de Wakefield], ed. Martial Rose, Nova Iorque: W.W Norton, 1961.
78 Por exemplo, Bernard Spivack, *Shakespeare and the Allegory of Evil* [Shakespeare e a alegoria do mal], Nova Iorque: Columbia University Press, 1958, rastreia a influência da figura do "Vício" do teatro medieval nos vilões de Shakespeare.

Um mito politicamente correto: a Idade Média foi a Idade das Trevas

Donde vem então a acusação absurda de que na Idade Média a plebe tinha uma vida de tristeza indizível, enquanto os clérigos e os guerreiros (freqüentemente guerreiros iletrados) reinavam sobre eles? Numa típica cidade medieval — não estou falando de servos nos rincões do Leste Europeu — havia mais igualdade, menos diferenças entre ricos e pobres, menos divisão entre a vida de um homem e a do outro, do que viria a existir no Ocidente até que os pioneiros americanos se tornaram iguais pela força de uma terra proibida, da falta de dinheiro e do trabalho duro.

Não que a vida fosse fácil. Para a maioria das pessoas a vida nunca foi fácil, pelo menos até muito recentemente. Nem devemos pensar que as aristocracias guerreiras em toda a Europa estavam todas a desfrutar a boa poesia e o discurso intelectual. Em muitos lugares eram simplesmente saqueadores. Mas o fermento do ensinamento cristão, de que todos os homens são preciosos aos olhos de Deus, estava abrindo seu caminho até os reis. Temos então o rei piedoso, São Luís IX da França, colocando-se sob um carvalho em Paris para julgar casos trazidos por artesãos, lojistas e lavradores. Luís era um político capaz, e ainda mais do que isso, era um verdadeiro rei cristão. Nossos chefes de Estado fariam muito bem em seguir o conselho que ele deu a seu filho e herdeiro. Observe, por exemplo, sua preferência pelo pobre, mas também seu reconhecimento politicamente incorreto de que às vezes os ricos também estão certos:

> Caro filho, se chegar ao trono, busque obter o que é digno de um rei, isto é, que na justiça e na retidão você se mantenha firme e leal a seus súditos e vassalos, sem virar à direita ou à esquerda, permanecendo sempre reto, a qualquer custo. E se um pobre homem tiver uma desavença com um rico, defenda o pobre e não o rico, até que a verdade se esclareça, e quando isso tiver ocorrido, faça-lhes justiça.[79]

De fato, os plebeus freqüentemente se aliavam com o rei, contra seus rivais em comum, os nobres. Também quanto a isso São Luís tem um conselho para seu filho:

---

[79] Extraído de *O conselho de São Luís a seu filho*, em *Medieval Civilizations* [Civilizações medievais], tradução e edição de Dana Munro e George Clarke Sellery, Nova Iorque: The Century Company, 1910, §18 e 21.

> Mantenha [suas cidades e vilas] no estado e na liberdade transmitida por seus predecessores, corrija-os, e se houver algo a ser alterado, altere-o e preserve o apoio e o amor do povo. Pois é por meio da força e das riquezas de suas boas cidades e vilas que o nativo e o estrangeiro, especialmente seus pares e seus barões, são dissuadidos de lhe fazer qualquer mal. Lembro muito bem que Paris e as boas cidades de meu reino ajudaram-me contra os barões, quando tinha sido recém-coroado.

Os reis concediam cartas às cidades e guildas individuais, garantindo-lhes vasta liberdade nos negócios, em troca de modesta receita de tributos. No geral tudo funcionava muito bem. Os mercadores de lã ingleses enviavam o velo bruto das cidades livres para Flandres, onde os pisões e os tecelões o teciam em roupas, enviando-as às repúblicas citadinas do norte da Itália e da Toscana.

Ali, por exemplo, em Florença, a roupa seria tingida e enviada ainda mais para o leste, para Veneza e seus navios mercantes, ou para Constantinopla e além por meio do transporte terrestre. As roupas e outros bens seriam negociados por especiarias, ouro, drogas ervais, e assim por diante, com o encorajamento dos governantes locais, mas administrados por meio de casas bancárias privadas. Um mercador pode precisar de "fatores" ou agentes em várias cidades distantes: Antuérpia, Gênova, Hamburgo, Constantinopla, para as quais escreveria cartas pedindo crédito. Vemos então na Europa medieval os primórdios do capitalismo e do patriotismo: da independência local e da rivalidade econômica produtiva (sangrentamente produtiva na Itália).

Finalmente, há o insulto favorito contra a Idade Média, que possui as virtudes adicionais de ser uma metáfora útil para o anticomunismo e a opressão das mulheres: caça às bruxas e queima das bruxas. As bruxas eram uma preocupação genuína da Idade Média, não é verdade? Não realmente. É possível que mais pessoas tenham sido assassinadas por armas nos shoppings e escolas americanos do que executadas por bruxaria em toda a Europa no período de 1000 a 1300 d.C. A verdadeira caça às bruxas só começou após os surtos de histeria em massa na esteira da Peste Negra, que se abateu sobre a Europa em 1348 e passou a irromper de vinte em vinte anos até o século XIX.[80]

---

80 Na verdade, os julgamentos de bruxaria começaram de fato no final do século XV. Dante expressou a atitude mais comum em relação às bruxas, ao menos entre os homens cultos da Alta Idade Média: pensavam ser principalmente vigaristas. Ele as colocou entre os fraudulentos no inferno; v. *Inferno*, p. 20.

Os mais famosos casos de julgamentos de bruxas, na verdade, foram conduzidos em 1700 pelos puritanos pós-Reforma e pós-Renascença em Massachusetts, depois que a demonologia se tornou uma "ciência". O racismo logo se seguiria no rescaldo do iluminismo. A Idade Média ignorava essas ciências, admito. Ainda assim, a Idade Média serve de poste de amarração politicamente correto para qualquer episódio repugnante da história ocidental.

Quando o amor e a natureza eram mais plenos

Nesta altura, o leitor deveria entender que chamar o povo da Idade Média de "alheio a este mundo" é tão preciso quanto dizer que suas vidas eram monótonas, ignorantes e miseráveis. É preciso traçar distinções aqui.

Nos cantos mais escuros da antiga religião grega, que era tão solar quanto o paganismo poderia ser, ainda pairava um medo das enormes forças da natureza, e uma urgência, com sangue sacrifical ou orgias rituais, de aplacá-las ou submetê-las à vontade humana. Por isso, você veria jovens donzelas em um festival de Dionísio, o deus do vinho, carregando um enorme falo de madeira em procissão ritual.[81] Mas o cristianismo expulsou esses deuses e, como diz Chesterton, permitiu que os povos novamente se deleitassem na natureza com uma consciência limpa.[82] Muito antes da Renascença, testemunhamos um florescimento da arte e da literatura que concede uma atenção amorosa à beleza do mundo natural, até mesmo quando Deus, e não aquela beleza terrestre, é o objeto último do desejo.

Temos São Francisco de Assis, aquele sujeito descalço, "Chico", como poderíamos chamá-lo, desfazendo-se das roupas elegantes que seu pai comerciante lhe provia, mas mesmo em frangalhos não se livrando de seu amor pelas elegantes criaturas do mundo criado por Deus. Ele canta então o famoso hino:

---

81 V., por exemplo, a procissão fálica em Aristófanes, *Os arcanânios*, 241ff.
82 V. cap. 2, *"The World Francis Found"* [O mundo que Francisco encontrou], em Chesterton, *Saint Francis of Assisi* [São Francisco de Assis], Nova Iorque; George H. Doran, 1924.

> *Louvado sejas, meu Senhor,*
> *Pelo irmão fogo.*
> *Pelo qual iluminas a noite.*
> *E ele é belo e jucundo*
> *E vigoroso e forte.*
> (Cântico do Irmão Sol, 17–19)

Esse amor é docemente capturado na pintura de São Francisco pregando aos pássaros de Giotto, com um companheiro frade próximo a levantar suas mãos com surpresa e incompreensão, ou na amável história de como Francisco persuadiu um certo Irmão Lobo a deixar de assediar o bom povo de Gubbio, prometendo-lhe uma refeição diária se os deixasse em paz.[83]

E Francisco não era o único. Somente alguém que se deleitasse com o que é humilde e terreno poderia nos dar a delicada descrição de Dante sobre a mãe pássaro a esperar pelo amanhecer, para que pudesse voar do ninho para alimentar seus filhotes (*Paraíso* 23, 1–9), ou o retrato que Chaucer fez de Alison, a moça conscientemente sedutora, que depilava suas sobrancelhas "arqueadas e negras como uma ameixa" (*O conto do moleiro*, 3246), ou estas linhas imersas na sujeira e suor de uma boa caça ao veado, escritas por uma grande poeta anônimo:

A IGREJA E O ESTADO

O direito divino do rei ungido era contrabalançado na maior parte da Idade Média pelo seu caráter condicional e revogável; e isso não era uma mera concessão à teoria teológica; era um direito aplicado pela autoridade bastante real da Igreja.
— Christopher Dawson, *Religion and The Rise of Western Culture* [A religião e a ascensão da cultura ocidental].

Por que você acredita que estatistas como Stálin correriam tantos riscos para perseguir a Igreja? Nenhum déspota, seja um só homem, uma legislatura ou nove Nazguls empoleirados em uma corte de justiça, deseja que seu direito seja "condicional e revogável".

---

83 V. Padre Cuthbert, *The Life of Saint Francis of Assisi* [A vida de São Francisco de Assis], Londres: Longmans, Green, and Co.: 1927, pp. 194-195; a história foi originalmente narrada em *Os Fioretti de São Francisco*, cap. 21 (v. *Francis of Assisi: The Prophet*. Nova Iorque: New York City Press, 2001).

> *Ah, eles bramiam, sangravam e morriam pela praia,*
> *Enquanto os cães corriam diretamente até suas caudas,*
> *Os caçadores com grandes trompas se apressavam logo atrás,*
> *Com um grito tão claro que podia despedaçar os rochedos!*
> (Sir Gawain and the Green Knight [Sir Gawain e o cavaleiro verde], 1163-1166)

Ou podemos ver seu gosto pelas cores, pelo encanto do céu, das folhas e das flores, nas páginas iluminadas do *Très Riches Heures* [As horas muito ricas] do Duque de Berry. Minha página favorita celebra um Natal genuinamente feliz, com o trabalho desse tempo abençoado — o banquetear-se — avançando impetuosamente, com cachorros e tudo mais, sob a calma ordem das estrelas.

E essas estrelas estão cheias de significado. Não são pontos aleatórios de luz no céu, os restos de uma explosão antiga e sem sentido. São sinais no livro de Deus. A natureza é ainda maior por acenar para além de si mesma. Se você tomar a beleza da natureza como um fim; se, como o velho no *Conto do mercador* de Chaucer, você se casar com uma moça fogosa, porque uma esposa é o esporte do homem e seu paraíso terrestre (1332), e isso for tudo — ficará cruelmente desapontado. "Toda carne é grama", diz o Profeta (Is 40, 6), e o povo da Idade Média era rápido em aceitar esse julgamento. "Onde estão as neves de antanho?", pergunta o afável libertino François Villon, ao considerar a belezas das damas esquecidas.[84]

A sabedoria dominante considerava que toda essa abundância de beleza — o salto do Irmão Fogo, ou o sorriso resplandecente de uma pequena garota ao se encontrar com seu pai ao lado dum riacho, cujo leito está incrustado de jóias (pérolas) — deveria levar o homem a contemplar seu Criador, cuja beleza não desaparece. Naturalmente, as pessoas não contemplam Deus todo o tempo, e os autores medievais narram com alegria suas malandragens, como quando um frade seduz uma moça estúpida se travestindo de Anjo Gabriel (Boccaccio, *Decamerão*, 4.2). Mesmo assim, o ideal é presente e poderoso. Bate calorosamente no coração dos maiores pensadores e artistas. Tomemos os maiores deles em seqüência: Dante e seu mestre teológico, Tomás de Aquino.

"Tinha nove anos", diz Dante, "quando surgiu diante de meus olhos a agora gloriosa senhora de minha mente, que era chamada Beatriz",

---

84 V. Villon "*Balada das damas dos tempos idos*", em *O testamento*, em *Poems of François Villon* [Poemas de François Villon], traduzido para o inglês por Norman Cameron, Londres: Harcourt, Brace, and World, 1951.

CAPÍTULO 5

isto é, a mulher que abençoa, "mesmo por aqueles que não sabiam qual era o seu nome" (*Vita Nuova*, II). Desse encontro casual nasce, na imaginação transformadora do poeta, a alegoria do amor à qual devotou a carreira poética. Segundo Dante, ele se apaixonou por Beatriz, ou, na verdade, o amor o possuiu, mudando-o desde o interior. É isso que acontece quando alguém se encontra e se submete à beleza divina.

> *[...] pois onde ela vai*
> *O amor faz desabar uma nevasca fatal nos corações vis*
> *Que congela e destrói o que estão a pensar;*
> *Se insistem em olhá-la,*
> *São em nobreza transformados ou morrem.*
> (Vita Nuova, XIX)

É claro que um jovem apaixonado é uma presa fácil da autopiedade, e o inexperiente Dante não era diferente, como mostra o relato de sua presunção juvenil. Porém, Beatriz morre jovem, e Dante foi sacudido de seu embotamento espiritual subseqüente por uma visão da glória. Ele resolve fazer por ela algo que nunca fora feito por qualquer mulher. O resultado será o poema que chamamos de *Divina comédia* — no qual aquela mulher terrena chamada Beatriz Portinari, que Dante contemplou e amou, guiará a visão do poeta ao céu e à face de Deus. Não que isso seja somente assunto para um poema fascinante. Dante fala com toda seriedade; a esperança alicia todo o ardor de sua mente e do seu coração. Pois mesmo após escrever esse incomparável tributo, ansiará por mais:

> *E então poderá ser do agrado d'Ele, que é o Senhor da graciosidade, que minha alma ascenda à contemplação da glória de sua senhora, isto é, aquela abençoada Beatriz, que na glória contempla o rosto d'Ele qui est per omnia secula benedictus [bendito por todas as gerações].*
> (Vita Nuova, XLII)

Talvez o leitor não esteja interessado em saber como um jovem amor levou à maravilha da *Divina comédia*. Isso não me surpreenderia. Achamos difícil imaginar como o amor por uma bela mulher, mas em tudo mais comum, pode abrir a alma para visões paradisíacas. E isso sem que se tenha obtido sequer um beijo. Contudo, esse é o ponto. Não podemos imaginá-lo, não porque os medievais viviam em algum turvo devaneio de um outro mundo, mas porque não sentimos tão intensamente quanto eles a beleza deste ou de qualquer outro mundo, pois a "beleza" foi demovida a uma questão de gosto, como se fosse uma bolacha ou um cartão postal. Nossos professores apregoam isso como um dogma. Não há dúvida de que experimentamos a beleza subjetivamente — eu considero a música polifônica de Palestrina maravilhosamente complexa e amável, enquanto o seu coração pode ser mais tocado pela fúria taciturna de Beethoven. Mas dizer, categoricamente, que a beleza de suas obras realmente não existe tem conseqüências. A arte moderna, fria e feia, e os concertos atonais já são maus o suficiente, mas pior do que isso é a asserção de que não há qualquer ordem real nas coisas; tudo é aleatório e sem finalidade. E como alguém pode se apaixonar pelo que é aleatório e sem sentido?

Porém, a fé do homem medieval em uma beleza última e imutável aguçava o desejo. Assim, por três séculos, quase tudo que foi escrito, pregado ou cantado teve alguma relação com o amor, com o amor apaixonado. Dante está no topo de uma longa tradição. "Aquela que pede um beijo", escreve o austero monge São Bernardo de Claraval, "está apaixonada. Ela não pede liberdade, um prêmio, uma herança e nem mesmo o conhecimento, mas somente um beijo [...] Com um rompante espontâneo vindo da abundância de seu coração, direto até o ponto da ousadia, ela diz: 'Que ele me beije com o beijo de uma boca'".[85] Bernardo está a falar de

> **OS JUDEUS NA IDADE MÉDIA**
>
> O Papa Gregório X em 1272 promulgou uma bula papal a respeito da proteção do povo judeu: *Nenhum cristão deve compelir [os judeus] ou qualquer um de seu grupo a se batizar involuntariamente [...] Nenhum cristão deve acreditar que pode lhes seqüestrar, aprisionar, ferir, torturar, mutilar, matar, ou infligir qualquer violência [...] Ninguém deve perturbá-los de forma alguma durante a celebração de seus festivais [...] O testemunho dos cristãos contra os judeus não deve ser válido a menos que exista entre esses cristãos algum judeu que ali esteja para fornecer testemunho.*
>
> E a lista de proteções continua, por ordem do Papa, repetindo proclamações similares de seus predecessores, particularmente de Gregório, o Grande. Esquecemos como era difícil assegurar que oficiais seculares a milhares de quilômetros de distância obedecessem ordens como essa, nos dias anteriores à comunicação instantânea. Se você era um judeu na Europa Ocidental, quanto mais próximo de Roma, mais seguro estaria.

---

85 Do *Sermão 7 Sobre o Cântico dos Cânticos*; v. G. R. Evans, *Bernard of Clairvaux: Selected Works* [Bernardo de Claraval: obras selecionadas], Mahwah, N.J.: Paulist Press, 1987.

sua alma fiel, ansiando por Deus. Se esses anseios são dificilmente suportáveis pelo coração moderno, podemos nos voltar para Guilherme de Aquitânia, o primeiro grande trovador da Provença. Em uma canção ele finge ser surdo-mudo para desfrutar o leito com duas senhoras ao mesmo tempo. Elas lhe propõem um teste infalível: arrastam um enorme gato vermelho pelo flanco de seu corpo nu, para fazer com que ele grite. Quando ele não emite sequer um som, elas deixam que ele faça o que quiser, talvez mais do que ele desejava, por oito dias completos. "Não, não!", geme ao fim do poema, "não posso nem falar da vexação, doía muito!". Ele não está, veja bem, falando sobre os arranhões feitos pelo gato.[86]

O truque consistia, na vida e na arte, em descobrir uma harmonia entre a beleza terrestre e a beleza celestial, e se enamorar tão profundamente que nenhuma criatura terrestre pudesse satisfazer o anseio, apesar do amor tê-lo trazido até essa satisfação. O mesmo amor também poderia desviá-lo dela, se você nutrisse um amor pecaminoso.

Assim, Lancelot, após anos traindo seu amigo e rei, dormindo com a gentil (e traiçoeira) rainha Guinevere, deve se afastar desse amor, se deseja fazer o que é certo para si mesmo, seu rei, sua rainha e para Deus. Se ele não amasse a rainha como seu ídolo, não teria qualquer problema em descartá-la; e se não desejasse Deus, não a teria descartado. É precisamente a paixão poderosa que admiramos, e que não conseguimos mais ter a força para celebrar em nossa arte. Na hora de seu arrependimento, Lancelot chorou "tão amargamente quanto se tivesse visto o objeto de seu mais caro amor morto diante dele, e com o desespero de um homem que chegou ao seu limite pelo luto" (*A busca pelo Santo Graal*).

Essa luta entre aquilo que deveríamos amar acima de todas as coisas e o que realmente amamos fornece ao poeta medieval um terreno incrivelmente fértil de trabalho. Deveria Isolda se dobrar a seu amor pelo belo e cortês Tristão, mesmo sendo casada com seu tio, o Rei Marcos da Cornualha? Ou será que o desejo sexual é irresistível? Será isso que o poeta Béroul quis dizer quando faz com que ela beba a poção que inclinará o seu afeto ao jovem? Se o amor traz a alegria e a vida, por que é autodestrutivo?[87]

---

86 De Frederick Goldin, *Lyrics of the Troubadours and Trouveres* [A lírica dos Troubadours e Trouvères], Gloucester, MA: Peter Smith, 1983, pp. 26–33.
87 V. parte 11 de Béroul, *The Romance of Tristan* [O romance de Tristão], tradução para o inglês de Alan S. Fedrick, Londres: Penguin, 1970.

Por que Chrétrien de Troyes faz com que Lancelot cruze uma espada-ponte de vinte pés de comprimento, mutilando suas mãos, pés e joelhos nus, para salvar Guinevere, aprisionada em um castelo do outro lado, seqüestrada por um homem que a "ama" de forma tão excessiva quanto o próprio Lancelot?[88] Ou, se você é uma aristocrata na corte de Eleonora da Aquitânia, deve seguir o conselho de seu capelão André, que diz ser forçoso no Amor que a amada nada negue ao amante? Ou será que o bom padre está a dar uma piscadela irônica aos amores "corteses", astutamente revelando a sua tolice?[89]

O ponto é que na canção, na poesia e na arte medievais nunca estamos longe das paixões, mas também nunca longe do Amor divino que Dante diz ser sua única inspiração:

> Que vês em mim — lhe respondi — confesso
> Quem escreve o que somente Amor lhe inspira:
> O que em meu peito diz falando expresso.
> (Purgatório, XXIV, 52–54)

Naquele tempo os artistas não podiam considerar as paixões como indubitavelmente certas. "Deus é Amor", diz São João (1Jo 4, 8), e "Deus não é o autor da confusão", diz São Paulo (1Cor 14, 33). Então, se o amor produz a confusão, como qualquer um com olhos despertos pode ver, devemos distinguir entre o amor e o amor, entre as paixões que são lícitas e ilícitas, as paixões corretamente ordenadas e as desordenadas. Em outras palavras, precisamente porque levavam a paixão tão a sério, os pensadores medievais ansiavam por uma forma de ver como o verdadeiro amor humano nasce do amor que vem de Deus, e é Deus. O exame do amor nos leva inevitavelmente à teologia.

Uma imagem politicamente correta: anjos dançantes e alfinetes

Aqui devemos desacreditar uma outra acusação contra os pensadores medievais: que eram alienados do mundo, desperdiçando séculos a discutir sobre trivialidades metafísicas. Não queira, por enquanto, saber

---

[88] V. Chretien, *The Knight of the Cart* [Lancelot, O cavaleiro da carreta], em *Arthurian Romances* [Romances arturianos], Londres: Penguin, 1991.
[89] Essa é a "Regra" 26 do irônico *De Amore* de André Capelão.

se durante os duzentos anos de sua glória mais brilhante os debates metafísicos foram realmente triviais. Estavam eles alienados do mundo?

Certamente existiram místicos, como existem hoje (e como existirão em qualquer época), cujas imaginações subiam a reinos onde somente um contemplativo pode ir. Ricardo de São Vítor é um deles. Ele descreveu, com atenção minuciosa o progresso de pessoas reais em suas jornadas interiores, como escalamos, passo a passo, da contemplação das criaturas materiais à união amorosa com o Criador.[90] São Boaventura chamou essa ascensão de itinerário da mente a Deus, e ele também insistiu que alma deve começar lendo o Livro da natureza, escrito pela mão de Deus.[91]

Se essa linguagem parece esquisita, devemos observar que está ancorada nas coisas físicas que vemos e tocamos, aqui e agora. Nenhum pensador medieval poderia dizer, com os hereges gnósticos dos primeiros dois séculos depois de Cristo, ou alguns idealistas alemães após o iluminismo, que este mundo é uma ilusão malévola, uma mera casca. A Encarnação do Cristo — a consubstanciação — o proíbe. Cristo foi envolto em panos e colocado em uma manjedoura. Sua mãe o nutriu no peito. Ele trabalhou com o pai carpinteiro no torno e na mesa. Pela primeira vez na história cristã, o Natal, o dia que mais poderosamente celebra a carnalidade do Salvador, assume seu lugar, abaixo somente da Páscoa, no coração do calendário cristão. Foi da Idade Média que derivamos nossos primeiros cânticos de Natal. Foi São Francisco de Assis, aquele humilde mendigo e místico, que construiu o primeiro presépio.

As coisas ao nosso redor são então abençoadas, como mostra a Encarnação. Segue-se que devemos lhes prestar atenção. Santo Alberto Magno ensinou seus alunos a fazer exatamente isso. Ele era por vocação um biólogo, colhendo e classificando exemplos de flora e fauna, e compilando relatos de criaturas que viu, descritas em livros e vistas por viajantes (que realmente exageram).[92] Com a mesma intenção, Alberto saudou em sua escola o estudo aprofundado de Aristóteles. Os filósofos muçulmanos na Espanha e no Norte da África há muito eram fascinados pelas obras de Aristóteles, e vinham tentando, sem muito sucesso, reconciliar suas deduções metafísicas com o Corão. Assim, as obras do homem que os escolásticos vieram a honrar simplesmente como "O Filósofo" foram

---

90 V. *The Twelve Patriarchs* [Os dozes patriarcas], em *Richard of Saint Victor* [Ricardo de São Vítor], editado e traduzido por Grover Zinn, Mahwah, N.J.: Paulist Press, 1979.
91 É esse o sentido do título da maior obra de Boaventura, o *Itinerarium Mentis in Deum*.
92 V. *The Book of Secrets of Albert Magnus* [O livro dos segredos de Alberto Magno], editado por Michael R. Best e Frank H. Brightman, Londres: Oxford University Press, 1974.

reintroduzidas no Ocidente por via de traduções e comentários do árabe, particularmente de Averróis, que honravam como "O Comentador".

O que era tão importante em tudo isso? Aristóteles insistia, contra Platão, que todo o conhecimento nos chega primeiro pelos sentidos. Muitos pensadores medievais se lhe opunham, acreditando que nossa forma de conhecimento mais sofisticada era a intuição direta da verdade, uma iluminação divina. No entanto, muitos concordavam com O Filósofo, como o grande estudante de Alberto, Tomás de Aquino.

Em sua *Summa Theologiae* (Enciclopédia das questões teológicas é uma boa tradução), Tomás se alinha com um lado desse debate vigoroso, e insiste que todo nosso conhecimento, inclusive nosso conhecimento de Deus, nos chega primeiro pelos sentidos. Isso não significa que estamos limitados a conhecer somente o que podemos sentir, diz ele, já que a existência e operação de uma causa que não podemos sentir pode ser inferida de seus efeitos.[93] Gostaria de afirmar que Tomás não era menos racionalista e empirista do que seria um cientista moderno: era-o ainda mais

> ## A IDADE DAS TREVAS?
>
> Ao comparar a vida cívica medieval à vida atomizada, isolada e cercada pelo ar-condicionado da América suburbana e comercial, é difícil usar o insulto de "Idade das Trevas" contra a Europa medieval:
>
> Os homens, as mulheres e as crianças nas cidades medievais não passavam o ano todo, como fazem os cidadãos das favelas superlotadas de algumas cidades modernas, sem sequer um vislumbre da natureza ou um momento sob o céu aberto. As cidades medievais tinham muito mais cuidado com a saúde pública do que se supunha. Muitas tinham médicos municipais; hospitais e banhos públicos eram comuns; profissões como a dos açougueiros estavam sob estrita regulação higiênica.
> —Lynn Thorndike, *The History of Medieval Europe* [A história da Europa medieval, 338].

tenazmente. Ele concede um amplo escopo à razão. Encoraja-nos a observar tudo ao nosso redor (inclusive as paixões humanas), e delas extrair conclusões racionais, em vez de limitar nossa atenção somente àquelas coisas que podemos colocar em balanças ou medir com uma régua. Tomás combina a mais precisa acuidade metafísica com o senso comum, e a esse respeito ele é o melhor e o mais típico dos pensadores medievais.

---

93 Em *Summa Theologica* 1. q.88, Tomás deixa claro que o homem não pode conhecer as coisas imateriais diretamente, mas somente por meio do raciocínio a partir das coisas que pode sentir, indo do efeito para a causa.

Vejamos agora como esse raciocínio, tanto prático quanto metafísico, opera na prática. Considere a questão: "É lícito se desviar da letra da lei civil?".[94] Tomás entende que, ao responder essa questão, a razão deve começar pelos objetos cotidianos e imediatos, e as situações nas quais nos encontramos. É aí que começa a razão. Mas, já que a razão é uma ferramenta bem mais poderosa do que acredita o homem moderno, as coisas não param por aqui. Logo, se um homem em fúria deseja que você lhe entregue a espada que ele lhe emprestou, é justo se recusar, mesmo que a lei diga que você deve entregá-la. Isso porque as leis são criadas para o caso geral, e não podem prever cada evento nas quais podem ser usadas para causar algum dano. É preciso usar a prudência para aplicar a lei às circunstâncias. É claro que nisso concordamos com Aquino; o caso é fácil.

Contudo, existem absolutos morais — embora hoje isso seja patentemente ofensivo —, e eles também podem ser descobertos pela razão. "É lícito dizer uma mentira?", pergunta Tomás. Aqui, diferentemente do caso do homem que mantém a espada longe de seu amigo esquentadinho, estamos a lidar com a própria natureza humana. Vemos que um cachorro, por exemplo, deseja comida, água e um lugar de repouso, mas o homem não se satisfaz somente com essas coisas. Ele possui um intelecto. Anseia por conhecer a verdade, e seu principal meio de conhecimento e ensino é a linguagem. Dizer aquilo que você sabe ser mentira é, portanto, atingir a essência do que somos: "Já que as palavras são sinais naturais do intelecto, é antinatural e desnecessário usar palavras para significar o que não está em sua mente. É por isso que [Aristóteles] diz que a mentira é em si mesma desonesta e deve ser evitada, enquanto a verdade é boa e digna de elogios" (*Summa Theologiae* 2.2.110.3). Aqui vemos Aristóteles sendo levado a sério — não simplesmente como um pensador antigo cujas idéias devem ser dissecadas, diagramadas e analisadas, mas como um filósofo cujas conclusões são certas ou erradas, e da forma mais crítica e politicamente incorreta que se possa imaginar ("em si mesma desonesta" vs. "boa e digna de elogios"). E isso deve guiar nossas ações.

Apesar de ser claro e absoluto em seus ensinamentos morais, São Tomás não era de todo simplista, independentemente do que nossos pares mais eticamente criativos possam dizer. Podemos, por exemplo, nos eximir de revelar a verdade a um homem mau, ou simplesmente nada dizer. As boas irmãs em *The Sound of Music* [O som da canção] eram astutas tomistas ao não mentirem para os nazistas que perseguiam a

---

94 Sobre a questão de se saber se uma mentira pode ser justificada, v. *Summa Theologica* 2.2 q.110; sobre a eqüidade, v. 2.2 q.120.

família Von Trapp, mas também não lhes dizem onde estavam, conseguindo, ainda por cima, retirar a tampa do distribuidor do carro deles. É um sinal de nossa confusão intelectual que não possamos mais compreender a diferença entre a lei e a prudência: pecamos com naturalidade, mas libertamos um assassino ao menor balbucio legalista.

Contudo, aquela observação chã do senso comum, segundo a qual somente o homem dentre as bestas anseia conhecer, leva Tomás a potentes conclusões. Pois não há outra criatura cujas principais faculdades sejam em vão. O cachorro tem dentes, e tem os veadinhos para caçar. O homem tem uma mente, e tem coisas a seu redor para conhecer, mas essas coisas não podem satisfazê-lo. Vejo um cristal, e tenho genuíno prazer ao contemplá-lo, testando sua dureza, cortando-o, descobrindo por que, no sentido químico, ele tem a cor de um pálido violeta. Mas se investigasse milhões desses cristais, nada teria aprendido sobre quem sou. Não quero somente conhecer, mas conhecer as coisas mais elevadas.

Na verdade, afirma Tomás, podemos saber muito sobre essas coisas mais elevadas sem a revelação divina.[95] Vejo uma mesa, um riacho, um talo de milho, e sei, pela experiência, que nenhuma dessas coisas têm necessidade de existir. São contingentes. Se o carpinteiro não tivesse trabalhado a madeira, não haveria mesa. Se a terra não tivesse massa suficiente, não haveria atmosfera para conter o vapor que dá origem à chuva que enche o riacho. Se a semente não tivesse caído na terra, o milho não haveria de nascer. Podemos considerar o mundo inteiro como uma grande coleção desse tipo de coisa: nenhuma possui razão de ser separadamente, embora cada uma delas, enquanto existe, é limitada por necessidades que as governam, como uma gota d'água que deve evaporar no deserto. Então a própria coleção, por ser somente uma coleção, não tem necessidade de ser. Mas o mundo — o cosmos — existe; nós o vemos. Portanto, deve existir, conclui Tomás, algo cuja existência não é contingente, mas necessária em si mesma, "não possuindo a causa de sua necessidade de outra coisa, mas sendo a causa da necessidade de outras coisas" (*Summa Theologiae* 1. 2,3).

A preocupação com a questão de Deus, então, não é enfiada na cabeça de dóceis acadêmicos. Emerge da natureza observável do homem como criatura que conhece, da ordem observável e da *insuficiência* do mundo. Se limitarmos o uso da razão à detecção do número de cerdas em um salgueiro que foi preservado num pedaço de carvão, não importando o quão fascinante isso possa ser, nunca abordaremos aquelas

---

95 *Summa Theologica* 1 q.2, art.2.

questões de maior importância, como: "Qual a finalidade deste mundo?", "Que bem conquisto por existir?" e "De onde vim, e para onde estou indo?". Talvez, se os homens medievais tivessem empregado suas mentes no estudo da hidráulica, da ótica e da agricultura (e alguns o fizeram, preparando o caminho para a explosão da ciência natural na Renascença), as pessoas teriam tido poços superiores, óculos e pão francês. Mas Aquino e Boaventura, apesar de todas as suas diferenças marcantes a respeito da forma como conhecemos as coisas, concordavam que o homem, devido à sua natureza que está diante de nossos olhos, precisa de muito mais do que poços, óculos e pão francês. Os baixos padrões determinados por nossa cultura materialista e secular dificultam a compreensão disto, mas é possível que as conveniências modernas e os corpos saudáveis não sejam compensados pelos vícios modernos e as almas doentes. A Europa medieval, talvez precisemos admitir, tinha suas melhores mentes orientadas para uma direção mais valorosa.

Então não é verdade que não havia cientistas e matemáticos naquele tempo. Deixando de lado homens como Fibonacci, o gênio dos números, que era exatamente o que chamaríamos de matemático, as escolas estavam cheias de pessoas que empregavam sua razão, começando pela observação das coisas visíveis, para captar a verdade; e de pessoas que, começando pelo que é corpóreo, chegaram a compreender as coisas que são incorpóreas, e a examinar suas características necessárias. Esses também eram cientistas e matemáticos.

Quantos anjos podem dançar na cabeça de um alfinete? Nenhum escritor medieval chegou a levantar essa questão. Mas a questão, que parece ter sido uma invenção de um presunçoso gozador iluminista, poderia ser considerada não muito diferente de "quantos infinitesimais podem caber entre quaisquer dois números, não importando quão próximos estejam", questão que conduziu o pensamento de Newton para a invenção do cálculo diferencial. Também não seria absurdo imaginar que um ser pode existir sem a limitação de um corpo. Ao menos um Ser como esse, demonstrou Tomás, deve necessariamente existir.

Antes do politicamente correto: quando a curiosidade intelectual podia prosperar

Disse que os artistas e pensadores medievais confiavam que a mente humana podia atingir a certeza, até mesmo sobre as coisas mais elevadas.

Alguns, como Tomás, tinham uma visão otimista sobre essa capacidade. Outros, como Bernardo, acreditavam que nossa principal fonte de conhecimento sobre Deus, além da revelação divina nas Escrituras, vinha de uma intuição mística, uma graça exterior. O que todos tinham em comum era uma fome, como Dante a chama, pelo "pão angelical" (*Paraíso* II, 11). Essa confiança e desejo saudável explicam por que os homens da Idade Média inventaram o que ainda chamamos de "universidade". Porém, o que chamamos de educação superior faria os escolásticos corar. Não estou falando da tolice de nosso currículo, mas sobre como desviamos a razão de seu fim. Tememos o poder da razão. Tomás de Aquino e seus camaradas não tinham semelhante medo.

> ## NOVAMENTE: IDADE DAS TREVAS?
>
> *Cada comuna [isto é, uma cidade com uma carta de liberdades] tinha um selo próprio, um campanário cujo sino convocava os cidadãos para a defesa de suas liberdades, e um pelourinho e uma forca onde decretos da justiça local eram executados. Pois [a cidade] tinha sua própria corte, fazia suas próprias leis e escolhia seu senhor, e as multas pagas iam para o tesouro municipal e não para o bolso do senhor.*
> — Lynn Thorndike, *The History of Medieval Europe* [A história da Europa medieval].
>
> Como seria bom se pudéssemos desfrutar dessa liberdade. Imagine como seriam nossas escolas se você e seus vizinhos fossem responsáveis pelo que nelas se passa.

Essa nossa timidez aparece nas "universidades" modernas, assim chamadas por razões de marketing, e talvez porque você pode ali estudar o que quiser, inclusive filmes pornôs e outros disparates. Todavia, não é possível estudar tudo, pois presume-se que a pintura não tem relação alguma com a dissecação de um peixe, que nada tem a ver com a leitura da poesia de Robert Frost. Não existe nada a unir esses empreendimentos intelectuais. E o que é pior: essa alienação intelectual entre as disciplinas sucumbe à ortodoxia política onipresente e perversa, que nenhum dos escolásticos teria tolerado. Por quê? Se não há nenhuma verdade universal acessível à razão a exigir argumentos racionais, então os partidários das várias posições retrocedem à coerção bruta. As feministas, por exemplo, vêm há muito tempo denegrindo a lógica como fruto do patriarcado, e é por isso que devem usar o maquinário do poder para conseguirem o que desejam — destruindo as carreiras dos professores não-titulares que delas discordam. Quando não é possível ganhar um argumento, puxe uma arma. Porém, os professores medievais permitiam um debate refrescantemente livre, mesmo que estivessem a discutir assuntos que acreditavam poder determinar, não simplesmente qual candidato ensinaria literatura inglesa aos calouros, mas a danação ou a bem-aventurança de milhões de almas humanas do futuro.

Pegue a obra metafísica mais ambiciosa de Tomás, a *Summa Contra Gentiles*. Ele escreve para lutar contra, dentre outras coisas, os grandes filósofos muçulmanos Averróis e Avicena. Sua abordagem não é a do professorado desleixado. Ele não é politicamente correto para os seus dias. Nunca impõe um dogma sobre um aluno, ignorando as evidências ou argumentos em contrário. Nunca insinua que Averróis acredita no que acredita devido a alguma vantagem política ou social a ser conquistada, como se isso fizesse alguma diferença para a verdade. Nunca sugere indolentemente que o que poderia ser certo para Averróis poderia estar certo para ele, mas não para nós. Realmente aprendeu muito dos "gentios", e descobre freqüentemente que estão perfeitamente certos. Mas sua razão e sua fé levam-no a concluir que cometeram erros metafísicos sutis, e que disso resultam conclusões errôneas: por exemplo, o argumento de Averróis de que o mundo deve ser eterno, e de que a alma de um ser humano individual é reabsorvida na morte por um intelecto agente impessoal que governa todas as coisas.

Por isso, Tomás os persegue com todo o vigor de um coração apaixonado — e com toda a modéstia e confiança na razão que faz com que você prefira perder um argumento e aprender a verdade, em vez de vencer e permanecer na ignorância. Ele viria a apresentar dezoito argumentos (2.32–34) selecionados de seus oponentes, dando-lhes sua melhor chance, e nunca lhes lançando uma única observação sarcástica. Mostra metodicamente, pela razão — sem apelos à autoridade, ou às Escrituras, embora se refira a elas somente como apoio para ilustrar sua posição — que os resultados não se seguem das premissas, ou que as premissas são equivocadas. Então, passa a mostrar sua própria posição, de que o mundo foi criado, e a lidar com as objeções padrões.

Em certo sentido ele é de uma calma abençoada, levada até as alturas da abstração intelectual: "Fica, portanto, claro", diz ele após muitos parágrafos de raciocínio sobre o que significa estar "antes do tempo" e sobre a diferença entre afirmar que "X sempre existiu" e "X existe necessariamente", "que os argumentos aduzidos do ponto de vista das criaturas não nos obrigam a sustentar que o mundo é eterno" (2.36). Mas, em outro sentido, trata-se do resultado de muito suor e de uma competição de fazer o sangue subir na arena das idéias, com a Verdade — não a celebridade ou a titularidade! — como prêmio.

Somente um amante pode lutar tão corajosamente. Uma das minhas anedotas favoritas sobre Tomás demonstra esse amor.[96] Estava sentado numa mesa (e tomando um grande espaço, já que tinha um apetite saudável por outras refeições além da teológica) com os lordes e damas no palácio de Luís IX da França. Imagine esse frade vestido de branco, perdido no pensamento em meio à algazarra dos pratos, dos cachorros fungando ao redor, dos vestidos escarlates, do brilho das espadas ornamentais, dos jovens a flertar e dos velhos a contar histórias. Tomás se ergue subitamente e bate o punho na mesa.

"E assim são refutados os maniqueístas!", berra ele.

"Rápido", diz o Rei Luís, voltando-se para um criado, "arranje-lhe uma pena e um papel".

> **A VERDADE SOBRE AS CRUZADAS**
>
> A Primeira Cruzada, segundo aprendem nossos estudantes, foi uma guerra de agressão imperialista. A justiça exige que leiamos a convocação do Papa Urbano II para a guerra:
>
> *Dos confins de Jerusalém e da cidade de Constantinopla nos chegou um doloroso relatório [...] uma raça do reino dos persas, uma raça amaldiçoada [...] invadiu violentamente as terras daqueles cristãos e as esvaziou por meio da pilhagem e do fogo. Eles levaram uma parte dos cativos para seu próprio país, e a outra parte mataram com cruéis torturas. Eles ou destruíram as igrejas de Deus ou se apropriaram delas para os ritos de sua própria religião [...] O reino dos gregos está agora desmembrado por eles e foi privado de um território de extensão tão vasta que não poderia ser atravessado em dois meses.*

Certamente nem todos eram um Irmão Tomás. Há uma encantadora imagem medieval de um erudito a ensinar seus alunos, enquanto alguém no fundo está a dormir, e outro cochilando.[97] Uma cidade universitária recebia muitos gastos em mantimentos, roupas e bebidas. Naquele tempo, como agora — louvado seja Deus pela invenção do viril grafite — os estudantes se divertiam com versos infames sobre a vida na escola ou no monastério. Em um desses poemas, o abade do País da Cocanha chama seus monges para casa no convento vizinho, batendo o sinal nas nádegas nuas de uma das irmãs.[98] Mas esses mesmos estudantes inventaram a universidade. Tome

---

96 V. G. K. Chesterton, *Saint Thomas Aquinas: "The Dumb Ox"* [São Tomás de Aquino: o "Boi Mudo"], Nova Iorque: Image Books, 1956, pp. 74–78.

97 V.: https://netfiles.uiuc.edu/rwb/www/15c/medieval-lecture.jpg.

98 V. *The Land of Cockaygne in Early Middle English Verse and Prose* [O país da cocanha no verso e na prosa do inglês médio primitivo], segunda edição, editado por J. A. W. Bennett e G. V. Smithers, Oxford: Clarendon Press, 1968, pp. 136–144.

nota disto: inventaram-na porque queriam aprender. Caso contrário, poderiam aparecer na cidade com grandes custos, com a intenção de fazer um curso completo de direito, medicina ou teologia, somente para descobrir que seus mestres eram despreparados, ou que fugiam de suas obrigações. Assim como os estudantes de então bebiam, como agora, os professores também eram preguiçosos, como agora. Por isso, os estudantes formavam sua própria guilda ou sindicato — daí "universidade" — para fazer com que os mestres mantivessem sua palavra, e para padronizar o currículo, de tal forma que o que aprendiam em Paris ou Colônia fosse válido quando retornassem a Londres ou Florença.

Não estou dizendo que todos os estudantes eram apaixonadamente interessados em sua teologia. Nem todos eram como o Secretário de Chaucer, cujas posses amadas eram vinte livros — uma coleção prodigiosa para um jovem — e que rezava assiduamente pelas almas dos amigos que financiavam sua mensalidade. "Ele ensinava e aprendia de bom grado", diz Chaucer (*Prólogo geral*, 308). Muitos eram, sem dúvida, como Alayn e John no *Conto do conselheiro*, que se vingam de um moleiro picareta dormindo com sua filha e sua esposa, enquanto o moleiro ronca no mesmo quarto. Vamos chamar isso de regalias da Educação Superior.

Ainda assim, quando investigamos esses três séculos, nossa impressão é de realizações culturais estupendas. Igrejas magníficas, cuja engenhosidade desafia as maiores ousadias da arquitetura moderna, e cuja vivacidade e beleza nos deixam muito para trás, silenciam o continente. E quem as constrói, senão equipes de plebeus? A música moderna nasceu dos modos do canto gregoriano; um certo Guido de Arezzo inventa a notação musical do Ocidente.[99] Nascem o capitalismo, o sistema financeiro internacional, o crédito e a contabilidade moderna. Os artesãos unem-se nas guildas para garantir negócios para as cidades, treinar os jovens, assegurar a qualidade do trabalho, fornecer ajuda para os doentes e sustentar viúvas e órfãos. A cantiga de amor, que durou mais de oitocentos anos, floresceu nas imaginações atrevidas e refinadas dos tocadores de alaúde da Provença. Surge a universidade, com seus exames orais coloridos, teatrais, combativos e públicos. Nenhum temor da competição. Os frades, nem todos eles procurando uma bela perna ou um olhar agradável, vasculham as novas cidades e vilas, pregando o Verbo ao populacho caótico, pois Cristo veio salvar a todos, não somente os ricos e os monges no interior dos muros de seus monastérios.

---

99 V. seu *Micrologus*, de cerca de 1026.

A sabedoria grega retorna ao Ocidente, e pela insistência ocidental, mesmo que tenha sido controversa. A pintura redescobre a beleza do mundo natural e da face humana. O Natal é exaltado. O teatro retorna com todo o suor e humor do povo comum, que são seus principais atores e audiência. É a era do místico Bernardo, do racionalista Abelardo, do descalço Francisco a repreender um lobo, e de um descalço Domingos a repreender um herege. É a era da Divina comédia de Dante e da comédia humana de Chaucer; uma era quando um São Tomás de Aquino, uma das maiores mentes que o mundo já viu, podia subitamente, após uma experiência mística, deixar de escrever, alegando que tudo que havia escrito era palha comparado ao que vira num instante. Tomás não se preocupava com sua reputação; e o grande poeta inglês que escreveu *Pearl* [Pérola] e *Sir Gawain and the Green Knight* [Sir Gawain e o cavaleiro verde] se preocupava tão pouco com a fama que ainda não sabemos seu nome.

Havia contradições, pois era uma época vivaz. Ao fim de *A busca do Santo Graal*, Sir Galahad recebe a permissão de olhar o interior do cálice da Santa Eucaristia, onde vê "o que a boca não poderia contar e o coração conceber", os mistérios da Presença Real do Cristo encarnado. "Peço-Te agora", diz ele, "que neste estado me faças passar da vida terrena à eterna". Galahad então morre, e é assim também que partiria aquele que ficou conhecido como o Arquipoeta — quase:

> *Se o vinho é para os lábios de um homem moribundo*
> *Deixe-me então ir à taverna — o lugar perfeito!*
> *Então os coros angelicais entoarão em júbilo*
> *"Senhor, olha com tua graça para este beberrão!".*[100]

A Esposa de Bath de Chaucer "passara por muitos rios estrangeiros" (Prólogo geral, 464), sempre em peregrinação, para a Espanha, para a Terra Santa, para qualquer lugar, com um olho na captura de outro jovem marido que a atirasse na cama. Mas um velho da Croácia, diz Dante, viajará com risco de vida para Roma, para ver o pano com o qual Verônica limpou a face de Jesus, no qual a imagem do Salvador foi miraculosamente preservada. Ele se senta calmamente na igreja, maravilhado, a dizer a si mesmo:

---

100 V. o *Oxford Book of Medieval Latin Verse* [O livro de Oxford sobre o verso latino medieval], ed. F. J. E. Raby, Oxford: Clarendon Press, 1959, n. 183, linhas 45-48. [A tradução para o inglês é do autor e para o português do tradutor. — NT]

> *[...] "ó Jesus! Meu Deus piedoso!*
> *Tal o semblante vosso parecia!"*
> (Paraíso, XXXI, 107–108)

Correndo como um rio por tudo isso está o desejo de amar e ser amado, de conhecer e ser conhecido. Pois a mente e o coração, mesmo quando se dobram em idolatria diante da beleza da donzela ou de uma garrafa de vinho, não eram considerados coisas completamente separadas. Não podiam ser completamente separados. Isso porque o objeto final de nossa busca do conhecimento é o próprio Amor:

> *Lume eterno, que a sede em ti só tendo,*
> *Só te entendes, de ti sendo entendido*
> *E te amas e sorris só te entendendo!*
> (Paraíso, XXXIII, 124–126)

Tocamos aqui em uma altura do intelecto e do amor impossível de superar, a menos que o Ser que é fonte do ser nos conceda a graça. Aqui, em um lugar apontado por todos os pináculos da arte, da canção e do pensamento medieval, o conhecimento e o amor se fundem, e vemos "o Amor que move o sol e as estrelas" (*Paraíso* 33.145).

CAPÍTULO VI

A Renascença não é o que você imagina

Os freqüentes assassinatos, as tramas perenes e as vicissitudes constantes encorajavam uma visão romântica e supersticiosa do Destino. Os homens se sentiam vítimas de estranhos destinos, e se voltavam para os astrólogos e magos para fortalecer sua esperança, controlar o desalento, e ajudá-los a enfrentar o futuro incerto com confiança. As estrelas eram estudadas tão intensamente quanto os despachos diplomáticos, como uma guia para a ação; e o terror supersticioso atravessava o curso diário da vida dos homens. (J. H. Plumb, *The Italian Renaissance* [A Renascença italiana]).

Leia essa citação para dez egressos da universidade, dizendo-lhes somente que descreve um período do milênio anterior. Pergunte-lhes qual. Nove escolherão a Idade Média. Contudo, o historiador britânico John H. Plumb, que não era simpático à Idade Média, está a descrever como era a vida no auge da Renascença, no seu epicentro italiano, por volta de 1500.

Adivinha só?!

⚖️ As glórias da Renascença eram frutos da Idade Média e da cultura cristã.

⚖️ As pessoas exageram o secularismo da Renascença, que recebe crédito indevido pelos avanços culturais.

⚖️ A Renascença pavimentou o caminho para a decadência moral moderna ao divorciar a filosofia da fé.

Você certamente conhece o relato padrão da Renascença. Os plebeus se libertaram da tirania da Igreja, e — recém-libertos — tornaram-se mais felizes e sábios. Grandes artistas, escritores e pensadores, livres para se concentrar em algo além da fé empoeirada, criaram a maior revolução artística, filosófica e cultural já vista pela Europa. A Renascença, em suma, nos é vendida como uma rejeição da Idade Média e o glorioso triunfo do secularismo.

Todas essas formulações servem às finalidades de nossos dias. Denigrem a religião, exaltam a modernidade e permitem que os secularistas exijam o crédito pelo florescimento da criatividade. Eles também possuem a virtude da simplicidade. O absurdo também é simples.

A coisa mais curiosa sobre a Renascença é que, para o bem da precisão e da honestidade intelectual, nada pode ser afirmado sobre essa época sem um reparo no momento seguinte. É uma época de loucas contrariedades. Celebramos a grandeza do homem (mas o homem há muito era reverenciado como feito à imagem de Deus); no entanto, nossas filosofias também reduzem o homem a um bruto ignorante e egoísta. Fugimos do alcance da Igreja; mas caímos abjetamente sob o poder de um monarca absoluto como Luís XIV da França, com o leviatã político de Thomas Hobbes a levantar sua cabeça reptiliana das profundezas. Os vigários não mais nos dirão o que fazer; mas os humildes trabalhadores cristãos não mais se juntarão na Paz de Deus ou na Trégua de Deus para conter seus barões belicistas.[101] A cavalaria medieval, tantas vezes somente uma bela capa para a corrupção, está morta; e a guerra agora abrange todas as classes, e 20 mil plebeus, inclusive mulheres e crianças, morrem no cerco de Magdeburgo durante a Guerra dos Trinta Anos.

Os mitos politicamente corretos sobre a Renascença

Os historiadores sabem dessas coisas, mas a imaginação politicamente correta ainda atribui tudo de mau e atrasado a uma era "medieval" com fronteiras convenientemente elásticas, e tudo de bom e "moderno" à Renascença. A Inquisição Espanhola não foi um braço da opressiva Igreja

---

[101] Segundo Georges Duby, essas reformas populares "ajudaram a criar um espaço no qual as reuniões comunitárias poderiam acontecer", encorajando o crescimento das vilas "na sombra da igreja, na zona de imunidade na qual a violência era proibida pelas regras de paz". V. *A History of Private Life, II: Revelations of the Medieval World* [História da vida privada, II: revelações do mundo medieval], Cambridge: Harvard University Press, 1988, p. 27.

CAPÍTULO 6

medieval? Não foi. Foi exigida a Roma em 1478 por Fernando de Espanha, e operada pelo Estado. Foi desenhada para desmascarar falsos conversos do judaísmo e do islamismo, mas tinha mais a ver com a criação de um Estado espanhol do que com a religião. Os monarcas espanhóis, tendo expulso o último governante mouro de Granada em 1492, e ansiando pela unidade de uma terra que fora por muito tempo um tabuleiro de xadrez de ducados em luta, ordenaram que os judeus e muçulmanos deixassem o país ou se tornassem cristãos. Foi algo quase tão cruel e injusto quanto os sistemas de desumanização sonhados pelo homem moderno. Enquanto isso, uma reforma geral da Igreja Espanhola foi realizada pela Rainha Isabel e seu confessor, o Cardeal Ximenes; e os conflitos nacionais e religiosos que assolaram a maior parte da Europa por cem anos não encontraram força em uma Espanha unida e reformada.

As bruxas eram uma preocupação real da Idade Média, não é verdade? Não exatamente. Como disse, provavelmente mais pessoas foram assassinadas por tiros nos shoppings e escolas americanas do que executadas por bruxaria na Europa de 1000 a 1300 d.C. As verdadeiras caças às bruxas começaram somente após surtos de histeria em massa no rescaldo da Peste Negra, que afligiu a Europa em 1348 e passou a irromper de vinte em vinte anos até o século XIX. Quanto aos demônios, nenhum dos grandes teólogos medievais estava terrivelmente interessado neles. Dante lhes concede somente um papel subordinado, quase que burlesco, em seu *Inferno*. Tomás dispensa-lhes alguns poucos artigos de sua *Summa Theologica*.[102] Porém, os demônios são onipresentes na imaginação renascentista, particularmente no Norte. A lenda do Doutor Fausto, o professor que vende sua alma ao Demônio por 24 anos de truques mágicos e súcubos voluptuosas, é contemporânea de Martinho Lutero. Mais tarde, no século XVI, surge aquele guia de hotel sobre "O que fazer em casos de bruxaria", o *Malleus Maleficarum*. Um de seus capítulos mais incríveis descreve como um homem pode se deitar com uma bruxa e mais tarde descobrir, para seu desgosto, que perdeu seu *membrum virile*, e que não sabe onde encontrá-lo (bem vitoriano, alguém poderia dizer).[103] Então surgiu um livro que influenciou as peças *Macbeth* e *Rei Lear* de Shakespeare: a *Demonologia* do Rei Jaime VI da Escócia, mais tarde Jaime I da Inglaterra e patrocinador da famosa Bíblia. Isso para não mencionar os julgamentos de bruxaria de Salém,

---

102 Tomás de Aquino, *Summa Theologica* 1.109, 114; 2.1.80.
103 Essa obra é de Jacobus Sprenger e Heinrich Kramer (1486); v. a tradução de Montague Summers, Londres: Folio Society, 1968.

conduzidos por puritanos eruditos pouco antes da alvorada do iluminado século XVIII.

Na Renascença, os homens se ergueram acima da autoridade estatal e o supersticioso dogma religioso, olhando em vez disso para a natureza e os experimentos como forma de descobrir as leis do mundo físico, não é verdade? Na verdade, a contabilidade não é clara. A maioria dos filósofos renascentistas abandonou o aristotelismo das escolas, que se perdera em um matagal de minúcias metafísicas. Mas nem sempre praticaram a ciência. A perspectiva filosófica dominante da Renascença era neoplatônica, e ganhou em elegância o que perdeu em rigor lógico. Escritores influentes, de Marsílio Ficino no século XV a Henry More no século XVII, acreditavam que este mundo era a sombra de um mundo imutável de beleza celestial, e que nossa contemplação deve ser canalizada pela beleza terrestre rumo à beleza superior. Artistas, poetas, dramaturgos, filósofos e até mesmo cientistas foram influenciados pelo misticismo neoplatônico, que não induzia à produção de hipóteses científicas. Isso explica por que o devoto Johannes Kepler — um astrônomo superior, penso eu, a Copérnico e Galileu — passou anos tentando provar que cada órbita planetária poderia ser inscrita em um dos cincos sólidos regulares de Platão.[104] Mesmo quando publicou suas três leis do movimento planetário, Kepler não podia resistir em argumentar

O QUE O AMOR TEM A VER COM ISTO?

Tudo. A Renascença é nosso apogeu da poesia de amor, em todas as línguas européias: a tradição iniciada e florescente na Idade Média chega à plena floração.

A linha politicamente correta sobre essa poesia é de que ela "subverte" a autoridade do ensinamento moral cristão. Besteira. Ela é, nas mãos dos mestres, uma apresentação vívida, psicologicamente sutil e dramaticamente irônica desse ensinamento, mesmo quando apresenta abertamente a gama natural das emoções humanas: ódio e amor, frustração e alegria, inveja e esperança. É por isso que Edmundo Spenser coloca a narrativa de seu amor por sua futura noiva no contexto do amor verdadeiro que instrui todos os outros amores. Pois sua seqüência de sonetos, os Amoretti, chega a um clímax na Páscoa:

Gloriosíssimo Senhor da Vida, que neste dia
Fizeste vosso triunfo sobre a morte e o pecado. (68.1–2)

Outros escritores serão mais sutis sobre isso. Mas carecemos de ouvidos para ouvir.

---

104 V. Thomas S. Kuhn, *The Copernican Revolution* [A revolução copernicana], Cambridge: Harvard University Press, 1957, pp. 217–219.

que a elipse, e não o círculo, era uma forma mais digna de expressar a significância platônica de um planeta.

A Renascença prodigalizou atenções ao corpo humano, é verdade. Donatello esculpiu o primeiro nu em bronze desde a Antigüidade clássica, seu famoso Davi, afeminado e cheio de si. Leonardo traçou mapas da musculatura humana, em repouso e movimento, tentando estabelecer as harmonias matemáticas entre as partes do corpo. Ele não tinha qualquer educação formal, mas Rafael, por exemplo, reconheceu o platonismo latente em suas obras e pintou Leonardo como o Platão a apontar para o alto em sua *Escola de Atenas*. No entanto, a Renascença é também uma época de cadáveres:

> O que é esta carne? Um pouco de leite coalhado, uma fantástica massa folhada: nossos corpos são mais frágeis que aquelas prisões de papel que os garotos utilizam para prender moscas — e mais desprezível, já que nosso corpo serve para preservar minhocas. (John Webster, *The Duchess of Malfi* [A duquesa de Malta] 4.2 124–7; 1623).

Thomas More não foi o único homem a manter uma caveira sorridente em sua mesa como lembrete. As mulheres da moda usavam anéis gravados com caveiras. John Donne escreveu uma série de meditações sobre uma perigosa doença à qual sobreviveu, e fez com que desenhassem um retrato seu encerrado em uma mortalha.[105] Vá à catedral em Berna apreciar as janelas de vitrais com alegres esqueletos a brincar junto de um gordo e distraído bispo, um beberrão e um cafetão. São janelas da Renascença e pós-Reforma.

Apesar disso, a Renascença não precisa trapacear. Ela tem muito ouro genuíno.

O que foi então essa época dinâmica, e o que nós, mergulhados no vômito do politicamente correto, podemos dela aprender? Para responder a essa questão, gostaria de me concentrar em três tópicos, cada um deles apto a muitas interpretações equivocadas: a glória do homem, o pagão ressurgente e o colapso da autoridade.

---

105 As meditações são as *Devotions Upon Emergent Occasions* [Devoções sobre ocasiões emergentes] (1624); Izaak Walton fala sobre o retrato em uma mortalha no fim de sua *Life of Dr. John Donne* [A vida do Sr. John Donne] (1640); v. Alexander M. Whiterspoon e Frank J. Warnke, *Seventeenth Century Prose and Poetry* [A prosa e a poesia do século XVII], Nova Iorque: Harcourt, Brace, Jovanovich, 1963, p. 269.

Há uma natureza neste homem?

"Caríssimos pais", escreve o jovem polímata Giovanni Pico della Mirandola:

> Li nos antigos escritos dos árabes que Abdala, o Sarraceno, ao ser questionado sobre o que, neste estágio, por assim dizer, do mundo, lhe parecia mais evocativo de admiração, respondeu que não havia nada mais maravilhoso do que o homem. E aquela celebrada exclamação de Hermes Trismegisto: 'Que grande milagre é o homem, Asclépio', confirma essa opinião". (*Discurso sobre a dignidade humana*)

Observe a confiança ilimitada do espírito renascentista que aqui salta aos olhos. Pico lera em árabe clássico e não cita Agostinho ou Tomás, mas Abdala, o Sarraceno, sobre a dignidade humana. Logo depois cita o místico triplamente abençoado Hermes, um escritor das tradições ocultas de mistério do século III d.C. Pico não deseja desrespeitar os cristãos. Era um bom católico, e sua *Oração* virá a citar, com a mesma jovialidade de olhos arregalados, o Gênesis, a Torá, os Salmos, o Livro de Jó, São Paulo, o Pseudo-Dionísio, e muitos outros Pais da Igreja. Sem mencionar Homero, Zoroastro, os cabalistas judeus, e qualquer um de quem pudesse colher sabedoria.

Do contrário, "se encerrar em uma Academia ou num pórtico" (44) é desejar a mediocridade, já que Deus nos concedeu a capacidade de enfrentar todas as questões imagináveis. É também perder verdadeiras graças e glórias prontas para serem apreciadas. Entre os cristãos, que tarde chegaram à filosofia, diz Pico, "há em João Escoto vigor e distinção, em Tomás, solidez e equilíbrio" (44), e assim por diante, à medida que o jovem os experimenta como um apreciador.

"Até aqui tudo bem", diz o professor preguiçoso dos dias atuais, em sua classe de Religiões Comparadas, que poderia muito bem ser chamada de Irrelevâncias Comparadas. "Pico sabia que nossa crença não importa". Mas isso é o mesmo que ignorar completamente o ponto de Pico. Podemos estudar todas as tradições e autoridades, pois em última instância todas levam à contemplação do Único e imutável Deus. Não se trata de relativismo, mas de uma confiança arrojada de que Deus concedeu a todos os povos uma visão real de sua verdade e beleza. Pico não disse que em última instância era irrelevante ser aristotélico ou platônico. Disse que se você examinar os autores mais profundamente, descobrirá como suas aparentes contradições podem ser reconciliadas. Não disse que Zoroastro era igual a Moisés, porque, como diriam os politicamente corretos, meneando a cabeça: "Nada podemos saber sobre Deus de qualquer forma". Disse que se você adentrar as mentes desses sábios os descobrirá, sob diferentes aspectos, aderindo à verdade.

Vivemos em um mundo de multiplicidade e mutabilidade, e, no entanto, os sábios contemplam a beleza destas muitas coisas e se elevam à Beleza central e suprema que as sustenta. É por isso que o eclético Pico pode de uma só vez evocar o sonho de Jacó com anjos que sobem e descem uma escada da terra ao céu — uma imagem medieval padrão da vida contemplativa cristã — e o mito egípcio dos membros dispersos de Osíris, reunidos novamente pelo deus solar "Febo", do panteão grego (16–17).

O que é então o homem, tão dotado de inteligência? Pico responde com uma parábola. Quando Deus criou o mundo, Ele dotou todas as outras criaturas com alguma propriedade que definisse suas naturezas. Contudo, Ele desejava uma criatura "que pudesse compreender o sentido de tamanha realização, que pudesse se enternecer de amor com sua beleza". Mas infelizmente Deus já distribuíra cada lugar particular na cadeia do Ser. Assim, já que essa criatura especial, o homem, nada poderia ter de propriamente seu, Deus deu-lhe a capacidade de participar dos dons pertencentes a todas as outras criaturas. Sua natureza seria não ter natureza, ascender até os anjos, ou descender, pela maldade, até as bestas:

> A natureza de todas as outras criaturas é definida e limitada no interior de leis que Nós determinamos; você, pelo contrário, sem ser impedido por qualquer uma dessas restrições, pode, por seu próprio livre-arbítrio, o princípio diretivo que nós lhe designamos, traçar por si mesmo os delineamentos de sua própria natureza [...] Fizemos a ti como uma criatura nem do céu nem da terra, nem mortal nem imortal, para que possa, como o definidor livre e orgulhoso de seu próprio ser, moldar-se da forma preferida.

> **UM MITO DO POLITICAMENTE CORRETO: GALILEU INVENTOU A CIÊNCIA MODERNA**
>
> Galileu é o herói estereotipado da "ciência" contra as forças repressivas da religião. Mas na verdade a Igreja nunca negou que a Terra poderia se mover ao redor do sol, e insistiu que ele não tinha evidência suficiente para ensiná-lo como um fato acabado.
>
> Albert Einstein concordava com a Igreja:
>
> *Muitas vezes se disse que Galileu se tornou o pai da ciência moderna ao substituir o método dedutivo e especulativo pelo método experimental e empírico. Acredito, no entanto, que essa interpretação não resistiria um exame aprofundado.*
>
> — Albert Einstein, prefácio ao *Diálogo a respeito dos dois grandes sistemas do mundo de Galileu*.
>
> Einstein reconhece que Galileu não tinha qualquer prova de que a terra se movia ao redor do sol. Ele não poderia ter uma prova, pois "faltava uma teoria completa da mecânica", ao menos até o advento de Newton. Foi o desejo dessa prova que o "induziu a formular uma teoria equivocada das marés", uma teoria que ele nunca teria aceito, diz Einstein, "se o seu temperamento não o tivesse dominado".

Essa confiança nas possibilidades infinitas do homem, para o bem e para o mal, é onipresente nessa época, surgindo em diferentes formas em lugares diferentes. Veja a obra do jovem conhecido de Pico, Michelangelo. Em seu titânico *A criação de Adão*, o primeiro homem, num repouso clássico, beirando a lassidão, aguarda que a centelha vital lhe seja comunicada pelo dedo de Deus. Michelangelo não pinta o barro, mas o espaço entre o dedo do homem e o dedo de Deus, um espaço de tensão elétrica, a ser transposto pelo Todo-Poderoso: "E inspirou no seu rosto um assopro de vida, e foi feito o homem em alma vivente" (Gn 2, 7). É uma pintura de Deus a fazer uma criatura à Sua imagem: poder, um poder comunicante.

A mesma tendência aparece no poeta Edmund Spenser, um protestante convicto, a quem poderíamos atribuir algum ceticismo quanto ao otimismo italiano. Porém, Spenser é todo elogios a Pico, cuja escada da contemplação ele transforma em uma escada do amor:

> *Pois o amor é Senhor da verdade e da lealdade,*
> *Erguendo-se da vil poeira*
> *Em plumas de ouro ao céu puríssimo.*
> (Hymne of Love [Hino do Amor], 176–178)

O austero John Milton, a considerar em sua cegueira todas as coisas amáveis que não mais pode ver, leva seu desejo a um clímax comovente e tipicamente renascentista:

> *Tornam as estações girando os anos,*
> *Mas para mim não torna a luz do dia.*
> *Já não me encantam da manhã e da tarde*
> *As suaves, pinturescas perspectivas,*
> *Da primavera e do verão as flores,*
> *Nem mansas greis, nem gordos armentios,*
> *Nem o ar divino do semblante humano.*
> (Paraíso perdido, III, 40–44)[106]

Pois o semblante — envolto entre as palavras "divino" e "humano" — é humano porque é divino, e pode refletir o divino por sua inteligência e amor. É a parte mais adorável do corpo humano, que é em si mesma, em Milton, Michelangelo, Spenser, Leonardo e em quase todos que a descreveram ou pintaram, o mais belo objeto de toda criação física:

> *E Deus não Se dignou mostrar noutro lugar*
> *Mais claramente que nas sublimes formas humanas,*
> *As quais, sendo sua imagem, unicamente amo.*
> (Michelangelo, Soneto LVI, 12–14)

Nenhum desses artistas teria compreendido a aversão secular a ver o homem como uma imagem de Deus, e o universo, o domínio do homem no tempo e no espaço, como o desdobramento da criação divina. Eles, de fato, compreenderam que, se o divino for ignorado, o que resta da natureza é cruel, e o que resta do homem pecador é asqueroso. Se o mundo não se orienta para o bem, e se o homem não é senão um animal superior, então, como diz o sangrento tirano Macbeth, nossa vida é:

---

106 Em todas as citações de *Paraíso perdido* adotamos a tradução de Antônio José de Lima Leitão (1787–1856). *Paraíso Perdido*, vol. XIII, Clássicos Jackson, W. W. Jackson Inc., Rio, 1956. Digitalizado por ebooksBrasil. — NT.

> *Uma história contada por idiotas,*
> *Cheia de som e fúria,*
> *Que nada significa.*
> (Macbeth, V.v 26–28)[107]

Mas porque abraçar a loucura de Macbeth? Os artistas amavam ainda mais a beleza do homem e do mundo, pois acreditavam que a beleza refletia a beleza do Criador.

Se o corpo humano é belo, ainda mais o é o intelecto. Ele não somente pode apreciar a obra do criador; é também dotado da centelha do Criador, e pela arte pode criar maravilhas acima das maravilhas naturais:

> Que não seja também considerada demasiado atrevida uma comparação que equipara o ponto mais elevado da inteligência humana com a eficácia da natureza, e que se veja que isso, na verdade, honra dignamente o Criador celestial de semelhante artífice, o qual, tendo feito o homem à Sua semelhança, colocou-o acima e além de todas as obras daquela segunda natureza. O homem demonstra isso acima de tudo na poesia, quando, com a força de um sopro divino traz ao lume coisas que superam em muito as obras naturais. (Philip Sidney, *Apology for Poetry* [Apologia da poesia])

Não há limites para o intelecto? O Fausto de Christopher Marlowe se volta para a necromancia porque acredita ser esse o único assunto digno do desejo infinito de conhecer:

> *Mas seu domínio que nisto se excede,*
> *Da mente do homem aos limites se estende.*
> (Doutor Fausto, I.i.59–60)

Não há limites para a vontade humana? Não se você precisa de poder, diz Maquiavel, que recomenda uma mão ousada e impiedosa para a unificação da Itália, "pois a fortuna é uma mulher, e é necessário, para a dominar, bater e lutar com ela. E parece que ela se deixa possuir mais pelos homens impetuosos do que por aqueles que fazem frios avanços" (*O príncipe*, cap. 25). Você pode se alienar de todos os homens, como o Ricardo de Gloucester de Shakespeare, que pondera como matará seus irmãos em seu caminho até a conquista da coroa inglesa:

---

[107] Em todas as citações de Macbeth foi utilizada a tradução disponível em: https://shakespearebrasileiro.org/pecas/macbeth/. — NT

CAPÍTULO 6

> *Não tenho irmãos; de irmão sou diferente.*
> *Esta palavra "Amor", que os barbas-brancas*
> *Chamam divina, pode ter guarida*
> *Nas pessoas em que tudo se assemelham,*
> *Mas não em mim, que eu sou sozinho: eu próprio.*
> (Henrique VI, Parte 3 V.vi.80–83)[108]

O leitor talvez já tenha percebido que algo está errado. Como escorregamos de "Sou um homem e posso tudo fazer" a "Sou um super-homem, e posso fazer o que quiser"? Há, penso eu, duas causas, e os escritores e artistas da Renascença tinham consciência delas. Nós não temos consciência delas, nós que alegremente colocamos a humanidade na linha de clonagem, reduzindo as crianças a "recursos" a serem estocados, alteramos genes, metemos seios em homens e testículos em mulheres, e andamos por aí como deuses enquanto permitimos que nos tratem como nada mais que produtos da engenharia social, tecnológica e burocrática, como se fôssemos queijo processado. Prestemos então atenção.

A primeira causa pode ser encontrada na narrativa de Pico sobre a criação de Adão; a segunda, naquilo que Pico deixou de fora da narrativa. Eis os fatos. Assim que o homem aceita que não tem uma natureza, ele se separa do resto da criação, ficando radicalmente sozinho, sem qualquer proteção contra a prática dos atos mais antinaturais (como, por exemplo, convidar seu tio e seus amigos para um jantar com a intenção de assassinar todos para ascender ao poder; um ato maligno, diz Maquiavel, mas efetivo — *O príncipe*, cap. 8). Pois Pico errava aqui, e os filósofos mais sóbrios da Idade Média estavam certos. O homem tem uma natureza, embora talvez gloriosa, e deve obedecê-la. Quando a desobedece, ele cai, pecando como Adão. E esta é a segunda explicação para o deslize de Pico rumo ao oportunismo amoral. O homem peca.

A queda do homem é um pequeno incidente do Gênesis que Pico, em seu *Discurso*, simplesmente ignora. É um pequeno passo da crença de que transcendemos nossa natureza criada para a de que todas as coisas, até mesmo o bem e o mal, são produtos de nossa mente onipotente. É assim que Satã deseja persuadir a si mesmo no inferno:

---

[108] Todas as citações de Henrique VI foram retiradas da tradução disponível em: https://shakespearebrasileiro.org/pecas/. —NT

> *Recebe o novo rei cujo intelecto*
> *Mudar não podem tempos, nem lugares;*
> *Nesse intelecto seu, todo ele existe;*
> *Nesse intelecto seu, ele até pode*
> *Do Inferno Céu fazer, do Céu Inferno.*
> (Paraíso perdido, I, 254–255)

De fato, essa sóbria revisão da confiança renascentista, raiando o desespero renascentista, seria experimentada pelo próprio Pico. É politicamente correto manter um ar superior quanto a esse desespero, supor que era um reflexo da superstição da Igreja, e negar que nós, que novamente propomos uma visão da "natureza" humana infinitamente maleável, ou seja, de uma natureza que não é natureza, cairemos no mesmo abismo. Nós o faremos; devemos fazê-lo. Nossas premissas estão erradas.

Pico via a vergonha do homem a cada dia de sua vida. Viveu na Florença dos Médici, uma cidade cujos banqueiros se entregavam a luxúrias pagãs, enquanto os pobres trabalhadores lutavam contra a peste e a fome. Ele também tinha uma alma sensível, e era demasiado honesto para deixar isso passar incólume. Em uma carta a seu sobrinho nada ouvimos sobre as possibilidades ilimitadas do homem, mas sim sobre sua fragilidade e maldade: "Pois o que realmente podemos fazer sem a ajuda divina? E como ele poderá nos ajudar se não chamarmos por Ele?".[109] Pico não recomenda aqui a vida de vastas especulações, mas a obediência aos mandamentos do Senhor, revelados nas Escrituras e nas leis de nosso ser:

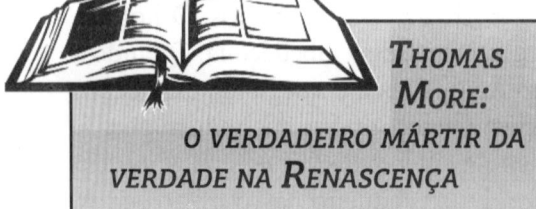

> **THOMAS MORE:**
> **O VERDADEIRO MÁRTIR DA VERDADE NA RENASCENÇA**
>
> Galileu não foi executado por dizer a verdade ao poder, mas Sir Thomas More o foi. Suas últimas palavras, pronunciadas no cadafalso, foram: "Um bom servo do rei, mas acima de tudo de Deus".

> O que resta a dizer senão que há muitos cristãos somente de nome, e poucos cristãos verdadeiros? Mas você, meu filho, busque entrar pela porta estreita e não dê atenção ao que a maioria faz, mas sim aos deveres que lhe são mostrados pela lei natural, pela razão e pelo próprio Deus.

Pico ouvira a pregação do flamejante revolucionário dominicano, Girolamo Savonarola, e ficara fascinado por sua denúncia da vaidade

---

109 V. Eugênio Garin, *Prosatori Latini de Quattrocento*, Milan: Ricciardi, 1952, pp. 829–831.

dos ricos florentinos, e de como esmagavam com seus duros corações a liberdade do povo. O liberal Lorenzo de Médici, o homem forte de Florença, ao enfrentar uma população rebelde e a fadiga do escândalo, aceitou o conselho de Pico e convidou Savonarola a vir a Florença pregar contra a vida que ele, Lorenzo, praticava. Mas Lorenzo logo se arrependeu, pois Savonarola era um pregador poderoso e perigoso. Quando condenou a ostentação pagã da riqueza, e o espírito pagão que soprava na arte que agraciava os grandes salões, não foram somente os tintureiros e os fiadores que ouviram, mas também os artistas e poetas. Em uma enorme "fogueira das vaidades", construída na ampla *Piazza della Signoria*, os mundanos arrependidos lançavam seus adornos e enfeites. Um jovem pintor de nome Botticelli lançou alguns de seus quadros também. Mas não o julgue com dureza. É fácil para nós acreditar que gostaríamos de viver numa cidade animada pelo espírito embriagante do paganismo — desde que fôssemos ricos e bem relacionados. Essa cidade, seja Florença ou Detroit, parece bem diferente desde baixo.

Por meio da luz crepitante dessa fogueira vislumbramos o outro lado da confiança renascentista no homem. É uma visão honesta da vergonha humana, e uma confissão contundente de que o homem não pode salvar a si mesmo. Raras vezes Shakespeare é mais eloqüente do que quando examina o que ocorre quando o homem viola sua natureza de criatura. Albânia arremete contra os atos antinaturais das filhas do Rei Lear, que expuseram o velho a uma tempestade impiedosa, dizendo que se os céus não refrearem rapidamente esses feitos,

> *Vão devorar-se os homens uns aos outros*
> *Como os monstros do abismo*
> (Rei Lear, IV, II, 48–49)

Lady Macbeth, ao exortar o marido ao assassinato de seu rei e benfeitor, estaria disposta, em nome da ambição, a violar o elo mais sagrado e natural da mulher:

> *Já amamentei e sei*
> *Como é inefável amar a criança que meu leite mama;*
> *Mas no momento em que me olhasse, rindo,*
> *O seio lhe tirara da boquinha desdentada,*
> *E a cabeça lhe partira, se tivesse jurado,*
> *Como o havíeis em relação a isso.*
> (Macbeth, I, VII, 54–59)[110]

---

[110] Todas as citações de *Rei Lear* foram retiradas da Edição Ridendo Castigat Mores, digitalizada por eBooksBrasil.com — NT

As filhas de Lear morrerão: Goneril irá envenenar Regan, e então tomará sua própria vida. E Lady Macbeth, apesar de todos os seus crus pressupostos materialistas sobre o bem e o mal — "arranjai um pouco de água, para das mãos tirardes todas essas testemunhas manchadas" (II.ii.66), diz ela, ao enxugar as mãos trêmulas de seu marido após o assassinato — sofrerá com a insônia e a culpa, fora do alcance do poder de cura das ervas ou de uma poção. Diz o doutor que testemunha seu sonambulismo:

> *Feitos contra a natura*
> *Sempre engendram conseqüências doentias. As consciências manchadas*
> *Descarregam seus segredos nos surdos travesseiros.*
> *Mais de padre tem ela precisão do que de médico.*
> *Deus, Deus que nos perdoe!*
> (v, i, 75–79)

A Renascença foi mais ousada do que nossa época em afirmar a beleza e a nobreza do homem, sua capacidade de pensar nas coisas divinas. Também foi mais ousada no reconhecimento de nossa depravação, em confessar a mesquinha retribuição que damos às graças de Deus. Eis aqui o cortesão da Renascença, Hamlet, que sabe que a Dinamarca está podre e que um "rei de farrapos e remendos", seu tio Cláudio, assassinou o irmão para roubar a coroa e a rainha:

> *Que obra-prima é o homem! Como é nobre em sua razão! Que capacidade infinita! Como é preciso e bem-feito em forma e movimento! Um anjo na ação! Um deus no entendimento, paradigma dos animais, maravilha do mundo. Contudo, para mim, é apenas a quintessência do pó.*
> (Hamlet, II, II, 310–317)[111]

Ou a jovem Miranda, criada em uma ilha inexplorada, vendo algo completamente novo — um jovem rapaz:

> *Chamar-lhe-ia, de grado,*
> *Algo divino; jamais coisa natural*
> *Vi tão nobre.*
> (A tempestade, I, II, 417–419)[112]

---

[111] Todas as citações de *Hamlet* foram retiradas da Edição Ridendo Castigat Mores, digitalizada por eBooksBrasil.com — NT

[112] Todas as citações de *A tempestade* foram retiradas da Edição Ridendo Castigat Mores, digitalizada por eBooksBrasil.com — NT

Ela está certa sobre aquele jovem, como ele veio a provar, mas não tivera qualquer experiência da maldade humana. De uma só vez, no fim da peça, uma cortina é levantada e ela vê um salão cheio de pessoas. Três delas tentaram matá-la muito tempo atrás. Duas delas estavam a planejar outros assassinatos há poucas horas. Ignorante desse pecado, Miranda só vê a glória:

> *Oh! Que milagre!*
> *Que soberbas criaturas aqui vieram!*
> *Como os homens são belos! Admirável mundo novo*
> *Que tem tais habitantes!*
> (v, i, 181–184)

Nós não diríamos o mesmo, mas Miranda está certa. A humanidade é bela, ou deve ser. A réplica de seu pai não a contradiz. É a voz do desapontamento, acomodando-se ao homem pecador como ele é: "Para ti isso é novo". (V, i, 184)

A época que deu nascimento a Pico também deu nascimento a João Calvino. Ambos eram humanistas da Renascença, estudantes dos filósofos, poetas e teólogos da Antigüidade. Não poderíamos hoje suportar nenhum dos dois: Pico, porque exalta tanto o homem; Calvino, porque acusa o homem de depravação; ambos, porque anseiam pela visão de Deus que nossas escolas ridicularizam. Se queremos o homem em toda a sua glória, dificilmente podemos fazer algo melhor do que o magnífico *Davi* de Michelangelo, tão naturalmente nu que fica quase impossível imaginá-lo com roupas, com seu olhar pouco clássico de trepidação, determinação e fogo espiritual. Contudo, o mesmo homem que esculpiu Davi, e o enorme Adão da Criação, e o Cristo nu a carregar sua cruz, fez seu auto-retrato num lugar revelador. Olhe para o seu *Juízo Final* na Capela Sistina. Todos os santos estremecem de temor diante do Cristo Juiz. Todos carregam algum sinal de sua devoção ou martírio. O calvo São Bartolomeu, que foi escalpelado vivo, segura a faca e uma pele flácida. Mas, por estranho que pareça, Bartolomeu não se parece em nada com a pele que segura. Aquela face escalpelada é de um homem de queixo pronunciado, com o nariz quebrado e o negro cabelo encaracolado. É o único auto-retrato de Michelangelo. "Quem me livrará do corpo desta morte?", clama Paulo (Rm 7, 24), afirmando a impotência do homem, sem a graça divina, não somente para salvar a si mesmo, mas para até mesmo fazer o bem que sabe ser um bem e evitar o mal que sabe ser um mal. Michelangelo pinta esse clamor.

> **O BARDO FALA: O RELATIVISMO MORAL**
> "Nada há de bom ou mau", diz o Príncipe Hamlet, "pois é o pensamento que os determina". Os infelizes professores de segundo grau defendem o seguinte como a filosofia de Hamlet: o belo, a moralidade e o bem são construções sociais. Essa leitura ignora completamente o contexto no interior da peça.
> Hamlet não está a articular uma idéia iluminista; está sim a zombar de seus falsos amigos, Rosencratz e Guildenstern. Ele reconhece que existem pessoas para as quais não há o bem ou o mal: aquelas que não pensam.

Honrando o passado

Então a Renascença não era simplesmente uma época de glorificação do homem. E o paganismo ressurgente? O que causou o imenso e frutífero interesse na Antigüidade pagã?

Primeiro, a causa. Lembre-se que os eruditos da Idade Média há muito nutriam grande curiosidade sobre a filosofia e a história pagãs. Foram prejudicados por problemas práticos. Não possuíam os textos necessários. Sequer sabiam onde estavam, ou se ainda existiam. Os professores de grego eram raros. Mas os estudiosos fizeram o que lhes foi possível. Tomás de Aquino contratou um grego para lhe fornecer uma tradução mais precisa de Aristóteles do que a que vinha usando, a qual fora traduzida do árabe para o latim. Os escritores medievais sempre citam Virgílio, Ovídio, e o que conhecessem de Cícero, Platão, Tito Lívio, Sêneca e assim por diante, e quando não possuem o texto original ou uma tradução, descobrem algo sobre esses textos nos historiadores antigos ou críticos. Assim, Dante sabe algo sobre Homero, apesar de não ser possível que ele tenha lido Homero.

Os europeus já estavam buscando a sabedoria do passado pagão. Tinham o motivo, e logo passariam a ter os meios e a oportunidade. Isso porque o Império Bizantino estava a lutar uma batalha perdida contra a investida dos turcos. Muito antes da queda de Constantinopla em 1453, os eruditos e artistas passaram a buscar o Ocidente como porto seguro, e os eruditos trazem os manuscritos, suas ferramentas de trabalho. Em 1342, o erudito e poeta italiano Francesco Petrarca convidou um certo Manuel Crisoloras, um emigrado do Oriente, para ensinar-lhe grego antigo. Crisoloras foi o primeiro e o mais famoso de muitos homens que viriam a cruzar os mares rumo à Itália, trazendo consigo seu conhecimento e seus livros. Uma gota d'água expandiu-se numa torrente. Os eruditos não precisavam mais depender de traduções, nem eram limitados às obras conhecidas nas universidades. Começaram a revistar os cantos empoeirados dos monastérios, ruínas e mansões. A cada um ou dois anos surgia uma nova descoberta espetacular, como se fossem novos planetas descobertos no sistema solar.

Todo o teatro grego que ainda possuímos chegou ao Ocidente nessa época. Assim como quase todos os diálogos platônicos, a Ilíada e a Odisséia de Homero, e quase todo o resto de nosso corpus de poesia grega. E também as obras dos historiadores antigos Heródoto, Tucídides, Políbio, Salústio, Tácito, a maior parte de Tito Lívio, além de muitas luzes menores. Algumas descobertas foram um drama intelectual. O clérigo e caçador de livros Poggio Bracciolini descobriu um manuscrito único de *Sobre a natureza das coisas,* o épico materialista de Lucrécio, apodrecendo num monastério suíço. O manuscrito era inestimável. Poggio decidiu fazer uma cópia, mas foi atrasado por seu amigo Niccoli, que desejava tomá-lo emprestado para observação. Niccoli deu uma olhada, mas também fez uma cópia — e o original nunca mais foi visto.[113]

Assim que os eruditos se inflamaram, os artistas tomaram nota. Também caçaram livros: como, por exemplo, o redescoberto clássico de arquitetura de Vitrúvio. Leonardo admirava tanto a ênfase romana na harmonia e no equilíbrio, que chamou seu mais famoso esboço das proporções humanas, um auto-retrato nu, de Homem Vitruviano. Também caçaram obras de arte. Donatello foi a ruínas antigas e literalmente escavou esculturas, para estudar sua técnica. Outros, de sucatas sobreviventes da pintura clássica e das límpidas linhas da arquitetura antiga, aprenderam a matemática da perspectiva, e puderam subitamente atingir efeitos nunca antes vistos no Ocidente, nem mesmo na Grécia e na Roma antigas. Considere, por exemplo, o *tour-de-force* do escorço de Andrea Mantegna, o dramático O *Cristo morto*, com as plantas dos pés trespassadas do Salvador dominando o primeiro plano enquanto ele jaz em uma maca, sendo chorado pelas santas mulheres à sua esquerda e direita.

Esses homens que descobriram, copiaram, editaram, comentaram, traduziram e adaptaram os textos antigos, e os artistas por eles inspirados, são chamados de humanistas. Isso nada implica sobre suas crenças. Nos dias atuais, um "humanista" é alguém que nega a influência

---

113 V. William Ellery Leonard e Stanley Barney Smith, editores, *T. Lvcreti Cari de Rervm Natvra Libri Sex*, Madison, Wis.: University of Wisconsin Press, 1942, pp. 108–110.

do divino sobre a vida do indivíduo ou a história humana, como no notório *Manifesto humanista* do século XX. Mas Lutero, o teólogo que afirmou que somente a graça de Deus poderia quebrar as cadeias da vontade escravizada e pecadora do homem, era um humanista. Assim como Thomas More, seu inimigo teológico. More aplaudiu a introdução dos estudos gregos na Inglaterra, concordou com Lutero quanto à necessidade de reformar a moral e diminuir a ignorância dos clérigos, e escreveu a mais espirituosa obra de filosofia política imaginativa da época, a *Utopia*.

Erasmo, tradutor do Novo Testamento grego para o latim, e o maior erudito de seu tempo, um amigo de More, opositor do belicoso Papa Júlio II, e o homem mais desejado por Lutero em seu movimento, era um humanista. Erasmo afirmou a liberdade da vontade humana, sua capacidade de fazer o bem e seu traço mais comum, a insensatez. Calvino, que seguiu Lutero e afirmou, a partir das Escrituras, a majestade transcendente de Deus e sua predestinação soberana de todas as coisas, inclusive a danação dos pecadores impenitentes, era um humanista. E também o eram o cético destruidor de lendas Lorenzo Valla (que Lutero chamava de seu italiano favorito);[114] o alquimista charlatão Paracelso; o escritor de versos obscenos que o povo chamava simplesmente de o inigualável Aretino; e o gentil filósofo moral Enéas Silvio Piccolomini, mais conhecido como Papa Pio II.

Contudo, o projeto humanista não era então o que viria a ser nos tempos atuais. Hoje, iríamos dar de ombros e dizer: "Se Maquiavel deseja estudar Tito Lívio e Tucídides, é escolha sua, e se John Colet deseja trazer as Escrituras gregas para a Inglaterra, é escolha sua. Cada um no seu quadrado". Os homens da Renascença tinham mais apreço pela verdade do que isso; eram apaixonados por ela. Sabiam muito bem, de igual modo, o que Agostinho dissera sobre "extrair ouro do Egito" (*Sobre a doutrina cristã* 2.60): que os cristãos não desprezavam os filósofos pagãos, e que poderiam confiar haver neles muita verdade, embora não a plenitude da verdade. Como os filhos dos hebreus, podiam levar o ouro egípcio para a Terra Prometida.

---

[114] V. David M. Whitford, "*The Papal Antichrist: Martin Luther and the Underappreciated Influence of Lorenzo Valla*" [O anticristo papal: Martinho Lutero e a influência subestimada de Lorenzo Valla], em *Renaissance Quarterly* 61.1 (Primavera, 2008), pp. 26–52. O *diálogo sobre o livre-arbítrio* (1439) de Valla preparou o palco para o ceticismo da Renascença a respeito da liberdade humana e para a asserção protestante de que a vontade não redimida do homem fora completamente pervertida pelo pecado.

Caso esses eruditos tivessem fechado suas mentes contra as intimações pagãs da verdade e da beleza, não teria existido a Renascença. Mas se tivessem fechado suas mentes contra a própria idéia da verdade e da beleza objetivas (exceto aquela pequena parte dela que pode ser mensurada), como nossas escolas ensinam os estudantes a fazer, então não teria existido qualquer Renascença. Tito Lívio e Sêneca eram sábios; os pensadores renascentistas nisso acreditavam, e era para eles algo mais do que um gosto ou uma opinião. Cristo era o Caminho, a Verdade e a Vida; todos os maiores dentre eles, com a possível exceção de Maquiavel, também nisso acreditavam, mesmo quando se rebelavam contra essa realidade. Como reconciliar tudo isso em um todo coerente e glorioso? Foi essa luta que nos deu a Renascença.

Eu poderia multiplicar os exemplos desse empenho em reconciliar contradições aparentes, em subordinar uma verdade menor a uma maior, em adaptar a sabedoria pagã às escrituras cristãs de formas surpreendentes e reveladoras, em "batizar" o *eros*, em ver como manifesto em nosso tempo aquilo que os pagãos só vislumbraram intermitentemente em seu tempo. Michelangelo cobre o teto da Capela Sistina com imagens imponentes dos profetas judeus — e dos oráculos gregos! Tudo aponta para Jonas, o profeta relutante a cair graciosamente no santuário logo abaixo. Por que Jonas? Ele era uma prefiguração do Cristo ressuscitado: "Porque assim como Jonas esteve no ventre da baleia três dias e três noites, assim estará o Filho do homem três dias e três noites no coração da terra" (Mt 12, 40). Philip Sidney escreveu um longo romance, *Arcádia*, que examina a vontade decaída do homem, em suas tolas tentativas de fugir da Providência divina, e a desordem de seus amores. É uma obra completamente protestante, ambientada na Grécia pagã, com personagens que buscam por uma verdade que ainda não lhes foi revelada. É uma das principais influências do *Conto de inverno* de Shakespeare, cujos personagens são chamados por uma mistura indiscriminada de nomes latinos e gregos, e vivem em uma Sicília que parece desconectada de qualquer época, e uma Boêmia com um litoral, desconectada de qualquer lugar geográfico. O poeta francês Du Bartas, inspirado pelo *Hexameron* de Ambrósio, escreve *As semanas divinas*, obra que versa sobre a criação do mundo em sete dias, e incorpora em sua poesia os argumentos do materialista antigo Lucrécio sobre os vulcões e os movimentos das estrelas.[115]

---

115 V. *The Divine Weeks* [As semanas divinas], tradução de Josuah Sylvester; edição de Susan Snyder, Nova Iorque: Oxford University Press, 1979.

Ou veja este relato de uma renovação. Júlio II, que passou mais tempo montado a cavalo com uma lança do que numa lareira com manuscritos, queria que Roma fosse mais do que um buraco dilapidado. Ela deveria ser a cidade para a qual todas as recém-centralizadas nações européias deveriam olhar, assim como toda sabedoria humana deve encontrar sua realização na sabedoria que a transcende, a sabedoria da revelação divina como ensinada pela Igreja. Esse era o seu objetivo. Por isso precisava terminar um projeto iniciado por seu predecessor Nicolas: reconstruir a Basílica de São Pedro, sobretudo porque as paredes da antiga basílica estavam se deformando perigosamente.

Parte desse esquema implicava pintar uma pequena biblioteca escondida atrás do santuário da Capela Sistina. Ele então contratou o jovem e popular Rafael para pintar o sentido de uma biblioteca no Vaticano: isto é, Rafael deveria pintar o acolhimento de toda verdade pela Igreja, de qualquer fonte, e sua ordenação das verdades rumo a Cristo. Se você pode compreender o que Rafael estava fazendo naquela sala, pode adivinhar o que Milton queria fazer com seus demônios clássicos em *Paraíso perdido*, ou o que Castiglione queria dizer com sua escada platônica do amor, descrita por um Cardeal, em seu *O cortesão*, ou por que Bernini esculpiu um cupido clássico como o anjo prestes a trespassar o coração da santa freira em seu *Êxtase de Santa Teresa*.

Considere a mais famosa pintura de Rafael na biblioteca, a sua *Escola de Atenas*. Seria difícil encontrar uma obra que melhor ilustra a confiança, raiando à arrogância, do homem renascentista, e, no entanto, também há nela uma profunda humildade, um respeito à excelência dos antigos. Rafael retratou os homens de seu tempo como os filósofos de outrora, todos juntos em um só lugar e tempo,

> **UM MITO POLITICAMENTE CORRETO: ANTES DE COLOMBO ACREDITAVA-SE QUE A TERRA ERA PLANA**
>
> *Um mito favorito das salas de aula para engrandecer a Renascença, depreciar a Igreja e difamar a Idade Média é que antes de Cristóvão Colombo as pessoas acreditavam que a Terra era plana. Apesar de quase todo mundo hoje saber que essa "lenda do descobrimento" é um mito, os românticos do século XIX tanto a repetiram que foi aceita como verdade.*
>
> *É claro que a visão de que a Terra era uma esfera fora amplamente difundida antes da navegação de Colombo, mas quem vai dar crédito ao homem pré-moderno por essas percepções?*

mesmo que esses filósofos tenham atravessado terras e séculos. Leonardo, como mencionei, faz o papel de Platão. Ele carrega o *Timeu*, um diálogo sobre a criação do mundo, e aponta para cima, rumo à verdade divina. Seu companheiro mais jovem e pupilo, Aristóteles (cuja cabeça pode ser a do companheiro pintor de Rafael, Ticiano), gesticula para frente e ligeiramente para baixo, rumo à terra. Ele carrega sua *Ética a Nicômaco*, um guia prático sobre como ser treinado nas virtudes morais e viver entre os homens neste mundo. O resto da cena está cravejado de estrelas da Renascença e do paganismo clássico. O solitário e intenso Michelangelo está pensativo no primeiro plano: é o filósofo Heráclito, que acreditava que o elemento fundamental do universo era o fogo. O camarada calvo com os compassos, a ensinar os rapazes no canto direito, é o geômetra Euclides, ou melhor, o arquiteto Bramante, o gênio responsável pela reconstrução de São Pedro. O próprio Rafael olha ousadamente para nós, sendo a terceira cabeça à direita no topo.

Platão e Aristóteles, o contemplativo e o filósofo prático, resumem entre si a mais elevada sabedoria que um homem pode atingir por si mesmo. Mas na pintura há algo mais entre eles. É difícil de notar, pois é algo que Rafael mostra estar *ausente*. A *Escola de Atenas*, com todas as suas séries impressionantes de arcos, se parece, suspeitosamente, com a incompleta Basílica de São Pedro onde Rafael estava a trabalhar, e todas as linhas clássicas de perspectiva se fundem no centro do círculo sugerido pelo arco acima de Platão e Aristóteles, um espaço onde estão as nuvens e o céu — e nada mais. Rafael nisso emulou seus mestres. Da *Criação de Adão* de Michelangelo aprendeu a sugerir, por meio do vazio, algo que transcende não somente o observador, mas até mesmo a sabedoria de Platão e Aristóteles. Da *Última ceia* de Leonardo aprendeu que a matemática pode se fundir com a filosofia e a teologia. Viu como Leonardo afunilou as linhas da arquitetura do refeitório em Santa Maria delle Grazie na estrutura arquitetônica de sua pintura, direcionando toda a perspectiva no sentido do centro discretamente radiante, a cabeça de Cristo.

Celebramos Platão e Aristóteles. Honramo-lhes seguindo seus passos. Contudo, reconhecemos que, sozinhos, são incompletos. Toda sabedoria humana é incompleta. Logo, a *Escola de Atenas* faz oposição a outra pintura, a *Disputa*, uma estranha obra em dois planos, com os homens na terra e os anjos com a Trindade no céu, e novamente o céu entre eles. Nessa pintura Rafael também pintou homens de seu tempo (inclusive um Savonarola acusador) como cardeais, bispos e papas da

Igreja Primitiva. Mas aqui há algo além das nuvens e do espaço no centro. Rafael direciona o olhar para a contemplação do que preenche a lacuna entre o céu e a terra, com os fiéis embaixo e os santos em cima, representando a teologia humana e a verdade divina. Aqui, colocado contra o céu, está algo mais que o espaço, uma nuvem, uma mancha de azul. É a Eucaristia, o sacramento que, segundo acreditavam Rafael, Júlio e seus companheiros católicos, tornava o Cristo glorificado misteriosa e realmente presente no sacrifício da Missa. Nesse profundíssimo gesto de reverência, o clássico Rafael e os grosseiros atores das antigas peças de *Corpus Christi* eram um só.

Shakespeare ajoelhado

"Trata-se de um pintor contratado por um Papa", você diz, "mas o que dizer de alguém que não era pago pela Igreja? Por exemplo, alguém que trabalhasse num ofício condenado pelos sermões, roçando ombros com prostitutas e desordeiros, reunindo multidões do lado errado da rua?". Que tal Shakespeare?

Considere a peça *Medida por medida*, hoje popular na academia por sua escuridão, sua disposição em investigar o submundo desagradável da vida urbana. O Duque de Viena, que estragou seu povo com a leniência, fracassando em aplicar leis a respeito da decência e da moralidade, finge abandonar a cidade, deixando o poder nas mãos do puritano Ângelo, do qual é dito, segundo um devasso brincalhão, "que sua urina é gelo" (Ato III, Cena II, 111). O Duque assume então o disfarce de um frade para vigiar Ângelo e Viena. Seu subalterno limpa a cidade: fecha os prostíbulos e revive uma lei empoeirada que condena os fornicadores à morte. Um jovem, Cláudio, que era noivo, mas não estava oficialmente casado com sua amada Julieta, é condenado por engravidá-la. Cláudio envia um amigo, o brincalhão, para implorar à sua irmã, Isabela, uma noviça das severas Irmãs de Santa Clara, que deixe o convento e apele a Ângelo por misericórdia. Isabela obedece, com palavras de uma paixão duramente comedida que comovem Ângelo — mas não até o ponto da misericórdia. Ele pede uma nova entrevista, na qual apresenta o caso moral e legal a Isabela da seguinte forma: se a irmã deitar-se com ele, Cláudio será perdoado.

O Duque, que está a fazer o papel de conselheiro espiritual de Cláudio e Julieta, arranja um subterfúgio. Instrui Isabela a concordar, mas sob condição de silêncio completo e escuridão; e ele arranja para que a antiga noiva de Ângelo, uma mulher chamada Mariana, abandonada por ele quando após perder o dote, tomasse o lugar de Isabela, sem que Ângelo soubesse. No próximo dia, no entanto, Ângelo, temendo que o irmão viesse vingar a desgraça da irmã, ordena que Cláudio seja imediatamente executado. O Duque, revelando-se ao carcereiro, impede a execução. Ainda sob o disfarce de frade, instrui Isabela e Mariana a estarem presentes entre as multidões ao entardecer, quando o Duque retornará a Viena para reparar as reclamações contra seu braço direito.

Por favor, perdoe-me o sumário; ele é necessário para sustentar uma das cenas mais teologicamente fascinantes em Shakespeare. Neste ponto, Ângelo acredita ter dormido com Isabela, sem ninguém mais saber. Isabela e os demais, com exceção do Duque e do carcereiro, acreditam que Cláudio está morto. Ângelo é moralmente culpado de estupro e assassinato. Ele deveria ser executado, pois, como avisa Jesus, na passagem aludida pelo título de Shakespeare: "Pois com o juízo com que julgardes, sereis julgados" (Mt 7, 2). Antes de revelar que Cláudio está vivo, o Duque sentencia Ângelo à morte:

> *Por sua própria boca nos grita por maneira estrepitosa*
> *A demência da lei: Morte por morte, um Ângelo por Cláudio!*
> *A pressa exige pressa; e vagar, vagar;*
> *A semelhante medida por medida sempre em tudo.*
> (Ato V, Cena I)[116]

Mas Mariana implora a Isabela que interceda em favor de Ângelo: que se ajoelhe para salvar a vida do homem que queria violá-la, e que matou seu irmão.

Aqui Shakespeare dramatizou a essência do Evangelho. Pela letra da lei, Cláudio tinha de morrer. Pelo espírito da lei, a própria misericórdia exige que Ângelo morra. Sem Cristo, sem a possibilidade da graça, devemos todos morrer — devemos todos permanecer em nossos pecados. Como diz Pórtia em *O mercador de Veneza*: "Diante da justiça, nenhum de nós deve ver a salvação" (Ato IV, Cena I). Somente quanto tomamos consciência de nossa pobreza é que podemos nos lançar sobre as riquezas da misericórdia divina.

---

116 Todas as citações de *Medida por medida* foram retiradas da Edição Ridendo Castigat Mores, digitalizada por eBooksBrasil.com — NT

Papas perversos?

Mundanos, sim, mas isso no século xv. O papado era então um prêmio buscado pelas principais famílias em Florença, Roma e Milão. E o Papa tinha ou de estabelecer o Patrimônio de Pedro, as terras que ele governava na Itália central, como uma força "nacional" a ser reconhecida, ou ser esmagado pelos príncipes ambiciosos por todos os lados.

Um ou dois papas foram homens perversos. O pior (apesar de ter sido um administrador capaz e sábio) foi o Papa Bórgia, Alexandre vi. Dele Maquiavel diz que nunca manteve uma promessa quando lhe era vantajoso quebrá-la. Ainda assim, continuava a fazer promessas, e as pessoas eram enredadas por seu charme. Era o filho bastardo de Alexandre, Cesare Bórgia, que Maquiavel tinha em mente como o príncipe "ideal": um patife frio e sangrento.

Mas logo após a condenação estrondosa de Lutero da corrupção romana, passamos a ter papas que podem ter sido mundanos antes de sua elevação ao papado, mas que trabalharam duro para reformar a Igreja Católica (Paulo iii, Pio iii). E depois disso, desafio até mesmo o mais empedernido secularista a descobrir um papa perverso daquela época até o presente. Que bom seria se os políticos seculares tivessem uma ficha tão limpa.

Essencialmente, Isabela não é aqui chamada a fazer uma boa ação, pela qual mais tarde poderá elogiar a si mesma. É chamada a reconhecer sua própria necessidade desesperada de salvação. É chamada a se tornar uma cristã pela primeira vez, a deixar que morra sua antiga adesão a regras e ao farisaísmo, e voltar a viver. E ela segue esse caminho, com uma magnífica virada irônica, que usa a letra da lei para cegar sua lâmina. Ela aponta que, de fato, Ângelo não a estuprou, apesar da primitiva intenção, e que a morte de Cláudio foi tecnicamente legal. Em sua súplica humilde e sacrificial ela encarna Cristo, que quebrou os grilhões de aço da lei que condena a humanidade, satisfazendo seus terríveis julgamentos na cruz. Aqui a misericórdia e a justiça se encontraram, a paz e a retidão se beijaram — como ouvimos no salmo da véspera de Natal (Sl 85, 10), dois dias antes da data em que Shakespeare e seus homens primeiro encenaram a peça, na corte do rei.

Toda a energia de Shakespeare, seu retrato ousado da licenciosidade e das doenças sexuais, culminou no momento de perdão que dá sentido a todo o resto da peça. Seu discernimento teológico é exatamente o mesmo de Chaucer em *O conto do confessor*, ou o poeta gentil e desconhecido de *Sir Gawain e o cavaleiro verde*. O mesmo ocorre em *O mercador de Veneza, Macbeth, Rei Lear, Ricardo II* e no *Conto de inverno*. Ao confiar na própria força de vontade, astúcia, e até mesmo na própria retidão, o homem irá cair. Pois a letra mata, e o espírito vivifica. Nisso, Shakespeare também, como Michelangelo e Rafael a seu modo, se uniu a seus predecessores.

O erro da Renascença: a subversão da autoridade

O dogma politicamente correto é então um exagero colossal, ao alegar que na Renascença os homens rejeitaram as autoridades tradicionais e partiram por si mesmos — como individualistas corajosos, livres-pensadores modernos — para a descoberta da verdade, ou para acabar de vez com a busca, já que tudo é uma questão de opinião. Pode ser igualmente válido dizer que multiplicaram as autoridades. Mas houve certamente uma reviravolta intelectual cujos resultados ainda nos acompanham, alguns deles bons, outros maus. Olhemos primeiro para o que tornou a reviravolta possível: a máquina de impressão.

É verdade que o tipo móvel foi inventado na China, e não no Ocidente. Contudo, os chineses, acreditando que sua terra era o centro do universo, não tinham nisso grande uso. Por que se preocupar em fazer algo que não sejam gravuras decorativas para o imperador, já que a Ordem Celestial que governa o mundo é imutável em seus ciclos regulares? Por que partir para qualquer lugar, quando você está no centro? Mas Johann Gutenberg se apropriou da idéia e inventou a máquina de impressão. Logo os livros se tornaram, se não comuns, ao menos acessíveis para um mercador ou artífice próspero, e não somente para o duque ou o bispo. As idéias poderiam ser disseminadas pelo continente. Sem imprensa, sem Reforma Protestante; e nada de mundo moderno.

O primeiro livro impresso por Gutenberg foi a Bíblia. Isso também foi significante. As pessoas que podiam comprar um livro desejavam bíblias, eventualmente em vernáculo, já que a maioria deles não tinha domínio suficiente do latim para ler a Vulgata. Houve traduções vernaculares das Escrituras anteriormente, apesar de sua influência ter sido limitada pelo fato de que poucas pessoas podiam ler, mesmo que pudessem comprar um livro manuscrito. A alfabetização aumentou, e os tradutores — não só da Bíblia — se apressaram em saciar a demanda. Os reformadores iriam, com algumas precauções, recomendar que os crentes lessem a Bíblia por si mesmos, desligando-os da autoridade de Roma. Tentaram conectá-los, na verdade, à autoridade da teologia reformada: Calvino escreveu volumosos comentários sobre a Escritura, claros e voltados para o senso comum, de fácil leitura para o leigo inteligente. Mas a multiplicidade de opiniões levou alguns a desesperar do encontro da certeza em qualquer uma das igrejas. Qual Igreja é a genuína noiva de Cristo?

> O quê? Será ela, que na outra margem
> Com fina pintura caminha? Ou que, roubada e violada,
> Aqui e na Alemanha chora e lamenta?
> (John Donne, Holy Sonnet [Soneto Sagrado] XVII, 2–4)

Na época da revolta puritana em 1642, John Milton escreverá "que é perigoso e indigno do Evangelho sustentar que o governo da Igreja deve ser baseado na Lei" (*The Reason of Church Government* [As razões do governo da Igreja] cap. 3), condenando a Igreja da Inglaterra institucionalizada e seus bispos como não bíblicos. No fim de sua vida, ainda se considerando um cristão, Milton alegará que "estava no poder de Deus, em consonância com a perfeição de sua essência, não ter gerado o Filho" (*The Christian Doctrine* [A doutrina cristã] cap. 5), revivendo a antiga heresia ariana, e dando apoio ao antitrinitarismo que resultará no deísmo iluminista. Não é coincidência que Milton nunca tenha se unido a qualquer igreja.

Uma fragmentação semelhante pode ser vista na filosofia. Até a Renascença, pressupunha-se que a filosofia natural, o que chamamos de ciência, era uma parte (e não a parte mais importante) da busca completa pela *scientia*, isto é, o conhecimento e a sabedoria. Quando Copérnico, um padre católico, dedicou sua obra sobre a revolução dos corpos celestes ao Papa Paulo III, ele não pretendia abrir um abismo entre a ciência e a religião. Não há evidência de que tenha perturbado a fé de alguém. Para começo de conversa, o Cardeal Nicolau de Cusa já tinha sugerido que a Terra girava ao redor do Sol, citando o astrônomo antigo Aristarco e uma passagem controversa de Platão.[117] Ninguém se importou. O sistema copernicano não tinha qualquer utilidade: seus mapas estelares não eram tão precisos quanto os feitos segundo o antigo sistema ptolomaico, centrado na Terra, e passariam séculos até que

---

117 Para o bocejo com o qual a Igreja recebeu o heliocentrismo de Nicolau de Cusa, v. Kuhn, *A revolução copernicana*, 197, pp. 233–235.

fossem superados. Se você estivesse a navegar e desejasse mais precisão, era melhor ficar com o senso comum e com Ptolomeu.[118]

O que atraiu as pessoas no sistema copernicano foi sua simplicidade. Ele eliminou quase todos (e não todos!) os "epiciclos" de Ptolomeu, pequenas órbitas encaracoladas ao redor de um ponto que orbitava um segundo ponto, que orbitava um terceiro, e assim por diante, como rodas dentro de rodas. Por que a simplicidade era atraente? Aqui nos voltamos para o verdadeiro revolucionário. Guilherme de Occam, um teólogo e filósofo franciscano (cerca de 1285–1349), um quase contemporâneo de Dante, tinha afirmado o princípio hoje conhecido como Navalha de Occam. Dadas duas explicações, a que requer menos pressupostos deve ser preferida.[119] O sistema de Copérnico exigia menos pressupostos. Occam também promoveu uma posição filosófica chamada de nominalismo, que aplicava a Navalha aos substantivos universais como "homem", "cachorro" e "cavalo", termos usados para denotar o homem e não este ou aquele homem, sem qualquer individuação. Occam negava que esses termos tivessem algum sentido, exceto um sentido convencional. Não podemos falar razoavelmente do homem como homem universal; só podemos fazer vagas generalizações sobre os homens, baseadas em nossas experiências com os indivíduos. Mas se o homem como tal não existe, muito menos existe a natureza humana. Assim, as leis morais não podem ser baseadas na natureza humana. Em vez disso, argumentou Occam, devem ser derivadas da vontade arbitrária de Deus, como revelada nas Escrituras.

> ## O BARDO FALA: A NATUREZA HUMANA
>
> Ao estudar a história das idéias, somos atingidos pela contemplação de quantas más idéias não são novas. A mutabilidade da natureza humana encontrou um campeão no enredo de Rei Lear.
>
> "Os homens são de seu tempo", diz Edmundo ao capitão, exortando-o a enforcar o velho rei inocente e sua filha Cordélia (V, iii, 31–32). Shakespeare não tinha paciência com pessoas que reduziam a lei moral à convenção social, a ser descartada caso fosse vantajoso. Os professores que ensinam algo semelhante se descobrirão bem representados em Shakespeare: sempre como vilões.

---

118 V. Kuhn, *A revolução copernicana*, pp. 188,193.
119 O famoso dito é *Pluralitas non est ponenda sine necessitate*, significando, grosso modo, que a regra da parcimônia deve ser usada na explicação dos fenômenos.

Note que a Navalha nada prova. É um artefato intelectual conveniente. Pode aconselhar que você tenha poucas e simples premissas e, se estiver procurando por uma única causa para uma série de fenômenos diferentes (como usualmente fazem os cientistas naturais), pode ser exatamente a coisa a ser usada. Mas a Navalha não pode lhe dizer por que deveria preferir menos premissas, ou se as verdades descobertas serão grandiosas ou insignificantes. Aplicada ao que costumava ser chamado de ciência — isto é, todo o conhecimento, inclusive o revelado por Deus — a Navalha rompe o elo entre as disciplinas. Assim, Francis Bacon zombará da metafísica aristotélica, da qual tinha pouquíssima compreensão, porque ela não apoiava sua busca pelo domínio da natureza.[120] Dois séculos após Bacon, quando Napoleão perguntou ao matemático Laplace o motivo pelo qual não iniciou a sua *Mecânica celeste* com uma discussão de Deus, ele mostrou a Navalha: "Meu senhor, não tenho necessidade dessa hipótese".[121] O nominalismo, argumenta Richard Weaver, foi um veneno a vazar na vida intelectual do Ocidente. Ele viria a alterar e degradar o que queremos dizer com conhecimento: não é mais a posse ou contemplação das verdades superiores, mas o manejo dos fatos a serviço do poder.[122]

É um disparate histórico dizer que Francis Bacon inventou o método científico. Cientistas tinham observado por séculos a natureza e dela extraído conclusões práticas, e cientistas, muito depois de Bacon, permitiriam que pressupostos não provados ou impossíveis de serem provados sobre o mundo afetassem o que viam, ou determinassem sua capacidade

> **UM FILME QUE VOCÊ NÃO DEVERIA VER**
>
> *A Man for All Seasons* [O homem que não vendeu sua alma].
>
> Um filme que você precisa absolutamente ver. É uma representação brilhante da fé, da piedade, do dever, da honra e da obediência na vida real. Será que essas virtudes subservientes, certamente ultrapassadas, não existiam na liberal Renascença?

---

120 No livro I de *The Advancement of Learning* [O avanço do conhecimento] (1605), Bacon acusa os aristotélicos de terem feito "laboriosas teias do conhecimento" sobre "questões vermiculares". Ele não chega a argumentar contra eles; basta-lhe o ridículo.

121 A anedota é famosa, mas pode ser uma invenção. Houve um encontro em 1802 entre Laplace e Napoleão, e o tirano não ficou completamente satisfeito com a "mecânica" dos céus. Esse é ao menos o relato dado pelo astrônomo William Herschel, que estava presente. V. Constance Lubbock, *The Herschel Chronicle* [A crônica de Herschel] (1933), p. 310.

122 Richard M. Weaver, *Ideas Have Consequences* [As idéias têm conseqüências], Chicago and London: Chicago University Press, 1948, p. 3.

de enxergar o que quer que fosse. Bacon, na verdade, restringiu o que chamamos de conhecimento, e dispensou muitas ferramentas antigas e confiáveis para obtê-lo. Será então uma grande surpresa que nossos atuais cientistas sociais, quando não estão ofuscados pelo politicamente correto, acabem "descobrindo" o que todos sempre souberam — por exemplo, que meninas gostam de bonecas e meninos de espadas? O cego Homero poderia nos ter dito isso, quase três mil anos atrás.

Enquanto isso, a Europa, encantada pelo desejo de viajar desde as Cruzadas, não podia se aquietar em seu lar. Vasco da Gama dobrou o Cabo da Boa Esperança na tentativa de conquistar para Portugal uma rota até as Índias, ricas em especiarias, que evitasse o Mar Mediterrâneo, controlado pelos venezianos, genoveses e muçulmanos, e a rota terrestre de caravanas através dos países muçulmanos. Um de seus marujos ficou para trás na África e adentrou o continente até descobrir, próximo de uma das nascentes do Nilo, um reino cristão nestoriano perdido.[123] Colombo acreditou que poderia flanquear os italianos e os portugueses indo para o Ocidente atravessando o Atlântico; sabemos o que aconteceu depois. Os europeus foram inundados de histórias de terras estranhas: sobre uma Pocahontas fazendo acrobacias nua em frente aos homens de Jamestown, ou sobre o chinês mandarim, reservado e astuto, fascinado por engenhocas mecânicas como os relógios ocidentais.

A fé cristã afirmou uma humanidade comum, mas onde isso deveria ser encontrado, em meio à multidão de culturas e costumes? Alguns escritores afirmaram que os costumes bárbaros eram superiores aos dos europeus "civilizados". Montaigne tentou ver o canibalismo sob uma luz simpática.[124]

A autoridade? Não nos esqueçamos do Estado-nação, uma força de unidade política, mas freqüentemente um destruidor da tradição, a suspeitar de qualquer autoridade que não seja controlada pelo trono. Os príncipes da Renascença olharam para os antigos, buscando reviver para si mesmos a grandeza de Roma: Estados unificados pela religião, porém afastados do governo de um Papa. Desejavam a unidade contra os inimigos exteriores, mas a uniformidade cultural em suas fronteiras. Aquela unidade-na-variedade conhecida como cristandade morre,

---

123 O missionário português era Francisco d'Alvarez. A edição da Basiléia em 1533 do relato de Robert Monk sobre a Primeira Cruzada, *Bellum Christianum principum*, inclui cartas de um certo Davi, chefe dos cristãos nestorianos na Etiópia, apelando a seus companheiros de fé para que se juntassem a ele contra os muçulmanos.

124 V. "On Cannibals" [Sobre os canibais], em *Montaigne: Selected Essays* [Montaigne: ensaios escolhidos], tradução de William Hazlitt, editado por Richard Bates, Nova Iorque: Modern Library, 1949), pp. 74–89.

e todos os ducados e principados pequenos e semi-autônomos morrem com ela. A Renascença começa o movimento, ainda em andamento, de destruição das instituições intermediárias que servem de proteção entre o indivíduo e o Estado, e da separação do Estado de qualquer teologia que possa frear suas ambições. As antigas autoridades perdem, e novos senhores vencem.

Olhe, por exemplo, para Henrique VIII. Ele sabia que tinha um tênue direito ao trono. Se morresse sem herdeiro, a Inglaterra poderia recair na guerra civil, da qual só recentemente tinha emergido. Contudo, a esposa de Henrique, Catarina, princesa de Aragão, não gerara filhos vivos. O rei deve se casar novamente: as considerações nacionais superam a teologia, os votos de casamento e a decência. Henrique apela ao Papa por uma anulação, mas o Papa nada pode fazer. É militarmente fraco, e Carlos da Espanha, o irmão de Catarina, é tão nacionalista quanto Henrique e o mais poderoso aliado do Papa — um aliado perigoso, como Roma descobriu em 1527 quando as tropas de Carlos saquearam a cidade. Além disso, um papa anterior já tinha concedido a Henrique a autorização para se casar com Catarina, sua antiga cunhada. Para tudo piorar, Lutero tinha questionado a autoridade papal.

Nada de anulação. Isso resolveu o assunto: Henrique VIII, antigo "Defensor da fé" por um tratado escrito contra Lutero, se apossou da igreja inglesa. Precisava de dinheiro (todos os príncipes da Renascença precisavam, ainda mais com a inflação trazida pelo ouro e prata que chegava das Américas). Então saqueou os antigos centros da cultura rural e das vilas, os monastérios, a pretexto de os reformar. Converteu os bens em moeda e leiloou as propriedades. Um dos compradores chamava-se Washington.[125]

A comunidade cristã tradicional e local, vila e igreja, com sua vida corporativa, foi espremida numa pinça. Por um lado, o novo individualismo: se você tem poder aquisitivo, pode comprar seus próprios livros, pode viajar a lugares estranhos e pode escolher entre uma série de autoridades. Por outro lado, o Estado-nação centralizado. O padrão se repete em todos os lugares, e continua até nossos dias.

Mas a resistência, a sede humana de verdade, e, na realidade, de uma autoridade transcendente a que possa se submeter, ainda era forte, e se provou imensamente criativa. Essa resistência também é característica da Renascença. Se não é mais possível voltar à teologia de São Tomás em busca de certeza, já que somente os clérigos estudam esse velho frade e

---

[125] Lawrence Washington comprou a Mansão de Sungrove em 1539.

ninguém consegue compreendê-lo, e se o ritmos da vida na vila e na igreja que dão sentido ao curso do tempo são abafados pelos hinos nacionais — Spenser a escrever *The Faerie Queene* [A fada rainha] para celebrar a Inglaterra como a nova Roma, Camões a escrever *Os lusíadas* para celebrar Portugal como a nova Roma, Tasso a escrever *Jerusalém liberta* para celebrar Roma como a nova Roma — então você pode olhar para o interior do coração e ouvir as inspirações divinas. Daí vêm as pinturas barrocas de Caravaggio, Rembrandt e Tintoretto, com foco no momento dramático da vida do indivíduo, que poderia ser qualquer pessoa, até mesmo o artista. Assim temos Rembrandt, a pintar a tristeza e a vaidade da vida do hedonista, utilizando sua esposa como modelo para uma garçonete, e a si mesmo como modelo para o Filho pródigo, ou Caravaggio, a pintar a si mesmo como o crucificador estranhamente perplexo de São Pedro.

> ### QUE DECEPÇÃO: ATÉ MESMO OS GRANDES ARTISTAS ERAM CRISTÃOS
>
> *[Leonardo] ainda informou ao Duque de que ainda lhe faltavam duas cabeças, uma das quais, a do Salvador, não poderia encontrar na terra, e que não tinha ainda atingido o poder de representá-la a si mesmo em sua imaginação, com toda a perfeição e graça celestial que uma representação digna da Divindade encarnada deve exigir.*
> — De Giorgio Vasari, *Vidas dos pintores* (vol. I, 317).
>
> *Leonardo demorou tanto para completar a Última ceia não simplesmente por ser um perfeccionista — o que ele realmente era. Foi sua fé, nele mais uma questão de intuição do que de conclusão teológica, que exigiu que tensionasse os nervos de sua inteligência, habilidade e visão.*

Se isso é o "individualismo" renascentista, ele certamente busca a autoridade, e é notavelmente engenhoso nessa busca. Dessa forma, Inácio de Loyola, em seus *Exercícios espirituais*, ordena a seus seguidores jesuítas uma disciplina rigorosa para a vida espiritual interior enquanto obedecem os superiores como os cabos obedecem os oficiais. Daí vem uma diretiva como a seguinte, muito distante do espírito da época moderna:

> Para sermos um só espírito e mente com a Igreja de Jesus Cristo, devemos nela confiar, e de nós mesmos desconfiar, até o ponto de pronunciar como verdadeiro aquilo que nos parece falso, se

ela assim decidir; pois devemos crer sem hesitação que o Espírito de nosso Senhor Jesus Cristo é o espírito de Sua esposa, e que o Deus que outrora nos deu o decálogo é o mesmo Deus que agora inspira e dirige Sua Igreja. (*Regras da fé ortodoxa*)

Exatamente por causa dessa obediência e disciplina, os jesuítas logo se tornaram os homens mais cultos da Europa. Os padres jesuítas, odiados por seus senhores seculares, tentariam evangelizar o mundo. Nenhuma cultura humana era indigna de sua curiosidade e cuidado.

O desejo pela comunidade também não morre. Ansiamos por uma comunidade separada do Estado, que possa curar o indivíduo alienado. João da Cruz escreve seus poemas assombrosos sobre a alma que é cortejada por Deus (dele vem a famosa imagem da "noite escura da alma"),[126] enquanto serve como capelão dum convento carmelita na Espanha. Esse convento inclui Teresa de Ávila, que reforma sua ordem ao estabelecer linhas claras de autoridade e encorajar uma vida profunda de oração. O seu *Castelo interior*, um clássico da vida espiritual, foi escrito somente por insistência dos superiores, mas para grande satisfação de suas caras irmãs. Os puritanos, com uma teologia muito diferente daquela que animou João e Teresa, também foram movidos pelo mesmo desejo humano e cristão. São chamados de separatistas, mas queriam separar para unir. Queriam formar sua própria comunidade sob uma autoridade que todos reconheciam. Não podiam viver na Inglaterra; não podiam viver nem mesmo na Holanda calvinista. Então lá foram eles, num navio chamado *Mayflower*, a navegar para a América, completamente desinteressados de qualquer império, rejeitando a autoridade de Roma, Londres, Wittenberg e Genebra, mas ainda assim dispostos a se submeter a uma autoridade.

Os pais peregrinos também eram homens da Renascença.

---

126 Observe a expressão de potente desejo no poema mais conhecido de São João da Cruz. "En un noche oscura":

Numa noite escura,
com ânsias, em amores inflamada,
Ó, ditosa ventura!
sai sem ser notada
estando já minha casa sossegada.

Para a poesia de São João em espanhol e inglês, e uma excelente discussão dos Carmelitas, v. Gerald Brennan, *St. John of the Cross: His Life and Poetry* [São João da Cruz: sua vida e poesia], Cambridge, UK: Cambridge University Press, 1973.

CAPÍTULO VII

O iluminismo: liberdade e tirania

> O iluminismo é a libertação do homem de uma tutela auto-infligida. A tutela é a incapacidade do homem de usar sua compreensão sem a orientação de um outro [...] "Tenha coragem de usar sua razão" — essa é a divisa do iluminismo. (Immanuel Kant, *O que é o iluminismo?*)[127]

É emblemático que um conservador moderno possa concordar com Kant nisso. Culpo a escolarização que destrói simultaneamente a piedade e o pensamento independente.

Todavia, seguir a prescrição kantiana leva à atomização social, com cada homem isolado um do outro, e resta ao Estado impor a ordem. Também significa, na prática, a troca de um professor, que podemos chamar de tradição, por outro professor, seja ele a própria vaidade e capricho, ou as ambições de uma elite intelectual.

ADIVINHA SÓ?!

⚖ A ascensão do Estado e o declínio da Igreja causaram a violência dos séculos recentes.

⚖ A América foi um produto do iluminismo e da típica reação inglesa contra ele; sua revolução conservadora criou uma chance para a liberdade genuína.

⚖ Os mais sábios pensadores do iluminismo eram os seus maiores críticos.

---

[127] Kant, *What is Enlightenment?* [O que é o iluminismo?] De *Kant*, editado por Gabriele Rabel, Oxford: Clarendon Press, 1963, p. 140.

Separamo-nos da antiga sabedoria acumulada — mas não provada pelo "método científico" —, somente para nos submeter a algumas poucas mentes, com seus inconfessos pecados e cegueiras. Como disse Edmund Burke: dilapidamos nosso capital limitado de experiência e de conhecimento.[128]

A herança do iluminismo é, portanto, profundamente ambivalente. Se lhe dermos crédito pelo progresso vertiginoso das ciências naturais, também poderemos culpá-lo pela cortina de fumaça em meio à qual ainda trabalhamos, por ter exigido que todo conhecimento seja expresso em fórmulas matemáticas ou dados coletados pelos "especialistas", e rejeitado as antigas questões a respeito da natureza e da finalidade do homem.

Isso é irônico, já que o iluminismo foi uma criatura do zelo político e religioso da Renascença.

A vontade escravizada

O que mais exasperava Martinho Lutero na Igreja de seu tempo, quando o papado estava nas mãos de algumas poucas e mundanas famílias italianas, não eram os homens perversos que vestiam o manto da hierarquia. Onde quer que existam homens e mantos, há de existir homens maus a vesti-los. O que realmente levou Lutero a declarar, em seu julgamento na Dieta de Worms, que "aqui estou, não poderia ser diferente" foi sua revolta contra a idéia de que o homem poderia atingir um nível aceitável e insípido de "bondade", de que ele poderia comprar a graça de Deus com algumas poucas obras bem-escolhidas, limpando seu caminho até a bem-aventurança eterna. Lutero estava a se rebelar contra o próprio iluminismo, que seu rompimento com a Igreja, em meio à triste confusão dos assuntos humanos, ajudaria a inaugurar.

Lutero lutara para atingir a santidade como um monge agostiniano de longos jejuns, somente para se descobrir assolado pelo fracasso e pelo que acreditava ser um pecado imperdoável.[129] Somente quando leu a afirmação de São Paulo na Epístola aos Romanos de que o homem não é salvo pelas obras, mas pela fé — sobretudo Paulo tinha em mente

---

128 Burke, *Reflections on the Revolution in France* [Reflexões sobre a Revolução na França], Londres: J. M. Dent, 1910, p. 84; Burke o escreveu em 1790.

129 V. o Prefácio de Lutero em 1545 para o seu *Complete Latin Writings* [Obras latinas completas], de *Luther's Works* [Obras de Lutero], vol. XXXIV, editado e traduzido por Lewis W. Spitz, Filadélfia: Mulenberg Press, 1960, pp. 327–338.

as prescrições detalhadas da Lei Judaica —, é que Lutero se sentiu livre. O marco libertador é a idéia de que a salvação não pode ser conquistada. É dada aos fiéis como uma graça livre de Deus. Assim, quando Lutero ouviu que os dominicanos estavam viajando pela Alemanha, arrastando-se por dinheiro para a reconstrução da Basílica de São Pedro, ficou enfurecido. Era dito ao povo que, se eles dessem uma ou duas moedas, uma pobre alma no purgatório seria liberta de seu sofrimento;[130] ou que eles próprios poderiam conquistar uma indulgência no além pelos pecados que tinham confessado. A doutrina das indulgências exigia a penitência genuína e um compromisso de corrigir a vida, mas a doutrina e a prática, ou mesmo a doutrina e a aparência, eram coisas diferentes. E pouco ajudava o fato dos hierarcas italianos parecerem estar mais atentos a Cícero do que a Cristo; também eles tinham sido capturados pelo fascínio da Renascença: o homem.

A Igreja Católica tardou em responder ao desafio luterano, principalmente devido ao caos político no norte e no centro da Itália, invadidos em turnos por França e Espanha. Finalmente, no Concílio de Trento (1545–1563), apesar de condenar a maior parte da teologia e da eclesiologia de Lutero, ela declarou sua concordância substancial com os reformadores em um ponto que coloca católicos ortodoxos e igrejas reformadas em um imenso Grand Canyon teológico de distância dos pressupostos fáceis do mundo moderno. Pois o mundo moderno se une completamente ao clérigo mundano. Ambos acreditam que se há um céu, as pessoas boas vão para lá — "boas" pelos critérios da época. Hoje somos todos pelagianos.[131] Deus é o tiozão afável no céu, que estala os dedos e conserta as coisas para nós, desde que façamos reciclagem, doemos para a United Way, façamos carinho nos cachorrinhos e estejamos à altura de outros padrões de dificuldade semelhante. Os reformadores e os padres tridentinos afirmam que sem a graça divina o

---

130 O slogan atribuído ao frade dominicano Johan Tetzel sintetizou a venda de indulgências: "Assim que a moeda ressoa no cofre, a alma sai do purgatório". Isso incitou as respostas de número 27 e 28 nas famosas 95 teses (1517) de Lutero.
131 Não estou a ser justo com Pelágio (350-418), o monge que dá nome à heresia. Ele acreditava que a doutrina de Agostinho sobre a confiança total na graça divina dava às pessoas uma desculpa para o laxismo moral. Ele, como toda gente, desprezaria o que veio a ser conhecido como Pelagianismo — a crença de que somos todos naturalmente bons e podemos merecer a salvação por nossos próprios esforços medíocres: "Se alguém acreditar que foi por um erro da natureza que alguns foram perversos, usarei a evidência das Escrituras, que sempre coloca sobre os pecadores o fardo pesado de terem usado a própria vontade e não os desculpa por terem agido somente sob o constrangimento da natureza" (Carta a Demetrias, 7).

homem não pode fazer o menor bem, e que essa graça é por definição uma livre doação.[132]

> ### ABOLIR O CRISTIANISMO?
>
> É da mesma forma proposto como uma grande vantagem para o público, que se rejeitarmos o sistema evangélico, toda religião será para sempre banida, e conseqüentemente, junto com ela, aqueles penosos preconceitos educacionais, que sob o nome de virtude, consciência, honra, justiça e similares, são tão aptos a perturbar a paz das mentes humanas.
> — Jonathan Swift, *Um argumento contra a abolição do cristianismo.*
>
> Não se preocupem; diz o alter ego satírico de Swift. Por que abolir o cristianismo, quando nossos "métodos educativos" modernos já conseguiram fazer com que os graduados não possuam nem mesmo a menor mácula das terríveis virtudes acima citadas? Ele poderia ter escrito essa passagem hoje.

A diferença crucial entre a teologia reformada e a católica diz respeito à liberdade da vontade, e à bondade genuína das ações realizadas em concordância com a graça divina. O Concílio de Trento afirma que o homem permanece livre para se sujeitar à graça ou rejeitá-la, e que, pela graça, pode realmente realizar feitos que Deus considera dignos de mérito. Pode invadir a casa em chamas para salvar os filhos de seu inimigo. Sem a graça divina ele nunca poderia ter feito isso; mas ele o faz, e isso é bom. Os reformadores tardios, como Calvino, alegavam que a graça era irresistível. Se Deus concede a graça, você irá realizar o ato. Ele seria "bom", na medida que podemos compará-lo à maldade de quem iniciou o fogo, mas permaneceria infinitamente distante da bondade divina, e não conquistaria nada por mérito.[133]

Porém, isso não é simplesmente um debate sobre o pecado. Trata-se de um debate sobre a natureza humana, e sobre o tipo de autoridade

---

[132] Do Concílio de Trento (1547): "Quando o Apóstolo diz que o homem é justificado pela fé e livremente, essas palavras devem ser compreendidas no sentido que a unanimidade ininterrupta da Igreja Católica as sustentou e expressou, isto é, que somos ditos, portanto, justificados pela fé, pois a fé é o começo da salvação humana, o fundamento e raiz de toda justificação, sem a qual é impossível agradar a Deus e chegar à companhia de Seus filhos; e diz-se também, portanto, que somos gratuitamente justificados, pois nada do que precede a justificação, seja a fé ou as obras, merece a graça da justificação. (Seção 6; Decreto sobre a justificação, cap. 8).

[133] Calvino, v. *Comentário sobre São João*, 6:41–45; *Institutos da religião cristã*, 3.21, sobre a eficácia da graça; 3.19, sobre o fato de que até mesmo os santos cristãos nada merecem por suas obras.

que os homens devem reconhecer em suas relações uns com os outros. A imprensa permitiu a qualquer um que pudesse pagar a possibilidade de ler diretamente a Bíblia, enfraquecendo assim o elo entre o indivíduo e a Igreja. Mas o foco sobre a natureza decaída do homem lembrou a todos da desesperada necessidade de pertencer à comunidade correta de crentes, para o apoio mútuo e a instrução. Então, uma estonteante gama de novas igrejas surgiu nos séculos XVI e XVII, e um certo tipo de pelagianismo se insinuou entre elas. Desta vez foi a vaga crença (não ensinada por nenhum teólogo respeitável) de que se a igreja certa fosse freqüentada, talvez a igreja que mais claramente afirmasse a sua incapacidade de obter a salvação por si mesmo, então você, paradoxalmente, conquistaria a salvação. Algumas dessas comunidades dissidentes desviaram-se para a esquisitice, a tolice e a bizarrice. Os mansos Quakers tremiam em seus encontros, sob a influência do Espírito Santo. Uma seita sob a liderança de João de Leyden tomou o poder na cidade de Muenster e a governou por um ou dois anos sob regras comunistas (incluindo, dizem seus detratores, a partilha de esposas), até que o duque vizinho, apoiado por Lutero, cercou a cidade e fez com que ela capitulasse pela fome. Os adamitas na Inglaterra do século XVII acreditavam que já tinham reconquistado o Éden, e por isso caminhavam completamente nus pelas ruas. A Família do Amor foi acusada de orgias grupais.[134]

Era um tempo volátil. Se você fosse um duque com um pequeno exército, poderia se colocar a serviço da igreja de que fora persuadido a crer verdadeira. Ou poderia usar o conflito para expandir suas terras às custas dos vizinhos. Ou poderia fazer uma mistura de ambas as opções; tal é o novelo das motivações humanas. A confusão grassava na Alemanha, onde alguns príncipes locais estavam ansiosos por se libertar do fardo de seu governante Habsburgo, o Sacro Imperador Romano Carlos V, que também era o rei católico Carlos I da Espanha. Mas os inimigos desses príncipes poderiam se aliar com Carlos e os católicos. A Paz de Augsburgo em 1555 somente adiou a inevitável explosão. Ela ignorou completamente os calvinistas, e declarou que se seu príncipe fosse luterano,

---

[134] Thomas Middleton escreveu uma sátira dissoluta contra eles, *The Family of Love* [A família do amor] (1608). Os Familiares eram seguidores de um certo Hendrik Niclaes, um mercador holandês. Ele exortou todos os homens e mulheres, de todas as nações e fés, a se unirem a ele na rejeição do dogma e na vida pacífica. Christopher Hill concede um grande aplauso esquerdista aos Adamitas e outros radicais sexuais em *The World Turned Upside Down: Radical Ideas During the English Revolution* [O mundo de cabeça para baixo: idéias radicais durante a Revolução Inglesa], Londres: Penguin, 1975.

a menos que quisesse vender sua propriedade e se mudar, você também seria luterano, e que se seu príncipe fosse católico, você seria católico. Esse "acordo" não poderia durar. Observe, também, como a verdade e a consciência foram subordinadas à harmonia do Estado.

Acrescente a este caldeirão as ambições nacionais de Inglaterra, França, Espanha e outros, e terá os ingredientes para a guerra mais brutal que a Europa já vira, a Guerra dos Trinta Anos. Também terá os ingredientes das comunidades separatistas, a manter uma relação tênue com sua pátria-mãe ou relegando-a a um mundo não redimido de pecado e trevas. Isso descreveria os menonitas e os huteristas, os anabatistas que saudaram os turcos ao longo do Danúbio, e, em menor medida, os pais peregrinos que navegaram para o Novo Mundo buscando fundar uma comunidade de paz e piedade.

O "iluminismo" gera a tirania

Os horrores da Guerra dos Trinta Anos (e da Guerra Civil Inglesa que logo se seguiu) levaram alguns pensadores europeus a acreditar que a religião era essencialmente perigosa e divisiva. Restavam duas opções, pensavam: absorver a religião no Estado, ou dissociar a religião do Estado, relegando as Escrituras à interpretação individual e a participação na igreja à escolha individual. A ironia é que até o recente conflito entre católicos e protestantes, a religião não fora um motivo para a guerra entre as nações européias, mas sim uma trava do impulso beligerante da nobreza. Além disso, a própria Guerra dos Trinta Anos tinha muito mais a ver com os Estados-nações em competição do que com igrejas em competição: sua fase mais destrutiva começou quando a França católica juntou forças com os Estados protestantes na luta contra o seu inimigo comum, o Imperador. Essa seria a última guerra religiosa da Europa. E foi praticamente a primeira guerra religiosa na Europa. Contudo, a "lição" foi aprendida.

O filósofo Thomas Hobbes, por exemplo, alegava que a única forma pela qual os homens poderiam viver em uma difícil trégua seria com a cessão de seus "direitos" naturais sobre todos os bens. Nós todos, dizia ele, temos um direito idêntico às ameixas daquela árvore, ao ferro daquela montanha, à esposa de João e ao ouro de Maria. Semelhante igualdade produz a guerra. Então desistimos de nossos direitos em prol de um Estado soberano — o assim chamado Leviatã.

> **UM LIVRO QUE VOCÊ NÃO DEVERIA LER**
>
> *Reflections on The Revolution in France* [Reflexões sobre a Revolução na França] por Edmund Burke; Nova Iorque: University of Oxford Press USA, 1999.
>
> O amigo mais íntimo que os rebeldes americanos possuíam na Inglaterra era também o crítico mais eloqüente da Revolução Francesa. Argumentando que a ordem, a hierarquia e a tradição não devem ser levianamente descartadas até mesmo por ideais elevados como *Liberté, Egalité, Fraternité*, este livro é uma das melhores articulações do conservadorismo, no sentido mais pleno da palavra.

Hobbes não disse que o Leviatã deveria ser governado por um rei divinamente consagrado. Não havia uma sagração divina. Não é preciso que exista sequer um rei; um conselho poder servir perfeitamente bem. O ponto é que a vontade do Leviatã é absoluta. O Estado unitário é uma divindade comparada ao indivíduo. Só ele tem direitos. Ele pode determinar o que, e o quanto, você poderá possuir. Pode determinar o que, e como, você irá adorar. Dirige suas idas e vindas. E deve dirigi-las, já que os homens são, individualmente, átomos aleatórios de vontade, colidindo uns contra os outros em uma existência niilista. Não há, como disseram os nominalistas, nada semelhante a uma "humanidade", exceto como um termo conveniente, e muito menos uma natureza humana; há somente seres humanos individuais buscando obter o prazer e fugir da dor. A natureza não pode nos guiar aqui. Pois a vida do homem natural, disse Hobbes em sua famosa frase, naquele horrendo anti-Éden que precedeu a ascensão do Leviatã, está enredada na guerra de todos contra todos. Ela é "miserável, solitária, sórdida, brutal e curta".[135]

Haverá uma veia hobbesiana em muitos dos Estados e das revoluções vindouras. Luís XIV, o "Rei-Sol" da França, rejeitou o semi-ateísmo do inglês que se instalou em suas terras durante a revolta puritana, mas concordou que em sua capacidade de chefe de Estado, o rei deve exigir a reverência de uma divindade. *L'état, c'est moi*, disse Luís, "O Estado sou eu!". O mais eloqüente crítico de Luís, o piedoso Bispo Bossuet, condenou a luxúria da corte real, e, no entanto, confirmou o decoro da monarquia absoluta, e alegou que o povo não tinha qualquer direito

---

135 Hobbes, *Leviatã*, 1.13.

de se sublevar contra o governante apontado por Deus, mesmo que ele provasse ser um tirano. A única alternativa era implorar e rezar.[136] Os revolucionários em Paris derrubaram a estátua de Maria na Catedral de Notre Dame e fizeram desfilar uma mulher seminua em seu lugar como deusa da Razão. Finalmente, seus líderes viriam a torcer a lei à vontade, chamando-a de vontade do povo e proclamando-a suprema. Eles destronaram um monarca para estabelecer uma infinidade deles, lançando as lâminas de muitos machados contra pescoços inimigos. O Leviatã ergueria a cabeça novamente na tirania marxista, na adoração nazista da pátria ancestral e no Estado de bem-estar social do berço ao túmulo, que estrangula a alma com sua benevolência de coração duro.

A podridão desce da cabeça para o corpo. No iluminismo, essa podridão começou com a crescente aceitação do materialismo, a crença de que só existe a matéria; a alma, caso exista, morre com o corpo. O materialista antigo Lucrécio desfrutou um renascimento; a análise hobbesiana da condição do homem "natural" é inteiramente inspirada em Lucrécio. Basicamente, Lucrécio alega que somente existem os átomos e o espaço vazio, e que tudo que vemos é resultado de átomos aleatórios, limitados pelas leis físicas, a colidir sem qualquer finalidade.[137] Apesar de Isaac Newton não ser um materialista — passou muitos anos na "pesquisa" alquímica e espiritualista — sua descrição do mundo como composto de partículas discretas era atomista. Por isso, o poeta William Blake, em seu *Mock On, Mock On, Voltaire, Rosseau* [Zombai, Zombai, Voltaire e Rousseau] o culpou, com alguma justiça, pela redução do mundo à matéria bruta particularizada:

> *Os átomos de Demócrito*
> *Newton e suas partículas de luz*
> *São grãos de areia na costa do mar vermelho*
> *Onde resplandecem as tendas de Israel.*[138]

Se o homem é somente matéria, por que não usá-lo como o ferro ou a argila? Qual sentido podem ter o "bem" e o "mal" nesse mundo? Em

---

136 "Quando Bruto inspirou aos romanos um amor ilimitado pela liberdade", escreveu Bossuet, pensando não na santidade dos reis, mas na ordem providencial de Deus, "não lhe ocorreu que estava a plantar as sementes daquela permissividade descontrolada por meio da qual a própria tirania que ele desejava destruir seria um dia restaurada sob uma forma mais dura do que sob os Tarquínios. (*Discourse on Universal History* [Discurso sobre a história universal], 3.8; traduzido por Elborg Forster, Chicago: Chicago University Press, 1976), p. 375.
137 Lucrécio, *Sobre a natureza das coisas*, 1.418, 2.62–141.
138 De "Mock On, Mock On, Voltaire, Rousseau", pp. 9–12 (cerca de 1810).

sua *The Fable of the Bees* [A fábula das abelhas], Bernard Mandeville argumentou que a ganância, o orgulho e a gula eram benéficos para a colméia. Os vícios privados resultariam em uma economia em ebulição e em virtudes públicas:

> *A Fraude, a Luxúria e o Orgulho devem viver;*
> *Pois que receberemos seus benefícios.*
> (415–416)

O Conde de Rochester, um beberrão e devasso esporadicamente brilhante, sempre a citar o pobre e moderado Lucrécio em tudo, reduz o homem a uma partícula, e ridiculariza a noção de que uma partícula possa apreender o divino. É tão absurdo quanto acreditar que um ungüento poderia fazer com que

> *Uma Velha Bruxa voe,*
> *E carregue uma carcaça estropiada pelos céus.*
> (Uma sátira contra a humanidade, 86–87)

O homem é ignorante, diz o iluminado Helvécio, um apologista do Estado totalitário. Mas o homem foi feito para a virtude. O que fazer com essa contradição?

> Se a força reside essencialmente nos números, e a justiça consiste na prática de ações úteis para o maior número de pessoas, é evidente que a justiça, por sua própria natureza, está sempre armada de poder suficiente para suprimir o vício e impor aos homens a necessidade de serem virtuosos. (*On the Mind* [Sobre a mente])

Belas palavras, com implicações terríveis. Quando os *philosophes* franceses do século XVIII descartaram a crença cristã na queda do homem, se voltaram, como Platão, para a ignorância como explicação do mal. Mas se as pessoas praticam o mal porque são ignorantes do bem, então devemos ensiná-las, gostem elas ou não. Essa necessidade está no centro do extravagante regime descrito por Platão em *A República*. Helvécio, porém, sequer acredita no Bem como tal. O certo é aquilo, diz ele, que será materialmente útil para o maior número de pessoas. Isso significa que o Estado definirá o bem e o mal, segundo as finalidades da maioria. Quanto à dignidade e os direitos normativos do homem, da família ou da vila, são somente os destroços de uma idade das trevas, varridos pelo dilúvio. Não há qualquer proteção contra a tirania.

E quanto a Deus, que protege a viúva e o órfão, que humilha os orgulhosos e exalta os humildes? Caso Deus exista, é um relojoeiro que coloca as engrenagens em movimento, mas não tem qualquer relação pessoal com o seu funcionamento. Assim diziam os Deístas, concordando com Lucrécio que Deus não podia ser peticionado, "não podia ser conquistado por feitos virtuosos, nem tocado pela ira" (*On the Nature of Things* [Sobre a natureza das coisas, 1.49]). O filósofo Baruch Espinoza falou muito sobre Deus, como ser necessário que informa o universo. Desafiou seus

> **UM LIVRO QUE VOCÊ NÃO DEVERIA LER**
>
> *Ideas Have Consequences* [Idéias têm conseqüências] por Richard Weaver; Chicago: University of Chicago Press, 1984.
>
> Uma polêmica abrangente e rigorosamente fundamentada contra a decadência intelectual e artística do Ocidente moderno, que Weaver vê como resultado de um erro crítico e evitável no início da Renascença. O conhecimento foi rebaixado da obtenção da verdade imutável para a habilidade de análise dos particulares, para que pudéssemos exercer nosso poder sobre a natureza.

> **O HOMEM-MÁQUINA**
>
> Se os autores iluministas soubessem o que suas idéias produziriam no século xx é possível que se retratassem. Aqui, o influente cientista Julien Offray de la Mettrie argumenta que a lei natural é um mero sentimento:
>
> *E agora, como devemos definir a lei natural? Trata-se de um sentimento que nos ensina o que não devemos fazer, porque não queremos que seja feito a nós. Ousaria eu acrescentar a essa arrojada idéia que esse sentimento me parece ser simplesmente um tipo de medo e terror, mas que é salutar para a raça e para o indivíduo?*
>
> Já que o corpo humano é feito da mesma matéria partilhada por tudo, La Mettrie pressupõe que o homem é, portanto, simplesmente uma máquina, e a lei natural não é senão um vago "sentimento" desenvolvido depois de algum tempo. Esse sentimento o impede de ferir seu inimigo, pois ele teme a possibilidade da vingança futura.
>
> Da *República* de Platão chegamos a isto — uma afirmação direta de que nossas idéias sobre o bem e o mal são simplesmente obra do interesse próprio. Mas então, se você tem o poder, por que se preocupar com os outros? La Mettrie acredita ter reduzido o homem a uma máquina; mas, na verdade, deformou-o num monstro moral.

detratores que o acusavam de ateísmo, mas poderíamos rezar para o Deus de Espinoza tanto quanto poderíamos rezar para uma galáxia. Deus não é o Criador, mas a condição metafísica que está na base de um mundo necessário e, em sua totalidade, perfeito: "Negamos que Deus possa deixar de fazer o que faz", argumenta Espinoza (*Pequeno tratado sobre Deus, e sobre o homem e seu bem-estar*, cap. 4).

Écrasez l'infâme!

Isso era, como disse, uma opção. Considere o homem como matéria a ser moldada. Negue a Deus qualquer cuidado providencial com o fim do homem. Em vez disso, por motivos práticos, transfira esse cuidado para o Estado (comandado, naturalmente, por intelectuais). A outra opção era colocar a religião em prisão domiciliar: remetê-la à consciência. Essa opção mais saudável concedeu ao homem a dignidade de um ser que poderia rezar e louvar seu Criador. Mas fez com que a Igreja passasse a mendigar diante do Estado, a fim de descobrir de que forma ele toleraria sua existência. Não que as igrejas estabelecidas na Inglaterra ou nos países católicos fossem comunidades saudáveis. Todas estavam submetidas aos caprichos do Estado: "Os governantes interferiam nos seus assuntos", escreve o historiador Gerald Cragg, "expropriavam sua riqueza e alteravam a estrutura de sua vida".[139]

Isso era sintomático da época. Voltaire ridicularizou a Igreja que o educou: *Écrasez l'infâme!*, clamou ele, "derrubem essa coisa horrenda!". No entanto, ele tinha uma consciência culpada sobre o problema. Quando escreveu o célebre "discordo completamente do que você disse e lutarei até a morte por seu direito de dizê-lo", dirigia-se a Helvécio.[140] Em outras palavras, Voltaire não se importava com o materialismo que suas próprias sátiras, cheias de estilo e carentes de profundidade filosófica, encorajavam. O personagem mais decente em sua sátira *Cândido* não é o Doutor Pangloss (uma paródia cruel de Leibniz, o filósofo semi-materialista, que argumentava, assim como Espinoza, que a totalidade do mundo não poderia ser diferente do que é, e por isso o mundo era perfeito) mas um humilde cristão anabatista, cujo único credo parece ter sido a caridade para com os sofredores.

---

[139] Cragg, *The Church and the Age of Reason*, 1648–1789 [A Igreja e a Era da Razão, 1648–1789], Hammondsworth: Penguin, 1960, p. 12.
[140] V. Norman L. Torrey, editor, *Les Philosophes*, Nova Iorque: Capricorn Books, 1960, p. 185.

Às vezes é difícil distinguir entre o apoio iluminista à liberdade religiosa e o desejo iluminista de que a religião se modernizasse, isto é, se tornasse menos religiosa, e enfim desaparecesse. Então, como agora, algumas pessoas apoiaram a liberdade para as religiões primariamente como uma forma de lhes tirar todo poder real. Um alvo especialmente fácil era a Igreja Católica, enorme e pesada, a provedora do que era desdenhosamente chamado de "poder sacerdotal". Então, também, as questões de liberdade religiosa estavam enredadas na política nacional. Os ingleses não podiam esquecer a tentativa do católico Guy Fawkes de explodir o Parlamento nos dias do Rei Jaime I (1606). Assim, quando o viúvo Jaime II, um católico escondido no armário, cometeu o penoso erro de se casar com uma duquesa italiana e gerar um herdeiro homem, o povo, que significava o Parlamento, tinha de se revoltar. Ele convidou o protestante Guilherme de Orange, genro de Jaime por seu primeiro casamento, a invadir o país, expulsar o rei, e governar em seu lugar. A assim chamada Revolução Gloriosa (1688), gloriosa porque houve algumas gotinhas de sangue derramado, marcou a vitória do Parlamento em sua longa luta pela supremacia sobre o trono. Doravante, os monarcas ingleses perderiam cada vez mais poder, até tornarem-se o que hoje são: luxuosas figuras simbólicas. E a lei que Jaime aprovara, permitindo a tolerância de todos os grupos religiosos, foi repelida; os católicos teriam de esperar até o começo do século XIX para desfrutar do direito ao voto na Inglaterra.[141]

Assim, a religião, na Europa, mas não necessariamente na América (e de forma alguma na Quebec católica), recua para a beira do leito e para a lareira. Por isso vemos o emocionalismo afeminado da piedade católica dos séculos XVIII e XIX, com seu Cristo lânguido, uma rosa frágil para um Salvador; e por isso também os movimentos evangélicos impetuosos, com o metodismo sendo o mais admirável entre eles, que alimentavam as ovelhas, se não com uma doutrina bem definida, ao menos com a essência da mensagem evangélica aplicada ao pecador em necessidade, usualmente um pecador semi-analfabeto no campo.

Enquanto isso, a visão recém-expansiva do Estado podia se alimentar de um cocho "democrático". Se, como argumentou Helvécio, o braço coercitivo do Estado somente promulga a vontade popular, por que as pessoas deveriam ter medo? E como o povo pode apelar para algo

---

[141] Somente em 1828 os católicos romanos da Inglaterra puderam desfrutar do pleno direito ao voto; nessa época, a tolerância seria defendida não pela coroa, mas pelas muitas e variadas seitas dissidentes da Igreja da Inglaterra institucional.

além do povo, se nada há de superior ao Estado para julgar as leis? Essa é uma lição que os fascistas, marxistas e liberais incautos dos próximos dois séculos decorariam. O sangue será derramado em nome do povo, isto é, para o grande deus Estado. A Revolução Francesa foi um claro exemplo, mas até mesmo as guerras imperialistas da Inglaterra na Criméia e na África do Sul foram estimuladas pelo desejo "científico" e liberal de enviar a população excedente da pátria para outras terras. Os magnatas da Manchester industrial, e não os antigos senhores em suas mansões ou a debilitada Igreja Anglicana, forneceram a energia por trás desse desejo de lutar, de tornar todo o mundo "democrático", inglês, industrializado e plastificado.[142]

Como a preferência iluminista pela democracia foi responsável pela carnificina? Talvez precisemos distinguir entre as formas de governo: do povo, pelo povo e para o povo. Não é que a democracia *per se* leve à tirania, mas que, como observou Burke, o Estado democrático "metafísico" vislumbrado pelos revolucionários franceses já era tirânico, arrogando para si os direitos normativos dos indivíduos, vilas, grupos e classes sociais, e da Igreja. Ele já tornava o homem uma máquina ou um número. Ao mesmo tempo, era um tipo de demolatria — um neologismo — que elevava uma massa abstrata do "povo" ao nível de um totem de adoração ritual, vendo o governo pelo "povo" como a progressão natural e inevitável da história. Eis aqui Burke, incitado a escrever por clérigos ingleses favoráveis à revolução que tinham suplantado a providência divina em favor da "ciência" do progresso: *Diz-se que 24 milhões devem prevalecer sobre 200 mil. É verdade; se a constituição de um reino for um problema de aritmética.*

Mas os homens não são contadores aritméticos. Não podem realmente amar seus países, sugere Burke, a menos que amem simplesmente pelo que são, com seus antigos costumes:

> Veja, Senhor, que nesta era iluminada sou suficientemente ousado para confessar que somos geralmente homens de sentimentos incultos; que em vez de abandonarmos todos os nossos velhos preconceitos, os estimamos em um grau considerável, e, para nossa vergonha, os estimamos porque são preconceitos; e quanto mais tiverem durado, e mais geralmente tiverem sido prevalentes, mais os estimaremos.

---

142 Os empresários de Manchester eram os liberais econômicos e sociais daquele tempo, os igualitaristas que compreendiam a igualdade somente como nivelamento. V. o cap. 4, "Romantics and Utilitarians" [Românticos e utilitaristas], em Russell Kirk, *The Conservative Mind: From Burke to Santayana*, Washington, DC: Regnery, 1986, pp. 99–129.

Não podemos suportar mais palavras; mas a alternativa é a mudança incessante, quebrando os elos tácitos de dever que ligam as gerações passadas à nossa,

> arriscando deixar para aqueles que virão uma ruína ao invés de uma habitação — e ensinando esses sucessores a respeitar suas invenções tão pouco quanto eles mesmos respeitaram as instituições de seus antepassados.

Os pais peregrinos

Como, então, nessa confusão política e entre os nativos selvagens do Novo Mundo, aconteceu a vitória da fundação da América? Por que a América, essa nação com a alma de uma igreja, evitou a carnificina francesa, a estagnação cultural espanhola e a desintegração continuada da Alemanha e da Itália?

A lenda politicamente correta é facilmente apresentada: foi tudo uma questão de imperialismo britânico. Os ingleses invadiram. Eram intolerantes e ignorantes, mas tinham maior poder de fogo. Espalharam a varíola; e isso foi tudo.

Mas a verdade é mais interessante, mais humana, e merece ser ainda mais lembrada hoje, já que entregamos nossas liberdades para um Estado devorador.

Você é um inglês a viver na cidade holandesa de Leyden, há muito um dos pontos de efervescência da Reforma. Você não se sente em casa. Tropeça na linguagem. Os holandeses bebem cerveja e patinam nos rios congelados naquela coisa papista que chamam de Dia do Natal. Os calvinistas batizam suas crianças, uma prática que você considera sem bases bíblicas. Você não tem a menor intenção de se converter a esses costumes. Só se mudou para a Holanda para desfrutar de sua própria comunidade, separada das más influências dos pomposos anglicanos, e livre do assédio dos oficiais do governo.

Contudo, você não ficará na Holanda ou retornará à sua Kent nativa. Isso porque seu pastor, John Robinson, concebeu um grande e temerário plano. Ele organizou você e seus irmãos puritanos em uma companhia de capital aberto, destinada a cruzar o oceano rumo ao Novo Mundo, para plantar, pescar, caçar e cortar madeira, ou qualquer outra atividade que tornasse a companhia modestamente lucrativa para os financiadores do outro lado do oceano. Mas você não está viajando para ganhar dinheiro. Quer, acima de tudo, uma comunidade livre. Quer criar sua família de uma forma santa, sem vizinhos corruptores e sem bispos ou lordes que possam lançá-lo na prisão por adorar da forma errada.

> ### UMA NAÇÃO RELIGIOSA
> *Se alguém sustentar que o espírito religioso que admiro é exatamente o que há de mais errado na América, e que o único elemento faltante para a liberdade e alegria da raça humana do outro lado do oceano é acreditar com Espinoza na eternidade do mundo, ou com Cabanis que o pensamento é uma excreção do cérebro, só posso responder que aqueles que falam essa língua nunca estiveram na América e nunca viram uma nação religiosa ou livre.*
> — Alexis de Tocqueville, *Democracia na América* (Cap. 17, 318).
>
> **Tocqueville era um liberal conservador, isto é, voltado para a tradição, um homem devoto que acreditava apaixonadamente na liberdade política. Ao notar a associação temporária e acidental da Igreja com os monarquistas europeus, percebeu que os "hábitos do coração" dos cristãos protegem a liberdade, dando força espiritual à lei e restringindo aqueles que desejam derrubar a ordem social para seu próprio ganho.**

Então você se lança ao mar. Esclareçamos o que essa viagem não era. Não foi feita para converter os nativos ao Evangelho. Algumas viagens tiveram essa intenção, apesar de não serem hoje celebradas. O jovem jesuíta Matteo Ricci zarpou para Macau após ter dominado a matemática, a astronomia e a relojoaria. Ali estudou tudo que pôde sobre o chinês mandarim e a cultura chinesa — os escritos dos sábios, as delicadas etiquetas da corte imperial, a reverência chinesa à tradição e sua notável desconfiança de estrangeiros. Finalmente, o Padre Ricci viajou para a China, e finalmente foi levado à Cidade Proibida, onde apresentou ao imperador um objeto de fascínio e admiração: um relógio. Ricci foi honrado como um Mandarim. Ele, em essência, tornou-se um mandarim para que os mandarins e o povo pudessem ser conquistados para Cristo.[143]

---

[143] A história do Padre Ricci (1552–1616) é contada por Jonathan D. Spence, em *The Memory Palace of Matteo Ricci* [O palácio da memória de Matteo Ricci], Londres: Penguin, 1985.

Porém, você sabe pouco sobre os nativos. Ouviu histórias de marinheiros, mas marinheiros não são as fontes mais confiáveis. Ouviu falar de tribos pacíficas e gentis, como aquelas que se encontraram com Colombo quando deu os primeiros passos na terra. Ouviu falar de canibais do Caribe. Também provavelmente ouviu falar dos odiosos astecas do México, que cobravam um tributo dos povos vizinhos: corações humanos, decepados quentes e fumegantes dos corpos de jovens no templo central consagrado ao deus da guerra Huitzilopochtli. Você não tem qualquer afeição particular pelos nativos que espera encontrar, e nenhuma afeição particular pelos europeus que está prestes a deixar.

Também não é o embaixador de uma grande nação sedenta de ouro. A Inglaterra ainda é relativamente pobre. Suas incursões oceânicas tinham sido tímidas. Muito tempo atrás, Henrique VII destinou algum ouro para que um italiano, Giovanni Caboto (John Cabot), explorasse o litoral da América do Norte. Caboto desembarcou na Nova Escócia, e a "reivindicou" para a Inglaterra. Mas, apesar de os pescadores ingleses terem de fato começado a cultivar as ricas Grandes Margens de Newfoundland, os ingleses só tinham estabelecido uma colônia na América do Norte, a fracassada Jamestown. Ela mal conseguia manter os escoceses subjugados, imagine agora se poderia fazer o mesmo com nativos a milhares de quilômetros de distância. É verdade que alguns patriotas dispostos a tudo, mais piratas que patriotas, tinham vasculhado as águas para atacar uma nau espanhola aqui e ali, ou para construir algum tipo de entreposto nas Américas: Francis Drake, John Hawkins, Walter Raleigh. Mas seu líder não é um Cortés com seus quinhentos soldados, capitalizando o ódio nativo aos astecas para invadir a cidade do México e derrubar o Imperador Montezuma.[144] Você não foi financiado por qualquer governo, nem irá fornecer recursos a qualquer governo. Trata-se, em mais de um sentido da palavra, de iniciativa privada.

Vocês não são marinheiros, pescadores, soldados, apesar de haver alguns destes em seu meio. São lavradores e artesãos comuns, sapateiros, tanoeiros, ferreiros e carpinteiros. Alguns trouxeram mulher e filhos. Trata-se de algo novo no mundo.

William Bradford, o primeiro governador sábio e piedoso de Plymouth, descreve com detalhes pacientes a viagem, o terrível primeiro inverno, e a perseverança dos peregrinos que sobreviveram à exposição ao ar livre, à fome e à doença. Também nos fornece um olhar mais

---

[144] V. Bernal Diaz, *The Conquest of New Spain* [A conquista da Nova Espanha], traduzido por J. M. Cohen, Hammondsworth: Penguin, 1963.

CAPÍTULO 7

profundo sobre o estabelecimento de uma comunidade ordenada, independente, a tentar harmonizar em questões essenciais as leis humanas e as leis divinas, e conceder nas questões indiferentes uma boa dose de liberdade, apesar de não tanta quanto os americanos coloniais viriam a desfrutar. Aqui ele nos conta como as poucas pessoas saudáveis dentre eles, incluindo o ancião William Brewster e seu comandante militar Myles Standish, cuidavam dos doentes de uma forma desconhecida no Velho Mundo, pois eles

> [...] não economizavam esforços dia e noite, mas sim, com abundância de trabalho e com risco à própria saúde, lhes arranjavam madeira, fogo, carne; faziam suas camas, lavavam suas roupas desprezíveis, e os vestiam e despiam. Em suma, realizavam todas as obras caseiras e necessárias de que estômagos delicados e nauseados não podem sequer ouvir falar; e tudo isso com disposição e alegria, sem a menor reclamação, mostrando nisso o verdadeiro amor por seus amigos e correligionários. (*Of Plimoth Plantation* [Sobre a plantação de Plimoth], 1620–1647)

Sua caridade era tão assídua que os próprios marinheiros, os quais não eram membros da comunidade religiosa e nem sempre gentis com os passageiros, comoviam-se, particularmente quando ficavam doentes e recebiam cuidados dos Peregrinos. Como os pagãos nos tempos de Juliano, o Apóstata, esses marujos buscavam apoio nos fiéis e não em seus pares. Disse um deles: "Vocês, hoje vejo, demonstram seu amor mútuo como cristãos, mas nós deixamos que os nossos mintam e morram como cães" (87).

Narro essa história por várias razões. Primeiro, ela ajuda a corrigir a difamação de que os peregrinos eram tolos e violentos, e os índios, em contraste, eram sábios e pacíficos. Na verdade, os índios não eram diferentes dos europeus ou dos seres humanos em todos os lugares. Eram inclinados ao mal. No Cabo Cod, Bradford descobriu uma teia de inimizades entres as tribos indígenas, exacerbada pela presença de caçadores franceses e as depredações dos negreiros ingleses. Um desses negociantes de escravos raptara Squanto — o índio falante de inglês que ensinou aos peregrinos como plantar milho, e que certa vez os peregrinos tiveram de repreender por tentar roubar casacos de pele de mulheres indígenas com quem buscavam comerciar (*Mourt's Relation* [A relação de Mourt], 60). Mas o amor cristão evidente na história dos doentes também caracterizou o relacionamento dos peregrinos com os nativos. Eles fizeram um pacto com o chefe Massasoit, estipulando o jogo limpo e a confiança mútua entre os dois povos. Os Peregrinos mantiveram o tratado fielmente, desde o dia em que foi selado até o relato de Bradford, 24 anos depois. Não é nada extraordinário na história humana que um povo venha a uma terra e expulse os antigos habitantes. O notável é que, apesar do clima ruim, da escassez de comida e de seu poder de fogo superior, os Peregrinos não tenham roubado dos indígenas, além de flagelarem qualquer vagabundo que tentasse roubá-los. Sua amizade era genuína.

A segunda razão de minha narrativa é a observação dos primórdios de uma comunidade cristã — uma irmandade de iguais que, no entanto, se ordena em uma hierarquia. Myles Standish, o diminuto soldado sem o qual os Peregrinos não teriam durado um ano, não tem vergonha de limpar os membros dos doentes, como a mais reles enfermeira. Contudo, ele também é o comandante, e sabe quando e como exigir disciplina. É essa piedade prática que Bradford e seus companheiros tentaram incorporar no governo diário da comunidade. E isso corrige outro equívoco, a saber, que os Peregrinos viviam numa ordem comunista. Não exatamente, e nunca por razões ideológicas. Como disse, eles deixaram a Europa como uma companhia de capital aberto, e isso significava que podiam dividir os lucros (nunca obtiveram muito) igualmente. Mas Bradford logo viu que no tocante à família e a vida comunitária, o modelo empresarial não funcionava — e nem era bíblico. Parecia-se demasiado com *A República* de Platão.

Uma insistência excessivamente rigorosa sobre a igualdade não agradava ninguém, não motivava ninguém a trabalhar duro, igualava industriosos, fracos e preguiçosos, exigia que jovens homens trabalhassem para as viúvas e filhos de outras pessoas, reduzia os velhos à indignidade da juventude, forçava as mulheres a cozinhar para homens que não eram seus maridos (o que, diz Bradford, elas consideravam uma "espécie de escravidão"), e depreciava, se é que não destruía, as relações naturais que Deus estabelecera entre os homens. Por isso, Bradford e os anciões dividiram parcelas iguais de terra para que cada família trabalhasse por si mesma, e designaram os garotos e jovens rapazes (pois havia muito mais homens do que mulheres) a uma família, para que ninguém pudesse reclamar da necessidade de mais um par de braços.

"Funcionou", disse Bradford, que compreendeu o quanto estava contrariando um importante movimento político de seu tempo. Seu povo apresentara ao comunismo sua melhor chance de sucesso, com anos de esforço "entre homens religiosos e sóbrios" (133). Contudo, sua experiência "pode muito bem evidenciar a vaidade daquele conceito de Platão e outros antigos, aplaudido *por alguns recentemente*, segundo o qual o fim da propriedade e a transformação da comunidade num comunismo deixaria todos felizes e prósperos; como se fossem mais sábios que Deus" (ênfase minha).

> ## O ÉDEN DE ROUSSEAU
> No momento em que um homem começou a ter necessidade da ajuda de um outro; no momento que pareceu vantajoso a algum homem ter provisões suficientes para dois, desapareceu a igualdade, a propriedade foi introduzida, o trabalho tornou-se indispensável, e vastas florestas tornaram-se campos sorridentes, que o homem precisava irrigar com o suor do rosto, e onde a escravidão e a miséria logo germinariam e cresceriam com as plantações.
> — Jean Jacques Rousseau, Discurso sobre a origem da desigualdade.
>
> A visão de Rousseau da vida abençoada do selvagem antes da agricultura e da metalurgia deve mais aos poetas clássicos do que a qualquer observação de tribos primitivas. Ele deveria ter feito companhia a John Smith em Jamestown ou ao Padre Marquette entre os Urões. Mas sua visão ainda exerce um estranho poder sobre o politicamente correto. As feministas, que têm mais de mil tribos da idade da pedra a que podem se juntar se desejarem, freqüentemente entretêm amáveis sonhos sobre o "matriarcado" de que todos desfrutamos antes da agricultura. Só falta contar isso aos aborígenes.

O que temos na Plymouth de então, e em outros lugares na América, é uma terceira via, que não é nem o Estado absoluto elogiado por Hobbes, nem o banimento da religião aos cantos empoeirados da alma. Ali havia espaço para a iniciativa e a competência individual, a serviço da família e em benefício da comunidade. Temos um ideal que foi amplamente realizado durante o longo governo de Bradford, e que permaneceu um modelo paras as vilas da Nova Inglaterra por muitas gerações: um povo unido pelo Deus que adoram, um Deus que ordena que se amem mutuamente.

Não estou a dizer que os colonos americanos sempre viveram a altura desse ideal. Quando foi que, na história humana, as pessoas viveram a altura de seus ideais? Mas a congregação puritana, como os monastérios de outrora, combinaram a igualdade com as necessárias hierarquias que se desenvolvem entre irmãos obedientes a um superior reconhecido. Diferentemente dos antigos monastérios, as congregações o fizeram enquanto promoviam a família. Estranhamente, foi de seu comprometimento com o regime da igreja local que os puritanos nos deram um modelo, não para o governo da igreja, mas de uma ordem secular amigável à família e à Igreja.

E foi esse modelo, grosso modo, que os colonos replicavam onde quer que fossem. Em certo sentido, ele era europeu e conservador. Parecia-se com o monastério muito mais do que qualquer puritano gostaria de admitir. Também se parecia com as cidades *charter* da velha Inglaterra. Em alguns lugares, como Plymouth, juntar-se à cidade era se juntar à igreja, ou se colocar parcialmente sob a direção dos anciões. Mas se isso não fosse agradável a alguém, sempre era possível se instalar em outro lugar — a Pensilvânia, por exemplo, onde a liberdade religiosa era garantida pela licença que Carlos II concedeu a William Penn.

No entanto, mesmo na Pensilvânia, essa liberdade religiosa se estendeu também à vigorosa prática de religião da comunidade. Dessa forma, uma colônia moraviana se estabeleceu em Bethlehem, uma colônia Amish em Lancaster, e uma colônia menonita em Germantown.

Eram conservadores os pais fundadores?

Os historiadores podem debater se os pais fundadores estavam corretos em sua avaliação, mas eles acreditavam — ou pelo menos a maioria deles acreditava — que em sua revolta contra a Inglaterra só estavam a reivindicar os direitos dos ingleses sob a *common law*, direitos reconhecidos por uma longa tradição. É por isso que o conservador Edmund Burke os apoiou (e porque, com a mesma veneração pelas piedades particulares de uma nação, ele apoiou o Ato de Quebec, que permitiu aos católicos franceses a liberdade em relação às leis inglesas sobre a religião). Franklin persuadira Burke de que os inovadores eram George III e seus ministros, e Burke conhecia o suficiente do partido Whig inglês — mercantilista, secular e centralizador — para considerar o argumento plausível.[145]

---

[145] Burke aceitou as visões de Franklin sobre a injustiça da tributação britânica sobre a América; v. Carl Van Doren, *Benjamin Franklin*, Nova Iorque: Viking, 1938, pp. 331–335.

Assim, quando olhamos para as palavras de abertura da Declaração de Independência, não deveríamos ser afoitos em pressupor que ela defende uma doutrina completamente nova de governo:

Consideramos estas verdades auto-evidentes: que todos os homens foram criados iguais; que foram dotados pelo Criador de certos direitos inalienáveis, e que dentre eles estão a vida, a liberdade e a busca da felicidade.

O que distingue a afirmação de Jefferson do clamor de *Liberté, Égalité, Fraternité* que ecoou nas ruas da Paris revolucionária? Respondamos por meio da dissipação de alguns equívocos sobre os Fundadores e suas crenças.

Primeiro erro: os fundadores eram deístas que acreditavam no deus-código de Espinoza, ou no deus do otimista Leibniz, um deus que colocou o maquinário celeste em movimento, mas que não pode habitar o coração do homem.

Aqueles que dizem isso estão a olhar para a América como se fosse a Europa, governada por uma *intelligentsia* cética e cínica e uma elite aristocrática. Não é a América do Grande Avivamento de 1739–1742, um movimento simultâneo dos populares e dos homens educados, a testemunhar a eloqüência simples dos metodistas de Whitefield e de John Wesley, mas também a teologia reformada e culta de Jonathan Edwards. Deixando de lado a ciência natural, não havia nada no conhecimento clássico, na lógica, na teoria política e na experiência prática que os dois ou três céticos dentre os Fundadores, Benjamin Franklin e Thomas Jefferson, poderiam ter ensinado a homens como John Witherspoon, Samuel Adams e Patrick Henry. Se Jefferson não tivesse se tornado presidente — isto é, se seu

> **UM LIVRO QUE VOCÊ NÃO DEVERIA LER**
>
> *The Scarlet Pimpernel* [O pimpinela escarlate] por Baronesa Emmuska Orczy; Nova Iorque, Penguin, 2000.
>
> Escrito como uma peça em 1903 (criticada como muito antiquada pelos críticos londrinos), tornou-se um romance pouco depois, e também um belo filme. O protagonista da história é o flagelo da Revolução Francesa e do Reino do Terror, e um herói da nobreza, salvando vários nobres da guilhotina.
>
> Um herói reacionário a defender a aristocracia? Eis a completa incorreção política.

predecessor John Adams não tivesse assinado a lei de sedição e estrangeiros, criminalizando a crítica ao governo incipiente no momento em que se acreditava que os franceses emigrados estavam a solapá-lo — poderíamos ter uma idéia muito diferente de quem foram os Fundadores mais importantes.[146]

É verdade que o panfletário Thomas Paine, que não foi membro de nenhum dos congressos continentais, era um deísta genuíno, se não um completo ateu. Porém, que a nação não estava de forma alguma enamorada por Paine e seus ideais igualitários fica amplamente ilustrado em uma carta de John Adams. "Não chame nossa época de Era da Razão", diz ele, satirizando o irreverente livro de Paine com esse nome, mas sim de "a Era de Paine":

> Ele o merece muito mais do que a cortesã consagrada para representar a deusa no templo em Paris, e cujo nome Tom divulgou em nosso tempo. A verdadeira faculdade intelectual nada tem a ver com a idade, a rameira, ou Tom. (Citado em *Kirk: Selected Writings of John and John Quincy Adams* [Escritos selecionados de John e John Quincy Adams])

A evidência de que nem mesmo Franklin e Jefferson eram propriamente deístas é suficientemente direta: às vezes foram flagrados rezando. O "deus" deísta é uma força impessoal, e não é possível apelar a uma força impessoal. Helvécio nunca o tentou; assim como La Mettrie e Paine. Mas, em um momento chave do primeiro Congresso Continental, Franklin exortou seus companheiros, antes que cuidassem de qualquer negócio, a suplicar Àquele que dirige o curso das nações, sem cuja assistência não poderiam ter êxito. Não é um momento isolado de piedade. Aqui ele se compadece de uma mulher pela perda de um amigo:

> Nosso amigo — assim como nós — foi convidado a ir ao estrangeiro em uma prazerosa festa que durará toda a eternidade. Sua cadeira ficou pronta primeiro, e ele se foi antes de nós. (Carta a Elizabeth Hubbart, 22 de fevereiro de 1756)

---

146 John Whitherspoon, por exemplo, era um ministro presbiteriano; o corajoso John Hancock era um homem profundamente devoto que implorou a seus companheiros do Primeiro Congresso Continental que se voltassem contritamente para Deus pedindo perdão em seus conflituosos dias. A presidência, e o acidente de que ela foi ocupada por cristãos que desviaram de algum modo do Trinitarismo, tem obscurecido quem eram os outros homens e no que acreditavam.

Ele escreve o seguinte, um mês antes da própria morte:

> Eis meu credo. Acredito em um só Deus, Criador do Universo. Que Ele o governa por sua Providência. Que deve ser adorado. Que o culto mais aceitável que lhe prestamos é fazer o bem a seus outros Filhos. Que a alma do Homem é imortal, e será tratada com Justiça em uma outra vida, segundo a sua conduta nesta. (Carta a Ezra Stiles, 9 de março de 1790)

Não é um credo propriamente cristão, mas está mais perto dele do que do materialismo de Hobbes ou do secularismo hostil de nossa academia.

É verdade que Jefferson suprimiu de seu exemplar do Novo Testamento todas as passagens em que Jesus realizou milagres.[147] Também é verdade que seu amigo e rival Adams decaiu do calvinismo para o unitarismo, e que, ao aconselhá-lo sobre a criação da Universidade da Virgínia, o exortou a garantir que a divindade genuína, do tipo do unitarismo cristão, seria ali ensinada, e não aquela absurda doutrina que afirma que o Criador de todo este universo esplêndido se encarnou e repousou sobre uma manjedoura.[148] Contudo, Jefferson realmente estudou sua "Bíblia" editada de forma amorosa. Aquele que odiava a igreja estatal — a tributação do povo para o pagamento do salário dos clérigos — nunca protestou sobre o ensinamento das Escrituras nas escolas locais, construídas e pagas pelo povo de uma comunidade. E por que o faria? Havia, ao fim e ao cabo, uma estranha veia conservadora em Jefferson, o gentil-homem de grandes propriedades, em oposição a Jefferson, o teórico político e diplomata. Conheço muitas igrejas que precisam de alguns deístas como Jefferson.

Segundo erro: os fundadores desejavam instaurar um Estado puramente secular. Se o termo "secular" implica um espaço público completamente esvaziado do discurso religioso, ou mesmo de uma teoria

---

[147] Jefferson a chamou de "Vida e moral de Jesus de Nazaré", e "a ofereceu como prova de que aquele chamado pelos sacerdotes e fariseus de infiel era um 'verdadeiro cristão' no único sentido que importava" (Merrill D. Peterson, no *The Portable Jefferson* [O Jefferson de bolso], Nova Iorque: Penguin, 1977, p. 38).

[148] Adams a Jefferson, já na velhice avançada de ambos, em 22 de janeiro de 1825: "Todos os europeus estão profundamente maculados por preconceitos temporais e eclesiásticos dos quais nunca poderão se livrar; estão todos infestados pelos credos episcopais e presbiterianos, e pelas confissões de fé. Todos acreditam no grande princípio que produziu este universo ilimitado. O universo de Newton, e o universo de Hershell, veio a esta pequena Bola, para ser cuspido pelos judeus; e até que essa terrível blasfêmia tenha sido exterminada, não haverá qualquer ciência liberal neste mundo". De *The Adams-Jefferson Letters* [As cartas Adams-Jefferson], editado por Lester J. Capon, vol. II, Chapel Hill, NC: University of North Carolina Press, 1959.

jurídica que não se enraíza nas verdades eternas do bem e do mal, a alegação é insustentável. Uma só palavra na frase de Jefferson o demonstra: *Criador*.

Não é uma palavra jogada ao vento. Jefferson apela além da autoridade do Estado para o Criador da natureza humana e das leis naturais do bem e do mal. Estava seguindo um caminho batido. John Locke, que escreveu seus tratados sobre o governo para justificar a monarquia constitucional e limitada estabelecida na Inglaterra por Guilherme e Maria, rejeitou a versão de Hobbes sobre o estado natural, a guerra de todos contra todos. Ele o substitui por algo semelhante à narrativa do Gênesis antes da Queda. O Pai criou o homem para ser livre e replicar Seu governo patriarcal na Terra.[149] Em outras palavras, a liberdade do homem e seus direitos emanam de sua natureza criada, e a lei natural consiste nas regras que esses seres não podem quebrar sem negar a própria natureza. Lucrécio é o autor que Hobbes cita com mais freqüência, mas para Locke é o teólogo anglicano e teórico do direito natural, Richard Hooker. O Estado — o Leviatã — não é um semideus. É, na verdade, citando Locke, aquilo que o homem cria para ajudar a assegurar a liberdade de "seguir sua própria vontade em todas as coisas, lá onde o império [da lei] nada prescreve; e de não ser sujeito à vontade arbitrária, inconstante e incerta de um outro homem" (*Second Treatise on Government* [Segundo tratado sobre o governo, cap. 4]).

Não estou a argumentar que Locke está totalmente correto, ou que o individualismo igualitário que ele prega não é em última instância um corrosivo da vida comunitária. Somente observei que Jefferson segue Locke, e não Hobbes. Não há dúvidas de que Jefferson era um simpatizante da Revolução Francesa. Era outra questão sobre a qual ele e Adam discordavam violentamente. Mas o slogan jacobino carece do apelo ao Único que torna a liberdade, a igualdade e a fraternidade possíveis. A declaração de Jefferson não comete esse erro.

Terceiro erro: Jefferson insiste que o Estado não pode tirar seus direitos pela força. Bem, ele certamente acreditava que o Estado não poderia fazer isso dentro dos limites da justiça. Mas sua frase quer dizer algo diferente. Esses direitos são, diz ele, inalienáveis. Ele novamente tem Hobbes e os idealizadores de sistemas totalitários em mente. Quando as pessoas não podiam mais suportar o caos da guerra de todos contra todos, diz Hobbes, alienaram seus "direitos" a tudo, investindo-os no

---

149 V. Locke, *Segundo tratado sobre o governo*, cap. 6, "Sobre o poder paterno".

Leviatã, o Estado. Contudo, esses direitos, concedidos pelo Rei divino de forma tão certa quanto um rei terreno concederia direitos a uma cidade *charter*, são nossos, e não para que possamos entregá-los a qualquer governante ou Estado. Não podemos nos vender para a escravidão. Não podemos alistar nossos filhos como servos do Estado. Não podemos negociar as liberdades fundamentais, que nos foram dadas pelo Criador, pela ninharia de um seguro de saúde. Não podemos trocar nosso direito de apoiar ou criticar candidatos a cargos públicos em benefício de eleições mais limpas e baratas administradas pelo Estado. Não podemos fazer uma centena de coisas que hoje fazemos o tempo todo, alienando nossos direitos e nos confortando porque, no fim das contas, o Estado deles cuidará. Hobbes foi mais honesto do que nós. Ele queria o Leviatã. Nós também queremos, mas fingimos que podemos colocar um anel em seu nariz e levá-lo por aí numa coleira.

Quarto erro: Jefferson diz que cada indivíduo tem o direito de buscar aquilo que pensa que lhe fará feliz. Não, ele não disse nada semelhante a isso.

Jefferson era um homem de educação clássica a escrever para seus pares, e não para o *Redbook* ou o *New York Times*. Esses homens entendiam que a "felicidade" era o objetivo de todas as antigas filosofias morais, e de todas as comunhões cristãs. Além disso, concordavam que um dos objetivos do governo era a promoção do bem do homem, um bem não redutível à vontade crua ou à acumulação de bens materiais. "Todas as sóbrias investigações sobre a verdade, antigas e modernas, pagãs e cristãs", escreveu Adams, "declararam que a felicidade do homem, assim como sua dignidade, consiste na virtude" (Kirk; *Selected Writings* [Escritos selecionados]). Mas o homem não será virtuoso por inclinação. Preferirá a preguiça à diligência, o torpor à vigília, e gracejos à obra revigorante da liberdade. O homem pode não se aperfeiçoar. Precisa de ajuda. Sendo assim, não é a religião que precisa do apoio do Estado, mas o Estado que não pode mais sobreviver sem a religião. Madison, que não tinha qualquer simpatia pela igreja institucional, admitia isso.

Nenhum desses homens acreditava que a virtude era uma questão de opinião — essa era a rota de fuga do patife. E tinham lido o suficiente das Escrituras e da antiga filosofia moral (especialmente o estoicismo) para acreditar na possibilidade da prática de uma virtude meramente privada. A felicidade exige a virtude, e a virtude exige uma comunidade que a promova, onde possa ser praticada. Contudo, se as pessoas são perversas, então o caos em que mergulharão suas cidades impedirá que até mesmo os virtuosos possam desfrutar da completa liberdade de uma vida cívica.

Em outras palavras, a busca da felicidade não é a busca do prazer.

Os modelos esquecidos da América: Roma e Atenas

Os fundadores tinham dois modelos principais para a estrutura de sua República, mas não necessariamente para seu espírito: Roma e Atenas. Tomaram algo emprestado de ambas. E algo que nós esquecemos.

Retiveram de Atenas uma conexão forte com tudo que é local. Não existiu um Estado pan-helênico antes que o semi-bárbaro Filipe da Macedônia criasse um pela força. Depois de Filipe, não existiu mais uma Atenas livre, uma Esparta livre e uma Corinto livre. Os fundadores mais dedicados aos direitos dos Estados individuais, especialmente os fazendeiros do Sul, compreendiam o problema. Não queriam ser apêndices de um império. Nesse sentido, e talvez só nesse sentido, é que Jefferson era mais conservador do que seu oponente Federalista, Alexander Hamilton. Deveria nos envergonhar nossa dificuldade de compreender essa lealdade ao que é local. Ter a mente aberta significa hoje se elevar acima de suas circunstâncias locais. O orgulho local, zombamos, é chauvinista e tacanho.

Mas no tempo de Jefferson, ser da Virgínia significava muito: ela tinha sua própria história venerável, seus próprios feriados, seu comércio próprio. Outros estados, durante

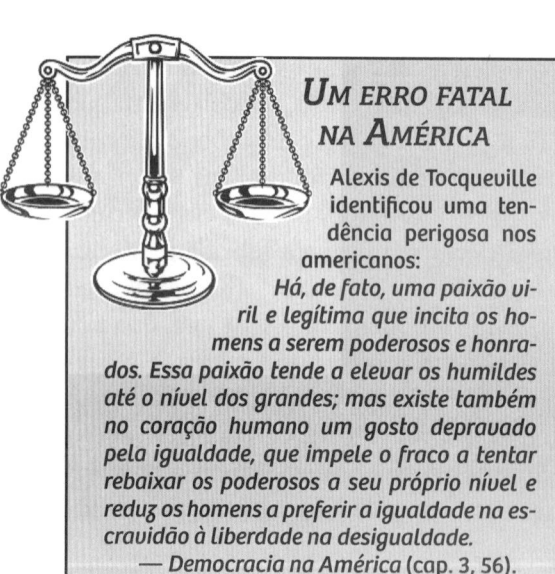

> **UM ERRO FATAL NA AMÉRICA**
>
> Alexis de Tocqueville identificou uma tendência perigosa nos americanos:
>
> Há, de fato, uma paixão viril e legítima que incita os homens a serem poderosos e honrados. Essa paixão tende a elevar os humildes até o nível dos grandes; mas existe também no coração humano um gosto depravado pela igualdade, que impele o fraco a tentar rebaixar os poderosos a seu próprio nível e reduz os homens a preferir a igualdade na escravidão à liberdade na desigualdade.
> — *Democracia na América* (cap. 3, 56).
>
> A liberdade pode tolerar um grande orgulho; mas tolera uma dose muito pequena de inveja. Qual paixão pela igualdade — a viril ou a depravada — tem predominado em nossa época de desprezo pela genuína excelência do próximo?

algum tempo, tinham sua própria igreja institucional. Kant se estremeceria, assim como o cosmopolita dos dias atuais.

Ainda assim, mesmo os mais fervorosos democratas compreendiam que o exemplo de Atenas era dúbio. Pois, ao fim e ao cabo, Atenas caiu. Sua democracia durou menos que um século. Foi Madison, o colega democrático mais cauteloso de Jefferson, que observou que cinco mil homens, mesmo sábios como Sócrates, não seriam mais que uma turba.[150] A democracia em sua forma pura tende a destruir a liberdade, para então se submeter a um tirano que possa apaziguar o caos resultante. Foi isso que disse Platão, e Fisher Ames, o Federalista:

> Nosso país é muito grande para a união, muito sórdido para o patriotismo, muito democrático para a liberdade. O que dele será, só Deus sabe. Seu vício o governará, jogando com sua tolice. Esse é o destino das democracias. (Kirk; carta de 26 de outubro de 1803; *Obras*)

Foi por isso que os fundadores se voltaram para Roma. Adams, ao teorizar sobre seu Estado ideal, claramente tem em mente os pesos e contrapesos fornecidos pelos cônsules romanos, os tribunos da plebe, o Senado aristocrático e a assembléia popular.[151] Nosso Senado deveria ter revivido o Senado romano, com um maior comprometimento para com o bem-estar de todo o povo. Seu nome sugere o tipo de homem que deveria servir: anciões, sábios pela experiência, e suficientemente estabelecidos na vida, de forma a evitar a tentação do uso do poder público para engordar seus bolsos. Não eram eleitos pelo povo — o apelo popular não é o que se busca num Senador. Eram eleitos pelas legislaturas estaduais, assegurando aos estados uma grande autoridade sobre o governo federal.

Em todos os cantos de nossa Constituição descobrimos uma tentativa de combinar um governo federal poderoso, à altura das necessidades de uma nação em rápido crescimento, e uma preferência pela vida cívica estadual e comunitária. Por isso o povo elegia representantes do que deveriam ser distritos geograficamente coerentes: uma cidade com seu condado periférico, uma amplidão rural ou as terras montanhosas. Assim também, pela Constituição, o povo não vota para presidente,

---

150 V. *O federalista*, n. 55.
151 Em 1787, Adam de fato escreve uma *Defesa das constituições governamentais dos Estados Unidos da América* contra o democrata radical francês Turgot, que criticara o sistema americano por seus pesos e contrapesos, misturando a monarquia, a aristocracia e a democracia.

mas para seus eleitores: e apesar da maioria dos eleitores ser hoje obrigada a seguir a vontade de seu estado, essa separação entre o povo e a presidência teve o feliz resultado de forçar os candidatos a conquistar os estados. Isso evita que os extremistas transformem as eleições americanas numa confusão. Se você não pode ganhar um estado, não pode ganhar nada. Se a decadente República de Weimar tivesse um sistema como esse, Hitler nunca teria chegado ao poder.

Salvando a razão de si mesma

A fundação da América foi, não importa o que digam os franceses, o grande evento transformador do século. Mas também se encaixou numa tradição de pensamento conservador politicamente incorreto. Podemos chamar essa tradição de *levar a razão de volta ao bom senso,* a admitir seus próprios limites.

Suponha que um filósofo concluísse que uma criança não tem mais direitos do que um chimpanzé. Podemos chamá-lo de louco, ou podemos, como fez Princeton, lhe conceder uma cadeira de bioética.[152] Se fôssemos racionalistas do século XVIII, veríamos os negros ou índios como membros de uma raça inferior, e o "provaríamos" por meios supostamente científicos. Teríamos gráficos e números à mão, e pinças para medir a grossura dos crânios (de outras pessoas). O homem tem oprimido o homem desde a Queda. No entanto, pela primeira vez, no iluminismo, o homem invocou a ciência como justificativa. O racismo propriamente dito começa aqui.[153] Ele se inicia com uma das funções da razão, a científica ou matemática, tendo crescido como um tumor, a devorar o resto.

Mas os pensadores e escritores mais fora de moda compreendiam, com Aristóteles, que é preciso adequar a razão ao objeto. Para provar o teorema de Pitágoras é preciso usar a dedução lógica. Para discutir

---

152 O infame Peter Singer, co-editor com Paola Cavalieri de *The Great Ape Project: Equality Beyond Humanity* [O projeto grande primata: igualdade para além da humanidade], Londres: Fourth Estate, 1993.
153 É o acadêmico liberal, e não o conservador, que hoje em dia escreve com alegria sobre o racismo do iluminismo, a macular todos de Locke (que lucrou indiretamente com o tráfico escravagista) a Voltaire, os pais fundadores, Kant, Hegel e muitos outros. É interessante saber que por duzentos anos as sociedades mais conservadoras da Espanha e da Itália católicas sofrerão o mesmo julgamento racionalista de inferioridade; confira a condescendência apreciativa, mas intolerável, do grande Hawthorne em relação à Itália em *The Marble Faun* [O fauno de mármore].

a estrutura de uma cidade justa, é preciso invocar toda sua experiência dos seres humanos: você enxerga que tipo de criatura o homem é, como ele é feito de intelecto e desejo, razão e vontade, e legisla conforme isso. Pode descobrir que um governo adequado para marinheiros não funcionará para fazendeiros do interior. E não há problema algum, desde que cada um desses governos tenha como objetivo a realização da finalidade do homem: a virtude intelectual e prática. É por isso, diz Aristóteles, que um garoto em idade escolar pode estudar geometria, mas "um jovem rapaz não é um ouvinte apropriado de lições de ciência política".[154] Quanto à teologia, ela deve exigir a resposta de todo o nosso ser, nossa capacidade não somente de deduzir, mas de "ouvir", como diz muitas vezes a Escritura, a lei e a bondade de Deus.

Gostaria, portanto, de encerrar este capítulo com algumas poucas e lamentavelmente curtas observações sobre homens que tentaram salvar a razão de si mesma. O primeiro deles é Blaise Pascal (1623–1662), o grande matemático e filósofo.

Quando Pascal era um menino, escreveu sua irmã, "brincava com secções cônicas da mesma forma que outras crianças com seus brinquedos".[155] As secções cônicas — formas como a parábola (a trajetória de um projétil) e a elipse (a trajetória de um planeta, como descobriu Newton) — foram o ápice da matemática antiga; o próximo passo seria o cálculo infinitesimal. Pascal, sem um tutor, avançara na disciplina além das descobertas de Apolônio de Perga, com a idade de dezesseis anos. Ele é um dos pais da geometria projetiva, o campo que analisa o que acontece às formas quando são projetadas sobre outras formas. Aos dezoito anos tinha, a partir de seu estudo aprofundado dos relógios,

> **PASCAL CONTRA O ILUMINISMO**
>
> Se não sabemos que estamos cheios de orgulho, lascívia, fraqueza, miséria e injustiça, então somos de fato cegos. E se, sabendo disso, não desejamos a libertação, o que podemos dizer de um homem [...]?
> — Blaise Pascal, *Pensamentos* (450).
>
> E talvez esse seja o grande erro do iluminismo. Toda aquela luz ardente deixou os homens cegos. Um fato observável contradiz as premissas do iluminismo: o coração do homem.

---

154 Aristóteles, *Ética a Nicômaco*, 1.3.1095a.
155 V. D. E. Smith, *History of Mathematics* [História da matemática], Nova Iorque: Dover, 1958, p. 382.

inventado a primeira máquina calculadora do mundo. Provou que os vácuos existem e que o ar exerce pressão. É o primeiro grande cientista da probabilidade: o Triângulo de Pascal conecta o lançamento de dados à álgebra e à teoria do número. Se o seu time precisar ganhar oito dos dez últimos jogos para chegar às finais do campeonato, o Triângulo o ajudará a calcular as probabilidades.

Porém, diferentemente daqueles que em nossos dias insistem que todas as religiões são iguais (usualmente porque não prestam atenção a nenhuma), Pascal insiste sobre os limites da razão, e sobre a soberania de Deus, que pode escolher um pastor sem consultar primeiro o matemático. Pascal tivera uma experiência do Deus vivo, anotada em um pedaço de papel que ele costurou no revestimento de seu casaco, para que sempre estivesse com ele:

FOGO: *O Deus de Abraão, o Deus de Isaac, o Deus de Jacó — e não o Deus dos filósofos.*

"Extrair a luz da filosofia é ser um verdadeiro filósofo", disse ele (*Pensamentos*, 4), distinguindo o que a lógica pode e não pode fazer, e afirmando a importância do que chamava de intuição. "O coração tem razões que a razão desconhece" (277). Quanto ao racionalista que se considera muito superior e forte para algo tão popular quanto a fé religiosa, Pascal o retalha com duas curtas palavras: "O cético, o teimoso" (*Pensamentos*, 51).

Lê-se Pascal como se fosse um *Guia politicamente incorreto da humanidade*, um grande corretivo para nossa vaidade: "A religião cristã ensina a esses homens, então, estas duas verdades; que há um Deus que os homens podem conhecer, e que há uma corrupção em suas naturezas que os torna indignos d'Ele" (555). Para ignorar essa corrupção, o homem tudo fará; de fato, ele gasta a maior parte de sua vida em um complicado jogo, fingindo se preocupar com o que não ama, tudo isso para se distrair da solidão íntima, da vaidade de seus dias e da brevidade da vida.

Pascal, o mais perspicaz dos escritores psicológicos, abriu um caminho que poucos tomariam. A direção da cultura européia, após Newton, jazia na exposição das "leis" pelas quais conhecemos, como se nossas mentes fossem máquinas que recebiam a ação de outras máquinas. Finalmente, como no Mundo Antigo, o materialismo levou ao ceticismo — afora o conhecimento provável sobre a matéria, será que podemos conhecer algo?

CAPÍTULO 7

O piedoso Imannuel Kant, de maneiras suaves e, contudo, ferozmente orgulhoso de seus prodigiosos feitos, nunca saiu da cidade nativa de Koenigsberg, a capital da Prússia imperial. No entanto, era alguém típico de sua época ao tentar reformular o raciocínio moral como uma espécie de matemática, divorciada do homem de carne e osso, e do tempo e do espaço. Kant aceitara o método do cético filósofo inglês David Hume, que argumentava que não podemos inferir uma idéia de "causa" a partir da nossa observação dos eventos. Vejo a bola branca se chocar com a bola oito, e esta se move. Associo os eventos em minha mente, diz Hume, e então acrescento-lhes uma concepção exterior minha, uma ficção chamada "causa".[156] Mas se não existem causas, muitas coisas perdem todo o sentido. A metafísica, por exemplo: a dos filósofos antigos e a dos teólogos cristãos, inclusive daqueles que, como Aquino, usaram a idéia de causalidade para provar a existência de Deus. Todavia, o ácido vai além no processo de corrosão, como apontou o próprio Kant. Se o desafio de Hume não for vencido, os raciocínios científicos e matemáticos também devem cair por terra. Em particular, não teremos qualquer boa razão para acreditar nas leis físicas, pois tudo que chegamos a ver é que, quando A acontece, B se segue.

Kant busca então resgatar a razão e a metafísica da ameaça do empirismo cético. Ele não era um materialista. Afirmou que a mente pode realizar julgamentos verdadeiros e produtivos sobre coisas além de deduções baseadas na experiência sensível. Observe também isto: diz Kant que não baseamos nossos julgamentos sobre as leis físicas e matemáticas sobre a experiência, mesmo quando acontece de recebermos a notícia dessas leis por meio da experiência (quando, por exemplo, vemos a água evaporar). Hume não deveria ter descartado o raciocínio abstrato tão soberbamente. Tivesse ele considerado não somente a causalidade, que queria atacar (pois desejava aniquilar o dragão teológico), mas a matemática, "a boa companhia na qual a metafísica se encontraria então a teria salvo dos perigos de um mau tratamento desdenhoso" (*Prolegômenos a toda metafísica futura*, cap. 4). Kant tentará, prejudicado pelo que muitos acreditam ser sua desatenção para com as sutilezas do pensamento medieval, restaurar a idéia de causa, usando o que ele chama de idéias transcendentais — nem tanto pensamentos, mas princípios estruturantes de nossas mentes — para "destruir as precipitadas asserções do materialismo, do naturalismo e do fatalismo, e assim dar espaço para idéias morais além do campo da especulação" (60).

---

156 Hume, *Uma investigação sobre o entendimento humano*, Seção 4, "Dúvidas céticas sobre as operações do entendimento".

A razão leva Kant, portanto, a afirmar que o bem moral objetivo existe. O método que usou para determinar o bem e o mal não persuadiria ninguém que não fosse um filósofo, e provavelmente não o levaria a agir, de qualquer forma. Eis o raciocínio, em suma:

> Sou uma criatura racional, um fim em mim mesmo e não um mero objeto. E assim o são todas as outras criaturas racionais. Então não posso usá-las meramente como objetos, sem violar minha natureza. Em particular, se não posso "universalizar" a regra moral que desejo respeitar, então ela não é de forma alguma uma regra. Por exemplo: desejo prometer a meu amigo Stálin que não atacarei a Rússia caso ele não ataque a Alemanha. Mas não pretendo manter minha promessa: odeio a Rússia. Se todos fizessem promessas mentirosas, obviamente, não existiriam promessas, pois ninguém acreditaria numa promessa sequer. Portanto, minha "regra" — quero fazer uma promessa mentirosa, pois seria boa para mim e ruim para meu inimigo — contradiz a si mesma. Logo, não é uma regra. Está errada.[157]

O argumento dá um belo golpe em nosso relativismo moral em voga. Condena a noção maquiavélica subjacente ao politicamente correto: isto é, que se x resulta na vantagem política das pessoas corretas, você deve realizar x. Pois se todos se comportassem dessa maneira, estaríamos mergulhados no caos, e nenhuma política digna do nome sobreviveria. Não haveria uma pólis coerente.

Contudo, há também algo preocupante neste argumento. Quando as pessoas consideram o bem e o mal, não pensam sobre uma humanidade "abstrata" que nunca conheceram. Não consideram o universo. Pensam, na verdade, no vizinho que toca música alta, ou na bela garota da rua ao lado que dança com as cortinas levantadas. Pensam em carne e sangue. Mas o filósofo prussiano desautoriza isso. Chega a dizer que, se o Capitão Standish se alegrava com o cuidado de seus companheiros, não estava realizando uma ação genuinamente moral. O dever — o austero abraço daquilo que não gostamos — supera a felicidade da virtude. Por isso, Kant rejeita a definição clássica de virtude, derivada de Aristóteles e plenamente analisada por Aquino, que considera bom o homem que faz coisas boas de forma tão habitual a ponto de torná-las uma segunda natureza, e isto lhe traz a felicidade de uma forma justa e

---

[157] V. Kant, *Foundations of the Metaphysics of Morals* [Fundamentos da metafísica da moral], tradução de Lewis White Beck, Indianápolis: Bobs Merrill, 1959, p. 37.

real. Kant também rejeita a compreensão tradicional judaica e cristã do amor, que nunca é a vontade abstrata de um ser desencarnado. Quando São Francisco venceu sua repulsa com o amor e correu para abraçar o leproso, não estava a pensar como um filósofo iluminista.

Comparado a Kant, Edmund Burke não é de modo algum um filósofo; mas seu pensamento político e moral foi erigido sobre a rocha da piedade e da observação cuidadosa, embora apaixonada, sem sentimentalidade, do homem tal como o vemos. O homem de letras e político inglês entendeu que a família e a comunidade são os viveiros da virtude, seja privada ou pública. Também entendeu que o conhecimento dedutível dos claros princípios da lógica matemática é apenas uma fração do que o homem sabe, e esta fração não é a mais importante. Então, tal como Sófocles, Virgílio e Shakespeare, Burke ressaltou a importância da tradição no pensamento político e moral — não porque a tradição é um belo adorno, mas porque representa o duro triunfo da sabedoria através das eras.

Pode ser risível para o universalista, mas o senso de tradição de Burke nos instala no único ambiente no qual podemos aprender a ser sábios e bons. "Devemos nos apegar à subdivisão, e amar o pequeno pelotão a que pertencemos na sociedade" (44), a família, o clã, a vila, e assim por degraus "avançar rumo ao amor da pátria e da humanidade". O slogan politicamente correto diz que devemos "pensar globalmente e agir localmente". Burke poderia responder que "pensar globalmente" é o mesmo que não pensar, assim como "amar a humanidade" é o mesmo que não amar. Aprenda a virtude aqui. Se você deseja a amar a humanidade, faça uma bela refeição para seus filhos. Se quer limpar o mundo, lave a louça.

Esquecer a tradição é se lançar ao mar bravio. Eis aqui Burke, falando sobre o que acontece quando o pensamento universalista é aplicado localmente, sem qualquer consideração pela história, tradições, costumes consagrados, fé religiosas ou lealdade: "Leis derrubadas; tribunais subvertidos; indústria sem vigor; comércio em expiração; sonegação em alta, um povo empobrecido; uma Igreja saqueada, e um Estado servil; a anarquia civil e militar se tornando a constituição do reino" (*Reflexões sobre a Revolução na França*). Essas palavras foram escritas em 1790, três anos antes de Robespierre e do Reino do Terror. Sobre o acalentar do que é antigo, a despeito dos teoremas políticos do dia: "Será que todos os símbolos nacionais devem perecer em favor de uma constituição geométrica e aritmética?". Sobre o que a França perdeu com a proclamação da igualdade (que logo terminaria no triunfo do tirano Napoleão): "Foi-se a sensibilidade dos princípios, a castidade da honra, que sentia uma pequena mancha como uma ferida, inspirava a coragem enquanto mitigava a ferocidade, enobrecia tudo que tocava, e sob a qual o próprio vício perdera metade de sua maldade, ao perder sua brutalidade".

As *Reflexões* de Burke são um manual abrangente de cada exagero

> ## O ESQUECIDO FEDERALISMO
>
> James Madison, no *Federalist 39* [O federalista 39], articulou uma noção do federalismo que se tornou o fundamento da nova república:
>
> Nessa relação [do governo federal com os governos locais], então, o governo proposto não pode ser considerado nacional; já que sua jurisdição se estende somente a certos objetos enumerados, e deixa aos estados uma soberania residual e inviolável sobre todos os outros objetos.
>
> Isso foi há muito tempo. O governo federal, como uma avó ogra, satisfaz-se agora em ditar à ralé como devem criar seus filhos, o que devem ensinar nas escolas, como devem conduzir suas celebrações patrióticas, e, é de se temer, se devem usar papel higiênico de folha única ou folha dupla nos banheiros públicos. Ainda não foi decidido se esse papel será decorado com *fac-símiles* da Constituição.

estúpido do iluminismo, agora adotados e consagrados como lei sagrada em nossas ciências sociais, que contam os votos e tabulam as rendas, mas não podem compreender o coração humano:

> Nos recônditos de sua academia, no fundo de cada olhar, nada se vê que não seja a força. Nada resta que possa engajar as afeições da comunidade. Sob os princípios dessa filosofia mecânica, nossas instituições nunca poderão se encarnar, se me for lícito usar a expressão, em pessoas; para que assim gerassem em nós amor, veneração, admiração e apego. Mas esse tipo de razão que bane as afeições é incapaz de tomar seu lugar.

Ela bane as afeições, mas não os desejos, como hoje sabemos. Nós, os modernos, usualmente não amamos nosso país, mas dele muito queremos, em notas de dez e vinte. O país exige o mesmo favor de nossas mãos — em notas de vinte e cinquenta.

Rousseau e o Estado

Os conservadores às vezes remontam a Jean-Jacques Rousseau tudo que fracassou em nosso sistema educacional. Eles têm alguma justificativa nisso. Rousseau realmente compreendia, em oposição aos racionalistas franceses, que o *sentimento* era indispensável para a imaginação moral, mas não reconhecia qualquer solo legítimo para o cultivo desse sentimento, nem foi capaz de estabelecer uma conexão entre o sentimento e a razão. Isto é, aceitou o falso abismo entre a razão e o ordenamento apropriado das paixões. Viu que a "razão" reduzida de materialistas como La Mettrie era inadequada. Porém, não podia juntar novamente as coisas. É o pai do sentimentalismo educacional, e, não acidentalmente, da adoção das escolas pelo Estado para assegurar que os estudantes aprendam os sentimentos "corretos". Vemos esses frutos já em seu *La Nouvelle Heloise*, onde nos mostra como proteger uma criança da influência dos arredores, isto é, dos hábitos terrestres e ordinários de outras crianças, trabalhadores manuais, donas de casa, velhas senhoras com estranhas noções de medicina, beberrões, filósofos do vilarejo e padres. Trata-se de tirar a criança do pelotão. Naturalmente, já que a maioria das pessoas não é Rousseau, se suas crianças devem se beneficiar dessa vida artificial, é preciso que o Estado lhes forneça. E cada vez mais é isso que o Estado faz.

Pode ser fácil demais caricaturar Rousseau. Ele realmente tentou colocar a virtude no centro de suas teorias a respeito da educação e da política. Também não é justo apontar que ele mesmo era um sujeito perverso, tendo produzido uma série de bastardos que foram negligenciados. Mas se cruzarmos o Canal Inglês descobriremos um homem de um coração tão grande, de um intelecto tão poderoso, que sua própria conversação, registrada por seu amigo James Boswell, permitiu que se escrevesse a melhor biografia já escrita: *Doctor Johnson* [Doutor Johnson]. É o Pascal inglês.

Samuel Johnson

Samuel Johnson, um quase completo autodidata, afligido por problemas neurológicos que o levavam às vezes ao mais negro desespero, lutou para se erguer de um pé-rapado até a posição de maior literato inglês de seu tempo. Ler um de seus ensaios para o *The Rambler* ou o *The Adventurer* é o mesmo que ficar estupefato de vergonha. Como um único homem pode possuir tanto conhecimento, discorrendo com tanta facilidade sobre Ésquilo e Milton, sem soar como um acadêmico cheio de naftalina? Como poderia ele esperar que houvesse mais de dez pessoas em um café londrino capazes de compreender aquilo de que falava? Mas ele acreditou, e mais do que dez ouvintes também acreditaram — bem mais.

O segredo da sabedoria de Johnson não era a contenção de seus sentimentos. Longe disso. É que seus sentimentos eram cultivados pela educação clássica, o amor profundo pela Inglaterra, a devoção à Igreja, a fé pessoal que envergonhava seus amigos mundanos, o calmo escrutínio da humanidade em todos os caminhos da vida (pois Johnson passou muitas noites da juventude sem um teto sobre a cabeça) e a introspecção humilde e habitual. Antes de enxergar os corações dos outros homens, olhara para o seu. Essa é uma operação que os sentimentais somente fingem realizar. Rousseau fingiu realizá-la, logo se satisfez com o que encontrou ali, e concluiu que, dada a educação correta, o homem poderia se tornar perfeito. Johnson realizou essa operação de joelhos, e não cairia na bobagem de acreditar nessa tolice.

Johnson enxergava o interior das coisas, e além. Quando Boswell lhe perguntou como poderia refutar a teoria do Bispo Berkeley de que tudo que vemos é fabricado pela mente, aquele brutamontes chutou uma

> **O ILUMINADO HOBBES**
>
> "Os desejos, e outras paixões do homem, não são pecados em si mesmos. Não mais que as ações que procedem dessas paixões".
> — Thomas Hobbes, *Leviatã* (cap. 13, 62).

pedra e exclamou: "Eu o refuto — ASSIM!" (*Life of Johnson* [Vida de Johnson]). Foi, se assim podemos dizer, um argumento intelectual altamente concentrado. Apelou à própria razão, diante de uma razão que abandonara o juízo. Ou quando Boswell lhe questionou sobre o livre-arbítrio — uma questão que preocupou o escocês, já que ele tentava reconciliá-la com a predestinação pregada pelos calvinistas escoceses — Johnson respondeu que toda teoria era contrária ao livre-arbítrio, mas toda a experiência estava a seu favor.[158] Esse foi outro argumento concentrado (pois Johnson poderia escrever muitas páginas de elaboração),

---

158 Boswell, *The Life of Samuel Johnson* [A vida de Samuel Johnson], Nova Iorque: Modern Library, 1952, p. 807.

baseado em sua percepção de que a teoria é retardatária em relação às intuições humanas, mais complexas e confiáveis, mesmo que ocasionalmente inarticuladas. Quando questionado sobre sua opinião quanto aos rebeldes americanos, Johnson observou decididamente que falavam de liberdade, mas possuíam escravos.[159] Havia muita sabedoria nisso. Ele também não aceitava jovialmente todos os sentimentos como válidos. Em seu romance *Rasselas*, um dos personagens, em busca do segredo da felicidade, vive por algum tempo numa casa burguesa entre outras garotas em idade de se casar. Será que as pessoas conhecem seus próprios corações? Segundo a Princesa Nekayah, não: "Muitas amavam néscios como elas mesmas, e muitas fantasiavam amar quando na verdade eram somente ociosas" (cap. 25).

Johnson nunca foi rico, mas manteve a cabeça elevada entre os príncipes. Outros poderiam teorizar sobre a igualdade e a liberdade. Johnson manteve os serviços de Francis Barber, um negro da Jamaica, como criado; deu-lhe um lugar para ficar, pagava-lhe o que podia e o educou. Quando morreu, Johnson legou a Francis e família uma bela soma. Johnson tinha um fraco por pessoas que sofriam. Manteve, sob grande inconveniência para si mesmo, uma velha chamada Sra. Williams em seu apartamento; e cuidava de seu bem-estar, apesar dela não lhe ter sido sempre grata. Casou-se com uma mulher bem mais velha do que ele, que não era nenhuma "beldade", e apesar disso lhe era devotado de uma forma simples e masculina. Tolerava o catolicismo romano, quando a atitude em voga — como agora — era ridicularizá-lo como um apelo "supersticioso" ao homem comum. Confiava no juízo do homem comum. No entanto, não havia ninguém em toda Europa que pudesse alcançar a amplitude de suas leituras e a acuidade de seu pensamento.

Ele foi o homem esclarecido do iluminismo, e somente alguns ingleses souberam disso. Não mais veremos alguém como ele. Nossas escolas, nossas legislaturas e nosso entretenimento são a garantia.

---

[159] Opondo-se ao argumento americano pela independência, Johnson escreveu: "Como é possível ouvir os gritos mais altos de liberdade entre os traficantes de negros?" (*Life of Samuel Johnson*, pp. 747–748). Boswell continua dando-nos o apaixonado argumento de Johnson contra o que Boswell chamou de o "humanamente regulado" tráfico negreiro inglês.

CAPÍTULO VIII

O século XIX: o homem é um deus; o homem é uma besta

Que século fascinante é o século XIX. Se a medida de uma cultura reside em suas máquinas e dinheiro, e não em seus homens e pensamentos, então esse século assistiu a um progresso inigualável comparado aos séculos anteriores. Considere o que era a vida no começo deste século:

A América é uma confederação de estados a abraçar as margens do Atlântico, desconfiada de sua velha inimiga, a Inglaterra, e igualmente desconfiada de sua nova amiga, a França.

Escorre sangue pelas ruas de Paris. Chamam isso de democracia.

A Itália é um tabuleiro de xadrez de ducados, a maioria deles aliados a potências estrangeiras. O Papa é o governante temporal na região ao redor de Roma.

A maioria dos europeus e americanos vive em fazendas ou próximos de fazendas.

Os pregos são feitos na loja do ferreiro, manualmente.

Mary Wollstonecraft é uma das poucas pessoas que defendem a educação plena e a igualdade política para as mulheres.

ADIVINHA SÓ?!

⚖ A "ciência" do século XIX produziu o genocídio do século XX.

⚖ A adoração romântica da natureza se transformou numa perigosa adoração do homem.

⚖ Marx despreza o homem trabalhador.

O sol nunca se põe no Império Britânico, no entanto, para a maioria das pessoas na Europa e na América coisas como laranjas e abacaxis ainda são exóticas, compras de feriado.

Se você fica doente, seu médico pode sangrá-lo para drenar o excesso do "humor" sangüíneo. George Washington, em 1799, ficou convalescente pelo que provavelmente era uma amidalite. Seu médico o sangrou. Ele morreu.

A *intelligentsia* acredita na perfectibilidade do homem. Isso acontecerá por meio da educação apropriada e da arte.

Você cavalga da Filadélfia até Nova Iorque. Leva dois dias.

As pessoas em Viena estão a ouvir Mozart.

E agora, no final do século:

A América se estende da Flórida Keys até o Estreito de Bering, com territórios de Cuba às Filipinas. Ela está prestes a se tornar a nação mais poderosa que o mundo já viu.

A França se arrastou por todo o século, rejeitou seu governo imperial e tornou-se república. Os europeus cada vez mais pressupõem que a democracia pode funcionar e é justa. O voto se torna cada vez mais um instrumento para assegurar a justiça; torna-se o próprio objeto desejado, independente do modo de uso. Os monarcas perdem quase toda a autoridade.

A Itália é (ou finge ser) uma nação unificada. Grécia, Dinamarca, Noruega e Suécia também são. A Polônia, retalhada entre a Prússia e a Rússia, relembra seu passado heróico — quando sozinha defendeu a Europa dos turcos — com orgulho e saudade. Estamos no limiar do fervor nacionalista, e do horror.

Nova Iorque é uma cidade com mais de quatro milhões de habitantes. As fazendas produzem mais comida do que nunca, graças às inovações tecnológicas: a colheitadeira, o ceifador e o debulhador. As pessoas se mudam para as cidades, enegrecidas pela fumaça das fábricas e sua gama impressionante de máquinas movidas a energia elétrica.

As mulheres votam em muitas eleições locais e em algumas eleições estaduais na América. A primeira era do feminismo está em pleno vapor. O movimento já mostra sinais de hostilidade à família e à moralidade tradicional, e de favorecimento da colméia coletiva em detrimento da liberdade local e individual.

A Grã-Bretanha é um tigre envelhecido. Todos já provaram uma laranja.

Louis Pasteur revolucionara a medicina, provando que os "germes" causadores de doenças (a palavra significa "sementes") se proliferam em certas condições, e podem ser quimicamente eliminados. Estabelece a conexão entre a doença e a fermentação, ou o apodrecimento da comida; trata-se de um imenso avanço para o fazendeiro, o cervejeiro, o vinicultor, o quitandeiro e para as pessoas que agora podem desfrutar de comida limpa enviada por grandes distâncias. Joseph Lister descobriria os princípios da antissepsia, e os hospitais europeus, outrora armadilhas mortais administradas por "cientistas", agora realmente salvariam vidas.

A *intelligentsia* ainda acredita na perfectibilidade do homem, mas ela virá agora, sinistramente, por meio da revolução política e econômica. Marx e Engels reescreveram a história para prová-lo. Graças a Deus, há algumas sóbrias exceções a essa atitude: Twain, Melville, Dostoiévski.

Você vai de trem da Filadélfia a Nova Iorque. A viagem leva algumas horas. Você pode inclusive dirigir seu próprio carro, movido a gasolina ou a vapor.

As pessoas (ao menos na América) estão ouvindo Scott Joplin. E em suas próprias casas também, no fonógrafo, em um quarto iluminado por uma lâmpada elétrica — até que toca o telefone. Agora começa a estranha evolução, única na história humana, pela qual conquistamos o espaço e uma vasta indiferença nos separa dos vizinhos.

Acreditamos ser a primeira geração a sentir que o mundo está a mudar rapidamente, mas as pessoas do século XIX também o sentiram. E já que não tinham descartado sua educação clássica e moderna (para eles, "moderno" significava a Renascença e tudo que veio depois), tinham os recursos intelectuais para fazer perguntas difíceis sobre esse sentimento. Levantaram elevadas questões sobre a tecnologia e seu lugar na vida humana, sobre os homens e as mulheres, sobre a franquia eleitoral e sobre a dignidade do trabalho. Levantaram elevadas questões sobre a glória e a vergonha das culturas orientais: Índia, Arábia, China e Japão. Somos os herdeiros de suas vitórias. Muitas delas são facilmente vistas: nelas dirigimos, dormimos, escrevemos cartas e falamos com nossos familiares distantes. Os problemas são mais difíceis de se enxergar, pois também são nossos, e preferimos olhar para o lado.

A nova religião dos românticos: a natureza

Há uma excelente cena no *Rasselas* (1759) de Samuel Johnson, na qual o príncipe, em uma jornada de descoberta da melhor vida, ouve fascinado um filósofo a discursar sobre a vida conforme a natureza. Ela é o único caminho para a felicidade, diz ele, a única forma de se libertar "das ilusões da esperança, ou das importunações do desejo". Descartem as leis, descartem o "estorvo dos preceitos, incompreendidos em sua maior parte por aqueles que os pronunciam com tanta pompa e orgulho". "O afastamento da natureza", entoa ele, "é o afastamento da felicidade".

Há muito a ser perguntado a semelhante filósofo. A questão mais óbvia é: "Tudo bem, o que devo fazer agora? Como vivo em acordo com a natureza?". Rasselas faz a pergunta. O filósofo responde com um entusiasmo ofegante:

> Viver segundo a natureza é sempre agir com o devido respeito à adequação que emerge das relações e qualidades das causas e efeitos; associar-se ao grande e imutável esquema da felicidade universal; cooperar com a disposição geral e a tendência do presente sistema de coisas (cap. 22).

A reação de Rasselas é a nossa — e deveria ser a de todos os homens também, após as promessas inebriantes do romantismo:

> O príncipe logo descobriu que este era um daqueles sábios que quanto mais ouvimos, menos compreendemos. Ele, portanto, curvou-se e ficou em silêncio, e o filósofo, supondo-o satisfeito, e os outros derrotados, ergueu-se e partiu com o ar de um homem que cooperara com o presente sistema.

O homem medieval tinha um lar: o cosmos, circunscrito pelo céu dos céus, o reino cuja única localização era a mente de Deus. No século XIX, o homem já não mais conhece esse lar. Em certo sentido, seu mundo é mais vasto, até mesmo ameaçador. "O silêncio eterno desses espaços infinitos me aterroriza", diz Pascal (*Pensamentos*, 206), pois agora, quando o homem olhava para o céu, via o mesmo mundo de mudança incessante, decadência e morte, tão grande quanto o universo, extraordinariamente distante e frio. Em outro sentido, o mundo moderno é mais exíguo que o mundo medieval. O homem medieval vivia pelos ritmos da salvação; sua oração numa manhã de Natal o unia com os cristãos de todos os tempos, e com o Salvador que estava com o Pai antes e além do tempo. Agora a natureza é maior do que supúnhamos, e (pelo menos pareceu ser assim por algum tempo) muito mais misteriosa. Não é possível, porém, ir além dela.

CAPÍTULO 8

> ### Darwin prepara o terreno para Hitler
>
> "Temos razões para acreditar que a vacinação preservou milhares de pessoas de fraca compleição, que anteriormente teriam sucumbido à varíola. Assim, os membros mais frágeis das sociedades civilizadas se propagam [...] É surpreendente ver o quão rápido a falta de cuidado, ou um cuidado equivocado, levam à degeneração da raça doméstica [...]".
> — Charles Darwin, *A descendência do homem*.
>
> Friedrich Nietzsche fez soar a mesma nota em *Além do bem e do mal*, lamentando como a caridade cristã serviria para "preservar tudo que é doente e sofredor — o que significa, na verdade, o enfraquecimento da raça européia". No século XX, algumas pessoas na Europa e na América realizariam uma ação "corretiva" nessa frente.

A resposta romântica consiste em transformar a natureza em uma divindade. Que o homem a siga e adore, e logo reencontrará seu lugar. O Fausto de Goethe não é um homem a ansiar por métodos secretos de conjuração de demônios. Ele busca, em vez disso, escapar do estudo embolorado e respirar novamente, imergir sua mente e seu coração na beleza do céu e da terra:

> *Onde poderei vos agarrar, natureza infinita?*
> *Vossos seios, onde estão? Vossos mananciais de toda vida?*
> *O céu e a terra de vós dependem —*
> *Minha seca alma por vós tenciona*
> *Fluís, nutris, e, no entanto, anseio em vão.*
> (I, 455–459)

Na manhã da Páscoa, enquanto os distantes acordes de um hino o impedem de tomar um veneno mortal, ele confessa que não pode escalar as alturas celestiais, nem pode aceitar a fé simples do povo comum, mas algo da alegria do dia o faz lembrar da natureza, e de sua infância:

> *Um dia o abraço do amor celestial*
> *Precipitou-se a mim na quietude do Sábado solene*
> *As notas do sino da igreja eram augúrios*
> *E a oração era um prazer luxurioso.*
> *Inefável e doce anseio*
> *Levou-me a vagar por matas e campos*

> *E por um milhar de lágrimas ardentes*
> *Senti que meu mundo se avivava.*
> *Essa canção anunciava das crianças os felizes jogos*
> *O ilimitado êxtase dum festival da Primavera.*
> (I, 771-780)

É impossível não se atrair por essa nostalgia. Ela ainda é nossa, mas sem a esperança e a alegria. Mas esse anseio pela simplicidade da infância é historicamente incomum na literatura e na arte. Só o vemos quando as pessoas não podem confiar que o mundo que conheciam terá algo em comum com o mundo que virá. Vemos isso em nossos dias, quando algumas pessoas sequer se preocupam em serem lembradas por uma lápide.

De qualquer forma, o que nasce aqui é o culto da criança: não do Menino Jesus, ou da alma renascida como um pequenino, mas da criança comum como ser abençoado, porque, supostamente, nasce pura das mãos da natureza, intocada pelo pecado da sociedade, até que os anos roubem a pureza e fujam com a glória. A poesia do começo do século está cheia dessas celebrações, que escondem um desespero:

> *O Jovem, que para longe do Oriente todo dia*
> *Deve viajar, ainda é da natureza o Sacerdote*
> *E pela esplêndida visão*
> *Assistido é em sua via;*
> *Até que o Homem perceba que está a se extinguir,*
> *E a desaparecer na luz cotidiana.*
> (Wordsworth, *Ode: Intimations of Immortality* [Ode: Intimações de Imortalidade], 71-76)

Os cristãos que viviam no campo, para os quais os ritmos das estações eram marcados pelo sino da igreja, não falam dessa forma. Só começamos a falar de nossa saúde quando estamos doentes. Por isso, no anseio romântico pela natureza há uma melancolia, um senso de que ela se afasta para além de nosso alcance. O poeta Wordsworth, ao se lembrar de uma fileira de narcisos em uma colina, afirma que a memória dessa bela vista lhe será um conforto, e uma força para o bem, nos dias crepusculares que virão:

> *E então se enche de prazer meu coração,*
> *E se deixa dançar com os narcisos.*
> ("I Wandered Lonely as a Cloud" [Sozinho como uma nuvem caminhei], 23-24.

Porém, em outros momentos ele tem suspeitas diferentes. Assim, no poema *Michael* o velho camponês lembra a seu filho, antes que abandone o pai para seguir o próprio caminho no mundo, dos dias em que juntos desfrutaram da paz de uma vida simples e natural:

> *Pois éramos camaradas, Lucas; em meio a estas colinas,*
> *Como muito bem sabe, em nós o velho e o novo*
> *Juntos brincaram, e comigo não careceste*
> *De qualquer prazer que um garoto ter pode.*
> (353–356)

O garoto soluça; despede-se do pai. Vai para a cidade, e — é-nos dito em breves cinco linhas — cai na dissolução e na vergonha, para nunca mais retornar ao pai ou à juventude.

A cidade, portanto, surge nessa época como o *locus* da agitação, da mudança, do dinamismo, da ambição, do poder, da lei e da anarquia. E não é a Roma satirizada tão violentamente por Juvenal, ou a Babilônia que Agostinho disse ter sido consumida pelo desejo de dominação. É qualquer cidade, o organismo informe e desumano que engole vivos os seres humanos. Contra a imundície de Londres ou Paris se ergue, então, a natureza, como um conjunto completo de posições políticas e "teológicas", às vezes vagamente adornada com os paramentos do cristianismo: um amor livre, ou ao menos uma relação mais igualitária entre homem e mulher; uma vida "genuína", isto é, uma vida afinada com seus próprios sentimentos; uma preferência pela espontaneidade em detrimento da lei, e da intuição em detrimento do preceito; uma redução do Cristo Salvador ao Jesus pregador dos pobres, ou ao Jesus gentil e bom sofredor.

> **UM LIVRO QUE VOCÊ NÃO DEVERIA LER**
>
> *Rerum Novarum* por Papa Leão XIII, Mahwah, NJ: Paulist Press, 1939.
>
> Escrita próximo do fim do século XIX, esta encíclica promove a justiça entre as classes, a propriedade privada e a caridade independente do Estado. Uma crítica do capitalismo e do comunismo, ela pode ser vista como uma boa anedota dos excessos do século XX. Assim, da próxima vez que um político católico tentar evitar uma questão difícil sobre o aborto falando sobre a assistência social nos termos da "Doutrina social da Igreja", entregue-lhe esta encíclica para mostrar que não se trata de forma alguma de "Doutrina socialista da Igreja".

Sob a influência dessa nova "religião", favorecida principalmente por aqueles que nunca pegaram numa enxada ou amansaram um cavalo, surgirá uma certa dose de grande arte, lembrando ao homem — que parece tê-lo agora esquecido — que o mundo está cheio de coisas belas e grandiosas, que as pedras, encostas e árvores podem estar bem perto do coração, e que um dia na complexa paz de um lago ele poderá aliviar as feridas da coisa falsa e barulhenta que chamamos de vida. Ouvimos a aspiração na mais bela ode de Keats:

> *Cantam os grilos das sebes; e agora com suaves agudos,*
> *O rubro peito dum ajardinado chalé assovia*
> *E chilreia nos céus a andorinha.*
> (*To Autumn* [Ao outono], 31–33)

Ou, oitenta anos mais tarde, nos acordes fatigados do poeta irlandês Yeats, a sonhar acordado com o abandono da miragem social e política, para retornar como um filho pródigo não ao Pai, mas a uma pequena ilha lamacenta em um lago:

> *Levantar-me-ei e irei agora, e para Innisfree,*
> *E uma pequena cabana ali erguida, de argila e canas feita.*
> ("The Lake Isle of Innisfree" [A ilha no lago de Innisfree], 1–2)

Assim, Henry David Thoreau vai viver nas matas próximas do Lago Walden, mas sua roupa suja era lavada por amigos na cidade. Assim, Walt Whitman medita sobre a grama com a qual alimentamos nossos corpos, rejeitando com jovialidade o temor da morte:

> *E o que pensa ter acontecido com as mulheres e crianças?*
> *Estão vivas e bem em algum lugar,*
> *O menor broto prova que não há mesmo a morte.*
> (*Song of Myself* [Canção de mim mesmo], 124–126)

A euforia não poderia perdurar. Até mesmo nos primeiros poetas românticos há um sabor de morbidez: "Estive um tanto quanto enamorado da suave Morte", escreve Keats, tentando resistir à melancolia com a memória da amável canção de um passarinho (*Ode to a Nightingale* [Ode a um rouxinol], 52). Nos tempos de Darwin, os homens não ouvirão o gorjeio do sabiá, mas o rugido de um leão na iminência do bote. A natureza, de garras e patas sangrentas — essa será a deusa desalmada da época. Os homens ouvirão que uma vida segundo a natureza será sangrenta, e alguns aprenderão bem essa lição. A idéia antecede a *Origem das espécies* de Darwin, mas Ebenezer Scrooge recita o evangelho desta outra natureza, e não daquela embelezada com narcisos: "Se pudessem morrer", diz ele dos pobres da Inglaterra, "deveriam fazer isso logo, e diminuir a população excedente" (*A Christmas Carol* [Um conto de Natal]).

Na América, cabeças mais frescas parecem ter prevalecido, por algum tempo. Nathaniel Hawthorne escreveu sobre o conflito entre os nossos sentimentos "naturais" e as leis usualmente inclementes da comunidade. Apesar do que os professores sentimentais gostam de dizer sobre ele hoje, seu romance *The Scarlet Letter* [A letra escarlate] rejeita enfaticamente a possibilidade de uma vida plena fora dos limites da lei e da moralidade comum. Pode ser que a adúltera Hester acredite desejar isso, mas a pessoa que realmente parte e vai viver na floresta entre os índios é o vilão, o maligno Chillingworth. O amigo de Hawthorne, Herman Melville, escreveu talvez o último épico do mundo ocidental, um épico em poderosa prosa: *Moby Dick*. Nesse romance, a natureza é encarnada no cérebro e no poderio brutal da grande baleia branca, uma ofensa, na visão do Capitão Ahab, à ordem e à justiça, e à débil força humana.

E enquanto esse apelo à natureza ecoa, o homem está ocupado a cruzar os continentes com ferrovias, a descer os grandes rios da América com os vapores, a fundir o minério para o aço que fará parte das primeiras pontes a cruzarem o Mississippi, o Hudson e a Baía de São Francisco. Os missionários e colonizadores vorazes entram no coração da África, sendo difícil dizer se para civilizá-la ou para nela se tornarem selvagens. James Fenimore Cooper admira o último dos moicanos, e o faz falar como um cavaleiro medieval com sotaque americano.

William Morris ajuda a promover o culto do medievo e da cavalaria, despojados da teologia que dava sentido a tudo; trata-se do mesmo William Morris que, em *News from Nowhere* [Notícias de lugar nenhum], imaginará um reino socialista de amável androginia.[160] Owen Wister, no fim do século, escreve a história de um nobre homem da Virgínia que foi para o Oeste — e de como o Oeste emerge da natureza para a civilização.[161] Em *A Connecticut Yankee in King Arthur's Court*

---

160 V. o feminismo moderado do cap. 12, "Concerning the Arrangement of Life" [Sobre a organização da vida].
161 Wister, *The Virginian: A Horseman of the Plains* [O homem da Virgínia: um cavaleiro das planícies] (1902). Wister o dedicou a Theodore Roosevelt, que certamente teria apreciado seu lamento elegíaco por uma era heróica passada.

(Um Ianque de Connecticut na corte do Rei Artur), Mark Twain parece satirizar a adoração sonhadora de tudo que é pré-civilizado, revelando os cavaleiros de outrora como nada mais que bandidos ou agradáveis imbecis em armaduras, e suas senhoras como mulheres estridentes, grosseiras e vulgares. O Ianque de Connecticut é atingido na cabeça um dia na fábrica, e se vê transportado para uma era de ignorância. Ele se torna o chefão rapidamente. No entanto, tudo que esse novo chefão pode dar ao povo de Artur é o magro legado da vida urbana: sabão, propaganda e baseball. E também o eletrochoque em massa.

A natureza pode ser devidamente honrada, desde que seja mantida em seu lugar. Mas isso é penoso, a menos que se reconheça um Deus acima da natureza.

Adorando o homem

Contudo, essa adoração da natureza é, por algum tempo, uma droga potente, e leva à adoração romântica do homem. É fácil passar da crença de que, dadas as circunstâncias sociais corretas, o homem pode se tornar perfeito, para a crença de que ele já possui essa perfeição, e tudo que precisamos fazer é libertá-la. Na Renascença, o *Doutor Fausto* de Christopher Marlowe dramatizou a queda do homem que vendeu sua alma para o Demônio para se tornar um semideus por 24 anos. Ele passa a maior parte desses anos mergulhado em truques mesquinhos — enganando um vendedor de cavalos, ou conseguindo uvas fora de temporada para uma duquesa grávida. E entre suor e lamúrias encontra sua última hora na terra, e a cortina final revela seus membros esquartejados e o sangue espalhado nas paredes de seu escritório. Na era Romântica — e esse espírito inebriante ainda habita entre nós — Goethe reformula Fausto como uma alma que luta pela plenitude do conhecimento e do amor humano.

Para o poeta Percy Shelley, Prometeu, o rebelde, e não Zeus, é o portador da verdade: isso significa que o espírito divino do homem, inspirado pelo Amor universal, e não o Deus de Abraão, Isaac e Jacó, agora dita a lei. A religião deve quebrar seus laços com a tradição e a hierarquia. O Prometeu de Shelley tem uma visão do Cristo sobre a cruz, e reza — misericordiosamente! — para que ele morra:

CAPÍTULO 8

> *Fixe, fixe essas torturadas orbes na paz e na morte*
> *Para que vossos agonizantes braços não agitem o crucifixo*
> *Para que vossos pálidos dedos não joguem com o sangue vertido*
> *Ó medonho! Vosso nome não pronunciarei,*
> *Pois tornou-se uma calamidade.*
> (*Prometheus Unbound* [Prometeu liberto], 1600–1604)

Por que não deveria morrer rapidamente, já que não é um salvador? O homem deve salvar a si mesmo. E por que no fim das contas ele precisa ser salvo? Seja verdadeiro consigo mesmo, e não poderá pecar:

> Nada, nem mesmo Deus, é mais importante para nós do que nosso próprio eu. (Whitman, *Leaves of Grass* [Folhas de relva], 1271)

Não desejo submeter os românticos a um escárnio maior do que merecem. Há uma grande nobreza e mistério no homem, e no homem como pináculo e finalidade do mundo natural. Wordsworth não estava errado em voltar para o interior e se perguntar como a natureza de sua infância rural formou a mais bela coisa da qual já tivera uma experiência direta, isto é, sua mente. Pois ele viu montanhas e rios, "purificando então / Os elementos da sensibilidade e do pensamento" (*The Prelude* [O prelúdio], 1.410–11). O problema começa quando tentamos colocar o homem no lugar de Deus.

É um problema que os politicamente corretos ainda não alcançaram, pois continuam, muito tempo depois da última pessoa que nisto acreditou, a insistir na sociedade perfeita, no homem perfeitamente feliz, em homens e mulheres perfeitamente iguais, em crianças perfeitamente sábias e em anciões perfeitamente infantis e maleáveis. É o suficiente para levar às gargalhadas aqueles que atravessam as ruínas. As pessoas trapaceiam, roubam, brigam e desperdiçam tempo. Bem, algumas pessoas sempre fizeram coisas assim. Os cristãos diziam que se tratava da nossa propensão ao pecado. Então aquela coisa vaga chamada "sociedade" deve ter nos deixado assim, ou nossa criação. Somos, na verdade, socialmente construídos; é isso que os cientistas sociais politicamente corretos nos dizem, usualmente se eximindo do diagnóstico. Tudo de que precisamos, então, é montar a correta tecnologia de governo e educação para consertar o erro. E quem administrará esses vastos programas? Sabemos quem. As pessoas que trapaceiam, roubam, brigam e desperdiçam tempo.

É bem mais revigorante encontrar a adoração do homem em seu imaculado estágio romântico, quando tinha a altivez de um soldado. Lorde Byron deu o tom a esse ideal romântico — o solitário destruidor de todas as regras, sedutor de mulheres (e às vezes de homens), vociferando contra a religião obsoleta e "respeitável" e seu Deus tão confortável para velhinhas em sociedades beneficentes. Admito que isso é uma caricatura de Byron — uma caricatura que ele mesmo cultivou. O verdadeiro Byron ansiava por algum objeto ao qual ofereceria sua paixão e gênio, e não pelas piedades hipócritas de pessoas que acreditavam poder melhorar a humanidade com o correto programa governamental. Assim, quando os poetas Samuel Taylor Coleridge e Robert Southey (que tinham inteligência suficiente para ter mais juízo) conceberam o plano de uma comunidade na Pensilvânia, baseada na idéia da perfectibilidade humana, Byron gargalhou calorosamente às suas custas:

> Nem todos são moralistas, como Southey,
> A tagarelar ao mundo sobre a "Pantocracia";
> Ou um Wordsworth desempregado, intributável,
> A temperar seus poemas de mascate com a democracia;
> Ou Coleridge, muito antes que sua volúvel caneta
> Deixasse restar ao Morning Post sua aristocracia [...]
> (*Don Juan*, III, 93, 1–6)

No entanto, dê ao homem uma chance de lutar por sua liberdade, e o mundo não se depara então com um Byron a escrever um poema sobre a luta, ou a se leiloar no mercado político, mas sim nas montanhas da Grécia, a lutar contra os turcos. Ele um dia escrevera sobre a vergonha que era o sofrimento da Grécia sob a tirania, lembrando-se de sua antiga vitória contra os persas:

> As montanhas olham para Maratona —
> E Maratona olha para o mar;
> E ali por uma hora meditando sozinho,
> Sonhei que a Grécia ainda poderia ser livre;
> Pois, em pé sobre o túmulo dos Persas,
> Não poderia me julgar um escravo.
> (*Don Juan*, II, 701–706)

E ele foi para a Grécia, e consagrou sua vida à preparação da guerra. Até hoje os gregos honram Lorde Byron como um de seus grandes patriotas.[162]

---

162 Byron morreu em 19 de abril de 1824 de uma febre que contraiu enquanto se preparava para um ataque à fortaleza de Lepanto, controlada pelos turcos.

CAPÍTULO 8

> ## MILL, O TOTALITÁRIO
>
> *Olhei adiante [...] para um futuro [de] convicções sobre o que é certo e errado, profundamente gravadas pela primeira educação e na unanimidade geral do sentimento, e tão firmemente assentadas na razão e nas verdadeiras exigências da vida, que não precisarão, como todos os antigos e atuais credos [...] ser periodicamente derrubados e substituídos por outros.*
> — John Stuart Mill, *Autobiografia* (cap. 5).
>
> Em outras palavras, Mill, o liberal, é também Mill, o totalitário secreto, a substituir a fé religiosa por sua própria filosofia, gravadas nas mentes das crianças — que deveriam ser todas submetidas ao treinamento estatal, de forma a promover as visões de Mill e do Estado sobre o maior bem para o maior número. E o Estado não terá sucesso nisso se a família permanecer um contrapeso poderoso. Portanto, a família deve ser reformulada; e, como sempre, a autoridade paterna é a primeira coisa que deve desaparecer.

Byron sabia, em seu coração, que o homem não era digno das aéreas exaltações que os românticos eram inclinados a lhe oferecer. Mas os eventos deixariam clara a imensa fragilidade do ídolo. Sim, o homem podia dirigir um barco a vapor pelo Hudson, ou fazer dez pregos numa fábrica no mesmo tempo com o qual fazia somente um. Isso lhe permitiu controlar coisas boas; as pessoas podiam comer melhor, viver em casas mais quentes, e vestir-se de forma mais asseada. No entanto, a Revolução Industrial que ergueu milhões de pessoas ao que seria considerado, poucas gerações atrás, como riqueza e tranquilidade, também produziu um deslocamento inevitável. As pessoas lotavam as cidades em busca de trabalho. As favelas cresceram por todos os lados. As crianças foram arrebanhadas em fábricas, para trabalhar em empregos perigosos e vis doze horas por dia. O homem parecia estar à mercê da máquina. A guerra não desapareceu magicamente quando o telégrafo foi inventado. O homem o utilizou para enviar instruções militares mais rapidamente. A ironia é que hoje você encontrará "progressistas" a praguejar contra a Revolução Industrial, enquanto nos forçam goela abaixo a mesma refeição de "progresso" e "revolução" que nos deixou com colite no século XIX. Essa é a autocontradição inerente ao liberalismo e ao progressismo: o admirável mundo novo pelo qual você hoje trabalha se torna o mundo amaldiçoado e retrógrado que buscará subverter amanhã.

Enquanto isso, numa autodegradação que continua em ritmo acelerado, os evolucionistas sociais como Herbert Spencer, o popularizador de Darwin, a um só tempo saúdam o "progresso" do homem, da superstição ao iluminismo agnóstico, e o reduzem ao status de um grande primata.[163] Uma espécie de falácia genética tem atormentado o Ocidente desde então. A nova "ciência" da sociologia, liderada pelo agressivo ateu Émile Durkheim, buscou ver nos códigos morais humanos os fósseis de antigas e esquecidas formas de vida. Essa abordagem continua até hoje. Toda a questão de saber se o roubo ou o adultério são maus é esquivada. É como se um jovem imaturo devesse dizer à jovem que quer seduzir: "Você inicialmente chegou a pensar que era errado porque os seus pais lhe ensinaram assim na infância, e, portanto, podemos fazer o que quisermos". Uma redução similar da filosofia moral à paleontologia psico-social é a regra também em outras disciplinas.

Os homens teceram lendas dos deuses para explicar o que o trovão estava a dizer — e, *portanto*, não existe um Ser cuja essência é existir. Os homens inventaram o tabu contra o incesto para evitar que filhos poderosos se unissem para destronar o pai ditatorial, e, *portanto*... — bem, o moralista Freud entendeu que a civilização colapsaria sem as proibições sexuais, mas hão de existir outros para chegar às conclusões lógicas.[164] Até mesmo no século XIX brotaram comunidades de "amor livre" na Europa e na América, nas quais homens e mulheres esclarecidos e divinizados concederiam suas liberdades naturais ao sistema socialista, e exerceriam seus direitos naturais de se acasalarem como animais.[165] O homem é um deus; o homem é uma besta. O homem era tudo, menos um homem.

Gostaria de enumerar quatro respostas à desilusão que se seguiu.

---

163 "Apesar de possuir muitas vezes um corpo e braços bem desenvolvidos, o nativo de Papua tem pernas muito pequenas; lembrando-nos assim dos primatas semelhantes ao homem, nos quais não há grande contraste de tamanho entre os membros traseiros e frontais". Spencer, em *First Principles of a New System of Philosophy* [Primeiros elementos de um novo sistema de filosofia (1862), cap. 15, parte 121].

164 V., por exemplo, o queridinho dos anos 60, Herbert Marcuse, em *Eros and Civilization: A Philosophical Enquiry into Freud* [Eros e civilização: uma investigação filosófica sobre Freud], Boston: Beacon Press, 1966.

165 Como, por exemplo, na comunidade de amor livre iniciada por John Humphrey Noyes em 1848, em Oneida, Nova Iorque.

CAPÍTULO 8

As conseqüências da Revolução Industrial

Uma delas veio da esquerda, e ainda está conosco. É preciso lidar com a besta-homem *en masse*, tarefa para pessoas inteligentes e capazes de manobrá-lo. E assim Marx se tornou o pai da propaganda moderna: não era capaz de administrar um negócio, e não tinha o menor amor pelas pessoas que lutavam para poupar um pequeno capital para empreender, mas realmente acreditava poder tocar as paixões dos ressentidos com o fato de que outros podiam desfrutar mais do que eles. "Trabalhadores do mundo, uni-vos!", exclamou ele. "Nada tendes a perder senão vossos grilhões".[166] Falso. Tinham muito a perder. Perderiam o amor por sua terra natal. Perderiam a fé de sua infância. Perderiam o senso de que eram homens, e não átomos em uma grande massa. Perderiam a dignidade de terem sido criados por Deus para preencher um lugar particular, mesmo um lugar humilde. E teriam grilhões afixados em cada um dos membros, como o próximo século viria a mostrar. Pois, mesmo que ninguém fora da academia continue a pregar o marxismo doutrinário, os pressupostos fundamentais do marxismo ainda estão de pé em meio à esquerda ocidental. Com uma exceção: Marx era pudico, e o marxismo da União Soviética não sorria para a libertinagem sexual. O marxismo do Ocidente moderno é mais sábio. Tolere — na verdade, encoraje — o "individualismo" da fornicação, e então colete o retorno em termos de poder, quando as pessoas se provarem incapazes de se governarem.

Em certo sentido, é lamentável que Marx seja tão ultrajado. É o efeito Adolf Hitler: o mal causado pelo homem ou sua causa é tão óbvio e esmagador, que falhamos em perceber o estrago mais generalizado feito por pessoas, às vezes bem-intencionadas, às vezes não, que aceitam alguns dos mesmos princípios e os colocam em prática para fins supostamente benevolentes. Isso também será um legado dessa virada em direção ao Estado, se não como um objeto de adoração, ao menos como um Grande Pai próximo, capaz de curar nossas feridas e nos lavar de nossos pecados. "Pai, não podemos fazer o bem", diziam os fiéis de outrora, "concedei-nos então a vossa graça". "Podemos fazer o bem", dizem os semicrentes da era moderna, "mas, Sr. Presidente, não podemos fazê-lo por nós mesmos". Esse liberalismo se torna um ateísmo sem a coragem resoluta dos ateus, e apela aos necessitados e aos

---

[166] Trata-se de uma paráfrase do clamor retórico que encerra o *Manifesto comunista* de Marx e Engels.

intrometidos. O movimento pelo sufrágio feminino, pouco importa o que pensemos de sua justiça, andou de mãos dadas com o movimento pela proibição — fortalecendo o Estado, e enfraquecendo o apego americano à liberdade e à responsabilidade individual.

Uma segunda resposta veio daqueles homens admiráveis e tristes que perderam sua fé, mas que não se rejubilaram com a perda. Eles sentiram profundamente, ao contrário de Marx, a vaidade de uma vida na qual a imaginação não poderia olhar para os céus. Alguns, como Freud, tentaram encarar a perda, resignando-se a uma civilização que simplesmente não preencheria o coração humano.[167] Esses poderiam muito bem ter concordado com Agostinho, que fez a célebre oração a Deus: "Nossos corações estão inquietos, até que repousem em Ti" (*Confissões* 1.1), mas, ao contrário de Agostinho, não podiam acreditar na existência do Único no qual o coração humano pode repousar. Ainda mais pessoas tentaram colocar algo no lugar da fé. Penso na nova indústria da filantropia, ou na grave respeitabilidade daqueles vitorianos que não exatamente tinham fé, e não exatamente eram incréus, mas que sabiam o quão importante era fingir. O melhor dentre eles, talvez, foi um homem que sabia não ter fé, e sabia que saíra perdendo com isso: o poeta e ensaísta Mathew Arnold. A insistência do iluminismo sobre a dedução lógica matara sua fé não somente em Deus, mas em todos os substitutos políticos liberais. Aqui ele está num antigo monastério suíço, reconhecendo ambas a perdas, e simpatizando com os monges que ali ainda vivem e rezam:

O FRACASSO DAS FÁBRICAS

E o grande clamor que se ergue de nossas cidades industriais, mais alto do que as explosões de suas caldeiras, é todo devido a isto — que tudo fabricamos ali, exceto homens; branqueamos o algodão, fortalecemos o aço, refinamos o açúcar e moldamos a cerâmica; mas iluminar, fortalecer, refinar ou formar um único espírito vivo, isso nunca se inclui em nossos planos para a humanidade.
— John Ruskin, *The Stones of Venice* (6.16).

Ruskin compreendeu o que Marx, o economista, não pôde compreender: a medida de uma nação não é seu produto interno bruto, nem a distribuição igualitária dos bens materiais; a medida de uma nação são os homens que ela produz, e o bem e beleza das vidas que levam. Essa é uma intuição profundamente conservadora.

---

167 Esse é o sentido elegíaco de *A civilização e seus descontentes* de Freud.

CAPÍTULO 8

Vagando entre dois mundos, um morto,
O outro incapaz de nascer,
Sem ter ainda onde repousar minha cabeça,
Como estes, na terra perdido aguardo.
Sua fé, minhas lágrimas, escarnecidos pelo mundo —
Vertê-las vim ao seu lado.
(*Stanzas From the Grande Chartreuse* [Versos da grande Chartreuse], 85–90)

Existe a feiúra na arte?

Arnold teria odiado o que a crítica se tornou em nossos dias. Irritantes professorezinhos, talhando para si mesmos pequenos cubículos especializados, agora ensinam "a literatura feminina do final do século XIX", ou algo do tipo, possuindo somente uma pequena fração do conhecimento literário, histórico e filosófico de Arnold, sem mencionar seu gosto apurado. Isso já seria ruim em si mesmo, mas também encobrimos nossa ignorância com um jargão incompreensível. E por que não, considerando que as teorias prevalecentes na academia (o desconstrucionismo sendo a mais notória de um grupo infestado por moscas) negam que exista uma verdade objetiva a ser comunicada, e muito menos padrões objetivos de beleza para nos guiar nessa comunicação? Tudo é político, no sentido hobbesiano de luta pelo poder. Um texto "científico" de lingüística em minha estante chega a negar que os homens têm naturalmente vozes mais grossas que as mulheres. Isso também foi parte de uma vil conspiração patriarcal. O próprio pressuposto de que um texto pode significar alguma coisa é, segundo o anarquista lingüístico Jacques Derrida, "teológico" ou "logocêntrico". Quando rejeitamos esse pressuposto transitamos livres "num mundo de sinais que não tem qualquer verdade, origem e culpa nostálgica", nenhum sentido transcendente, e nenhuma finalidade humana que não seja o prazer de vacilar por aí com sinais que não apontam para lugar algum (*L'écriture et la différence* [A escrita e a diferença]).

Mas a triste sabedoria de Matthew Arnold é mais rica do que sua rasa recusa em reconhecer realmente a sabedoria. Mesmo que tenha perdido a fé em Deus, Arnold ao menos se voltou para um nobre substituto, a alta cultura. Seremos salvos, acredita ele, pelo fogo purificador da arte, que nos dará pelo menos a serenidade dos gregos antigos, que viam e amavam o belo, e o amavam ainda mais por saberem o quão dolorosamente passageira era a beleza de um jovem ou a glória de uma cidade. Portanto, eles imortalizaram seu amor na rocha e na canção, e, portanto, nós também deveríamos apreciar o que Arnold chamou de pedras de toque da grande arte. O propósito da crítica, diz ele — em oposição a todos os temas agora vigentes em nossa academia — é "tentar saber o que de melhor é conhecido e pensado no mundo, independente da política, do mundo prático e coisas semelhantes; e valorizar o conhecimento e o pensamento à medida que se aproximam do melhor, sem a intrusão de quaisquer outras considerações" (*The Function of Criticism at the Present Time* [A função da crítica no tempo presente]). O bem que disso tiraremos? O homem "pode começar a lembrar que tem uma alma".

Observe isto com atenção. Não devemos julgar um tratado abolicionista de quinta categoria como *Uncle Tom's Cabin* (A cabana do Tio Tom) como grande arte ou profunda sabedoria política meramente porque concordamos com sua política. Temos uma alma. Não iremos dignificar, tampouco, o fanatismo de uma Margaret Atwood, cujo romance *The Handmaid's Tale* (O conto da donzela) difama os cristãos evangélicos com quem ela claramente nunca chegou a conversar, meramente porque pode juntar uma ou duas frases. Temos uma alma. A esquerda, admito, não tem o monopólio da má arte. Mas tem um quase monopólio, baseado no princípio de que a má arte não existe, desde que as concepções políticas sejam as corretas. Um crucifixo num balde de urina? Muito profundo, irmão.

Os ideais de Arnold eram suficientemente honestos e poderosos para sobreviverem, tremendo e tossindo, até nossos dias, onde ainda encontramos, aqui e ali, alguém que acredita nos ideais antiquados de uma educação "liberal", permitindo que a mente se eleve acima das escaramuças das modas contemporâneas e provincianas, sejam elas culturais, políticas ou econômicas. Porém, os nazistas também se imaginaram patronos das artes, e o bom gosto, não importa o quanto seja bom, nunca impediu a malícia do coração, mesmo que ocasionalmente restrinja a violência dos punhos. Ninguém, penso eu, sabia disso mais que o próprio Arnold:

> *Teríamos a paz interior,*
> *Mas não veríamos o interior;*
> *Faríamos a miséria cessar,*
> *Mas não cessaríamos de pecar.*
> (*Empedocles on Etna* [Empédocles no Etna], 232–235)

O que explica porque ele vê, em seu tributo funerário a seu pai cristão, cordato e liberal, o mestre-escola de Rugby Thomas Arnold, uma disposição e capacidade de salvar o próximo que ele mesmo não possui:

> *Mas tu não serias sozinho*
> *Salvo, meu pai! Sozinho*
> *Não conquistaria e chegaria a teu propósito,*
> *Abandonando a todos na selva.*
> *Estávamos fatigados, temerosos*
> *E em nossa marcha*
> *De bom grado desfaleceríamos até a morte.*
> *E ainda assim tu voltaste, e ainda*
> *Acenaste para quem estremecia, e ainda*
> *Aos fatigados tua mão deste.*
> (*Rugby Chapel*, [A capela de Rugby], 124–133])

Mas até mesmo nos dias de Arnold esse apego à alta cultura — a pedras de toque poéticas, como Arnold as chamava, das quais podíamos derivar, como da abelha, doçura e luz[168] — estava a fenecer, e o culto liberal do artista boêmio muito contribuiu para o processo. Se você não reverencia seus pais, não irá reverenciar Virgílio e Cícero. A história da escolarização daqueles dias até os nossos é a história de um longo recuo dos clássicos, do que é difícil e excelente, para o que é grosseiro, estúpido e auto-indulgente; de um rapaz em sua mansarda debruçado sobre Gibbon a livros didáticos infantilizados que usam imagens, slogans, projetos em grupo, o politicamente correto e outros ruídos estridentes, como as revistas na fila do caixa de um supermercado, para suscitar a resposta planejada. Um olhar de relance sobre as estantes de qualquer livraria local provará o ponto. Terei mais a dizer sobre a cultura popular no próximo capítulo, mas chamar nossa televisão de "medíocre" é estragar essa bela palavra. Um depósito de lixo não é medíocre.

Nietzsche: o ateu honesto

Uma terceira resposta veio daqueles que enxergaram para além do fracasso, não somente do ideal cultural de Arnold, mas também dos ideais

---

168 Para a noção de "pedras de toque", v. *Essays in Criticism, Second Series* [Ensaios sobre a crítica, segunda série], "The Study of Poetry" [O estudo da poesia] (1880); para a "doçura e luz", v. o Prefácio a *Culture and Anarchy* [Cultura e anarquia] (1869).

políticos de reformadores liberais semicristãos como Gladstone. Nietzsche e Kierkegaard vem à mente. Esses homens riem para zombar dos afeminados e insípidos. Contra aqueles que gostariam de transformar a fé cristã em uma confortável pose social, ou em um conjunto de atividades autocomplacentes pelas quais os privilegiados "servem" os pobres e continuam a ganhar tanto dinheiro quanto quiserem, Kierkegaard nos leva de volta ao pavoroso mistério do Monte Moriá, onde Abraão foi ordenado por Deus a sacrificar seu filho Isaac, e ali adentrou a escuridão da fé. Melhor que não houvesse um "cristão" sequer, para que a fé verdadeira possa novamente viver, diz Kierkegaard![169]

Temos então Nietzsche, que odeia o que ele equivocadamente viu como o cultivo cristão da fraqueza, a minar o que ele supôs ser a autoafirmação cruel, forte, livre e jovial dos senhores da humanidade.

Para cada liberal que se supõe corajoso por ter ironizado a estranheza dos antigos preceitos morais, Nietzsche mantém de pé um desafio: vá além do "bem e do mal", deixe bem para trás até mesmo a pretensão de obediência à ordem moral. Nietzsche, anticristão e zombeteiro em relação ao liberalismo, chega ao ápice da eloqüência quando descreve a criatura insossa que este mundo chama de "bom":

> **A RAZÃO CONTRA O ORGULHO**
>
> *Extraia o granito com navalhas, ou ataque o navio com um fio de seda; da mesma forma você poderá ter a esperança de lutar contra aqueles gigantes, a paixão e o orgulho do homem, com esses instrumentos delicados e afiados que são o conhecimento e a razão humana.*
>
> — John Henry Newman, *A idéia da Universidade* (discurso 5, parte 9).
>
> Nossos educadores politicamente corretos, tendo abandonado a fé, ou a relegado aos cantos particulares e empoeirados, agora tentam salvar o mundo, pregando a "consciência multicultural", o "aprendizado permanente" ou alguma outra tolice. É o mesmo que chicotear um ogro com macarrão instantâneo.

---

169 "Isto deve ser dito: ao deixar de participar da adoração oficial de Deus como ela hoje existe [...] tu tens uma culpa a menos, e bem grande: tu não fazes mais parte do tratamento de Deus como um tolo". De *This Has to Be Said: So Be It Now Said* [Isto deve ser dito: que seja dito] (1855). V. Kierkegaard, *Attack upon "Christendom"* [Um ataque à "cristandade"], tradução de Walter Lowrie, Boston: Beacon Press, 1960, p. 60.

CAPÍTULO 8

> A diminuição e o nivelamento do homem europeu constituem nosso maior perigo, pois só o ato de o contemplar já nos deixa fatigados. Nada vemos nos dias de hoje que queira se tornar superior, suspeitamos que as coisas continuarão a decair, a se tornar mais ralas, mais boazinhas, mais prudentes, mais confortáveis, mais medíocres, mais indiferentes, mais chinesas, mais cristãs — não há dúvida que o homem sempre se "aperfeiçoa". (*Genealogia da moral*)

No entanto, o liberal quer o pecado, sem o menor traço de crueldade; quer ser um carreirista, consumido pela ambição, mas em prol de toda a "humanidade"; quer desfrutar do poder de sufocar, mas para o bem da alma ofegante que anseia por ar. Nietzsche tinha honestidade suficiente para enfrentar as implicações de seu ateísmo. Ele viu que a "tolerância" era somente um ardil, com a intenção de salvar as tímidas consciências dos liberais obsoletos, convencionais e auto-satisfeitos. Um certo artista fracassado na Áustria também veria além do ardil, e seis milhões de judeus viriam a morrer por isso. O liberal se orgulha de nos libertar do Deus de nossos antepassados. Ele nunca se preocupa em observar a besta que paira acima de seus ombros, esperando que termine de limpar o caminho. Nietzsche ao menos se preocupou em observar.

Finalmente, uma quarta resposta pode ser ouvida, fragmentada, mas caminhando no sentido contrário da religião do progresso material, da centralização governamental, do controle social e da mediocridade universal. Ela enfatiza a dignidade da consciência humana, como em John Henry Newman,[170] ou um desprezo aristocrático pelo governo que serve à gratificação, como em Henry Adams.[171] Suspeita, como Chesterton, da máquina insaciável de fazer dinheiro e do gastador compulsivo.[172] Exorta à piedade, ao enraizamento em um lugar e

---

[170] Para Newman, a consciência é mais do que um policial; exorta-nos ao conhecimento de Deus: "Não é maravilho que as notícias, as quais Ele indiretamente nos dá por meio da consciência, de Sua própria natureza são tais que nos fazem compreender o que Ele é em Si Mesmo e nada mais" (*An Essay in Aid of a Grammar of Assent* [Um ensaio em favor de uma gramática do assentimento], 1.5). Ela não permite que façamos o que queremos; encoraja-nos a fazer como Deus quer.

[171] Testemunhe Adams falando sobre o sopro da Idade Média, comparado a seu próprio tempo utilitário: "Uma Igreja que abraçou, com igual simpatia, e no espaço de cem anos, a Virgem, São Bernardo, Guilherme de Champeaux, e a Escola de São Vítor [...] São Tomás de Aquino e São Boaventura [...] era mais liberal do que pode ser qualquer Estado moderno [...] Semelhante elasticidade há muito desapareceu do pensamento humano". De *Mont-Saint-Michel and Chartres* [Monte Saint-Michel e Chartres], Nova Iorque: Mentor, 1961, cap. 16, p. 351.

[172] Em *The Outline of Sanity* [Esboço de sanidade], Nova Iorque: Dodd, Mead, and Co., 1927, Chesterton se auto-intitulou um capitalista, pela simples razão de que queria que todos desfrutassem do capital. Ele desconfiava dos capitalistas que sempre alegavam não poder pagar salários maiores por estarem no limiar da falência, e dos socialistas cuja resposta para a desigualdade é um Estado controlador que todos igualmente odeiam.

no tempo, como fez John Ruskin, que era bem melhor quando falava sobre artes do que em sua política socialista de ocasião.[173] Lembra da beleza e da bondade do homem e da mulher, não de maneira indistinguível, e rejeita a dedicação exclusiva ao Estado; vemos essa apreciação na poesia de Coventry Patmore.[174] Há dúzias de pessoas a serem escolhidas, mas terminarei este capítulo tocando em percepções de três homens de letras e um grande Papa: Robert Browning, Charles Dickens, Fiodor Dostoiévski e Leão XIII.

Os campeões conservadores da dignidade humana

À primeira vista parece despropositado considerar esses homens conjuntamente, pois parecem ter muito pouco em comum. E ainda um Papa, entre todas as pessoas possíveis? Dostoiévski, aquele místico torturado e titânico, odiava a Igreja Romana pelo que acreditava ser a traição da religião verdadeira em troca do poder político. O assassinato e o estupro não podem mover seu gentil "idiota", o Príncipe Mishkin, à indignação apaixonada, mas a Igreja Romana sim.[175] Também Dickens nada tinha de cortês a dizer sobre Roma, associando-a à repressão antinatural do espírito humano.[176] Quando os católicos reclamaram sobre o tratamento que receberam em seus romances, ele se envergonhou, e escreveu um de seus piores trabalhos em reposta, *Barnaby Rudge*. Nele, Dickens defende os direitos civis dos católicos, mas também continua a criticar o que via como um código de regulamentos contrário à natureza humana. Browning era completamente amigável para com a Igreja, mas seus leitores menos perceptivos o adotaram como um apóstolo das "grandes perspectivas vindouras" e do "bom e velho progresso liberal", o que ele não era. E quanto ao Papa Leão, se alguém além dos católicos se atentou às suas encíclicas, ainda não consegui encontrar o menor traço deles.

---

173 V. Ruskin, *Unto this Last* [Até o derradeiro fim], 1860.
174 V., por exemplo, *The Wedding Sermon* [O sermão de casamento], em *Mystical Poems of Nuptial Love* [Poemas místicos de amor nupcial], editado por Terence L. Connolly, S. J., Boston: Bruce Humphries, 1938.
175 Dostoievski, *O idiota* (1869), parte 4, cap. 7.
176 Dickens é um crítico impiedoso da Igreja em *A Child's History of England* [Uma história da Inglaterra para crianças]; seus preconceitos permaneceriam com ele até o fim, em seu romance incompleto sobre o desejo reprimido, *Edwin Drood*, ambientado em um lugar chamado "Cloisterham".

No entanto, uni-os, pois descobrimos em cada um deles o que não podemos encontrar nos românticos ou nas reações ao romantismo. Também devemos atentar a essas coisas. Podem nos ajudar a limpar nossos sistemas da diarréia politicamente correta. Hoje, tais coisas são descartadas como antiquadas, ou execradas como odiosas. Não coincidentemente, são indispensáveis para a preservação das riquezas que herdamos de nossos ancestrais intelectuais e espirituais. São como se segue.

> ### *O ÚLTIMO REFÚGIO DOS CANALHAS?*
> *Ali respira o homem,*
> *De uma alma tão morta,*
> *Que nunca disse a si mesmo,*
> *Está é a minha, a minha terra nativa?*
> *Cujo coração nunca ardeu no peito,*
> *Enquanto orientava seus passos para casa*
> *Depois de vagar por terras estrangeiras?*
> — Sir Walter Scott, *The Lay of The Last Minstrel* (6.1–6).
>
> Temos então certamente muitas almas mortas hoje. Nossos estudantes são ensinados a rejeitar sua terra nativa, como se o cinismo fosse uma virtude duramente conquistada. Scott amava sua Escócia nativa, não porque acreditava que ela deveria ser independente da Inglaterra, mas simplesmente porque era a Escócia.
>
> Nisso, Scott rejeitou o ideal cosmopolita do iluminismo, expresso de forma tão simples por Thomas Paine: "Meu país é o mundo, e minha religião é fazer o bem".

Um olhar honesto e impiedoso sobre o mal

Caso queira ser chamado de simplório ou de repressor perverso, a maneira mais rápida é reconhecer que o mal realmente existe. No relativismo atual, a única coisa errada é dizer que algo é errado.

Mas para esses quatro homens, não há qualquer embelezamento romântico da perversão, uma corcunda moral que ainda infecciona nossa arte. Os vilões de Dickens se destroem em sua crueldade. Essa crueldade pode ter um coração duro e ser sedenta de poder, como em Ralph Nickleby, que se enforca por desespero no fim de *Nicholas Nickleby*, ou ser silenciosa e malévola, como no advogado Mr. Tulkinghorn, capturado na própria armadilha, ou lucidamente afável na superfície, como em Fagin, a víbora (*Oliver Twist*).

Dostoiévski, que considerava Dickens o maior escritor de seu século, dele aprendeu essa anatomia do mal. É inesquecível o seu Fiodor Pavlovich piegas e depravado, que estupra uma pobre moça idiota e a fecunda com o filho bastardo que crescerá para ser seu assassino (*Irmãos Karamazov*); ou o gélido anarquista intelectual Peter Verkhovenski, um modelo presciente de todos aqueles que no século XX viriam a matar milhões em nome do progresso secular (*Os demônios*). Browning era tão bom em apresentar a mente maligna, que muitos de seus críticos foram enganados por isso, chegando a concluir que o poeta se recusou a julgar — um louco estrangulador de uma mulher ("*Porphyrias's Lover*" [O amante de Porfíria]), um aristocrata que rouba a vida de todas as belas coisas que possui ou com as quais se casa ("*My Last Duchess*" [Minha última duquesa]) e um assassino vulgar que levara sua própria esposa para uma prostituição à qual não sobreviveria (*The Ring and The Book* [O anel e o livro]). Já o Papa Leão nunca se preocupa em embelezar com pó-de-arroz verbal os socialistas, niilistas e outros destruidores do espírito humano, da vida familiar independente e pacífica e das aspirações mais elevadas do coração.

Uma desconfiança de todos os "sistemas" concebidos por intelectuais sedentos de poder

O Sr. Gradgrind de Dickens, de forma calma e respeitável, destrói a imaginação das crianças a seu encargo. "Ensine os fatos a essas crianças, nada senão os fatos!" (*Hard Times* [Tempos difíceis]). Herdamos a comichão da construção de sistemas, mas com esta diferença: nossos estudantes, alimentados com o merengue da auto-estima, sequer conhecem os fatos. Dostoiévski ridiculariza os "liberais" que acreditam que os programas corretos transformarão o mundo num paraíso, e então, de alguma maneira, esquecem de libertar seus próprios servos. Browning transforma o mercador do progresso de seus dias em um jornalista superficial, que se embaraça quando o bispo católico, durante uma entrevista, insiste sobre as pequenas mas importantes verdades que os homens comuns podem descobrir. O jornalista gostaria de controlar essa plebe, mas, diz o sábio bispo:

CAPÍTULO 8

> *A ignorância e a fraqueza também têm seus direitos.*
> *Não é preciso muito esforço para descobrir a verdade*
> *Aqui e ali, ou em qualquer lugar:*
> *Devemos olhar para todos os lados, nos esforçar e ver,*
> *E se não pudermos, seja grato por ao menos conquistarmos*
> *O direito, por mais uma prova laboriosa,*
> *De em paz nos fartar da saborosa pastagem da terra.*
> *Os homens não são anjos, nem brutos:*
> *Há algo que todos podemos ver, e algo que ninguém pode ver.*
> (*Bishop Blougram's Apology* [A apologia do Bispo Blougram], 857–865)

Aqui o bispo elucida genialmente a antiga e esquecida virtude da modéstia, que nos instrui, mesmo que não acreditemos na santidade da família ou da vida humana comum, a deixar em paz aquilo que provavelmente arruinaríamos com nossa intromissão. Aplicada às questões sociais, é o princípio da subsidiariedade, defendido pelo Papa Leão encíclica após encíclica. Baseia-se na admissão humilde de que o povo pode saber algumas poucas coisas de difícil articulação, e que as elites intelectuais e os políticos sabem bem menos do que acreditam saber, independentemente de quão bem possam articular suas idéias.

Mas isso é hoje ofensivo para nossos líderes. Formaram-se na universidade, vejam só. É completamente supersticioso postular uma verdade esquecida por uma motosserra da lógica ou por um cozinheiro de estatísticas. E impor limites ao poder do governo é desacelerar o progresso. No entanto, os chefes dos ratinhos nunca revelam para onde estamos progredindo.

Uma confiança na bondade do ser encarnado, sem qualquer credulidade em sistemas abstratos, e orientada somente para esta face humana, esta mão, este coração

"Melhor é estimar a virtude e a humanidade", diz Burke, "dando grande margem ao livre-arbítrio, mesmo com algum prejuízo para o objeto, do que tentar transformar os homens em meras máquinas e instrumentos de uma benevolência política. O mundo como um todo ganhará com a liberdade, sem a qual a virtude não pode existir" (*Reflexões sobre a Revolução na França*). Meus quatro exemplos concordavam: o bem e o belo surgem de um cuidado com o pequeno e o local, e não de um fascínio com grandes abstrações políticas e sociais.

Dickens é brutal em sua sátira contra o pendor liberal em "ajudar" uma Humanidade distante e desencarnada. Em *Bleak House* [Casa soturna], a incansável solicitadora de contribuições caridosas, a Sra. Jellyby, importuna seus caros concidadãos a prometer dinheiro para o cuidado dos nativos de Boriobula-Gha, um lugar tão selvagem quanto o nome, em algum lugar no coração da África. O que os cidadãos estão financiando? Bem, "o cultivo geral do café — e os nativos — e o feliz assentamento, nas margens dos rios africanos, de nossa população local superabundante". Muitas vezes é mais fácil ver o mal no princípio, quando, nu e rosnando, se esgueira na mente humana, do que depois, quando a ele nos acostumamos e já o trajamos com elegância. Na mente da Sra. Jellyby, os nativos, os quais ela pretende elevar à sua exaltada posição, são objetos de administração em massa a serem "cultivados", exatamente como os grãos de café. Também vemos que sua caridade está entremeada de motivações imperiais. Façamos de Boriobula-Gha uma agradecida tributária da Inglaterra e dos emigrantes ingleses, que farão todo o cultivo real, tanto dos grãos de café quanto dos nativos.

E mais do que isso: o esquema irá remover um excedente. A Sra. Jellyby não quer somente que os boriobulanos fiquem na África; ficaria muito feliz em poder enviar alguns ingleses excedentes para lá. Dickens chama isso de "filantropia telescópica". Esse padrão se encaixa bem nos nossos imperialistas internos do serviço social e da indústria da pobreza. Envie os bacharéis em excesso das universidades, muitos deles com o temperamento de uma Sra. Jellyby, para os guetos de Boriobula, ou melhor, para belos apartamentos não tão próximos dos guetos, para dizer às pessoas dali quais grãos de café sociais precisam plantar e como plantá-los.

O que falta é um confronto direto e encarnado entre um ser humano e outro. As pessoas são tratadas com condescendência, reduzidas a "casos", manipuladas segundo uma regra. Não importa então que esses procedimentos sejam uma lição inútil sobre o enxofre bíblico, favorecidos por alguns reformadores sociais antes de nosso tempo, ou uma lição igualmente inútil sobre como preencher um formulário de assistência social e se qualificar para o vale-refeição. Os resultados são na melhor das hipóteses temporários, e as vítimas da assistência se tornam moralmente crianças ou idiotas. Dickens nos mostra em vez disso o que precisa ser feito, não nos dando um programa alternativo, mas encarnando a caridade na pessoa de sua heroína mais politicamente incorreta, Esther Summerson. Ela revela, por sua diligência, paciência e alegria cativante, que a economia, em seu sentido mais verdadeiro, é realmente a lei de um lar. Os governos e os filantropos fracassam naquilo em que Esther tem sucesso, pois ela dispensa o telescópio. Enxerga a maldade, o desespero e miséria tal como são.

Quando Esther adentra uma choupana de tijoleiros, de homens que se degradaram abaixo das bestas, não nos dá qualquer panacéia sobre a bondade inerente do homem, nem prega para aqueles que ainda não podem ouvir a pregação. "Quer saber se li o livrinho que deixou aqui?", bufa um deles em direção à pregadora empertigada, a Sra. Pardiggle, a qual Esther foi persuadida a acompanhar em suas "rondas". "Não, não li o pequeno livro que você deixou aqui. Ninguém aqui sabe como lê-lo; e se alguém soubesse, ainda assim não me seria conveniente. É um livro conveniente para uma criança, e não sou uma criança". Isso não impede a Sra. Pardiggle de avançar com seu rabugento plano, degradando os homens violentos e raivosos. Mas quando Esther e sua prima Ada vêm a conhecer uma mulher com um filho pequeno às portas da morte, vemos o que os seres humanos podem fazer — nem deuses nem bestas, nem abstrações em uma massa, nem contadores econômicos, mas seres humanos:

> Semelhante compaixão e ternura, como aquela com a qual [Ada] se curvou a chorar, e colocou sua mão sobre a da mãe, poderia ter amolecido todos os corações maternos que já chegaram a bater. A mulher primeiro a olhou maravilhada, e então explodiu em lágrimas.
>
> Tirei então o fardo leve de seu colo; fiz o que podia para que o bebê descansasse em paz e suavemente; coloquei-o sobre a prateleira e o cobri com meu próprio lenço. Tentamos confortar a mãe, e lhe sussurramos o que Nosso Salvador disse das crianças. Ela nada respondeu, mas continuou a chorar — a chorar muito.

Sim, a ação é pequena. Não alimentará milhões, ou levará a civilização a Boriobula-Gha. Faz mais do que isso: vivifica uma alma humana sofredora. Da mesma forma, Ebenezer Scrooge, renascido como uma criança no dia de Natal, não lança sua riqueza acumulada em vastos Programas, mas dá um cheque para que dois homens possam comprar as "necessidades comuns" dos pobres, e depois envia um peru para a casa de seu empregado, Bob Cratchit. Ele não precisará de um telescópio para seu amor. A simples visão do pequeno Tim aleijado será suficiente.

Dostoiévski apresenta uma dinâmica similar em Irmãos Karamazov. O jovem, ambicioso, superficial e egoísta Monge Rakitin quer despertar uma revolução contra os ricos não porque ama os pobres, mas porque tem inveja do poder dos ricos.[177] Troque, em nossa era, "Rakitin" pelo nome de qualquer feminista proeminente, "ricos" por "homens", e "pobres" por mulheres, e mude os pronomes e adjetivos de forma correspondente. O liberal Miusov despreza os monges do monastério adjacente à sua terra e usa todos os meios legais para persegui-los, completamente ignorante de quanta assistência material e consolo espiritual eles forneciam aos pobres servos cuja causa ele fingia defender.[178] Troque "Miusov" pelo nome de um vereador ou prefeito contemporâneo, e "monastério" por "igreja" ou "escoteiros".

> **DUAS ESTRADAS DIVERGIAM, E...**
>
> *A estrada do excesso leva ao palácio da sabedoria.*
> — William Blake, *O casamento do céu e da terra.*
>
> Haverá um caminho muito claro de William Blake e dos românticos até aqueles que pregaram o amor livre nos anos 60 (Herbert Marcuse, por exemplo, em *Eros e cultura*). Se o excesso e a gratificação do desejo levam à sabedoria, a geração de Woodstock deve ser a mais sábia que o mundo já viu. Se não produziram muita arte superior, filosofias penetrantes ou um estadismo previdente, bem, isso não é evidência contra sua sabedoria. Estavam muito ocupados dando prazer a si mesmos.
> Ainda assim, é refrescante ouvir Blake clamar contra o seguro e o aceitável. Pregamos o hedonismo, mas sem a excitação do perigo e da ousadia.

Ivan Karamazov, um jovem de nobres ideais e intelecto poderoso, enxerga o que está por trás do liberal e do revolucionário hipócrita. Mas ele também é afligido pelo telescópio. Acha fácil, diz ele, amar a humanidade. São os próximos que não pode suportar — o próximo que Cristo ordenou a seus discípulos que o amassem, e não uma humanidade desencarnada e convenientemente abstrata. Então Ivan, tateando as feridas de sua alma, coleciona recortes de jornais que descrevem atrocidades cometidas contra crianças inocentes, e declara que, apesar de conseguir crer em Deus, não pode acreditar no mundo que Deus fez, um mundo no qual uma pequena menina, espancada e presa em uma latrina

---
177 *Os irmãos Karamazov*, 1.2.7.
178 Ibid., 1.1.2.

por seus pais, faz chorosas orações a Jesus.[179] Ivan é um poderoso testemunho; no entanto, apesar de tudo, nunca o vemos na companhia de crianças, apesar de haver muitas delas próximas e em sofrimento. Essa obra de misericórdia é deixada a seu irmão, Alyosha, um monge de pureza infantil, demasiado simples para ser um alpinista político, demasiado honesto para fingir amar o que odeia e demasiado amoroso para se isolar do contato carnal e direto com um soldado bêbado, com sua família desagradável, raivosa e destroçada, e com seu filho moribundo.[180]

Contra os românticos, os liberais e os revolucionários radicais, eis o argumento exato de Dostoiévski: um homem não pode realmente ajudar o outro a menos que o encontro seja carnal, próximo e fundamentado numa fé que sopra uma vida caridosa, e o une, alma com alma, a uma criatura que se torna um irmão. Se Jesus está correto, então o liberalismo meramente material ou agnóstico não está somente errado, mas mortalmente errado. Isto é, pode ser que só possamos amar o próximo como a nós mesmos se enxergarmos nossos próximos e a nós mesmos como amados por Deus, a quem adoramos e a quem rezamos humildemente. Se isso não é verdadeiro, então o próximo se torna, na melhor das hipóteses, um incômodo que devemos tratar humanamente, e preferencialmente de uma forma que não exija que nos limpemos. Colocando de outro modo: a caridade burocrática, secular e completamente impessoal, não é caridade de forma alguma, mas uma troca mercenária, despida até mesmo da honestidade que há entre um cliente e uma prostituta.

Browning, por sua vez, desmente os aduladores do classicismo, do genial Arnold ao impetuoso Nietzsche. Ele era um poeta resolutamente presunçoso, evitando o verso limpo e polido em prol do vigor masculino; uma bofetada em forma métrica. Junto dessa robustez vem um respeito saudável pela ordem artística e a pura razão filosófica que a acompanha, e um reconhecimento ainda mais saudável de que nada disso pode fornecer a plenitude do conhecimento ou a alegria que ansiamos ter em vida. Assim, por exemplo, em seu poema "Cléon", o orador, um filósofo grego do primeiro século a escrever uma carta em resposta a um rei filósofo, expressa uma sede de amor e verdade que sua própria filosofia não pode satisfazer:

---

179 Ibid., 2.5.4.
180 Ibid., 2.4.7.

> *Valioso é o saber, e saber provar*
> *Como desfrutar de tanta beleza, é mais:*
> *Mas nada saber, e desfrutar, valioso também é.*
> *O remador, bem ali com seus músculos talhados*
> *A descer a vela, está mais perto disso do que eu.*
> (291-295)

Quanto mais envelhece, mais aprende, e mais dolorosamente sente o contraste entre a sede e os poucos dias que lhe restam. Cléon é, em essência, o herói vitoriano agnóstico, mas ainda assim a resposta a seu dilema se prova muito vil, escandalosamente vil e carnal para que possa compreendê-la. Termina sua carta ao rei com uma reflexão tardia, uma rejeição a um certo "Paulo", um mero judeu bárbaro:

> *Tu injurias nossa filosofia, Ó rei,*
> *Ao se inclinar a questionar semelhante homem,*
> *Como se sua resposta pudesse a todos se impor!*
> *Escreveu ele? Bem, que escreva ainda mais.*
> *Ó, o judeu encontrou sábios! Certos escravos,*
> *Que nesta mesma ilha pisaram, pregaram ele e Cristo;*
> *E (como ouvi dum transeunte)*
> *Sua doutrina não poderia ser defendida por um homem são.*
> (346-353)

Browning, como Dickens e Dostoiévski, enxerga aquilo que a política do século XX negará, mesmo que também negue o elevado e sóbrio classicismo de Mathew Arnold: que uma alma apaixonada, culta ou não, pode receber o dom de enxergar verdades que passam batidas pelos grandes trapaceiros deste mundo. Pois agora temos o populismo e a demagogia, mas nenhuma cultura popular pujante; temos regras mesquinhas concedidas do alto para higienizar nossas questões financeiras e familiares, mas não temos a pureza da forma clássica e a simplicidade flamejante dos Dez Mandamentos. O que se perdeu foi o simplesmente humano, e, como os cristãos reconheceram, assim que perdemos isso, perdemos nossos sinais mais claros de Deus. Diz a grande heroína de Browning, que jaz convalescente:

> *Por meio unicamente destas almas,*
> *Deus se inclina a mostrar o que nos basta de Sua Luz*
> *Para que nos levantemos das trevas. E eu me levanto.*
> (*The Ring and The Book* [O anel e o livro] "Pompilia", 1826-1828)

Todas essas questões colocam em jogo a capacidade do homem de apreender, mesmo em suas humildes obrigações de trabalho e família, o que Dante chamara de poder que mantém todo o universo no ser, "o Amor que move o sol e as estrelas". Não estamos brincando aqui. O poeta Shelley cantava o amor, mas nunca pôde aceitar ter uma só mulher. Era demasiado idealista para isso. No fim do século, Bertrand Russell e seus camaradas já estarão a pregar a Sodomia Superior — e por que não, se nossos pensamentos e desejos são meramente fenômenos animais? E, se tiramos o resíduo da antiga cosmovisão herdada da cristandade e da Roma e Grécia clássicas, do que mais o século XIX pode se orgulhar, a não ser daquilo que era em última instância um mero conforto para sua natureza animal? Browning viu claramente as alternativas. Ou somos bestas em um universo frio, morto e sem sentido, para as quais qualquer conversa sobre bondade, progresso ou esclarecimento é um rematado sentimentalismo, ou somos homens feitos por Amor e para o Amor. Então escreve, na voz de um médico persa que conheceu alguém com um estranho histórico médico, um sujeito chamado Lázaro:

> *O próprio Deus! Pensa, Abib; pensas tu?*
> *Assim, o Todo-Poderoso era também Todo Amor —*
> *Assim, pelo trovão vem uma voz humana*
> *A dizer: "Ó coração que fiz, um coração aqui bate!*
> *Rosto, feito por minhas mãos, veja-se em mim! —*
> *Tu não tens poder nem podes o meu conceber,*
> *Mas a ti dei o amor, para que me amasse,*
> *E tu deves amar a mim que por ti morri!"*
> *O louco disse que Ele assim disse: é estranho.*
> ("An Epistle of Karshish" [Uma epístola de Karshish], 304–312)

Uma revelação de um amor que transcende a política protege o homem da tirania, e o faz da forma mais paradoxal. Os vitoriosos nas lutas ideológicas dos últimos séculos alegam que a lei é simplesmente o que dela fazemos — e o nosso desejo é certo, desde que respeitemos alguns "direitos" mal definidos e sempre cambiantes. Isso nos torna ao mesmo tempo senhores e escravos da lei. Também nos desancora do tempo e do espaço, de qualquer comunidade com uma tradição amada, e, como vemos no clamor atual pelo "casamento" homossexual, das realidades simples de nossos próprios corpos.

A visão antiga, audível na seguinte passagem de Leão XIII, é de que não podemos ser escravos do Estado, precisamente porque não

> **O MARXISMO NA AMÉRICA**
>
> Dentre as dez medidas sobre as quais Marx e Engels insistiram no *Manifesto comunista* estão:
>
> 3. Abolição de todo o direito à herança [...]
> 6. Centralização dos meios de comunicação e transporte nas mãos do Estado [...]
> 10. Educação livre para todas as crianças em escolas públicas.
>
> Três de dez não é um placar ruim, mas nem mesmo eles exigiram uma educação estatal compulsória.

somos deuses e não podemos determinar por nós mesmos o que significa o bem e o mal. O Estado, nossa criação, não pode ser o supremo legislador, pois nós mesmos não somos os criadores de nossa natureza:

Das leis decretadas pelos homens, algumas dizem respeito ao que é bom ou mau por sua própria natureza, e ordenam aos homens que sigam o que é certo e evitem o que é errado, acrescentando ao mesmo tempo uma sanção adequada. Mas essas leis não devem sua origem de forma alguma à sociedade civil; pois, assim como a sociedade civil não criou a natureza humana, também não se pode dizer que ela é autora do bem que está na natureza humana, ou do mal que é seu contrário. As leis surgem antes que os homens vivam em sociedade, e têm sua origem na lei natural, e conseqüentemente eterna. (*Libertas Praestantissimum*, 20 de junho de 1888)

Observe que o Papa contradiz a noção de Hobbes e as ambiciosas alegações dos socialistas. Não vivemos como selvagens anárquicos e então finalmente nos unimos em um contrato pelo qual abdicamos de nossos direitos a todos os bens; também não construímos nossa própria ordem, nos dobrando a alguma idéia do progresso social universal. Onde há o homem, já há leis, e elas são o fundamento da ordem civil, e não o contrário.

É estranho, mas é exatamente essa subserviência do homem às leis eternas que lhe concede a sua mais elevada dignidade como este homem ou mulher, nesta comunidade, entre estes vizinhos. Marx desprezava o operário de carne e osso, este que deveria moldar numa máquina revolucionária. Seu sistema submeteu o indivíduo à marcha inexorável da evolução econômica. O Papa não considera marcha inexorável alguma em lugar algum, exceto aquela do tempo rumo à eternidade. Isso lhe permite dar nome aos bois. O roubo é roubo:

> Os socialistas assumem erroneamente que o direito à propriedade é uma mera invenção humana, repugnante à igualdade natural

> entre os homens, e, pregando a comunidade de bens, declaram que ninguém deveria suportar a pobreza mansamente, e que todos podem impunemente roubar as posses e usurpar os direitos dos ricos. (*Quod apostolici muneris*, 28 de dezembro de 1878)

O que há de errado em tirar dinheiro daqueles que tem mais do que o suficiente? Nada — desde que o concedam voluntariamente, ou quando se trata de sua contribuição razoável para a manutenção de um Estado modesto. Muito — se a intenção é extinguir o bem da perseverança do homem pobre, do trabalho do homem diligente e da generosidade do rico. Pois não é um dever do "rico" genérico e sem rosto fingir ajudar o "pobre" genérico e sem rosto ao canalizar seu dinheiro para as obras de um Estado ganancioso. É dever deste homem rico ajudar este homem pobre — e talvez com mais do que dinheiro. É particularmente um dever dos cristãos:

> Tomando [o pobre] em seus braços com afeição maternal, e sabendo que eles em certo sentido representam a pessoa do próprio Cristo, que considera como algo feito a Ele mesmo qualquer benefício concedido aos mais baixos dentre os pobres, [a Igreja] os tem em alta estima, [e] busca ajudá-los com todas as suas forças.

A Igreja lembra aos cristãos, entretanto, com um claro realismo e uma solicitude genuína por seu bem-estar, "das palavras pelas quais Jesus anunciou que os pobres eram abençoados", não para que se contentassem tolamente com a injustiça, mas para encorajá-los a não ter inveja dos ricos e não desprezar os outros pobres.

Soa em todas as obras de Leão o chamado pela justiça para com os trabalhadores, e a afirmação dos direitos primários daqueles pequenos grupos carnais sem os quais dificilmente podemos ser chamados de homens, não importa o quão rico sejamos. O primeiro dentre eles é a família, essa velha e obstinada instituição que as novas "sociedades" sempre pretendem destruir:

> Temos a família; a "sociedade" do lar de um homem — uma sociedade limitada em seus números, mas não menos uma verdadeira "sociedade", anterior a todo tipo de Estado e nação, investida de seus próprios direitos e deveres, totalmente independente da comunidade civil. (*Rerum Novarum*, 15 de maio de 1891)

Mas até mesmo esses grupos não são fins em si mesmos. É a coisa mais prática e genuinamente econômica deste mundo reconhecer que o homem não é simplesmente um animal prático e econômico. Portanto, até mesmo para compreender e desfrutar das coisas perecíveis desta terra, o homem deve erguer a cabeça para as coisas que não perecem:

> As coisas da terra não podem ser compreendidas ou valorizadas corretamente sem levar em consideração a vida futura, e a vida que não conhecerá a morte. Exclua a idéia da futuridade, e imediatamente a própria noção do que é bom e correto perecerá; mais ainda: todo o sistema do Universo se tornaria um mistério escuro e abissal.

E com essa lição de uma incorreção política extrema, e um ensinamento embaraçoso sobre a natureza do homem, terminamos nossa revisão do século. Em toda parte do Ocidente encontramos o homem, desenraizado das famílias e comunidades que o conectam ao passado, homogeneizado nas "massas" das grandes cidades. E descobrimos os autonomeados intelectuais que lhe oferecerem uma nova futuridade. Herbert Spencer, Thomas Huxley e John Stuart Mill expõem o ideal cintilante da "ciência", prestes a inaugurar uma era na qual todos seremos materialmente confortados e satisfeitos em conhecer, se não a Deus, ao menos o modo como as moléculas de carbono se transformam em polímeros de plástico, ou algo igualmente excitante. Marx e seus camaradas oferecem a ditadura do proletariado — que significa, ao fim e ao cabo, uma ditadura imposta ao proletariado, na qual quem não é ditador é um proletário. Oscar Wilde e seus companheiros zombam das antigas e novas pretensões, e desfrutam de uma devassidão refinada.

O glorioso futuro logo chegaria, com rajadas de tiros em Saravejo e Moscou.

> ### DEUS NÃO ESTÁ REALMENTE MORTO
>
> *Melhor reza, quem melhor ama*
> *Todas as coisas grandes e pequenas;*
> *Pois o bom Deus que nos ama,*
> *Tudo fez e tudo ama.*
> — Samuel Taylor Coleridge, *A rima do antigo marinheiro* (614–617).
>
> Em Coleridge, o amor romântico da natureza é inseparável da piedade; amamos estas coisas porque Deus as fez e as ama. Não se trata de uma religião da natureza, mas do antiquado e humilde cristianismo, corretamente aplicado a nosso tratamento da natureza. Está a um universo de distância da desumanidade do ambientalismo politicamente correto — salvar focas e assassinar bebês.

CAPÍTULO IX

O século xx: um século de sangue

Como escrever somente um capítulo sobre as glórias e desgraças do último e tumultuado século? Poderia discutir a triste ironia histórica de homens bons que foram apresentados como vilões, e homens maus, ou ao menos moralmente comprometidos ou inescrupulosos, louvados como heróis, cujos retratos foram dignos de estampar moedas e selos. O século xx teve muito disso, pois foi um século de propaganda, da imagem visual, de uma arte da retórica tão degradada (ou aperfeiçoada, diria o cínico) que as pessoas passaram a pressupor que todo discurso político deve ser baseado em mentiras. E então deixaram de se preocupar com as mentiras.

Tome, por exemplo, Herbert Hoover. Ao contrário de seu predecessor, o peculiar Calvin Coolidge, que transformou o silêncio inexpressivo em fama política, Hoover não tinha quaisquer habilidades políticas e nenhuma presença. Era simplesmente um engenheiro de minas, um empresário que desenvolveu indústrias na China pré-comunista, marido da primeira mulher

ADIVINHA SÓ?!

⚖️ O socialismo não morreu; somente mudou de roupagem.

⚖️ Vigaristas, fraudes e maus escritores floresceram no século xx.

⚖️ Algumas poucas pessoas ainda acreditavam na dignidade do homem, na santidade da vida humana e nos benefícios da virtude e da liberdade. No fim do século xx eram ridicularizados como "conservadores".

a obter um doutorado em geologia em Stanford, e salvador da Europa do pós-guerra, já que foi ele que gerenciou a distribuição de comida para todas as partes do continente arrasado pela guerra. Tivesse ele nunca se tornado presidente, teria morrido como um herói. Mas veio a depressão, e Hoover a combateu timidamente com meias-medidas liberais, foi desprezado pelos homens que perderam seus empregos e suas poupanças de toda uma vida, sendo varrido do mapa por Franklin Roosevelt, que fez campanha com uma plataforma de corte do déficit público, e então fez o governo federal crescer, em tamanho e alcance, para muito além do que previamente os americanos poderiam imaginar, ou tolerar. Na virada do século, William McKinley se recusara a fazer campanha pessoalmente para sua reeleição, pois acreditava que isso estava abaixo da dignidade de um presidente em exercício. No fim do século, a imagem seria tudo, e, se William J. Clinton for evidência de algo, nada estava abaixo da dignidade de um presidente em exercício.

Picaretas, charlatões, golpistas, cabeças ocas. Tivemos a zangada Rachel Carson, morrendo de câncer, a cozinhar estatísticas para mostrar que os pesticidas eram a causa, os mesmos pesticidas que destruiriam todos os pássaros do planeta. Ela teve tanto sucesso que o DDT foi banido em todo o mundo, condenando a maior parte da África afetada pela malária à pobreza e subdesenvolvimento.[181] Ou Margaret Sanger, inimiga dos negros e dos católicos, admiradora de Hitler, a se apresentar como uma cientista, escondendo sua cruzada contra o cristianismo por trás da retórica da assistência infantil.[182] Ou John Dewey, sábio e benevolente, trabalhando para cortar as raízes clássicas da educação americana, de forma a limpar o caminho para um currículo mais "democrático", desenhado para produzir os cidadãos de um novo mundo — cidadãos que seriam dóceis diante dos novos governantes.[183] Os

---

181 V. o relato de Tom Bethell sobre a manipulação estatística de Carson, em *The Politically Incorrect Guide to Science* [O guia politicamente incorreto da ciência], Washington, DC: Regnery, 2005.
182 V. a crítica devastadora de Anne Barbeau Gardiner à sede de sangue de Sanger, em "A defesa multifacetada do aborto e do infanticídio por Margaret Sanger", em *Life and Learning* XVI [Vida e aprendizagem XVI], 2006, pp. 413–438.
183 Considere a insípida satisfação com a qual Dewey pressupõe que a escola é um instrumento de controle social, no tempo e no espaço: "O ambiente escolar deve eliminar, na medida do possível, as características indignas do ambiente existente como influência sobre os hábitos mentais. Ele estabelece um meio purificado de ação. A seleção visa não somente a simplificação, mas o expurgo do que é indesejável. Toda sociedade carrega o fardo do que é trivial, do peso morto do passado, e do que é positivamente perverso". De *Democracy and Education* [Democracia e educação], Nova Iorque: Macmillan, 1916, 2.4, "*The School as Special Environment*" [A escola como ambiente especial].

CAPÍTULO 9

conservadores também contribuíram: poderíamos ter passado muito bem sem uma personalidade do rádio tão intolerante quanto o Padre Coughlin, e, apesar da existência de comunistas no Departamento de Estado nos anos 50 e do fato de que estavam transmitindo informações militares aos soviéticos, a América poderia ter usado um homem melhor do que um Joe McCarthy, sedento de autopromoção, para desmascará-los.

Esses tipos de homens e mulheres pervertidos e perversores poderiam ter habitado os séculos anteriores, mas suas idéias degradantes nunca conquistariam um apelo se a cultura ocidental não tivesse sido arrastada, pelas promessas arrogantes do iluminismo e dos românticos, para a cova pragmática.

Foi um século (na verdade, um século e meio) de maravilhas tecnológicas. Não é fácil decidir qual invenção mais alterou a vida. O avião? O rádio? O telefone? A penicilina? Provavelmente o microchip; possivelmente o automóvel, que subitamente tornou as pessoas acostumadas a cidades distantes, alienando-as da própria vizinhança. A televisão dizimou o entretenimento local, sem mencionar os clubes locais da igreja e as organizações fraternas. E o fez com pouquíssima compensação em termos de arte grandiosa ou até mesmo de uma decência medíocre (*The Twilight Zone* [Além da imaginação], a série de peças de moralidade de Rod Sterling com laivos da tragédia grega e do Novo Testamento, foi uma exceção). Meu azarão seria o refrigerador. Foram Clarence Birdseye e seus vegetais congelados, a facilidade e não a labuta, que fizeram com que as mulheres procurassem o que fazer fora de casa.

As invenções vieram de forma tão rápida que as pessoas começaram a pressupor que o futuro próximo em nada lembraria o passado, cuja sabedoria poderia muito bem ser descartada. Muito antes que alguém cunhasse o horrível termo "politicamente correto", era politicamente correto acreditar que no futuro todos seriam mais saudáveis, ricos e felizes, e que nossas amadas instituições teriam de se adaptar a isso ou morrer. Até mesmo o leitor que se considera imune ao politicamente correto pode se surpreender quanto notar que sua noção de progresso não é auto-evidente, e não foi sempre considerada um dogma. O ateniense dos tempos de Péricles ou o inglês dos tempos de Chaucer teriam gargalhado da idéia de que o futuro seria inevitavelmente melhor que o presente.

Mas no século xx, a idéia de "progresso" é intocável. Um artigo da revista *Life* de 1965 nos dá um típico exemplo dessa bobagem: é-nos dito que no ano 2000 estaríamos todos a dirigir aviões particulares e nossa inteligência aumentaria em 50%.[184] Era tudo tolice; a enxurrada de novas invenções grandiosas, capazes de mover os corpos e alterar a matéria, logo cessaria.

Uma das características de uma ideologia baseada em falsas premissas é a autocontradição. Assim, uma vertente diferente do "politicamente correto" previu os horrores do mundo futuro, às vezes (compreensivelmente) devido a depredações governamentais, ou à disseminação da estupidez (*1984* de George Orwell, *Fahrenheit 451* de Ray Bradbury). Porém, mais freqüentemente, o mundo se tornaria miserável devido à temível superpopulação, um desastre nuclear mundial ou a poluição descontrolada (*Soylent Green* [À beira do fim], *Logan's Run* [Fuga do século 23], *The Omega Man* [O último homem na terra], *Silent Spring* [Primavera silenciosa], *Cat's Cradle* [Cama de gato]).

O que todos os futuristas mais róseos tinham em comum era uma desconexão da história, e um esquecimento da natureza humana, que não é, afinal, infinitamente maleável. Já que o homem moderno tem carros motorizados e o homem medieval tinha cavalos, ou seus dois pés, pressupunha-se, sem muito pestanejar, que o homem moderno deveria ser superior, e o homem medieval poderia ser ignorado.

As igrejas participaram da encenação. Os liberais vieram para pregar um Jesus pouco diferente do Buda, um homem igual a nós em todas as coisas, inclusive a ignorância e talvez o pecado. O verdadeiro evangelho não pode ser encontrado nos milagres de Jesus, em sua alegação sobre ser o filho de Deus, e certamente não em sua morte redentora na cruz e sua ressurreição. Os últimos fatos foram considerados meramente míticos, uma mentira deslavada contada pelos apóstolos diabolicamente ardilosos, ou uma mentira deslavada na qual os apóstolos rusticamente crédulos confiaram, ou um caso de histeria em massa sofrido pelos apóstolos completamente loucos. Ergueu-se um clamor para que não nos arrependêssemos, mas trabalhássemos duros para os programas políticos liberais, supostamente para alimentar, abrigar e vestir os pobres, pois o Reino de Deus é deste mundo.

Até mesmo a vagarosa Igreja Católica, como um homem rústico que descobre o cinema quando todos já estão se voltando para o computador, realizou o Concílio Vaticano II para anunciar uma nova era no engajamento da Igreja com o mundo. Os documentos desse concílio não

---

184 A edição de 10 de setembro de 1965 da revista *Life* previu "superbebês com mentes e corpos melhorados, e até com uma espécie de imortalidade".

ensinaram uma nova doutrina, e são notavelmente conservadores em muitos sentidos. Afirmam o latim como a língua da Igreja, clamam pela recuperação dos antigos cânticos, insistem na separação dos papéis dos leigos e do clero e defendem a santidade da vida humana da concepção até a morte.[185] Mas um documento é um documento, e um espírito é um espírito, e numa batalha entre os dois, deve-se sempre apostar no espírito. O "Espírito do Vaticano II", invocado de não se sabe onde, marchou triunfante e arrasou séculos de tradição católica em nome da aceitação do futuro, enquanto, em meio aos padres conciliares, algo estava a acontecer que viria a esvaziar milhares de escolas, hospitais, conventos e seminários católicos, que tiveram seus prédios vendidos ou demolidos. Esse algo, que logo discutirei, era a revolução sexual.

Walter Mitty, o indivíduo rude

Um dos mitos energizantes do século XX foi certamente o de que possibilidades ilimitadas se abriam para o indivíduo criativo e ambicioso. "Seja tudo que você pode ser", entoava um famoso comercial do Exército Americano, usando as iscas de bolsas de estudo e carreiras lucrativas para conquistar recrutas. Em um slogan de tirar o fôlego ele contradisse a essência de um exército, o qual só pode lutar se os seus homens não estiverem preocupados consigo mesmos, mas com o batalhão e uns com os outros.

Aqui precisamos distinguir entre duas formas de individualismo: entre o que chamo de individualismo da competência e o individualismo do desejo. O primeiro individualismo foi colocado sob suspeita, baseado como é nas tradições da família, do dever cívico e do trabalho duro e geralmente pouco compensador. Esse tipo de individualista é orientado para a comunidade de uma forma poderosa, mas facilmente ignorada. Ele anuncia a seus vizinhos:

---

[185] Um documento típico do cuidado e moderação da maior parte dos documentos do Vaticano II foi aquele que mais balançou os alicerces da Igreja, *Sacrosanctum Concilium*. Lemos ali que o canto gregoriano "deveria receber um lugar de primazia na liturgia" (116). Em *Dignitatis Humanae*, dizem os liberais, a Igreja finalmente se encontrou com a idéia de liberdade religiosa. Na verdade, a Igreja estava a convocar o mundo, especialmente o mundo comunista, para um retorno à sanidade: "Cada família [...] é uma sociedade com seus próprios direitos [...] A autoridade civil deve, portanto, reconhecer o direito dos pais de escolher com genuína liberdade a escola ou outros meios de educação" (1.5). V. *Vatican Council II: The Conciliar and Post Conciliar Documents* [O Concílio Vaticano II: Os documentos conciliares e pós-conciliares], editado por Austin Flannery, O.P., Northport, NY; Costello, 1975.

Vocês podem confiar em mim. Sou responsável por meu lar. Minhas crianças não irão vadiar por suas ruas, quebrar suas janelas e queimar seus celeiros. Se algum deles fizer algo assim, faça com que eu saiba, e asseguro-lhe que ele pagará por isso e não acontecerá novamente. Posso cuidar de minha propriedade. Se precisar de ajuda para consertar seu carburador, sei um pouco disso, e não sou de todo ruim também na serragem, no aplainamento, na viragem e na solda. Nunca pude entender o cimento, no entanto, e algum dia posso lhe pedir que me ajude a construir uma calçada. Mas fique tranqüilo: esta casa está em ordem.

Essa forma de individualismo — viril, ligada ao dever, muito capaz de realizar as responsabilidades da vida cívica e doméstica comum — foi fustigada durante o século. Deixe-me listar algumas das maneiras:

1. Os homens e mulheres comuns foram considerados incapazes de educar suas crianças. Devem deixar a tarefa para os especialistas, e, crescentemente, os especialistas não eram professores por eles escolhidos. A educação compulsória se espalhou da Alemanha de Bismarck pelo continente, em alguns lugares sob o estandarte da "eficiência", mas na América, devido à influência do inimigo da tradição Dewey, cresceu sob o estandarte da "democracia" (nos primeiros dias de nosso atual século, naturalmente, um corte da Califórnia decidiu que os pais não podem educar suas crianças sem um certificado de professor emitido pelo Estado).

2. O lar não era mais sacrossanto. "A casa de um homem é seu castelo", dizia o velho provérbio, significando que, naquele lugar, pouco importando o quão humilde fosse, um homem estava fortalecido pelas leis e tradições contra intrusos, inclusive o Estado. Mas o sufrágio universal construiu uma estrada do lar para a capital de cada nação ocidental: e uma estrada tem tráfego nos dois sentidos. Esse movimento deve ser visto contra o pano de fundo das ciências sociais, e a sua prole é o serviço social e as agências de assistência social. Subitamente, um estranho

> **UM LIVRO QUE VOCÊ NÃO DEVERIA LER**
>
> *O homem eterno* por G. K. Chesterton; Ft. Collins, CO: Ignatius Press, 1993.
>
> O antídoto de Chesterton para o cientificismo que só via no homem um animal interessante, e para o enfadonho modernismo que não pode mais ver como um homem mudou completamente o mundo.

de um escritório governamental ou de uma instituição de caridade com laços íntimos com o governo poderia colocar uma foice sobre a cabeça de uma família pobre. O resultado é, ao fim e ao cabo, o rebaixamento primeiro do pai e depois da mãe, e a introdução, a despeito das boas intenções, da dependência e do caos em cada cidade do mundo ocidental.

3. A tradições caíram em desuso. De formas diferentes, pensadores tão diversos quanto Edmund Burke, Alexis de Tocqueville, Friedrich Von Hayek,[186] e outros, remontando a Sófocles, argumentaram em favor do que Chesterton chamou de "democracia dos mortos", o respeito que os vivos devem a seus antepassados, que demonstram não seguindo cegamente tudo que eles fizeram, mas sendo inspirados pelo seu exemplo, continuando seu trabalho e evitando qualquer desvio precipitado da sabedoria estabelecida. Essa reverência pela tradição, como apontou Hayek, permite que um homem sorva da sabedoria destilada de milhões de experimentos passados. Ela é perfeitamente compatível com o individualismo da competência.

Mas, em quase todos os lugares que olhamos, vemos os estadistas, intelectuais e artistas do século XX tratando a tradição com deboche. Há muitas exceções gratificantes — T. S. Eliot, Tolkien, Sigrid Undset, François Mauriac, Edward Hopper, Russell Kirk. No entanto, na música temos o atonalismo audaciosamente antimusical de Alban Berg — e que importa se as pessoas simples não podem suportá-lo? Temos a incompetência na pintura e na escultura se mascarando como um movimento contra a representação, e se deparando com a fria resposta do povo (com algumas brilhantes exceções: Juan Miró, Paul Klee). Temos a arquitetura Bauhaus de Le Corbusier, com sua rejeição modernista de tudo que poderia ser visto como um espaço humano e cálido para se viver e trabalhar. Uma "máquina" para a habitação humana, era isso que ele buscava construir. Os jornais, escolas, "cientistas" que iam da botânica para o planejamento social, pseudofilósofos e artistas, juntaram-se para lamentar o que era antigo, sujo e desbotado, e para anunciar um novo dia de amor livre, superação psíquica e famílias redefinidas, ou qualquer coisa que os comerciais do dia resolvessem vender.

4. As máquinas e os materiais baratos disponibilizados pelo plástico e outros materiais da indústria química transformaram o artesão no trabalhador de luxo para os ricos, em vez de um homem comum em cada vizinhança.

---

186 Friedrich Von Hayek, *The Road to Serfdom* [O caminho da servidão], Chicago, University of Chicago Press, 1944.

5. O comércio geral de diplomas universitários, deflacionados em valor intelectual, rebaixou o mero trabalhador, e o transformou em presa fácil.

6. A religião, que outrora ligava o indivíduo à comunidade, definindo sua relação com aqueles com os quais trabalhava e se divertia, reformulou-se como terapia. Foi degradada a uma escolha pessoal, uma dentre muitas, e, portanto, buscada, quando isso acontece, como um *hobby* que deve confortar o Sr. Smith, da mesma forma que a Sra. Jones pode preferir a psicoterapia ou o Sr. Brown a casa de massagem.

> ### Os frutos de Marx
>
> Em termos de implementação de seus ensinamentos, Marx talvez tenha tido bem mais sucesso do que qualquer outro escritor político da história. Seu impacto foi no mínimo dramático:
>
> Em termos unicamente de contagem de corpos, *O manifesto comunista poderia* conquistar o prêmio de livro mais malicioso já escrito. Agora que temos um cálculo mais preciso dos cadáveres — possivelmente superando os 100 milhões — até mesmo os marxistas de cátedra têm algum melindre em soprar o Manifesto como uma trombeta da abundância.
>
> — Benjamin Wiker, *10 Books that screwed up the World* [Dez livros que estragaram o mundo].
>
> Entre Stálin, Mao, Pol Pot e os imitadores menores, os seguidores de Marx libertaram muitas pessoas dos grilhões da vida no século xx.

Esses desenvolvimentos acompanharam o alardear de uma autonomia degenerada, aquela de um consumidor a escolher produtos violentamente promovidos, dos quais muito poucos são necessários. Em muitos casos o principal "valor" reside em uma glória refletida, nas quais os ricos sempre investiram tolamente, mas que agora atraem a atenção até mesmo do trabalhador. O narcisismo desse tipo de individualismo pode ser visto em um slogan no qual caíram os defensores do aborto: o "direito de escolher". Esse direito, com o objeto do infinitivo "escolher" deixado maravilhosamente indeterminado, seria incompreensível até mesmo para mente liberal das gerações anteriores.

O problema com a adoração da escolha econômica como um fim, segundo um conservador agrário como Wendell Berry, é que ela dá ao pequeno fazendeiro, ao artesão local e ao dono da mercearia da esquina poucas chances de sucesso como empresários independentes e poucas chances de escolher algumas coisas genuinamente boas: uma casa em bom estado, crianças cultas, uns poucos dias de lazer no mês e um belo traje para os domingos.[187] O objetivo da liberdade é o bem, e não a satisfação da vontade arbitrária; e o bem é um bem objetivo. Mas agora o objetivo da liberdade é a liberdade, e nada para além dela. É escolher por escolher, independente do que se escolha. A escolha — não a família, a fé, a comunidade, sua natureza como ser humano e certamente não a nação ou Deus — é a expressão do próprio ser de um indivíduo. Se uso um anel no nariz como um porco, é melhor que você ria dele, pois trata-se de minha escolha.

Agora, deve ser fácil ver que esta última forma de individualismo debilita a anterior. É radicalmente contrária a ela, já que pressupõe a inexistência de coisas objetivamente boas a se buscar, somente coisas que são chamadas de "bens" por serem procuradas por muitos, ou, o que é ainda mais importante, por mim.

Eis aqui então a coisa mais politicamente incorreta que se pode dizer sobre o século XX: a história dos últimos cem ou 150 anos é a triste narrativa do crescimento do Estado, e dos bajuladores do Estado na educação, na grande mídia, no entretenimento de massas, todos encorajando o individualismo do desejo que dissolve comunidades (no Ocidente; no Oriente as pessoas sequer tiveram isso) às custas do individualismo da competência. É uma guerra do indivíduo visto agora como um átomo aleatório de escolha soberana, unido ao Estado onipotente contra inimigos comuns: a família, a comunidade, o patrimônio nacional e a liberdade que os sustentou e foi por eles promovida.

O Império contra-ataca

A dissociação entre Deus e o Estado fora uma das grandes vitórias das tradições judaicas e cristãs. "Dai a César o que é de César", disse Jesus, dando ao reino de "César" uma dimensão de independência, mas sempre subordinada às coisas de Deus. "Não confie nos príncipes", disse o salmista, e as profecias de Jeremias deveriam ter deixado essa sabedoria bem clara. Se a sua confiança reside em uma cidade, um templo ou um rei, você é um tolo, e será levado cativo para a Babilônia.

---

[187] Wendell Berry, *Sex, Economy, Freedom and Community: Eight Essays* [Sexo, economia, liberdade e comunidade: oito ensaios], Nova Iorque: Pantheon Books, 1993.

Com a religião emasculada, o Estado poderia voltar a seu antigo lugar como o principal deus e opressor benevolente da humanidade. Poderia fazê-lo da forma mais segura se concedesse algum pão e circo para o indivíduo narcisista, como o Ocidente descobriu, e o Oriente comunista não. Mas o Império contra-atacou. Lembre-se do que o homem, não mais protegido pela abrangente lei de Deus, perpetrou:

- Na Rússia, a fé simples e terrestre dos camponeses e da plebe foi brutalmente reprimida, para dar espaço ao marxismo. Tratava-se de uma monstruosidade feita pelo homem, tendo como objetivo uma "ditatura do proletariado", uma terra do nunca onde a distinção entre governante e governado desapareceria, e todos se uniriam em um paraíso: não a vontade compreensiva de Deus, que faz com que os santos individuais surjam afiados como sabres, mas a vontade informe e uniforme do povo. Na verdade, "a vontade do povo" era simplesmente a vontade de seus senhores, assim como a vontade de Roma nos dias do império era a vontade do imperador.

- Na China, Mao-Tsé Tung, impaciente com a lenta industrialização do país, assassinou milhões em um movimento engenhosa e macabramente chamado de revolução cultural. A venerável tradição chinesa de direito natural — o confucionismo — foi condenada como retrógrada. A vila, o clã, a família, o templo, tudo teve de se curvar diante do novo poder que emergiu da *intelligentsia* Ocidental.

- Lênin e Stálin assassinaram os próprios cidadãos. Disse Lênin com uma despreocupação diabólica: "É preciso quebrar alguns ovos para fazer uma omelete".[188] Bem, vinte milhões de ovos foram quebrados na coletivização forçada de Stálin na Ucrânia e na fome que se seguiu. Mas então, por que a *intelligentsia* ocidental a ignorou, e, como no caso imundo do ganhador do Pulitzer Walter Duranty, a encobriu?[189] O que tinham contra os camponeses ucranianos? A mesma coisa que tinham contra todos os camponeses,

---

[188] A atribuição dessa frase a Lênin é ubíqua. Sobre seus efeitos em um pensador político real e um ser humano genuíno, v. Robert Pirro, "Vaclav Havel and the Political Uses of Tragedy" [Vaclav Havel e os usos políticos da tragédia], em *Political Theory* [Teoria política], Abril, 2002, p. 246.
[189] V. Sally J. Taylor, *Stalin's Apologist: Walter Duranty: The New York Time's Man in Moscow* [O apologista de Stálin: Walter Duranty: O homem do New York Times em Moscou], Nova Iorque e Oxford: Oxford University Press, 1990.

todas as comunidades "atrasadas", todas as paróquias de aldeia, todas as escolas independentes. Compreendiam que, sob o antigo regime, um professor de sociologia poderia aspirar a ser um amável esquisitão na vizinhança. Sob o novo regime, esse homem comandaria o show. No antigo mundo de pecado e conflito, de arrependimento e graça, o professor de sociologia tinha de dobrar seus joelhos artríticos em oração assim como seu vizinho, o encanador. No novo mundo, cujos únicos pecados são políticos, não admitindo qualquer arrependimento que não seja a reeducação, o professor carrega a alva do padre e o porrete do policial. A inveja de classe pode explicar muito pouco nesta nossa vida, mas ela certamente explica o apelo do marxismo às elites intelectuais.

- Hitler e Mussolini denunciaram o cristianismo como afeminado (e o judaísmo, no caso de Hitler, como envenenado pela inveja), e tentaram substituir a religião tradicional de seus países pela adoração do Estado, com o sangrento Hitler fazendo dos judeus cordeiros sacrificiais. Os italianos recapturariam a glória do antigo Império, aparentemente por meio da conquista da Etiópia, e os alemães cantavam, sem o menor sentido de hipérbole, *Deutschland über Alles*! Na Alemanha, como na União Soviética, a economia, as escolas e o governo local deveriam ser todos controlados por um único partido, o partido nacional.

- Esses homens titanicamente perversos superam tanto seus camaradas no demonismo que esquecemos quantos existiram e o ódio que os unia. Os turcos otomanos, ao verem a decadência de seus sonhos imperiais, massacraram um milhão de pastores e fazendeiros armênios.[190] Os vietcongs arrasaram uma cultura católica Franco-Indo-Chinesa que remontava à Renascença. Uma ninhada de bajuladores dos soviéticos atacou o Leste Europeu.

- Franklin Roosevelt — que não era um homem perverso — quebrou as tradições americanas, ao simplesmente rejeitar a sabedoria (e a humildade) de Washington, que se recusou a buscar um terceiro mandato como presidente. Se Roosevelt tivesse tido sucesso em tudo que tentou, a Suprema Corte seria um apêndice da legislatura e o governo federal americano seria o senhor indisputado de todas as arenas da vida nacional. Quanto a isso,

---

190 V. Michael J. Arlen, *Passage to Ararat* [Travessia ao Ararat], Nova Iorque: Farrar, Straus e Giroux, 1975.

ele tentou realizar os sonhos acordados de Woodrow Wilson, que não gostava das restrições embutidas no governo americano e preferia o sistema parlamentar europeu.[191] Ele preferia, em outras palavras, o Estado unitário.

- A sexualidade humana passaria a ser administrada por autoproclamados especialistas. Margaret Sanger, extraordinariamente racista, inimiga das raças "inferiores", que desprezava a simples mãe de família, pregou o aborto, chamando-o de "controle de natalidade".[192] Vendeu-o para os ricos — naqueles dias, os grupos de mulheres republicanas se orgulhavam em planejar a esterilidade dos democratas pobres — como meio de controlar os pobres, que na América eram os imigrantes católicos, os negros, os índios e outros indesejáveis. Sanger fundamentava o seu racismo em bastante "ciência" eugênica. Vendeu o aborto para os pobres como uma oportunidade de "escolha", que significava a liberdade de não ser sobrecarregado com mais um filho. Alfred Kinsey e seus associados cometeram milhares de atos de pederastia enquanto conduziam experimentos "científicos" em bebês e crianças, manipulavam estatísticas, menosprezavam a noção de normalidade sexual, levavam sua lascívia para cada sala de estar da nação por meio das revistas e, no entanto, Kinsey ainda vendeu a si mesmo como um bom e velho pai e marido de Indiana.[193]

- Freud, bem mais inteligente e culto do que seus descendentes e detratores, depois de morto foi ainda mais influente e desacreditado. Ninguém mais fala hoje sobre o *id* e o *ego*, contudo a psicologia e a sociologia aceitaram, como um simples fato, que a religião é o produto de um certo tipo de *psique*, e provavelmente de um tipo não muito saudável. Ninguém envia um adolescente

---

191 A preferência de Wilson pelo sistema parlamentarista pode ser vista, por exemplo, em seu ensaio *The English Constitution* [A Constituição Inglesa] (1890–1891). V. *Woodrow Wilson: Essential Writings and Speeches of the Scholar-President*, [Woodrow Wilson: escritos essenciais e discursos do Presidente-Acadêmico], editado por Mario R. DiNunzio, Nova Iorque e Londres: New York University Press, pp. 282–296.

192 Por exemplo: "Não queremos que se espalhe a idéia de que queremos exterminar a população negra, e o pastor é o homem que pode corrigir essa idéia se ela passar pela mente de seus correligionários mais rebeldes". (Margaret Sanger a Clarence Gamble, 19 de outubro de 1939, citado em Linda Gordon, *Woman's Body, Woman's Right: Birth Control in America* [O corpo da mulher, o direito da mulher: o controle de natalidade na América], segunda edição, Nova Iorque: Penguin Books, 1990, pp. 332–333.

193 Para Kinsey como uma combinação de herói popular e libertador, ver a biografia escrita por seu antigo colega, Wardell B. Pomeroy; *Dr. Kinsey and the Institute for Sex Research* [Dr. Kinsey e o Instituto de Pesquisa Sexual], Nova Iorque: Harper and Row, 1972.

problemático para um padre, ou para um sábio que leve uma vida de oração profunda e regular. O adolescente é enviado para um psicólogo, que cada vez mais é simplesmente um farmacologista. O pecado desapareceu no horizonte do discurso "científico".

- Os destruidores mais populares da vida comunitária e da fé tradicional tentaram as pessoas com a droga da permissividade. A Grande Depressão e a Segunda Guerra Mundial interromperam uma revolução sexual que começara muito antes de 1960. E o que dizer do automóvel, da lenta conquista dos negócios familiares pelas grandes corporações, da demanda crescente pela educação "superior", do anticoncepcional, da substituição dos esportes e dos entretenimentos locais pela diversão massificada divulgada pelo rádio e a televisão, sem mencionar o insaciável fascínio da escola por assuntos que não são da escola? Não surpreende então que a atividade sexual tenha escapado da supervisão da família, da comunidade ou da Igreja.

> **A IGNORÂNCIA TEM CONSEQÜÊNCIAS**
>
> *O homem de cultura considera todo o passado relevante; o burguês e o bárbaro só se importam com aquilo que tem alguma conexão imediata com seus apetites. Aqueles que lembram são os únicos que têm algum senso das grandes relações, e quem tem esse senso já está no primeiro degrau da filosofia.*
> — De Richard Weaver, *As idéias têm conseqüências*.
>
> O homem moderno esquece o passado, e se descobre à mercê de tecnocratas, marqueteiros e mercadores de banha de cobra. O homem pós-moderno não tem mais consciência de que tem um passado para esquecer. Lembrar e honrar as realizações duramente conquistadas de nossa civilização é ter uma chance justa de liberdade; esquecê-las ou desprezá-las é não ter chance alguma.

Riqueza do Estado, pobreza da alma

Se forem analisados sob a luz de nossa distinção entre dois tipos diferentes de individualismo, e sob a luz de quem lucra e quem perde com eles, podemos ver que todo desenvolvimento político e social relevante do século XX enriqueceu e fortaleceu o Estado e o narcisista às custas da comunidade e dos indivíduos livres, competentes e zelosos que eram seus pilares.

Tome, por exemplo, o imposto de renda federal. De uma só tacada ele colocou todos em dívida com o império por "evasão" fiscal, e o império aprendeu que o uso mais astuto do sistema tributário não era a coleta justa de dinheiro para financiar estradas e ferrovias, mas a manipulação do comportamento para colocar os súditos de joelhos. O império enormemente enriquecido também percebeu, no Ocidente, que poderia enredar mais pessoas com "presentes" habilmente calculados do que com ameaças. Uma decisão de uma corte americana, típica do século, colocou cada universidade do país sob o olhar imperial: pouco importavam a cultura local, as tradições universitárias, as decisões livres dos conselheiros, professores ou estudantes. Enquanto um único estudante estiver a receber um dólar, não de dinheiro federal, mas de "empréstimos" estudantis federalmente bancados, sua universidade deve cumprir fardos e mais fardos de regulações federais. É como se o estudante fosse um mero mensageiro, entregando o dinheiro do império para a tesouraria da escola afiliada.[194]

Ou veja a liberdade de expressão. Sabemos que tipos de discurso os pais fundadores tinham mais cuidado em proteger: os que foram mais cerceados nas nações européias, isto é, os discursos políticos e religiosos. Também sabemos, das leis que eles e seus contemporâneos aprovaram, que não consideravam a obscenidade ou até mesmo a profanidade como dignas de proteção. Eles certamente não se preocuparam em assegurar que as pessoas pudessem desenhar ou pintar o que desejassem para exibir e vender nas ruas. Tinham a visão do senso comum de que um discurso era um discurso. No fim do século XX, foram exatamente os discursos religiosos e políticos que passaram a ser fiscalizados. Quem se beneficia desses discursos, se proclamados corajosa e vigorosamente em praça pública? A comunidade local. Ela não pode existir sem isso. O povo de Altoona ou Ironwood não pode condenar violações do que consideram ser central ao seu bem-estar comum, a menos que possam dar expressão do que vai nos seus corações e mentes sem temer represálias. Mas o politicamente correto (e a doentia e doce tirania de um Estado-babá, que pode punir por um sentimento errado, e não por uma ação) refreou esse discurso. E a comunidade também não poderia se unir para celebrar uma submissão à lei divina e sua gratidão pela

---

194 O caso foi *Grove City College v. Bell*, 465 US (55), 1984.

graça divina. As negociações ocasionalmente complicadas que podiam unir protestantes e católicos, cristãos e judeus, crentes e ateus, foram seqüestradas dos meios mais interessados por um pequeno clube de juízes que passaram tempo demais na universidade. Contudo, se o povo de Ironwood não é competente para determinar que tipo de oração pode ser recitada no vestiário antes de um jogo de futebol, para unir os jogadores sem ferir indevidamente os sentimentos de um goleiro ou atacante, então o povo de Ironwood não é competente para determinar nada. Ironwood é então uma ficção, ou um espectro.

Mais um exemplo: a pornografia. Alguns poucos casos na América, durante algumas décadas, resolveram a questão. Uma imagem de um rapaz nu não é um discurso; não funciona como as palavras; não estabelece nenhuma proposição que possa ser racionalmente analisada; expressa principalmente o desejo de retratar ou fotografar uma pessoa nua e lucrar com isso. Aqui também deveria vigorar o princípio de uma comunidade livre. Se você é Hugh Hefner e deseja persuadir o povo de Hollidaysburg a permitir que as drogarias vendam seu produto, então vá, por favor, até eles, e argumente que revistas *Playboy* nas mãos de adolescentes ociosos os conduziria ao bem comum, e seria justo e certo, ajudaria os ônibus a serem pontuais, concentraria a mente dos garotos nos estudos, ou seriam belos enfeites na parada do Dia dos Combatentes. Basta persuadi-los. Se não conseguir, vá para outro lugar. Mas as cortes colocaram de lado todo esse debate. De repente, vemos aquele pequeno clube de juízes determinar o que viola ou não algumas vagas restrições que eles estabeleceram arbitrariamente, enquanto fingem ter deferência para com vagas "normas comunitárias". Não ocorreu à maioria do plenário que essas "normas" são usualmente o produto de um debate energético e apaixonado, do louvor, da condenação ou do consenso.

> **UM LIVRO QUE VOCÊ NÃO DEVERIA LER**
>
> *A mente conservadora: de Burke a Eliot*, de Russell Kirk; Washington, D.C.: Regnery Publishing, 2001.
>
> O próprio [John] Adams fora um garoto de fazenda, um professor, um advogado, um legislador, um embaixador; conhecia os homens e as coisas; um discurso sobre o "estado natural", a "igualdade natural" ou a benevolência universal exasperavam seu senso comum e sua moralidade de New England.

Arte do povo; arte contra o povo

Na metade do século, como sugeri, "moderno" veio a denotar tudo que era "científico", atualizado, inteligente e ousado, em oposição, como se pensava, ao sentimentalismo doentio de artistas populares como Norman Rockwell, ou escritores como Dickens. A grande arte se afastou daquilo que o homem comum poderia ao menos apreender. Uma velha inculta pode se ajoelhar diante da Pietà de Michelangelo e ser levada às lágrimas, sem nada saber sobre esculturas ou sobre a Renascença; mas essas pessoas não eram mais úteis para os artistas. O resultado foi alguma arte bela e invulgar, e muito lixo. Isso porque, apesar de toda sua alardeada ousadia e originalidade tristemente homogênea, os artistas trocaram os sólidos julgamentos da história e da tradição pelos caprichos da academia e dos autoproclamados intelectuais. Para cada T. S. Eliot — um inovador ancorado na tradição[195] — havia mais de trinta ou quarenta poetas "famosos" estritamente ilegíveis, libertos da necessidade de escrever sentenças gramaticais que pudessem ao menos dizer a você se um lagarto estava sangrando, mesmo que você não pudesse saber o que significava essa ação portentosa ou por que deveria se preocupar com ela.

Às pessoas tornou-se cada vez mais difícil lembrar da época em que era possível ganhar fama no país escrevendo versos perfeitamente bons, e obviamente belos, e expressivos de algo caro aos corações e mentes dos compatriotas. Não haveria mais um John Greenleaf Whittier ou um Longfellow.

Robert Frost é possivelmente o escritor de língua inglesa mais subestimado dos últimos duzentos anos. Foi rejeitado pela academia politicamente correta precisamente por aquilo que o torna tão bom. Foi rejeitado porque as pessoas realmente liam seus poemas; e pode ter sido o último poeta genuíno do povo americano. Certamente não ajudou o fato dele ter escrito com uma clareza que testemunhava uma meditação profunda sobre o bem e o mal, os amores e os ódios humanos, as belezas e os terrores da natureza, nosso anseio pela permanência e nossa resignação com a mudança e a morte. Considere os últimos dois versos de *"The Oven-Bird"* [O joão-de-barro], um poema sobre um passarinho, um dos poucos cantores no meio do verão. Poderia ser um comentário — Frost nunca nos esmaga com as suas Grandes Idéias — sobre a fragilidade do mundo moderno:

---

195 V. Eliot, *Notes Toward Definition of a Culture* [Notas rumo a uma definição de cultura], Nova Iorque: Harcourt, Brace, 1949.

CAPÍTULO 9

> *A questão por ele levantada, sem palavras,*
> *É o que fazer de uma coisa apequenada (13–14)*
> Eliot dificilmente poderia dizê-lo melhor:
> *E assim termina o mundo*
> *E assim termina o mundo*
> *E assim termina o mundo*
> *Não com um estrondo, mas com um gemido.*
> ("The Hollow Men" [Os homens ocos], 95–99)

A gélida mão da academia aperta a garganta. Romances, poemas e peças do último século cheiram a corredor universitário. Os romances "sérios" ainda eram lidos por pessoas que se acreditavam mais bem-educadas do que seus companheiros, mas não existiria nada como um Dickens a escrever romances com seriedade, que estavam entre os melhores de qualquer língua, para uma revista semanal popular. Enquanto isso, quase tudo o que as pessoas realmente liam era inacreditavelmente banal: romances românticos feitos com fórmulas, romances de suspense com frases cortadas e infantis e estranhos romances fantásticos que tentavam desesperadamente ecoar J. R. R. Tolkien, aquele amável homem da Idade Média que ouviu as canções de Valhala acima dos zumbidos de bondes e trens. Os livros nunca foram tão baratos; nunca foi tão fácil obter uma educação de primeira linha baseada nos clássicos da literatura antiga e moderna; nunca tantos leitores caminharam pela terra; e nunca o papel foi tão usurpado de usos mais práticos e higiênicos.

Ainda assim, os melhores escritores do século clamam por um retorno ao local, ao terreno, às sólidas realidades do feminino e do masculino, ao papel construtor de comunidades da tradição. "You Can't Be Any Poorer Than Dead" [É impossível ser mais pobre do que na morte] é uma sátira mordaz contra as obras sociais dos liberais bonzinhos, impotentes diante das duras realidades do pecado e da culpa. Sigrid Undset parece colocar todo o século de lado ao ambientar seus romances épicos na Escandinávia da Idade Média, dramatizando em *Kristin Lavransdatter* e *The Master of Hestviken* [O Senhor de Hestviken] o lento despertar da alma humana, do barbarismo e egoísmo à humildade e à vida; no entanto, ela viu, à medida que os nazistas expandiam seu poder do outro lado do Báltico, para que tipo de barbarismo a Europa estava se arrastando.

Graham Greene, um inimigo das bravatas americanas e insuspeito de conservadorismo, fez o que poucos marxistas amadores ousaram fazer: realmente visitou as miseráveis nações comunistas e assistiu a opressão. Em *The Power and the Glory* [O poder e a glória], ambientado no México socialista, mostra que o poder do amor, que é a humildade do Cristo desprezado e flagelado, triunfa sobre o letal materialismo do Estado socialista moderno.

Malcom Muggeridge visitou a Ucrânia logo após Duranty, o mentiroso do *New York Times*, e escreveu sobre o que viu, e foi relegado à Sibéria intelectual pelas elites inglesas. Isso deu início à sua longa jornada do ateísmo para a fé. Muitos anos depois, na velhice, viria a escrever a biografia de uma pequena freira albanesa que o mundo admirou por sua caridade e desprezou por sua suposta ignorância: Madre Teresa de Calcutá.[196]

Por tudo isso, o romance passou por tempos difíceis, mas por algum tempo o cinema tomou seu lugar, servindo a algumas das antigas funções da arte popular. Em seus primeiros dias, e em sua era de ouro de 1935 a 1955, os diretores, roteiristas e atores podiam explorar uma rica tradição popular de celebrações rituais (lembre-se do discurso de Quatro de Julho, no qual um grande homem local pode interpretar Daniel Webster), teatros locais, vaudevilles e pequenas óperas. Em sua maioria, os homens e mulheres que fizeram e atuaram nesses filmes não vieram da academia, e queriam sim ganhar dinheiro. Além disso, vieram do povo para o qual escreviam. Também tinham lutado com a guerra e a Grande Depressão. Carregaram uma baioneta ao lado de seus compatriotas, enrolaram feno, cortaram madeira, lutaram em becos, jogaram baseball, cantaram hinos no domingo, se embebedaram no feriado e se agacharam ao redor de um rádio para ouvir as notícias do Pacífico.

Seu trabalho freqüentemente mostrou a hipocrisia de pessoas que se diziam religiosas, como, por exemplo, o amargo conselho da igreja em *How Green Was My Valley*

> **UM FILME QUE VOCÊ NÃO DEVERIA VER**
>
> *Sindicato de ladrões*, dirigido por Elia Kazan, protagonizando Marlon Brando.

[Como era verde o meu vale] de John Ford; mas o herói do filme era o honesto pregador. A fé e o patriotismo de diretores como Ford, Frank Capra, Alfred Hitchcock, Elia Kazan e William Wyler não eram máculas em sua genialidade. Às vezes entregavam-se ao sentimentalismo; quase toda arte popular o faz. Mas sem a sutil pressão da fé religiosa,

---

196 Muggeridge, *Something Beautiful for God: Mother Teresa of Calcutta* [Algo belo para Deus: Madre Teresa de Calcutá], Garden City, N.Y.: Image Books, 1977.

crente no Matrimônio até a morte, não há qualquer drama no *Rio Grande* de Ford, e sem a convicção estranhamente pré-moderna de que a santidade e o dever superam todos os cálculos utilitários, o padre falsamente acusado de *I Confess* [A tortura do silêncio] de Hitchcock iria se livrar e entregar o assassino. Não teriam o quase trágico sacrifício de George Bailey no *It's a Wonderful Life* [A felicidade não se compra], terminando com uma celebração de um bebê nascido em uma manjedoura. Também não faria sentido, no *Waterfront* [Sindicato de ladrões] de Kazan, a impressionante caminhada de Marlon Brando ao longo de uma sombria Via Dolorosa, com seu padre e sua amada olhando cada passo da agonia, enquanto ele derrota, com uma humildade de Cristo, a maldade do maquinário sindical. Sem o manancial de piedade popular, patriotismo e tradição a apoiar o diretor, o ator e a audiência no exame sutil do que significa ser humano e como podemos construir uma comunidade em um mundo repleto de maldade, não poderia existir um *Friendly Persuasion* [Sublime tentação], um *High Noon* [Matar ou morrer], ou um *In The Heat of the Night* [No calor da noite]. Até mesmo quando os diretores não estavam filmando um épico bíblico ou nacional, os acordes dos antigos hinos não estavam longes o suficiente para deixar de serem ouvidos.

Ciência sem conhecimento

Houve, porém, no século XX lemas que ameaçaram abafar esses hinos. Um deles ainda caminha conosco, apesar de gasto e maculado. Podia ser ouvido em todos os tipos de coristas. Kinsey o cantou, quando disse ao mundo que, segundo sua pesquisa científica, 10% da população masculina era homossexual.[197] Margaret Mead, mais honesta do que Kinsey (o que não significa muito), o cantou quando os adolescentes da Samoa a ludibriaram, e ela relatou, cientificamente, que o amor livre reinava no Pacífico Sul, e todos os jovens eram felizes.[198] Os marxistas o cantaram com os acordes de uma marcha militar, quando "provaram", com precisão científica, que o mundo evoluía inevitavelmente rumo ao

---
[197] A grande denúncia sobre Kinsey está em Judith A. Reisman *Kinsey, Sex, And Fraud: The Indoctrination of a People* [Kinsey, sexo e fraude: a doutrinação de um povo], Lafayette, LA: Lochinvar-Huntington House, 1990.
[198] Margaret Mead, *Coming of Age in Samoa* [O amadurecimento sexual na Samoa], Nova Iorque: W. Morrow e Co., 1928.

grande e final Estado comunista, quando o próprio Estado desapareceria, e cada lágrima seria apagada dos olhos humanos. Você o ouve numa forma particularmente tola em um péssimo filme chamado *The Day the Earth Stood Still* [O dia em que a Terra parou]: seríamos "salvos" de nossos pecados não por Deus, mas por uma raça superior de alienígenas que desceriam das estrelas para nos ajudar e nos trazer a paz e a prosperidade (o Estado, os assistentes sociais, os imigrantes, qual a diferença?). Você o ouve em *Inherit the Wind* [O vento será tua herança], a peça desonesta e engenhosa sobre o "símio" julgamento Scopes, no qual um professor do Tennessee fora preso pelo ensino da evolução. Na peça, o fanático ateu Clarence Darrow é apresentado como aquele que verdadeiramente respeita as Sagradas Escrituras, e o liberal-populista William Jennings Bryan é apresentando como um tagarela idiota. A canção se chama Uma Ode à Ciência, e é o grito de guerra do politicamente correto, apesar do quão anticientíficos e tolos sejam esses preconceitos.

As épocas anteriores compreenderam a "ciência" como "conhecimento", e distinguiram entre a ciência natural, ou o conhecimento da natureza, e outras formas de ciência. No século XX, a ciência natural alegou ter derrotado todas as outras: só ela era conhecimento genuíno. A ciência natural é certamente útil. Revelou-nos as glórias dos quasares, da curvatura da luz e da expansão dos objetos à medida que se aproximam da velocidade da luz. Se você se interessa pelo arranjo, composição, decomposição e movimento da matéria no tempo, a ciência natural é o seu campo. A questão é que a ciência natural, limitada por seu método e seu objeto, nada pode dizer sobre o bom e o belo. Nada pode dizer sobre a justiça, a temperança, a prudência e a fortaleza. Pode às vezes reduzir seus objetos a uma expressão matemática, mas não pode provar a validade da matemática. Além disso, como demonstrou o maior matemático do século, Kurt Gödel, a matemática é em si mesma necessariamente "incompleta". Toda matemática que vá além da simplicidade elementar abraçará afirmações não axiomáticas que são verdadeiras, mas que não podem ser provadas. Gödel acreditava que seu trabalho avançou muito rumo à demonstração da existência necessária de Deus.[199]

---

199 Para um breve relato das visões religiosas de Goedel, v. John Dawson Jr., *Logical Dilemmas: The Life and Work of Kurt Goedel* [Dilemas lógicos: vida e obra de Kurt Goedel], Wellesley, MA: AK Peters, 1997, pp. 210–212. Goedel acreditava que os princípios de seu Teorema da incompletude poderiam ser usados para formalizar o Argumento Ontológico de Santo Anselmo, provando a existência de Deus.

Mas deveríamos ser todos salvos de nós mesmos pela ciência, e, quando a ciência nos ajudou a destruir dezenas de milhares de pessoas num minuto, e a lançar tanto lixo tóxico em nossos mananciais que o Lago Erie quase morreu, e o Rio Cuyahoga efetivamente pegou fogo,[200] algumas pessoas se voltaram contra a ciência com uma ferocidade tão irracional quanto a fé cega que nela outrora foi depositada. Assim, o século nos apresenta uma estranha ironia. Começa com os popularizadores da ciência, como H. G. Wells, prevendo um mundo de amor livre e governos administrados por elites intelectuais.[201] Ou começa com todos os campos de conhecimento tentando desesperadamente ser tão precisos e matemáticos quanto a física; até mesmo a filosofia, com homens como A. J. Ayer, foi estreitada e reduzida à análise da linguagem.[202] Mas quando as rachaduras na fé moderna começaram a aparecer — nos campos de concentração da Alemanha, ou nas favelas do planejamento urbano "científico", como o horrendo projeto de desenvolvimento Pruitt-Igoe em Saint

> **UM LIVRO QUE VOCÊ NÃO DEVERIA LER**
>
> *A abolição do homem* por C. S. Lewis; Nova Iorque: HarperCollins, 1974.
>
> Você ouvirá de seus professores politicamente corretos que fazer julgamentos sobre o que é belo e feio, ou bom e mau, é fechar a mente ou ofender os que pensam diferente. Lewis mostra, ao contrário, que quando ensinamos nossos jovens que esses termos não têm qualquer significado próprio, roubamos das jovens mentes algo essencial para sua humanidade. Fingimos estar superando a natureza quando destruímos a noção de que existe uma lei natural que devemos obedecer e ideais naturais de beleza aos quais devemos aspirar. Mas tudo que conseguimos é abolir o homem. Produzimos o que Lewis chama de "homens sem peito", pessoas que não podem mais sentir o poder de um feito nobre. Seu veredito contra a educação moderna poderia ser também um veredito contra o Estado de bem-estar social, ou contra a religião transformada em terapia para os fracotes:
>
> *Fazemos homens sem peito e exigimos deles virtude e iniciativa. Rimos da honra e nos chocamos em descobrir traidores em nosso meio. Castramos e pedimos que os eunucos sejam frutíferos. (26)*

---

200 Na verdade, o rio já era afetado por incêndios desde 1936. O famoso fogo em 22 de junho de 1969 pode não ter sido o pior.
201 Chesterton se diverte às custas das visões utópicas de seu amigo Wells; ver *Heretics* [Hereges], Thirsk: House of Stratus, 2001, cap. 5, pp. 26–35.
202 A. J. Ayer, *Language, Truth, and Logic* [Linguagem, verdade e lógica], Nova Iorque: Dover, 1952.

Louis[203] — eis que então o homem "pós-moderno" anuncia a morte da razão. Os estudantes aprendem que a verdade absoluta não existe; as feministas chegam a afirmar que a lógica matemática é um instrumento masculino de opressão.

Os amargos efeitos da pílula

O politicamente correto, em sua essência, diz respeito à transformação de uma noção radical em dogma. Uma idéia é radical num dia, mas a tolerância liberal nos proíbe de censurá-la. Como o personagem Clarence Darrow diz em O vento será sua herança, temos todos o direito de "estar errados".[204] Mas não demora para que isso se torne um dogma que somente um fanático ou tolo ousaria questionar. Os êxitos mais insidiosos do politicamente correto são aqueles que até mesmo nós, os autoproclamados conservadores, não reconhecemos aceitar. Uma dessas vitórias quase completas das forças do politicamente correto pode, com justiça, ser considerada o empurrão decisivo para o abalo de nossa civilização.

Como é comum acontecer, o pivô do declínio de uma civilização é atingido sem que ninguém perceba. Em 1930, na Conferência Lambeth, a Igreja Anglicana conseguiu unir três das tendências mais destrutivas do começo do século: uma confiança imbecil na inovação tecnológica, considerada sempre algo inevitavelmente bom, e nas predições dos tecnocratas, consideradas sempre inevitavelmente verdadeiras; uma rejeição imbecil não somente da moralidade tradicional, mas de dezenove séculos de ensinamento da Igreja; e uma aceitação imbecil da primazia do desejo individual. Os membros do conselho votaram pela aprovação da contracepção artificial, tão amplamente aceita hoje que o leitor deve sorrir de minha crença quanto a isso ter sido um evento tão importante. O Papa Pio XI rapidamente respondeu com *Casti Conubii*, um tratado sobre a lei natural e suas implicações para o casamento e a moralidade sexual; Aldous Huxley, um ateu, respondeu com *Admirável mundo novo*, uma profecia satírica de um mundo de homens clonados, uma sociedade eugenicamente desenhada cujos habitantes são drogados com muita comida e sexo fácil.

---

203 O Complexo Pruitt-Igoe foi louvado como um salto na renovação urbana. A construção começou em 1951; a demolição começou em 16 de março de 1972.
204 V. Jerome Lawrence e Robert E. Lee, *Inherit the Wind* [O vento será tua herança], Nova Iorque: Bantam, 1955, p. 114.

A Depressão e a Segunda Guerra Mundial adiaram o início, mas Lambeth, e depois a invenção da pílula, tornaram a revolução sexual completa possível. E é essa revolução, não a televisão, talvez nem mesmo o computador, que mais claramente amputou a civilização ocidental de seu passado. Em 1940, Frances Perkins, a primeira mulher no gabinete presidencial americano, ficou consternada ao descobrir que os pagamentos de assistência social para mães solteiras poderiam ter o efeito perverso de evitar o casamento, perpetuando assim a pobreza moral e material.[205] No ano 2000, a sugestão de que alguém deveria estar casado antes de ter um filho seria condenada como preconceito, e um terço das crianças americanas tinham nascido fora do casamento.

Em 1946, o Papa Pio XII conclamou ao sufrágio feminino em todos os países católicos, e exortou as mulheres italianas, a quem dirigiu muitos discursos cheios de elogios e encorajamento, a votar pela proteção da família contra ideologias hipermasculinas como o fascismo.[206] No ano 2000, em quase todas nações ocidentais, milhões de mulheres "libertas" tinham abandonado a família como o *locus* de sua princi-

> **O PLANEJAMENTO CENTRAL DA ESTERILIDADE**
>
> O movimento "pró-escolha" na América atual faz mais sentido quando considerado em seu contexto intelectual. Devemos agradecer a franqueza de Margaret Sanger, fundadora da Planned Parenthood:
>
> *Quando percebemos que cada imbecil é uma fonte potencial de uma progenitura de deficientes, preferimos a política de esterilização imediata, para assegurar que a parentalidade seja absolutamente proibida aos imbecis.*
> — Margaret Sanger, *O eixo da civilização*.
>
> **Pró-escolha; e a escolha está nas mãos da elite.**

pal preocupação. Na América, as mulheres solteiras e divorciadas viriam a se aliar com os homens homossexuais para promover a normalização de todo tipo de arranjo "familiar" imaginável, a despeito do bem-estar das crianças, desde que os adultos envolvidos consentissem. Nada disso poderia ter acontecido sem a Revolução Industrial — que tirou das mulheres muito do valor econômico do trabalho doméstico — e a pílula.

---

205 Dave Kopel e Michael Tanner, "Welfare Reform: Next Steps for Colorado" [A reforma da Previdência Social: os próximos passos para o Colorado], Independent Institute, 14 de janeiro de 1997.
206 V., por exemplo, a "Alocução do Papa Pio XII ao Congresso da União Internacional de Ligas de Mulheres Católicas", Roma, Itália, 11 de setembro de 1947.

Se você não gosta da pílula, deve ser porque quer as mulheres escravizadas pela penosa servidão do cuidado com os filhos, porque é um puritano invasivo que deseja suprimir a sexualidade natural dos jovens, ou simplesmente porque é um retrógrado. Mas assista a um clipe de rap ou passe o olho pela estante de revistas de uma loja de conveniências, e se pergunte se as mulheres são mais respeitadas hoje do que antes da pílula. Olhe para a estatística sobre a gravidez na adolescência ou sobre as doenças venéreas (sem mencionar a depressão de garotas adolescentes e universitárias) e se pergunte se a libertação sexual foi libertadora.

É difícil enxergar para onde o Ocidente pode ir a partir de agora, sem o arrependimento e o retorno às fontes de seu ser. Enquanto escrevo, não existe sequer uma nação européia que esteja a repor sua população. A taxa de natalidade na Itália supostamente amigável à família é de 1,2 crianças por mulher. Entre os franceses de Quebec é de 0,7. Essas taxas não podem ser sustentadas por mais uma geração sem que a nação caia num declínio rápido e irreversível, pois não nascerão crianças suficientes para produzir a riqueza exigida pelas pensões e benefícios que os mais velhos aprovaram para si mesmos, e que dificilmente aceitarão perder ou postergar para o futuro. Então os poucos que nascerão terão de ser pesadamente tributados para fechar a conta. Mas isso forçará todas as mulheres a trabalhar como assalariadas, o que fará com que a taxa de natalidade caia ainda mais — se é possível que caiam mais do que em Quebec. Por que, então, o indivíduo deveria se preocupar? Diz Burke: "Não olharão adiante para a posteridade aqueles que nunca olham para trás, para seus ancestrais" (*Reflexões sobre a Revolução na França*). O individualismo do desejo exige que as pessoas "se realizem" no único tempo disponível, o agora. Até mesmo os prudentes planejam para si mesmos e suas carreiras. Alguns soldados se sacrificam por seu país, mas, falando comparativamente, são uma minoria abençoada. Temos então hedonistas prudentes e imprudentes, mas com hedonistas até mesmo Epicuro só pôde criar uma comunidade por meio da moderação austera e da cuidadosa fuga do mundo.

A história pode nos restaurar

Não resta mais esperança? Entre as modas nascentes e moribundas do século, a carnificina, a degradação, o orgulho e a tolice, ainda existiram alguns que acreditaram na lei natural, na liberdade humana de viver entre seus companheiros de acordo com esta mesma lei, e na capacidade da razão em nos ajudar a discernir entre o bem e o mal, o belo e o feio, o verdadeiro e o falso. Eles não temiam a ciência natural, mas também não se curvavam diante dela como um ídolo. Não temiam a guerra, mas deram seus corações para a paz. Enxergaram por trás da futilidade dos falsos deuses: o Estado, o Partido, *das Volk*, o sexo, "a liberdade de escolha", a ciência, um avião em cada garagem e duas esposas em cada cama. Esses eram os verdadeiros liberais, pois acreditavam apaixonadamente na liberdade, apesar de alguns deles, os mais conservadores, duvidarem da capacidade do Estado em assegurar a liberdade. À medida que o século avançava, começaram a buscar uns pelos outros, para começar, lentamente, a formar novas comunidades, nas quais palavras como virtude voltariam a ter um lugar honrado.

Quem eram essas pessoas? Foram muitas; só tenho espaço para mencionar algumas poucas. Houve Chesterton e Belloc, capitalistas no sentido radical: queriam que todos possuíssem capital, e não alguns poucos, e certamente não só o Estado. O Estado desejaria cortar o cabelo ruivo de uma menina porque ela tinha piolhos; Chesterton começaria uma revolução para dar ao pai da criança a chance de um melhor emprego, de forma que sua mãe pudesse desfrutar do lazer — não a ociosidade, mas a completa responsabilidade por seu tempo — e pudesse limpar apropriadamente o cabelo de sua filha.[207] Seu clamor contra a desumanidade do socialismo e a crassa feiúra do Estado consumista seria ouvido pelos ruralistas americanos, pelas mulheres maternalistas na Suécia[208] e nos EUA em meados do século, e pelo economista E. F. Schumacher,[209] o contrariador de tendências. Algumas dessas pessoas estavam sentimentalmente aferradas a uma forma de vida há muito extinta: é o caso de Evelyn Waugh, que lamentou o declínio das virtudes da aristocracia inglesa em *Brideshead Revisited* [Memórias de Brideshead] e a emergência de uma cultura de banalidades democráticas.

Alguns se ergueram em defesa do homem em toda sua glória como criatura *capax Dei*, capaz de conceber Deus e de se tornar como Deus. Um deles foi o teólogo Romano Guardini, que assistiu consternado a

---

207 V. seu ensaio, "The Home of a Man" [A casa de um homem], em *What's Wrong With the World* [O que há de errado com o mundo], 1910.
208 V. a obra de Allan Carson do Centro Howard, "The De-Institutionalization of Marriage: The Case of Sweden" [A desinstitucionalização do casamento: o caso sueco], em *The Family in America* [A família na América], vol. xx (2–3), fevereiro–março, 2006.
209 E. F. Schumacher, *Small is Beautiful: Economics as if People Mattered* [O pequeno é belo: a economia na qual as pessoas importam], Nova Iorque: Harper Colophon Books, 1975.

era do "homem-massa",[210] ou o filósofo Joseph Pieper, que reteve sua crença de que a "sabedoria" significava mais do que a posse de códigos lingüísticos ou dados científicos, e que argumentou, de forma histórica e antropológica, que uma comunidade sem culto não é de forma alguma uma comunidade.[211] Alguns, rejeitando o animalismo na base do individualismo do desejo, cantaram a santidade do corpo humano, masculino e feminino, e a criatividade divina intrínseca ao ato amoroso no casamento. Assim foi o grande Papa João Paulo II, quase universalmente incompreendido.[212] O corajoso padre que ajudou, com o simples eletricista Lech Walesa e um afável ator da Illinois rural, a derrubar a ditadura comunista da Polônia e depois da União Soviética, permaneceu intransigentemente contrário ao extermínio de bebês nos úteros, contra o rearranjo das relações familiares segundo os gostos caprichosos dos adultos e contra todos os ataques à dignidade da mulher — ataques que vinham cada vez mais das feministas, algumas delas odiando uma mulher feminina ainda mais que um homem viril.

Será que a civilização ocidental possui os recursos para uma renovação? Ela possui uma maior riqueza de tais recursos do que qualquer outra civilização decadente já teve. Podemos ouvir novamente Ésquilo e sermos alertados de que a lei natural deve ser o fundamento do Estado democrático. Podemos nos voltar para Virgílio e lembrar que o papel do verdadeiro pai, um papel de abnegação e liderança, é indispensável. Podemos nos voltar para Dante e tentar ver todo amor como a expressão do Amor que verdadeiramente é. Podemos nos voltar para Shakespeare e aprender tudo que se pode aprender sobre o homem. Podemos nos voltar para o sábio e grave Doutor Johnson e imitar seu sólido senso comum de um homem que não poderia ser comovido pela moda intelectual "chique" do dia, mas podia se comover com um argumento penetrante, ou com um mendigo nas ruas de Londres. Podemos retornar a Dickens e lembrar que se perdermos as crianças, perdemos tudo. Podemos nos voltar para o austero Jeremias do século XX, Alexander Solzhenitsyn, e aprender que se a vitória do Ocidente sobre o comunismo significa uma vitória da permissividade, da banalidade e da verdadeira servidão da alma humana, então também fomos derrotados.

---

210 Romano Guardini, *The End of the Modern World: A Search for Orientation* [O fim do mundo moderno: uma busca por orientação], tradução de Joseph Theman e Herbert Burke; editado por Frederick Wilhelmsen, Nova Iorque: Sheed e Ward, 1956.
211 Joseph Pieper, *Leisure: The Basis of Culture* [Lazer: a base da cultura], tradução de Alexander Dru, Nova Iorque: Pantheon, 1952.
212 V. João Paulo II, *The Theology of the Body according to John Paul II: Human Love in the Divine Plan* [A Teologia do Corpo segundo João Paulo II: O amor humano nos planos divinos], Boston: Pauline Books, 1997.

Podemos beber de todos esses mananciais, mas tudo será em vão se não mantivermos nossa cultura assentada na única fundação sem a qual a civilização ocidental é inconcebível, sem a qual deve cair. Pode não ser assim na Índia ou na China, ainda não, mas, para nós, trata-se do Messias — que virá, ou que já veio — ou Nada. A razão pode recomendar que não machuquemos nossos vizinhos; é somente Deus que nos ordena a amar o próximo como a nós mesmos. A razão pode sugerir que o Bem deve ser buscado, a despeito da dor que possa nos causar, e até mesmo da morte. Mas somente Aquele que ama pode nos dar a força para buscá-lo, porque Ele é. A razão pode fracassar em se justificar, mas Aquele que fez o mundo com medida, peso e número, garante que nossa razão é boa e digna de honra. E promete ainda mais.

> **DEWEY DIZIMA A TRADIÇÃO**
>
> *A educação deve, por conseguinte, não somente proteger um indivíduo contra as tendências aflitivas e errôneas de sua própria mente — sua temeridade, presunção e preferência pelo que concorda com seu interesse próprio em detrimento das evidências objetivas — mas também minar e destruir os preconceitos acumulados e auto-replicantes das eras passadas.*
> — John Dewey, *Como pensamos.*
>
> Ninguém nega que esses preconceitos existem. Os conservadores negam que seja sábio fazer com que um braço do governo os extermine e os substitua pelos preconceitos favoritos das elites educacionais.

Pois a civilização ocidental não pode se fechar sobre si mesma sem morrer. Ela anseia pelo "dia do Senhor", e pela Nova Jerusalém que descerá do céu como uma noiva. Se o povo ocidental passar a acreditar que a matéria é tudo que há, então deixará de ser o povo ocidental; terá se apartado de sua herança. Se a Europa continuar a perseguir o caminho do liberalismo secular, e a América a poucos passos em seu encalço, encontrará a estrada que leva não a uma era da razão sem precedentes, mas a uma dentre outras eras bem familiares: uma outra era de Lênin e Stálin, ou uma outra era de Maomé.

Contudo, acredito que afinal o Ocidente não se suicidará dessa forma. Pois a história humana não aceitará que semelhante sarcófago lhe seja imposto. Não sei se ela vai reviver na Europa, na América, na Nigéria, na Índia, na Coréia ou nas Filipinas, e, se não fosse por meus sentimentos patrióticos, não me preocuparia com essa questão. Mas ela ressuscitará. Há esperança, mesmo que seja somente porque ela é a única civilização fundada sobre a esperança, pois foi fundada, enfim, sob o Verbo do Único que mantém suas promessas.

ÍNDICE REMISSIVO

SÍMBOLOS

10 Books that screwed up the World 276
1984 272

A

A abolição do homem 127
Abdala, o Sarraceno 170
Aborto 270, 276, 280
Abraão 75, 77, 84, 105, 107, 108, 226, 244, 254
    Isaac, o sacrifício de 85
    o Deus de 73, 75, 226, 244
Academici 103
A Christmas Carol 243
A cidade de Deus 80, 112
A Connecticut Yankee in King Arthur's Court 243
A consolação da filosofia 116
A criação de Adão 172, 185
adamitas 201
Adams, Samuel 217
A descendência do homem 239
Admirável mundo novo 179, 290
Agamêmnon 21
agnosticismo 86, 102
Agostinho, Santo 10, 65, 80, 107, 112, 115-120, 134, 170, 182, 199, 241, 250
A idéia da Universidade 254
Alarico 71
Alberto, o Grande, Santo 153

Alcebíades 38
Alcuíno 124
Além do bem e do mal 239
Alexandre, o Grande 22
Alexandre VI, Papa 188
Alienação 14, 15, 85, 158
Alta Idade Média. Consulte Idade Média
A Man for All Seasons 192
ambientalismo 92, 145, 268
Ambrósio, Santo 119, 120, 183
Ames, Fisher 223
Amor
   agape 96
   Agostinho, Santo 10, 65, 80, 107, 112, 115-117, 119, 120, 134, 170, 182, 199, 241, 250
   caridade 27, 101, 116, 128, 207, 213, 239, 241, 260, 263, 275, 286
   Deus 95, 117
   eros 94, 96, 183
   Grécia Antiga 11, 20, 25, 29, 32-34, 38-40
   Idade Média 131-133, 135, 137, 138, 142-148, 150, 153, 158
   Jesus 121
   lascívia 20, 28, 29, 225, 280
   livre 241, 248, 262, 275, 287, 289
   paganismo 12, 146, 177, 180, 185
   poesia de 168
   Roma 56
Amoretti (Spenser) 168
Anaximandro 35-37
Anaxímenes 34
An Epistle of Karshish 265
Aníbal 56, 57, 62, 64, 88
Anquises 52
Antígona 31-33
Antigo Testamento 73-75, 80, 83, 88, 90, 93, 105, 106
Antonino Pio 112
Anúbis 58
A Paz de Augsburgo 201
Ápio Cláudio 53
Apolo 21

Apology for Poetry 174
Apolônio de Perga 225
aquecimento global 92, 134
Aquiles 23, 29, 39
Aquino, São Tomás 112, 114, 148, 153, 155, 157, 158, 159, 162, 167, 180, 227, 228, 255
Arcádia 183
A Renascença italiana 165
A República 18, 29, 37, 39, 40, 44, 53, 95, 205, 214
arianismo 126
A rima do antigo marinheiro 268
Aristarco 190
Aristipo 102
Aristófanes 28, 146
Aristóteles 10, 26, 35, 36, 39-44, 88, 102, 116, 153, 155, 180, 185, 224, 225, 228
  causas 41
  família 43, 44
  Idade Média 153, 180
  moralidade 41
  o bem 39
  razão 36, 39, 155, 224
Arnold, Mathew 250, 264
Arquimedes 18
arte 17, 18, 27, 33, 38, 49, 96, 97, 103, 116, 136, 139, 143, 146, 150-152, 163, 174, 177, 181, 236, 240, 242, 251, 252, 257, 262, 269, 271, 284-287
  Grécia Antiga 18, 22, 38
  Idade Média 146
  Israel 204
  moderna 150
  Renascença 175
  Roma 49, 75, 181
  século xix 235, 237, 238, 241
  século xx 271, 284, 287
ascetismo 54
As Guerras Médicas 33
As nuvens 28
As semanas divinas 183

ateísmo 10, 70, 86, 203, 207, 249, 255, 286
A tempestade 178
Atena 18, 81, 140
Atenas, Grécia. Consulte Grécia Antiga
Athletics in the Ancient World 24, 30
Atwood, Margaret 252
Augusto 52, 58, 59, 62-67, 71, 72
A Última Ceia 185, 195
Autobiografia 247
Averróis 153, 159
Avicena 159
Ayer, A.J. 289

B

babilônios 18, 75, 82, 105
Bacon, Francis 192, 193
Barber, Francis 233
Barnaby Rudge 256
Bartolomeu, São 179
Beda, o Venerável 123, 129
Beethoven, Ludwig von 149
Belloc, Hillaire 127, 293
Beowulf 122-124
Berg, Alban 275
Bernardo de Claraval, São 150
Bernini, Gian Lorenzo 184
Béroul 151
Berry, Duque de 148
Berry, Wendell 276, 277
Bíblia 67, 94, 116, 118, 167, 189, 190, 201, 219
Bishop Blougram's Apology 259
Blake, William 204, 262
Bleak House 260
Boaventura, São 114, 153, 157, 255
Boccaccio 148
Boécio 116
Bonifácio 98, 128

Boswell, James 231
Bradbury, Ray 272
Bradford, William 212, 213, 214, 215
Brando, Marlon 286, 287
Brewster, William 213
Brideshead Revisited 96, 293
Browning, Robert 256, 258, 263-265
Brownson, Orestes 21
bruxas 131, 145-167
Bryan, William Jennings 288
Burke, Edmund 10, 51, 198, 203, 209, 216, 229, 230, 259, 275, 283, 292, 294
Byron, Lorde 246, 247

C

Caboto, Giovanni 212
Caedmon 123, 124
Calvino, João 179, 182, 190, 200
Camilo 55
Camões, Luis Vaz de 195
Cândido 207
Cântico do Irmão Sol 147
Canzoniere 96
capitalismo 145, 161, 241
Capra, Frank 286
Caravaggio 96, 195
Carcopino, Jerome 49, 64
caridade 27, 101, 116, 128, 207, 213, 239, 241, 260, 263, 275, 286
Carlos II, Rei 216
Carlos I, Rei 52, 201
Carlos V, Imperador 201
Carson, Rachel 270, 293
Carta de Direitos 47
casamento 61, 102, 120, 136, 194, 208, 256, 262, 265, 290-294
Castelo interior 196
Casti Conubii 290
Castiglione, Baldassare 184

Catão 50, 94
catedrais góticas 137
Cat's Cradle 272
Chaucer 116, 136, 137, 147, 148, 161, 162, 188, 271
Chesterton, G. K. 67, 146, 159, 255, 274, 275, 289, 293
China 189, 211, 237, 269, 278, 295
Chretien de Troyes 151
Cícero 50, 63, 70, 92-95, 103, 113, 180, 199, 253
ciência 17, 19, 35, 73, 83, 84, 114, 133, 143, 146, 156, 168, 172, 190, 192, 209, 217, 219, 224, 225, 235, 248, 268, 270, 280, 288, 289, 293
   Deus 83
   Deus do Antigo Testamento 73
   do progresso 209
   eugênica 280
   Grécia Antiga 18, 19, 35
   Idade Média 133, 143, 146, 156
   iluminismo 204, 224, 225
   natural 156, 288, 293
   religião 89
   Renascença 168, 172, 190, 192
   século XIX 235, 248, 268
ciência natural. Consulte ciência
ciência política 19, 225
cientificismo 274
Cincinato 50, 62
Cipião 57, 58
civilização ocidental 9, 60, 73, 75, 92, 116, 126, 291, 294, 295
   cristianismo 104
   família 291-294
   Grécia Antiga 11
   Idade Média 131
   iluminismo 197
   Israel 73
   Jerusalém 9, 295
   Jesus 9, 73, 92, 126
   moralidade 9, 38, 41, 180, 186, 236, 243, 271, 290
   politicamente correto 9, 116, 117
   Renascença 193

    renovação da 294
    Roma 60
    século XIX 247, 248, 251, 265
    século XX 294
    tradição 9
Clagett, Marshall 114
Clélia 50
Clemente de Alexandria 112, 118
Cleópatra 58
Clinton, Hillary Rodham 33, 86
Clinton, William J. 270
Coleridge, Samuel Taylor 246, 268
Colet, John 182
Colombo, Cristóvão 184, 193, 212
comunismo 145, 214, 215, 241, 294
Concílio de Trento 199, 200
Conferência Lambeth 290
Confissões 115, 117
confucionismo 278
conservadorismo 60, 63, 122, 203, 285
    Burke, Edmund 203
    de Roma 59
    dos pais fundadores 216
    século XX 271
Constantino 67, 71, 72, 119
Constituição, EUA 223, 230, 280
Conto de inverno 183, 189
Conto do mercador 148
Conto do moleiro 136
controle de natalidade 49, 112, 280
Coolidge, Calvin 269
Cooper, James Fenimore 243
Copérnico 168, 190, 191
Corão 129, 153
Cornélia 50
Cragg, Gerald 207
Creso 39
Criação 123, 142, 179, 185

cristianismo 64, 67, 72, 92, 96, 101, 104-110, 115, 118, 121, 126-128,
129, 133, 135, 141, 146, 200, 241, 268, 270, 279
   amor 94-99
   caridade 128
   cultura, elevação pela 64, 103, 105,
   crueldades pagãs 117
   Deus 110
   escravidão 118
   Estado 108
   filosofia pagã 115
   igualdade 109, 135
   heresias, correção de 101, 113
   medieval 133, 135, 141, 146
   misericórdia 12, 87, 186-188
   mulheres. Consultar religião
   natureza 76
   Ocidente 104
   patriotismo 145
   Renascença 165
   responsabilidade cívica 119
   Roma 64, 67, 72
   salvação do 115
   teatro 141
   tolerância 109
   trabalho manual 67, 68, 121
Crombie, A. J. 143
Cronos 20, 21, 30
Cruzadas 67, 160, 193
cultos de fertilidade 20, 77, 78
cultura 9, 11, 14, 17, 33, 54, 64, 83, 98, 103-107, 114, 116, 128, 131,
133, 134, 143, 147, 157, 165, 194, 196, 211, 226, 235, 251, 253,
262, 264, 271, 279, 281, 282, 284, 293-295
   aquecimento global 92, 134
   cristianismo 146, 200
   Idade Média 143
   igualdade da

D

Daily Life in Ancient Rome 49, 64
Daniel, o Estilita, São 122
Dante 19, 96, 99, 116, 132, 139, 145, 147, 148, 149, 150, 152, 157, 162, 167, 180, 191, 265, 294
Dario 18, 33
Darrow, Clarence 288, 290
Darwin, Charles 92, 112, 239, 242, 243, 248
Davi 75, 82, 86, 87, 169, 179, 193
Da Vinci, Leonardo 169, 173, 181, 185, 195
Dawkins, Richard 112
Dawson, Christopher 147
DDT 270
decálogo 196
Declaração de Independência 217
deísmo 96, 190
   os pais fundadores 216
democracia 16, 17, 18, 25, 31, 39, 40, 41, 44, 45, 58, 59, 62, 72, 75, 209, 223, 235, 236, 246, 274, 275
   educação pública 9
   Grécia Antiga 33, 63
   iluminismo 224, 230
   liberdade 223, 236, 246
   moderna 44
   radical 31
   relativismo moral 11, 15, 180, 228
   Roma 58, 59, 62, 72
   tirania 209
Democracia na América 211, 222
Demócrito 19, 42, 204
Derrida, Jacques 251
De Spectaculis 117
Deus 20, 32, 39, 73-99, 103-119, 123-129, 138-157, 160, 162, 166, 170-173, 176, 178-182, 190-192, 196, 198-200, 204-207, 214, 215, 218, 219, 223, 225-227, 237, 238, 244-246, 249-251, 254, 255, 262-265, 268, 272, 277, 278, 286, 288, 293-295
   amor 126, 152
   ciência 83

como Rei dos Reis 79
   como relojoeiro 206
   como Ser 84, 115, 127
   conhecimento de 83, 154, 255
   criação 74
   de Abraão 73, 75, 226, 244
   Estado 79, 81
   existência de 227, 288
   filosofia 88
   homem, a dignidade de 96, 269
   humildade 285, 286
   iluminismo 224
   natureza 77, 97
   paz de 98, 166
   salvação 89, 90
   soberania de 226
Dewey, John 270, 274, 295
Dez Mandamentos 74, 264
Diálogo a respeito dos dois grandes sistemas do mundo 172
Diálogo contra os luciferinos 126
Dickens, Charles 256, 257, 258, 260, 264, 284, 285, 294
Didaquê 74
Dieta de Worms 198
Diocleciano 70, 71, 119, 120
Diógenes 19, 34, 36, 46
Dionísio 18, 101-104, 138, 146, 170
direito ao voto. Consulte Sufrágio
Discursos 90, 102
Discurso sobre a dignidade humana 170
Discurso sobre a origem da desigualdade 215
Divina comédia 99, 140, 149, 162
divórcio 50, 108
Donatello 169, 181
Don Juan 246
Donne, John 169, 190
dórios 19, 20
Dostoievski, Fiodor 256
Doutor Fausto 167, 174, 244
Drake, Francis 212

Dryden, John 96
Du Bartas, Guillaume de Salluste 183
Duranty, Walter 278, 286
Durkheim, Emile 248

E
Édipo 11, 12, 14, 19, 26, 31, 38, 45, 98
Édipo em Colono 11, 19, 26, 31, 38
Édito de Milão 67
educação 9, 15, 24, 28, 40, 41, 158, 169, 221, 231, 232, 235, 236, 237, 245, 247, 252, 266, 270, 273, 274, 277, 281, 285, 289, 295
   Idade Média 158
   individualismo 194
   século XX 271, 275, 282
Educação pública, democracia 9
   Deus 39, 40, 75, 223, 236, 246
   diversidade 24
   efeminação 16, 58
   Idade Média
efeito Ilhas Gregas 22, 23
efeminação 16, 58
Einstein, Albert 172
Eleonora da Aquitânia 151
Eliot, T. S. 10, 275, 283, 284, 285
Empedocles on Etna 252
Enéas 52, 182
Eneida 52, 55, 58, 63
Engels, Friedrich 237, 249, 266
Epicteto 90
Epicuro 102, 292
Erasmo 182
Eros 39, 262
Eros e cultura 262
Escola de Atenas 169, 184, 185
Escoto, João 170
escravidão 47, 68, 78, 83, 85, 118, 121, 128, 135, 141, 143, 214, 215, 221, 222

cristianismo 118, 121, 128, 135, 141
  Grécia Antiga 33, 63
  Jesus 98
  Roma 47, 68-70
Esparta 12, 13, 15, 17, 18, 24, 25, 222
Espinoza, Baruch 206, 207, 211, 217
esporte 44, 102, 118, 148
esquerda 24, 57, 80, 89, 108, 144, 181, 249, 252
Ésquilo 21, 27, 232, 294
Estado 9, 10, 14, 22, 23, 26, 31, 32, 39, 40-44, 50-54, 59-70, 74, 79-81, 86, 88, 106-113, 119, 144, 147, 167, 193-197, 202-210, 215, 219, 220-223, 229, 231, 241, 247, 249, 250, 255, 256, 265-267, 271, 274, 277-282, 286, 288, 289, 293, 294
  adoração do 119, 279
  bem e mal 28
  cristianismo 109
  Deus 79, 81
  família 9, 26, 31-33, 43, 50-54, 205, 215, 229, 247, 265, 267, 277-281, 293
  Grécia Antiga 33, 63
  homem, o fim de 41
  iluminismo 197, 198
  individualismo 220
  liberdade 40
  pais fundadores 50, 282
  paganismo 12, 146, 177
  Roma 50-54, 59-70
  século xx 271, 282, 285
Estados Unidos 52, 65, 223
  Grécia Antiga como modelo para os 222-224
  iluminismo 197
  pais peregrinos 210
  Roma como modelo para os 222-224
estoicismo 90, 113, 118, 127, 221
Etéocles 28, 31
Ética a Nicômaco 42, 185, 225
etnografia 19
Euclides 36, 185
Eurípedes 27

Eutifrão 27
evolução 21, 92, 237, 266, 288
Exercícios espirituais 123, 195
Êxtase de Santa Teresa 184

F

Fábio 57, 58
Fahrenheit 451 272
família 9, 15, 26, 31-33, 43-56, 80, 118, 120, 127, 155, 201, 205, 211, 214-216, 229, 233, 236, 247, 259, 263-267, 273-281, 291-293
    cidade
    civilização ocidental 291-294
    Estado 9, 26, 31-33, 43, 50-54, 205, 215, 229, 247, 265, 267, 277-281, 293
    feminismo 49, 236
    Grécia Antiga 33, 63
    igualdade 47, 120, 214, 215, 233, 266
    Roma 47-56
    século XIX 236, 247, 259, 263-267
Fausto 167, 174, 239, 244
Fawkes 208
fé 45, 54, 72, 74, 77, 79, 87, 88, 92, 99, 106-114, 117, 119-122, 125, 126, 133, 134, 138, 141, 142, 150, 159, 165, 166, 190-200, 219, 226, 229, 232, 239, 247, 249, 250, 251, 254, 263, 277, 278, 281, 286-289
    filosofia 88, 114, 133, 165, 190, 226, 247, 263, 281, 289
    Idade Média 133, 134, 138, 141, 142, 150, 159
    razão 218
    salvação 92, 199, 200
federalismo 22, 230
Fedra 28
Fedro 37, 45
felicidade 12, 43, 44, 217, 221, 222, 228, 229, 233, 238, 287
feminismo 10, 49, 92, 236, 243
    casamento 49
    família 49
    matriarcado 60, 215

    na Idade Média 135
    século XIX 235, 265
Fibonacci 157
Ficino, Marsilio 168
Fielding, Henry 96
Filhos? Não se você ama o seu planeta 86
Filipe da Macedônia 101, 222
Filoctetes 28
Fílon de Alexandria 88
filosofia 11, 17, 19, 88, 115, 127, 133, 221, 247, 281, 289
    fé 88, 114, 133, 165, 190, 226, 247, 263, 281, 289
    Grécia Antiga 33, 63
    moderna 165
    natural
    Renascença 165, 169, 180, 182, 190
Five Stages of Greek Religion 19, 46
França 17, 51, 52, 104, 138, 144, 160, 166, 198, 199, 202, 203, 229, 230, 235, 236, 259, 292
Francisco de Assis 97, 146, 147, 153
Franco, Francisco 52
Franklin, Benjamin 216-218, 270, 279
Freud, Sigmund 248, 250, 280
Friendly Persuasion 287
Frost, Robert 23, 158, 284
Fúrias 21

G

Gaia 20
Galileu 168, 172, 176
Gardiner, E. Norman 24, 30, 270
Genealogia da moral 255
geografia 19, 65, 80
geometria 18, 225
George III, Rei 216
Geórgicas 63
Gibbon, Edward 67, 253
Gilson, Etienne 107, 115

Giotto 147
Gladstone, William 254
Gödel, Kurt 288
Goethe, Johan Wolfgang von 239, 244
Goldberg, Stephen 60
Gore, Al 86, 134
governo 9, 17-19, 22, 24, 31, 40, 43, 49-52, 55, 65, 67, 70-72, 82, 107, 108, 141, 190, 193, 209-225, 230, 236, 245, 255, 259, 270, 275, 279, 280, 295
   auto 22, 26
   Grécia Antiga 33, 63
   Roma 49-52, 55, 65, 67, 70-72
graça 85, 87, 92, 115, 157, 162, 163, 179, 182, 187, 195, 198, 199, 200, 249, 279, 283
Grande Depressão 281, 286
Grécia. Consulte Grécia Antiga
Grécia Antiga 33, 63
   amor 11, 20, 25, 29, 32-34, 38-40
   arte na 18, 22, 38
   como modelo americano 222
   cultos de fertilidade 20
   cultura superior da 11, 40
   democracia 16, 17, 18, 25, 31, 39, 40, 41, 44, 45
   esporte 14, 24, 44
   Estado 14, 22, 23, 26, 31, 32, 39, 40-44
   família 15, 26, 31-33, 43-47
   filosofia 11, 17, 19, 22, 24, 34, 36
   governo 17-24, 31, 40, 43
   homossexualidade na 16
   liberdade 13, 14, 17, 20-23, 40, 44
   materialismo 42
   medicina 30
   patriarcado 31
   patriotismo 33
   piedade 16, 27
   polis 16
   relativismo moral 11, 15
   religião 19-21, 46
   teatro, a queda da 12, 18, 27

tradição; as mulheres 15, 22, 23, 26, 27, 32
Greek Science in Antiquity 114
Greene, Graham 96, 285
Gregório I, Papa 121
Gregório X, Papa 150
Guardini, Romano 81, 294
Guerra Civil Inglesa 202
Guerra de Tróia 28
Guerra dos Trinta Anos 166, 202
Guerra do Vietnã 57
Guerra entre os Estados 52
Guerra Revolucionária 23
Guerras Gálicas 60
Guerras Púnicas 54
Guilherme de Aquitânia 150
Guilherme de Orange 208
Guinevere 151
Gutenberg, Johann 189

H

Hamilton, Alexander 222
Hamlet 178, 180
Hanson, Victor Davis 40
Hawkins, John 212
Hawthorne, Nathaniel 224, 243
Hayek, Friedrich von 275
Heath, John 18, 40, 111
Hefner, Hugh 283
Heitor 29
Helena de Tróia 39
Hellenica 13
Helvécio 205, 207, 208, 218
Henrique VI 175
Henrique VIII, Rei 194
Henrique VII, Rei 212
Henry, Patrick 217
Heráclito 185

heresia 89, 126, 127, 190, 199
   arianismo 126, 127, 190
   cristianismo 126
   gnosticismo 89, 126
   islã 127
Hermes 83, 170
Heródoto 18, 19, 25, 33, 181
Hesíodo 17, 19, 20
Hexameron 183
High Noon 287
Hipócrates 21
Hipólito 28
História eclesiástica do povo inglês 123, 129
Hitchcock, Alfred 286, 287
Hitler, Adolf 74, 224, 239, 249, 270, 279
Hobbes, Thomas 166, 202, 203, 215, 219, 220, 221, 232, 266
homem 11-15, 18-21, 24-35, 38-45, 48-55, 61-63, 68-74, 77-81, 84-86, 90-99, 102-104, 107-110, 116-120, 123-128, 133,-135, 138, 139, 142, 144, 147-157, 162, 166-192, 197-211, 215, 217-257, 261-275, 278-281, 284-286, 289, 290, 293, 294
   como imagem de Deus 166, 173
   como máquina 99, 216
   dignidade de 170, 256
   Estado e o fim de 41
   fim de 207
   glória de 169
   natureza de 170
   perfeição de 42
   queda de 175, 205, 244
   Renascença e glória de 169
   vontade de 146, 174, 182
Homero 18, 24, 26, 40, 63, 170, 180, 181, 193
Honório 71, 107
Hooker, Richard 220
Hoover, Herbert 269, 270
Hopper, Edward 275
Horácio 63, 68, 94
How Green Was My Valley 286
Hume, David 227

Huxley, Aldous 290
Huxley, Thomas 268
Hymne of Love 173

I

I, Claudius 67
I Confess 287
Idade Média 9, 23, 13-138, 142-150, 153, 158, 165-168, 175, 180, 184, 255, 285
   amor 131-133, 135, 137, 138, 142-148, 150, 153, 158
   aquecimento global 134
   Aquino, Tomás, São 148, 153, 155-159, 162
   Aristóteles 153-155
   arte 146
   bruxas 131, 145, 146
   catedrais góticas 137
   ciência 133, 143, 146, 156
   como trevas 144, 154, 158
   cristianismo em 133, 135, 141, 146
   cultura 143
   educação 158
   Islã; literatura da 132, 134, 141, 147
   metafísica 152-154, 158
   mitos sobre a 133, 144
   mulheres 136, 141, 142, 145, 148, 149, 154
   natureza 140, 146, 148, 153-157
   paganismo 146
   razão 154-159
   Renascença 165
   salvação 143
   teatro 141-143, 162
Ideas Have Consequences 192, 206
Igreja. Consulte cristianismo
Igreja Católica 188, 199, 200, 208, 272
   ensinamento social da 290
   iluminismo 198, 271
   Lutero, Martinho 188, 199

    piedade 208
    século xx 271, 282, 285
    superstição 176
Igreja Primitiva. Consulte cristianismo
igualdade 47, 109, 120, 135, 144, 202, 209, 214, 215, 220, 222, 224, 230, 233, 235, 266, 283
    cristianismo 109, 135
    da cultura
    família 47, 120, 214, 215, 233, 266
Ilíada 18, 23, 29, 181
iluminismo 9, 146, 153, 197, 198, 202, 204, 224, 225, 230, 233, 248, 250, 257, 271
    Burke, Edmund 198, 203, 209, 216, 229, 230
    ciência 209, 217, 219, 224, 225
    deísmo 190
    democracia 209, 223
    deturpações do 9
    Deus 198-200, 204-207, 214, 215, 218, 219, 223, 225-227
    Estado 197, 202-210, 215, 219, 220-223, 229, 231
    Estados Unidos 52, 65, 223
    herança do 198
    Igreja Católica 198, 271
    Johnson, Samuel 231
    Kant, Immanuel 197
    materialismo 204, 207, 219, 226, 227
    lei natural 206, 220
    pais peregrinos 196, 202, 210,
    patriotismo 223
    progresso 198, 209
    racialismo
    razão 197, 204, 207, 214, 218, 224-228, 230-232
    religião 200, 202, 207, 208, 215, 216, 221, 226
    Renascença 165
    Rousseau, Jean-Jacques 204, 215, 231, 232
    salvação 199-201
    século xx 271
    tirania 197, 202, 204, 205, 209
    tradição 197, 203, 205, 211, 216, 224, 229
    vontade humana 146, 174, 182

imigrante 65, 280, 288
Inácio de Antioquia, Santo 105
Inácio de Loyola, Santo 123, 195
individualismo 86, 194, 195, 220, 249, 273-277, 281, 292, 294
    educação 194
    Estado 220
    religião
    Renascença 195
    século xx 271, 282, 285
Inferno 145, 167, 176
Inherit the Wind 288, 290
Inquisição Espanhola 166
Irmãos Karamazov 258, 262
Isaac 75, 77, 85, 204, 226, 244, 254
Isaías 87, 91, 105
Islã 106, 127, 129, 141
Isolda 151
Israel 50, 73-75, 82, 83, 86-91, 204
    arte 75, 77, 78, 81, 91, 95
    democracia 75
    Deus, a revelação de 73
    Deus de Abraão 73, 75
    história, visão de 74, 75, 84, 86, 89, 91-95, 98
    humildade 96, 97
    importância de 75
    Jesus 73, 79, 82, 84, 86, 89, 92-98
    mulheres em 86, 87, 90, 93, 94, 97
    natureza 76-79, 83, 84, 91, 94, 97
    salvação 82, 89, 90, 92
It's a Wonderful Life 287
I Wandered Lonely as a Cloud 240

J

Jacó 75, 85, 171, 226, 244
Jefferson, Thomas 217-223
Jerônimo, São 113-115, 126
Jerusalém 9, 65, 66, 81, 82, 106, 108, 113, 115, 160, 195, 295

Jerusalém liberta 195
Jesus 9, 73, 79, 82-86, 89, 92-98, 105-109, 117, 118, 121-129, 142,
    143, 162, 187, 195, 196, 219, 240, 241, 263, 267, 272, 277
  amor 125
  batismo de 107
  civilização ocidental 9, 73, 92, 126
  como sem-teto 86
  crucificação de 92
  Encarnação de 153
  escravidão 118
  heresias 124-126
  Israel 73, 79, 82, 84, 86, 89, 92-98
  lei
  luz
  milagres de 219
  salvação
Joana D'Arc 90
João da Cruz, São 196
João de Leyden 201
João Paulo II, Papa 294
João, São 122, 152, 196, 200
John Ford 286
Johnson, Samuel 231, 232, 233, 237
Joplin, Scott 237
Judeus. Consulte Israel
julgamento Scopes 288
Juliano, o Apóstata 213
Júlio César 56
Júlio II, Papa 182, 184
Juramento hipocrático 21
justiça 12-17, 29-32, 39, 40, 43, 74, 78, 87, 104, 144, 147, 158, 160,
    187, 188, 200, 204, 205, 220, 236, 241, 243, 250, 267, 288, 290
  de Deus 74
    Grécia Antiga 33, 63
    sufrágio 250, 274, 291
Justiniano 116
Justino Mártir, São 112
Juvenal 68, 103, 241

K

Kant, Immanuel 36, 197, 223, 224, 227, 228, 229
Kazan, Elia 286, 287
Keats, John 242
Kennedy, Anthony 14
Kepler, Johannes 168
Kerry, John 74
Kinsey, Alfred 280, 287
Kirk, Russell 35, 209, 218, 221, 223, 275, 283
Kitto, H. D. F. 27
Klee, Paul 275

L

La Mettrie, Julien Offray de 206, 218, 231
Lancelot 151
Laplace, Pierre-Simon 192
Leão XIII, Papa 133, 241, 256, 265
Leaves of Grass 245
Le Corbusier 275
lei 13-15, 21, 25-27, 31-33, 36, 44, 48, 65, 74, 77, 91, 93, 106, 110, 118, 120, 127-129, 133-135, 154, 155, 176, 186-188, 191, 204-208, 211, 218, 220, 225, 230, 241, 243, 244, 261, 265, 266, 278, 282, 289, 290,-294
   eterna 32, 266
   Grécia Antiga 33, 63
   Jesus 213
   natural 26, 27, 31-33, 93, 127, 129, 176, 206, 220, 266, 289, 290, 292, 294
Leibniz, Gottfried Wilhelm 207, 217
lei natural 26, 27, 31, 32, 33, 93, 127, 129, 176, 206, 220, 266, 289, 290, 293, 294
   casamento
   Grécia Antiga 26, 27, 31, 32, 33
   iluminismo 206, 220
   Jesus

Locke, John 220
    piedade
Lênin, Vladimir 278, 295
Leônidas 38
Leviatã 75, 202, 203, 204, 220, 221, 232. Consulte também Estado
Lewis, C. S. 127, 198, 228, 289
liberdade 13, 14, 17, 20-23, 40, 44, 50, 68, 71, 79, 85, 99, 118, 132-136, 145, 150, 158, 176, 182, 197, 200, 204, 208, 211, 213, 216, 217, 220-223, 233, 236, 246, 250, 259, 269, 273, 277, 280-293
    da vontade 182, 200
    de expressão 136, 282
    democracia 223, 236, 246
    de religião 208, 216, 273
    Grécia Antiga 33, 63
    Idade Média 132-136, 145, 150, 158
    Estado 41
Libertas Praestantissimum 266
Lister, Joseph 237
literatura 60, 133, 137, 146, 158, 240, 251, 285
    medieval 137
    século xix 240, 251
    século xx 285
    Renascença 165
Locke, John 220, 224
Logan's Run 272
Longfellow, Henry Wadsworthm 284
Lucas, São 106, 241
Lúcio Júnio Bruto 49
Lucrécio 94, 95, 102, 181, 183, 204, 205, 206, 220
Luís ix, São 144, 160
Luís xiv, Rei 203
Lutero, Martinho 167, 182, 188, 194, 198, 199, 201

M

Macbeth 167, 173, 174, 177, 178, 189
Madison, James 181, 221, 223, 230
Madonna 23

mal 12, 17, 24, 27-29, 34, 40, 77, 78, 82, 87-89, 109, 115, 116, 123, 133, 136, 143, 145, 172, 175, 178-180, 204-206, 212, 213, 220, 228, 239, 249, 254, 257, 258, 260, 265, 266, 284, 293
   como construção social
   Estado
   Grécia Antiga 33, 63
   ignorância 136, 205, 259, 272
   século XIX 241, 247, 248, 251, 265
Manassés 78, 88
Mandeville, Bernard 205
Manifesto humanista 182
maniqueístas 125, 160
Mantegna, Andrea 181
Maomé 108, 110, 134, 141, 295
Maquiavel, Nicolau 174, 175, 182, 183, 188
máquina de impressão 189, 201
Marcelino 107
Marco Antônio 58
Marco Aurélio 67, 90, 111, 113
Marcuse, Herbert 248, 262
Maria Madalena 96
Mário 62
Marlowe, Christopher 174, 244
marxismo 92, 249, 266, 278, 279
Marx, Karl 28, 133, 235, 237, 249, 250, 266, 268, 276
matemática 18, 36, 41, 114, 139, 181, 185, 211, 224-229, 288, 290
materialismo 10, 42, 102, 103, 204, 207, 219, 226, 227, 286
   Grécia Antiga 33, 63
   iluminismo 204, 207, 219, 226, 227
   Platão 102
Mateus, São 70
Mauriac, François 275
McCarthy, Joseph 271
McKinley, William 270
Mead, Margaret 287
Mecânica celeste 192
medicina. Consulte ciência
Medida por medida 186, 187
Medieval and Early Modern Science 143

Melville, Herman 237, 243
metafísica 19, 35, 154, 158, 192, 207, 227, 228
Metafísica 39, 44
metodismo 208
Michelangelo 172, 173, 179, 183, 185, 189, 284
mídia 9, 10, 51, 277
Mill, John Stuart 247, 268
Milton, John 173, 184, 190, 232
Miró, Joan 275
misericórdia 12, 85, 87, 107, 186, 187, 188, 263
misticismo 126, 168
Mock On, Mock On, Voltaire, Rousseau 204
modernidade 121, 166
    Renascença 165
    tradição 121
Moisés 9, 78, 79, 81, 83, 85, 88, 93, 108, 109, 115, 129, 143, 171
Montaigne, Michel de 193
moralidade 38, 41, 180, 186, 236, 243, 271, 283, 290
    Aristóteles 41, 180,
    civilização ocidental 9, 38, 41, 180, 186, 236, 243, 271, 290
    século xix 237, 241
More, Henry 168
Morris, William 243
Mozart, Wolfgang Amadeus 236
Múcio 55, 56
Muggeridge, Malcom 286
mulheres 14, 15, 17, 28, 33, 47, 49, 50, 54, 60, 90, 105, 110, 111, 117, 120, 141, 142, 145, 154, 166, 169, 175, 181, 201, 213, 214, 235-237, 242, 244, 246, 248, 251, 262, 271, 274, 280, 286, 291-293
    cristianismo
    em Israel 86, 87, 90, 93, 94, 97
    Grécia Antiga 33, 63
    Idade Média 142, 145, 153, 158
    Roma 47, 49, 50, 54, 60
    século xix 235-237, 242, 244-246, 248, 251, 262
    século xx 271, 282, 285
    sufrágio 250, 291
multiculturalismo 9, 54
Murray, Gilbert 19, 46

música 23, 24, 116, 137, 149, 161, 228, 275
Mussolini, Benito 279
My Last Duchess 258

N

Nabucodonosor 83, 88
Napoleão 45, 192, 230
natureza 14, 19, 22, 36, 41-45, 76-79, 83, 84, 91, 94, 97, 102, 115, 125, 140, 146, 148, 153-157, 168, 170-177, 181, 191, 192, 198-206, 220, 228, 229, 235, 237-245, 255, 256, 265-268, 272, 277, 284, 288, 289
    adoração romântica da 235
    culto da criança 240
    cristianismo 76
    Deus 77, 97
    Grécia Antiga 33, 63
    Idade Média 146, 148, 153
    paganismo 12, 146, 177, 180, 185
Nero 65, 67
Newman, John Henry 254, 255
News from Nowhere 243
Newton, Isaac 157, 172, 204, 219, 225, 226
New York Times 221, 278, 286
Nicholas Nickleby 257
Nietzsche, Friedrich 67, 239, 253-255, 263
nominalismo 191, 192

O

O amor sagrado e o profano 96
O casamento do céu e da terra 262
Occam, Guilherme de 191
O cortesão 184
O Cristo morto 181
Ode: Intimations of Immortality 240
Ode to a Nightingale 242

Odisséia 18, 26, 30, 181
Odisseu 28, 30, 52, 63
O eixo da civilização 291
O fim do mundo moderno 294
O homem eterno 274
O Juízo Final 142
Oliver Twist 44, 258
O manifesto comunista 133, 276
O mercador de Veneza 187, 189
On the Waterfront 287
O pimpinela escarlate 217
O príncipe 174, 175
O que é o iluminismo? 197
Orange County Register 86
Orczy, Baronesa Emmuska 217
Orestes 21
Origem das espécies 243
Orwell, George 272
Os demônios 258
Os doze Césares 69
Os lusíadas 195
Otto, o Grande 132, 133
O último dos moicanos 243
Ovídio 102, 180

P

Paedogogus 118
paganismo 12, 146, 177, 180, 185
    amor 12, 146, 177, 180, 185
    Deus de Abraão 73, 75
    Estado 12, 146, 177
    Idade Média 146
    natureza 146, 177
    Renascença 180, 185
    salvação
Paine, Thomas 218, 257
pais fundadores 50, 58, 62, 216, 224, 282
    Grécia Antiga

pesos e contrapesos 51, 223
conservadorismo de 216
deísmo 96, 190
liberdade de expressão 286
felicidade 217
Roma 50, 58, 62
secularismo 98, 165, 166, 219
Estado 50, 62, 282
pais peregrinos 7, 196, 202, 210
  iluminismo 202, 210
Paracelso 182
Paraíso 140, 147, 157, 162, 163, 173, 176, 184
Paraíso perdido 173, 176, 184
Pascal, Blaise 79, 225, 226, 231, 238
Pasteur, Louis 236
pater familias 48, 117, 121, 122
patriarcado 31, 47, 60, 158
  Grécia Antiga 33, 63
  Roma 47
patriotismo 33, 54, 59, 145, 223, 286, 287
  cristianismo 146
  Grécia Antiga 33, 63
  iluminismo 224
  Roma 55, 59
Paz 166, 201
  de Deus 166
  Islã 132
Pearl 162
pederastia 17, 74, 280
Pedro, São 121, 184, 185, 195, 199
pelagianismo 201
Penn, William 216
Pensamentos 79, 225, 226, 238
Pequeno tratado sobre Deus, e sobre o homem e seu bem-estar 207
Péricles 12-15, 31, 37, 62, 92, 271
Perkins, Frances 291
persas 13, 16, 25, 38, 160, 246
pesticidas 270

Petrarca 96, 180
Petrônio 67
philosophes franceses 205
Pico della Mirandola, Giovanni 170
piedade 16, 27, 29, 52, 58, 59, 61, 62, 103, 134, 149, 192, 197, 202, 208, 214, 218, 229, 255, 268, 287
    Grécia Antiga 33, 63
    Igreja Católica 208
    lei natural 27
    Roma 52, 58, 59, 61, 62
Pieper, Joseph 294
Pietà 284
pílula. Consulte controle de natalidade
Pio III, Papa 188
Pio XII, Papa 291
Pio XI, Papa 290
Pisístrato 18
Pitágoras 35, 36, 37, 114, 116, 224
Planned Parenthood 14, 291
Planned Parenthood vs. Casey 14
Platão 9, 16-19, 23, 27, 29, 36-45, 53, 88, 94, 95, 102, 114, 116, 138, 153, 168, 169, 180, 185, 190, 205, 206, 214, 215, 223
    academia de 36, 102
    amor 45, 94, 95
    democracia 44
    família 43, 45, 53, 205, 214, 215,
    justiça 17, 39, 40, 43, 205
    matemática 18, 36, 41, 114, 185
    materialismo 42, 102
    o bem 205
Plínio, o Jovem 111
Plumb, J. H. 165
Plutarco 18, 37, 50, 58, 70, 78
poesia. Consulte literatura
Políbio 56, 57, 59, 63, 66, 181
Polinice 31
politicamente correto 9, 31, 44, 54, 86, 106, 110, 116, 117, 132, 144, 146, 152, 157, 159, 169, 172, 176, 184, 189, 193, 215, 228, 229, 253, 268, 271, 272, 282, 288, 290

A destruição do
civilização ocidental 116
patriotismo 54
século
Pol Pot 276
pornografia 283
Porphyrias's Lover 258
Porsena 55, 56
Poteat, Hubert 111
Príamo, Rei de Tróia 29
progresso 9, 21, 131, 132, 152, 198, 209, 235, 247, 248, 255, 256, 258, 259, 265, 266, 271
  ciência do 209
  iluminismo 198, 248, 271
  século XIX 235, 247, 248, 255, 256, 258, 259, 265, 266
  século XX 271
Prólogo de A esposa de Bath 136
Prometeu 28, 244, 245
Prometheus Unbound 245
Protágoras 15, 29
Ptolomeu 191
puritanos 146, 168, 196, 210, 216

Q

Quakers 201
Quem matou Homero? O fim da educação clássica e o resgate da sabedoria grega 40
Quinto Fábio Máximo 57
Quod apostolici muneris 267

R

racismo 146, 224, 280
Rafael 169, 184-186, 189
Raleigh, Walter 212
Ramsés II, Faraó 78

Rasselas 233, 237, 238
Razão 12, 21, 24, 31, 32, 36, 39, 53, 114, 154-159, 204, 207, 218, 219, 224-228, 230-232
    Aristóteles 36, 39
    fé 219
    Idade Média 154-159
    iluminismo 197, 204, 207, 214, 218, 224-228, 230-232
    lei eterna 32
    limites da 114, 226
    paixões 13, 18, 21, 54, 61, 152, 154, 231, 232, 249
    sentimentos 95, 209, 231-233, 241, 243, 282, 295
Reflections on the Revolution in France 198
Reforma Protestante 121, 189
Reia 20
Rei Lear 167, 177, 189, 191
Reino do Terror 217, 229
relativismo 10, 11, 15, 29, 170, 180, 228, 257
relativismo moral 11, 15, 180, 228
    democracia 16
    Grécia Antiga 33, 63
religião 19, 20, 21, 46, 48, 60, 64, 65, 67, 71, 74, 78, 89, 92, 104, 106, 107, 115, 119, 128, 141, 146, 147, 160, 166, 167, 172, 190, 193, 200, 202, 207, 208, 215, 216, 221, 226, 237, 242, 244, 246, 255, 256, 257, 268, 276, 278, 279, 280, 289
    ciência 19, 146, 172, 190, 268, 280, 289
    Grécia Antiga 33, 63
    iluminismo 146
    individualismo 276
    liberdade de 208, 216, 273
    mistério 186
    Renascença 166, 167, 172, 190, 193
    Roma 48, 60, 64, 65, 67, 71
    século xx. Consultar também cristianismo.
Religion and The Rise of Western Culture 147
Rembrandt 195
Renascença 165, 169, 180
    arte 174, 177
    autoridade 168, 189
    bruxas 165-167

ciência 168, 172, 190, 192
  colapso da 169
  comunidade 194
  deturpações da
  filosofia
  homem, glória do 169
  homem, queda do 175
  humanismo
  Idade Média 143, 146, 157
  iluminismo 198, 199, 206
  individualismo 194, 195
  mitos sobre 166
  modernidade 166
  nominalismo 191
  paganismo, ressurgente 177, 180, 185
  religião 166, 167, 172, 190, 193
  secularismo 165, 166
Rerum Novarum 241, 267
responsabilidade cívica 119
Revista *Life* 271, 272
revolta puritana 190, 203
revolução cultural 126, 278
Revolução Francesa 203, 209, 217, 220
Revolução Gloriosa 208
Revolução Industrial 7, 138, 247, 249, 291
revolução sexual 273, 281, 291
Ricardo de São Vítor 152, 153
Ricci, Matteo 211
Robespierre 229
Robinson, John 210
Rockwell, Norman 284
Roma 9, 47-72, 80, 94, 95, 99, 101, 104, 107, 108, 110-113, 116, 119,
    120, 128, 136, 150, 162, 167, 181, 184, 188, 190, 193, 194, 195,
    196, 222, 223, 235, 241, 256, 265, 278, 291
  amor 56
  a paz através da força 62
  arte 49
  ascetismo 54
  características antidemocráticas de 47

    cidadania 64-67
    como modelo americano 222
    conservadorismo de 60
    cristianismo 64, 67, 72
    democracia 58, 59, 62
    escravidão 47, 67-70
    Estado 50-54, 59-70
    família 47-56
    homossexualidade 66
    mulheres 47-50, 54, 55, 60
    patriarcado 47, 60
    patriotismo 54, 59
    queda de 67
    responsabilidade cívica 50, 60, 63
    Senado de 58, 223
    trabalho manual 67, 68
    tradição 47, 58, 59, 62, 68, 72
romantismo 238, 257
romantismo, românticos 238, 257
    Browning, Robert 256, 258, 263-265
    culto da criança 240
    Dickens, Charles 256, 257, 258, 260, 264, 284, 285, 294
    Dostoievski, Fiodor 256
    homem, adoração do 246
    Leão XIII, Papa 133, 241, 256, 265
    mulheres. V. também século XIX
    natureza, adoração da 244
Rômulo Augusto 72
Roosevelt, Franklin D. 243, 270, 279
Russell, Bertrand 265
Rússia 12, 228, 236, 278

S
Salústio 49, 181
salvação 82, 89, 90, 92, 115, 118, 143, 187, 188, 199, 200, 201, 238
    Deus 88, 125
    fé 198

graça 200
　　Idade Média 143
　　iluminismo 198, 202
　　Jesus 109
　　paganismo 185
　　pelas obras 198
　　tempo
Sanger, Margaret 270, 280, 291
São Dênis. Consulte São Dionísio
São Dionísio 104, 138
São Paulo 65, 96, 98, 110, 120, 123, 128, 138, 152, 170, 198
Satyricon 67
Savonarola, Girolamo 176, 177, 185
Schumacher, E. F. 293
secularismo 98, 165, 166, 219
　　pais fundadores 50, 58, 62, 216, 224, 282
　　Renascença 165
século xix 30, 136, 184, 208, 235, 237, 238, 241, 247, 248, 251, 265
　　Arnold, Mathew 250
　　arte 236, 238, 240
　　culto da criança 240
　　ciência 248, 268
　　Estados Unidos no 52, 65, 223
　　família 236, 247, 259
　　feminismo 236
　　homem, adoração do 246
　　mal 239, 249, 254, 257-260
　　moralidade 236, 243
　　mulheres. V. também romantismo, românticos
　　natureza, adoração da 244
　　Nietzsche, Friedrich 239, 253, 254, 255, 263
　　poesia do 240, 256
　　progresso 235, 247, 248, 255-259
século xx 271, 282, 285
　　arte 269, 271, 284, 286, 287
　　ciência 270, 280, 288, 289, 293
　　ciência do século xix 288
　　comunismo 294
　　controle de natalidade 280

educação 270, 273, 274, 277, 281, 285, 289, 295
Estado 271, 274, 277-282, 286-289, 293, 294
história 272, 276, 277, 284, 292, 295
Igreja Católica 272, 273
iluminismo 271
individualismo 273-277, 281, 292, 294
literatura no 285
politicamente correto 271, 272, 282, 288-190
progresso 271
religião 276, 278-280, 289
revolução sexual 281, 291
sexualidade humana 280
socialismo 269, 293,
tradição; mulheres 275
tributação 216
Segunda Guerra Mundial 281, 291
Segundo tratado sobre o governo 220
Sêneca 180, 183
sentimentalismo 231, 265, 284, 287
Septuaginta 83
Shakespeare, William 9, 19, 96, 116, 143, 167, 174, 177, 183, 186-191, 229, 294
Shelley, Percy Bysshe 244, 265
Sidney, Phillip 174, 183
Silent Spring 272
Simpósio [O banquete] 38, 45, 95
Sir Gawain and the Green Knight 147, 162
Sobre a doutrina cristã 182
Sobre a natureza das coisas 94, 102, 181, 204, 206
Sobre a vida de Moisés 88
socialismo 133, 269, 293
Sócrates 18, 25, 28, 36, 38, 39, 95, 102, 103, 223
Sófocles 12, 13, 14, 16, 19, 22, 27, 31, 32, 39, 45, 229, 275
Solzhenitsyn, Alexander 294
Song of Myself 242
Southey, Robert 246
Soylent Green 272
Spencer, Herbert 129, 248, 268
Stálin, Joseph 147, 228, 276, 278, 295

Standish, Myles 213, 214, 228
Stephen, J. F. 60
Steyn, Mark 86
Suetônio 69
sufrágio 250, 274, 291
    justiça 250
    mulheres 250, 251, 274, 291
Sula 62
Summa Contra Gentiles 158
Summa Theologiae 154, 155, 156
Summa Theologica 154, 156, 167
Suprema Corte, EUA 14, 279
Swift, Jonathan 200

T

Tácito 103, 181
Tales de Mileto 34
Tarquínio, o Soberbo 49, 50, 55
Tasso, Torquato 195
teatro 12, 18, 27, 141-143, 162, 181
    cristianismo 141
    Grécia Antiga 33, 63
    Idade Média 142, 143, 165
Temístocles 38
Teodósio 71, 89, 119
Teogonia 19, 20
Teresa D'Ávila, Santa 184
Teresa, Madre 286
Terminus 63
Tertuliano 113, 117, 124, 134
Teseu 14, 16, 22, 28, 38
The Christian Doctrine 190
The Conservative Mind: From Burke to Santayana 209
The Day the Earth Stood Still 288
The Duchess of Malfi 169
The End of The Affair 96

The Fable of the Bees 205
The Faerie Queene 195
The Great Heresies 127
The Greeks 27
The Handmaid's Tale 252
The History of Medieval Europe 141, 154, 158
The Hollow Men 285
The Inevitability of Patriarchy 60
The Lake Isle of Innisfree 242
The Lay of The Last Minstrel 257
The Man Who Shot Liberty Valance 97
The Omega Man 272
The Oven-Bird 284
The Power and the Glory 286
The Prelude 245
The Reason of Church Government 190
The Ring and The Book 258, 264
The Scarlet Letter 243
The Sound of Music 155
The Stones of Venice 140, 250
Thomas Huxley 268
Thoreau, Henry David 242
Thorndike, Lynn 141, 154, 158
Tibério 50, 69
Ticiano 96, 185
Tintoretto 195
tirania 45, 62, 166, 197, 202, 204, 205, 209, 246, 265, 282
    democracia 45, 62, 209, 246
    iluminismo 197, 202, 204
    marxismo 265, 266
Titãs 20
Tito Lívio 48, 49, 50, 53, 55, 56, 58, 61, 94, 180, 181, 182, 183
To Autumn 242
Tocqueville, Alexis de 39, 211, 222, 275
tolerância 15, 65, 101, 107-110, 208, 255, 290
    cristianismo 101, 107, 109, 110
    esquerda 108
Tolkien, J. R. R. 275, 285
Tom Jones 96

Torá 74, 170
trabalho 17, 54, 67, 68, 70, 77, 89, 115, 119-122, 133, 135, 139, 140, 144, 148, 151, 161, 180, 213, 215, 237, 247, 265, 267, 273, 275, 286, 288, 292
trabalho manual 67, 68, 121, 135
tradição 9, 15, 22, 23, 26, 27, 32, 47, 58, 59, 62, 68, 72, 114, 143, 150, 168, 193, 197, 203, 211, 216, 224, 229, 244, 265, 273, 274, 275, 278, 284, 285, 286, 287, 295
   civilização ocidental 295
   Grécia Antiga 33, 63
   iluminismo 197, 203, 211, 216, 224, 229
   modernidade 121, 166
   Roma 47, 58, 59, 62, 68, 72
   século xx 271, 282, 285
Trajano, Imperador 111
Trasímaco 29
Très Riches Heures 148
tributação 216, 219
   Roma 222
   século xx 271, 282, 285
Tristão 151
Tucídides 15, 29, 181, 182
Twain, Mark 237, 244

U

Um argumento contra a abolição do cristianismo 200
Uncle Tom's Cabin 252
Undset, Sigrid 275, 285
União Soviética 79, 249, 279, 294
unitarismo 127, 219
Urano 20, 21
Urbano II, Papa 160
utilitarismo 54
utopia 41
Utopia 182

V

Valla, Lorenzo 182
Vasari, Giorgio 195
Vaticano II 272, 273
Vida de Péricles 37
Vida e moral de Jesus de Nazaré 219
Vidas dos pintores 195
Virgílio 52, 55, 58, 61, 63, 180, 229, 253, 294
Virgínia, Universidade da 219
Vitrúvio 181
Voltaire 112, 204, 207, 224
Vulgata 113, 189

W

Walesa, Lech 294
Washington, George 13, 23, 48, 62, 129, 194, 209, 236, 270, 279, 283
Waugh, Evelyn 96, 293
Wayne, John 97
Weaver, Richard 192, 206, 281
Webster, Daniel 169, 286
Wells, H. G. 289
Wesley, John 217
Whiterspoon, John 169
Whitman, Walt 242, 245
Whittier, John Greenleaf 284
Wiker, Benjamin 276
Wilde, Oscar 268
Wilson, Woodrow 280
Wollstonecraft, Mary 235
Wordsworth, William 240, 245, 246
Wyler, William 286

X

Xenofonte 13, 14
Xerxes, Rei da Pérsia 39

Y

Yeats, William Butler 242
You Can't Be Any Poorer Than Dead 285

Z

Zeus 17, 20, 21, 22, 28, 30, 75, 95, 102, 244

Este livro foi impresso pela Daiko Gráfica. Os papéis usados para compor este livro foram *chambril avena* 80g para o miolo, e para a capa, cartão triplex 250g.